चिंता छोड़ो सुख से जियो

चिंता छोड़ो सुख से जियो

डेल कारनेगी

SANAGE
PUBLISHING HOUSE

Hardback: 978-939411270-4

Printed by:

Sanage Publishing House LLP
Mumbai, India

sanagepublishing@gmail.com

यह पुस्तक एक ऐसे आदमी को समर्पित है जिसको
इसे पढ़ने की ज़रूरत ही नहीं हैं

– लॉवेल थॉमस को

डेल कारनेगी एक अमेरिकी लेखक, लेक्चरर तथा सेल्फ़ इम्प्रूवमेंट, सेल्समैनशिप, कारपोरेट ट्रेनिंग, सार्वजनिक भाषण और अंत:व्यक्तिगत कौशल कोर्सों के विकासकर्ता हैं। बिज़नेस तथा निजी जीवन में सफलता के लिए व्यवहारिक सलाह देने वाली चार खंड की यह पुस्तक एक साधन की तरह डेल कारनेगी ट्रेनिंग में इस्तेमाल की जाती है।.

विषय सूची

खंड तीन

चिंता को स्वयं पर हावी होने से पहले उन्हें समाप्त कर दें

खंड चार

ऐसे सात तरीकें हैं जिनसे आप सुकून की मानसिकता प्राप्त कर सकते हैं

खंड पांच

चिंता पर विजय पाने का तरीक़ा

खंड छह

चिंता और थकान को दूर करते हुए जोश व ऊर्जा बढ़ाने के छह तरीक़े

प्रस्तावना

आखिर यह किताब क्यों और किस तरह लिखी गई

यह बात वर्ष 1909 की है। मैं उन दिनों न्यूयार्क के सबसे ज्यादा निराश लोगों में से एक हुआ करता था। किसी तरह मोटर-ट्रक बेंचकर अपने दिन गुजार रहा था। मुझे इस कम में कोई खास रुचि नहीं थी कि ये मोटर-ट्रक कैसे चलते हैं? सच कहूं तो उस समय मुझे अपने जीवन से ही जुड़ी कई बातों से नफरत थी, जैसे मेरा वेस्ट फिफ्टी सिक्स्थ स्ट्रीट पर छोटे गंदे कमरे में रहना। इस कमरे में एक खूंटी पर टंगी मेरी टाइयों में सेकड़ों काकरोच घुसे रहते थे। गंदे कमरे में अपना सामान ढूंढना और गंदे होटलों में रोज भोजन करना मेरी मजबूरी थी, जिसने मेरे अंदर जीवन के प्रति घृणा भर दी थी।

इन सब बातों ने मेरे अंदर इतनी निराशा भर दी थी कि जब भी मैं रात को अपने गंदे कमरे वाले घर की ओर लौटता, तो मेरे कदम अपने-आप डगमगाने लगते थे। किसी भी बात में मन नहीं लगता। दिमाग़ काम नहीं करता। इन सब कारणों के पीछे सिर्फ़ एक कारण था, कॉलेज के दिनों में मेरे द्वारा संजोए गए वो खूबसूरत सपने, जो मेरी आने वाली ज़िंदगी को रोशन करने वाले थे। लेकिन एक पल में पूरी ज़िंदगी बदल गई, जब ऐसा कुछ नहीं हुआ। अपने जीवन से मैंने हर बार यही सवाल किए कि क्या इसी ज़िंदगी के लिए मैंने सपने देखे थे? ऐसी ज़िंदगी, जिसमें था- गंदा कमरा, बे-स्वाद भोजन और अनचाही नौकरी। सब कुछ मेरे द्वारा देखे गए सपनों के विपरीत। इस हताशा भरी ज़िंदगी से भविष्य में उजाले की कोई रोशनी नजर नहीं आती थी।

ये जानते हुए भी कि मैं अपनी वर्तमान ज़िंदगी से खुश नहीं हूँ, ऐसी नौकरी जिसमें मेरी कोई रुचि नहीं थी, फिर भी मैं उसे कर रहा था। शायद सिर्फ़ पैसे कमाने के लिए, पर इसमें भी मेरी ज्यादा रुचि नहीं थी। इन ख्यालों ने मेरे सामने कोई विकल्प नहीं छोड़ा और आखिरकार मुझे एक निर्णय लेना ही पड़ा। ऐसा निर्णय, जो मेरे भविष्य को पूरी तरह से बदलने वाला साबित हुआ। साहस के साथ लिए गए इस निर्णय ने

मेरी ज़िंदगी को उन सभी खुशनुमा पलों से भर दिया, जिसकी उम्मीद मैंने अपने हर सपने में की थी।

मेरा निर्णय : खुद को सख्त और सकारात्मक बनाते हुए सबसे पहले मैंने सोचा कि वो नौकरी, जिसमें मेरी कोई रुचि नहीं है, उसे छोड़ दूंगा। हालांकि अपनी दैनिक जरूरतों को पूरा करने के लिए मैं अपने पुराने शैक्षणिक अनुभवों का लाभ लूंगा, जो मैंने मिसुरी के वारेन्सबर्ग में स्टेट टीचर्स कॉलेज में अध्ययन के दौरान प्राप्त किए थे। इसी अध्ययन के कारण मैंने रात्रिकालीन कक्षाओं में अध्यापन का सोचा, ताकि मुझे कुछ पैसे भी मिल जाएं और दूसरे कामों के लिए दिन का समय भी निकल आए।

दिन के खाली समय को मैंने किताबें पढ़ने और लेक्चर तैयार करने के बारे में सोच रखा था। इस तरह मैंने अपने आदर्श जीवन के लिए एक बड़ा ही सख्त निर्णय ले लिया था और पढ़ना-लिखना ही मेरी ज़िंदगी का लक्ष्य हो गया था।

इस तरह के फैसले के बाद मैंने यह भी सोचा कि आखिर मैं रात्रिकालीन कक्षाओं में कौन सा विषय पढ़ा पाऊंगा। तब मैंने अपने बीते कॉलेज के दिनों का गहराई से विश्लेषण किया, लेकिन मुझे ऐसा कोई विषय ज्ञात न हुआ, जिसे मैं पढ़ा पाता। इसलिए मैंने अपनी दृष्टि अपने व्यक्तिगत जीवन पर जब दौड़ाई तो देखा कि 'बोलने का कौशल' मेरी ज़िंदगी में बहुत काम आया था। इसने मेरे भीतर के संकोच खत्म करते हुए मुझे आत्मविश्वास से भर दिया था। इससे ही मेरे अंदर लीडर बनने की क्षमताएं विकसित हुईं थीं। मुझे लगा यही अनुभव मेरे अब भी काम आएगा।

मैंने दो महत्त्वपूर्ण विश्वविद्यालय कोलंबिया और न्यूयॉर्क में अध्यापन के लिए आवेदन कर दिया। किन्तु मेरी किस्मत में शायद यह अध्यापन कराना नहीं लिखा था, क्योंकि इन विश्वविद्यालयों ने मेरे आवेदन अमान्य कर दिए।

इस तरह मेरा संघर्ष जारी रहा। मुझे इन शुरुआती परिणामों से निराशा तो हुई, लेकिन बहुत जल्द यह निराशा खुशी में बदल गई। मुझे वायएमसीए रात्रिकालीन स्कूल में पढ़ाने का मौका मिल गया। बस इस स्कूल में मुझे स्वयं को साबित करना था। यहां के माहौल के अनुसार मैंने अनुभव किया कि यहां आने वाले छात्र डिग्रियां हासिल करने नहीं आते थे, बल्कि वे तो खुद को सबके सामने बेहिचक प्रभावी तरीके से बोलने की उपलब्धि हासिल करना चाहते थे। इस कला के माध्यम से वे स्वयं की कई उलझनों को सुलझाना चाहते थे। सेल्समैन, ज्यादा से ज्यादा ग्राहक बनाना और तरक्की चाहते थे। कुछ लोग व्यवसायिक कार्यक्रमों में खुद को प्रभावी तरीके से प्रदर्शित करना चाहते थे। इस तरह सभी अपने-अपने मकसद के लिए यहां आ रहे थे, किन्तु इसमें सिर्फ़ एक ही समस्या थी कि ये सभी किस्तों में अपनी फीस दे रहे थे। यदि इनके लक्ष्य के अनुसार इन्हें सीखने को न मिले तो यह कक्षाएं बीच में ही

छोड़ भी सकते थे। यह मेरे लिए बहुत बुरा हो सकता था, क्योंकि मैंने यहां इस बात पर नौकरी की थी कि मुझे सैलरी की जगह संस्थान को प्राप्त होने वाले लाभ का एक निश्चित हिस्सा प्राप्त होगा। इसलिए मुझे तय सीमा में परिणाम देना जरूरी था।

शुरुआत में तो मैं अपेक्षा ही नहीं कर पा रहा था कि मैं यहां बेहतर पढ़ा पाऊंगा और आवश्यक परिणाम दे पाऊंगा। किन्तु बाद में मुझे अनुभव हुआ कि वह मेरे लिए सीखने के अनमोल पल थे। मुझे अपने छात्रों की समस्याओं को सुलझाने में उनकी मदद करना था। उनमें इतना आत्मविश्वास जगाना था कि वे अपनी समस्याओं को खुद ही सुलझा सकें। वे इतने भाव-विभोर हो जाएं कि उनकी हर कक्षा में आने की इच्छा होने लगे। जब मैंने इन सभी बातों को ध्यान में रखते हुए अपना काम शुरू किया, तो धीरे-धीरे मुझे अपने काम में मजा आने लगा। मेरी कक्षा के छात्र भी बेहद काबिल साबित हुए और उन्होंने जल्दी ही प्रभावी तरीके से बोलने का हुनर सीख लिया। मुझसे सीखकर सभी छात्र अपने-अपने लक्ष्यों को प्राप्त करने में जुट गए। किसी को नौकरी में तरक्की मिली। किसी ने अपने बिजनेस को बढ़ाया। उनकी सफलता से मुझे भी लाभ मिलना शुरू हो गया। पहले वायएमसीए में जहां मुझे एक लेक्चर के बदले पांच डॉलर देने तैयार नहीं हुआ था। अब वही मुझे तीस डॉलर तक देने को राजी हो गया था। इस तरह मेरी भी आय बढ़ गई थी। तब मैं भी अपने नए पेशे का आनंद लेने लगा।

सार्वजनिक रूप से बोलने की कला विषय पर पढ़ाने के साथ ही मुझे ऐसा महसूस हुआ कि यही अकेला विषय नहीं है, जिसे लोगों को पढ़ाने की जरूरत हो। बल्कि इन्हें मानवीय संबंधों को ध्यान में रखते हुए दोस्त बनाने की कला भी सीखने की जरूरत है। क्योंकि उस समय मानवीय संबंधों पर कोई भी किताब नहीं थी। मैंने इस अवसर का लाभ उठाने का सोचा। इस विषय पर मैंने एक रोमांचक तरीके से किताब तैयार की। यह मेरी कक्षा में पढ़ने वाले छात्रों के अनुभवों और सहयोग से ही तैयार की गई, जिसका अंग्रेजी में नाम रखा गया - "**हाऊ टु विन फ्रेंड्स एंड इन्फ्लुएंस पीपुल**" मैं अचरज से भरे दुनिया के उन लेखकों में तब शामिल हुआ, जब मेरी यह किताब बेस्टसेलर किताबों में शामिल हो गई।

इस तरह मेरे एक निर्णय ने मेरी ज़िंदगी बदल दी थी। अब मैं पहले से ज्यादा खुश और पैसे वाला आदमी हो गया था। मेरे जीवन में सब कुछ सलीके से चल रहा था। तब समय के साथ मैंने वयस्कों को एक महत्त्वपूर्ण समस्या से उलझते देखा। जो उन्हें दीमक की तरह खाए जा रही थी। उसका नाम है - चिंता। मैंने महसूस किया कि मेरी कक्षा में आने वाली स्त्री हो या पुरुष, जो इंजीनियर, पायलट, अकाउंटेंट, शिक्षक, बिजनिस पर्सन थे। सभी एक ही समस्या से ग्रसित थे, और वह है - चिंता। मैंने इस विषय को छूते हुए चिंता से मुक्ति पाने के लिए कोर्स की तलाश की। इस विषय पर

अच्छी किताबों की तलाश मुझे फिफ्थ एवेन्यू और फोर्टी सेकंड स्ट्रीट, न्यूयार्क पर स्थित बड़े पुस्तकालय ले गई। यहां आकर मुझे पता चला कि चिंता विषय पर सिर्फ़ गिनी-चुनी किताबें ही उपलब्ध हैं, वहीं कीट जैसे विषय पर सौ से भी ज्यादा किताबें लिखी जा चुकी थीं। इस जानकारी से मैं बहुत हैरान हुआ। आखिर ज़िंदगी के सबसे बड़े पहलू चिंता से मुक्ति दिलाने के लिए हमारे पास कोई कोर्स नहीं थे और न ही मार्गदर्शन के लिए किताबें। जबकि इस विषय को गंभीरता से लेते हुए कॉलेज और अन्य शैक्षणिक संस्थानों में कोर्स चलाए जाने चाहिए थे कि चिंता से मुक्ति कैसे पाएं। लेकिन अफ़सोस मेरी जानकारी में तो ऐसा कहीं नहीं था। तब मुझे डेविड सीबरी की याद आई, जिन्होंने अपनी पुस्तक "**हाऊ टू वरी सक्सेसफूली**" में कहा था, बढ़ती उम्र के साथ दबाव झेलने के लिए हम उतने ही तैयार होते हैं, जितना एक किताबी कीड़ा खेलने के लिए।

शायद यही कारण है कि हमारे देश में मानसिक रोगियों की कमी नहीं है।

खैर, जब मैंने न्यूयार्क पुस्तकालय में चिंता विषय की पुस्तकों को खंगाला तो मुझे कुछ भी इतना प्रयोगात्मक या दिलचस्प नहीं मिला कि मैं इसे अपने छात्रों को बता सकूं या प्रेरित कर सकूं। हारकर मैंने खुद ही चिंता विषय पर एक पुस्तक लिखने का प्रण कर लिया।

सात साल पहले मैंने चिंता विषय पर लिखने का संकल्प लिया। और सबसे पहले मैंने दुनियाभर में इस विषय पर लिखी गई लगभग हर किताब का मैंने अध्ययन किया। मैंने इस नजरिये से उसे पढ़ा कि आख़िरकार दार्शनिकों ने इस विषय पर क्या और क्यों को किस प्रकार परिभाषित किया है। मैंने इन सबका बेहद सूक्ष्मता से अध्यन किया। मैंने कन्फ्यूशियस से लेकर चर्चिल तक की प्रेरणदायक कहानियां पढ़ीं। जनरल मार्क क्लार्क, हेनरी फोर्ड, जैक डेम्प्सी, जनरल ओमार ब्रैडली, एलीनोर, रुजवेल्ट, डोरोथी डिक्स जैसे प्रसिद्ध लोगों के साक्षात्कार लिए। इसी के साथ मैंने लोगों को चिंता छोड़ने की तकनीक बताने वाली अपनी एक प्रयोगशाला बनाई। इसमें अपने छात्रों को शामिल किया। उनके साथ मैंने कई प्रयोग किए, जो शायद ही दुनिया में पहली बार किए गए, साथ ही कुछ सूत्र भी बनाए। मैंने छात्रों को बेझिझक इस पर अमल करने और अपने अनुभव हमसे साझा करने के लिए कहा। यह प्रयोग शुरू हुआ तो कुछ छात्रों ने अपने अनुभव हमसे साझा भी किए।

आख़िरकार इन प्रयोगात्मक बातों से मुझे "**चिंता से मुक्ति**" के लिए ढेरों तरह के सुझाव मिले, यह सभी वास्तविक अनुभवों पर आधारित थे। मुझे सैंकड़ों पत्र मिले, यकीनन पहले शायद किसी और को ऐसे सुझाव मिले होंगे। लगातार मिल रहे इन पत्रों से भी मेरे ज्ञान में वृद्धि हुई। यह वही प्रयोग थे, जो कक्षाओं में सीखकर छात्रों

ने किए थे। यह सभी अनुभव मेरे बेहद काम आए। इस प्रकार एक लंबी प्रक्रिया से गुजरने पर चिंता से मुक्ति का जो सार मुझे मिला, वही इस पुस्तक की अनमोल संपदा बना। इसमें सिर्फ़ थ्योरी नहीं दी गई, बल्कि वे सभी प्रेरणात्मक कहानियां प्रस्तुत की गई हैं, जिन पर अमल कर कईयों ने चिंता से मुक्ति पाई है। यह पुस्तक पूरी तरह प्रैक्टिकल है। आप इससे निरास नहीं होंगे।

फ्रेंच फिलॉसफर वैलेरी ने कहा था, **"विज्ञान सफल नुस्खों का संग्रह ही है।"** कुछ ऐसा ही यह पुस्तक भी है : उन अद्भुत सिद्धातों और प्रयोगों का संग्रह, जो हमें चिंता से मुक्ति दिलाएंगे।

इस पुस्तक को पढने से पहले ही मैं आपको यह बता स्पष्ट कर देना चाहता हूँ कि इसमें मैं आपको वस्ताव में कुछ नया नहीं बताने वाला हूँ, बल्कि ये वही है, जो हम सभी अपने जीवन में पहले से करते आयें हैं और जिसे हम जानते व अनुभव रखते हैं। लेकिन इसका उपयोग एक आदर्श जीवन के लिए किस तरह किया जाना है मैं आपको यह बताऊंगा। यह जीवन को चिंता मुक्त बनाने के वही प्राचीन आदर्श नियम हैं, जिन्हें मैं यहां पुन: दोहराने जा रहा हूँ ताकि आप सभी उन्हें समझें और अपने भीतर उतारें, इनके प्रति सम्मान प्रकट करते हुए, उन्हें बेहतर ढंग से अपनाने के लिए उतावले हो जाएं।

इस पुस्तक को आपने यह जानने के लिये नहीं उठाया है कि इसे कैसे लिखा गया है। आप एक्शन की तलाश में हैं, और आप ठीक ही हैं। अत: आपसे अनुरोध है, इस पुस्तक के खंड एक और दो पढ़ पूरे मनोयोग से पढ़ें। इस अध्यन के बाद आपको यह महसूस न होने लगे कि चिंता छोड़ने और सुख से जीने के लिये आपमें नयी शक्ति और प्रेरणा का संचार हो रहा है - तो निश्चत ही यह आपके लिए उपयोगी नहीं है, तब आप इस पुस्तक को दूर फेंक दें।

–डेल कारनेगी

नौ बिंदुओं के माध्यम से पुस्तक का लाभ ले सकते हैं

1. यदि आप इस किताब का अधिकतम लाभ लेना चाहते हैं, तो आप में कुछ मूलभूत गुण होना आवश्यक है। इसी गुण की बदौलत आप ही नहीं कोई भी व्यक्ति इस पुस्तक का सकारात्मक लाभ ले पाएगा। और यदि आप में यह गुण है तो आप इस पुस्तक को बिना पढ़े भी चिंता से मुक्ति हो सकते हैं। अब सवाल उठता है की आखिर यह महत्त्वपूर्ण गुण कौन सा है? वह है - **सीखने की ललक और चिंता छोड़ कर सुख से जीने की प्रबल इच्छा।**

   तो अब इस महत्त्वपूर्ण गुण को विकसित या अपने भीतर जगाया कैसे जाए, जो सबसे जरूरी है। यह तभी संभव होगा, जब हम खुद को लगातार इनकी याद दिलाते रहेंगे। खुद को यह विश्वास दिलाना बेहद जरूरी है कि इन सिद्धांतों का पालन यदि नियम से किया जाएगा, तो जीवन खुशहाल रहेगा। इसलिए बार-बार इस पुस्तक में दिए गए उन प्राचीन शाश्वत मंत्रों को दोहराएं और महसूस करें कि इससे आपको *शांति, सुख, प्रसन्नता और अच्छी* सेहत प्राप्त होगी।

2. इस पुस्तक को पढ़ने की आप यह योजना भी बना सकते हैं कि पहले अध्यायों को तेजी से पढ़ते हुए खत्म किया जाए। इससे यह होगा कि आप जरूरी तथ्यों से एक बार रूबरू तो हो ही जाएंगे। लेकिन इसके बाद यह भी आवश्यक है कि पुस्तक को हल्के में न लेते हुए गंभीरता से दोबारा पढ़ा जाए। तभी आप चिंता से मुक्ति पाने के लक्ष्य को पाएंगे।

3. आप जैसे-जैसे किताब को पढ़ते हुए अच्छे विचारों के साथ आगे बढ़ते जाएं। उन्हें अमल में लाने के तरीकों के बारे में भी गंभीरता के साथ सोचते जाएं। यह तरीका आपको पुस्तक से अधिकतम लाभ पहुँचाएगा।

4. जब आप पुस्तक पढ़ें तो सकारात्मक विचारों को *पेन, पेंसिल, मार्क या हाइलाइटर* का प्रयोग करते चलें। इसका उपयोग हर उस जगह करें, जहाँ आपको यह महत्वपूर्ण लगे। यह तरीका आपको तब बहुत काम आएगा, जब आप इस पुस्तक को दोबारा पढ़ेंगे, तब आपको सिर्फ़ उपयोगी तथ्यों को ही देखना होगा, और यह दिलचस्प भी होगा।

5. मैं एक ऐसी महिला से परिचित हूं, जो बीते पंद्रह सालों से एक बड़ी बीमा कंपनी में ऑफ़िस मैनेजर है। वह प्रति माह और प्रतिवर्ष अपनी संस्था द्वारा दी जाने वाली इंश्योरेंस सुविधा के अनुबंध को बहुत धयान से पढ़ती है, क्योंकि उसका मानना है कि बीमा अनुबंधों की शर्तों को याद रखने का यही सबसे अच्छा तरीका है कि उसे ज्यादा से ज्यादा पढ़ा जाए। इस पर मैंने भी गौर किया1 जब मैं एक बार सार्वजनिक रूप से बोलने की कला पर पुस्तक लिखने का काम कर रहा था, तब मुझे अध्यायों को लिखने के दौरान बार-बार अध्यायों का अध्ययन करना पड़ा था। यही कला मुझे जरूरी तथ्यों को याद रखने में सहायक सिद्ध रही। तब मुझे अहसास हुआ कि व्यक्ति कितनी तेजी चीज़ों को भूलता है और यह मानव मस्तिष्क का आश्चर्य भी। खैर, मुझे अपनी ही पुस्तक के जरूरी तथ्यों को याद करने के लिए पढन्ना जरूरी होता था।

   यदि आप इस पुस्तक अधिकतम से लाभ लेना चाहते हैं तो इसका एक ही तरीका है कि इसे सरसरी तौर पर न पढ़ कर इसे मनोयोग के साथ पढ़ें। यदि आप इसका पूरी गंभीरता और रुचि पूर्वक से अध्ययन करेंगे, तो निश्चित ही आपके संभावनाओं के द्वार खुलते जायेंगे, और जितनी बार आप इसे दोहराएंगे उतनी बार आपको नई संभावनाएं बढ़ती दिखाई देंगी। साथ ही एक और लाभ यह भी होगा कि यह दोहराव आपके अवचेतन में दर्ज हो जाएगा और इसके बेहतर परिणाम भविष्य में प्राप्त होंगे। इसे अपनी नजरों के सामने रखें और समय निकालकर इस उद्देश से नज़र डालते रहें कि यही मुझे नए रास्ते दिखाएगी।

6. बर्नार्ड शॉ ने एक बार कहा था, “अगर आप किसी को कुछ सिखाना चाहते हैं, तो वह कभी नहीं सीखेगा।” यह शत-प्रतिशत सच है। सीखना एक सतत प्रक्रिया ही तो है। सीखने का सबसे सरल और एकमात्र रास्ता सक्रिय होकर काम करना है। इसलिए इस पुस्तक में दिए गए सिद्धांत का अधिकतम लाभ तभी मिल सकेगा, जब इसे पढ़ने वाला इसे अमल में भी लाएगा। यदि ऐसा नहीं किया गया, तो आपको इसे भूलने में ज्यादा समय नहीं लगेगा। आख़िरकार मस्तिष्क वही विचार स्वीकार करता है, जो उसे बार-बार करना

पड़ता है। कई बार ऐसा भी होना संभव है कि दी गई पुस्तक के कुछ सिद्धांतों के पालन में परेशानी महसूस हो, क्योंकि मुझे भी इनके अनुपालन में कई बार कठिनाई हो चुकी है। इसलिए पुस्तक का अध्ययन करते समय यह अपने दिमाग़ में बैठा लीजिएगा कि आपको नए विचारों को सीखने के साथ ही उन्हें अपने दैनिक जीवन का हिस्सा भी बनाना है। धीरे-धीरे आपको महसूस होने लगेगा आपके भीतर कुछ परिवर्तन होने लगा है। आप इस पुस्तक में दिए गए प्रयोगों का उपयोग जीवन में आने वाली समस्याओं को सुलझाने में करके देखिए। आप खुद अंदाजा लगाएंगे कि यह कितने महत्त्वपूर्ण तरीके से काम करती है। बस आप जीवन की चुनौतियों का सामना भावनात्मक आवेश में आकर मत कीजिए। सिर्फ़ सयंमित रह कर इस पुस्तक में अंडरलाइन किए गए प्रयोगों को दोहराने की कोशिश कीजिए।

7. आप प्रायोगिक रूप से यह भी कर सकते हैं कि जब भी आप पुस्तक में बताए गए नियम का अनुपालन नहीं करें तो अपने परिवार को पैसे देकर हर्जाना भरें। आप देखेंगे कि कुछ ही समय में या तो अनुशासनात्मक रूप से आप करने लगेंगे या आपके परिवार वालों को देने के लिए आपके पास धनराशि ही नहीं बचेगी।

8. यहां अध्याय 22 में एचपी हॉवेल और बेन फ्रैंकलिन का उदाहरण दिया गया है, जो वॉल स्ट्रीट में बैंकर के रूप में कार्यरत थे। उन्होंने कई गलतियां भी की, लेकिन उन गलतियों को सुधारा भी। आप भी अगर इन तकनीकों का प्रयोग करेंगे दो लाभ जरूर मिलेगा।

   पहला : आपको एक बेहतर शैक्षणिक दृष्टिकोण प्राप्त होगा।

   दूसरा : आपमें चिंता छोड़ने और सुख से जीने की शक्ति विकसित होगी।

9. आप एक टाइम टेबिल बना लीजिए। इन सिद्धांतों के अनुपालन का समय तय कर लीजिए। जैसे-जैसे सिद्धांतों को करते जाएं उनका रिकॉर्ड भी रखते जाएं। देखेंगे कि धीरे-धीरे किए गए यह प्रयास ज़िंदगी में सकारात्मक परिवर्तन लाने लगेंगे।

स्मरणीय बिंदु

1. अगर चिंता मुक्त होना चाहते हैं, तो अपने भीतर से उन सिद्धांतों का अनुपालन करें, जो इस किताब में बताए गए हैं।
2. आदमी की प्रकृति है कि वह बहुत जल्दी भूल जाता है। इसलिए आप इस पुस्तक में दिए गए अध्यायों को गंभीरता से पढ़ने की आदत डालें।
3. यह ध्यान रखें कि पुस्तक में दिए विचार को अपने जीवन में कैसे लागू करेंगे।
4. पुस्तक में दिए गए विचारों को रेखांकित अवश्य करें। ताकि जब मन चाहे उन्हें फिर देखा जा सके।
5. संभव हो तो तब तक इस पुस्तक को दोहराएं, जब तक आपके दिमाग़ में इसके सिद्धांत बैठ न जाएं।
6. यदि आप इन सिद्धांतों का प्रयोग दैनिक जीवन में नहीं करेंगे तो यह आपके किसी काम के नहीं रहेंगे। इसलिए आप अपने दैनिक जीवन की समस्याओं को सुलझाने के लिए इनका प्रयोग करके देखें। इसके चमत्कारिक लाभ देखने को मिलेंगे।
7. यदि किसी सिद्धांत का उल्लंघन करें तो अपने किसी नजदीकी को जुर्माना जरूर दें। ताकि ज्यादा अनुशासित तरीके से नियमों का पालन करें।
8. हर दिन अपने किए जाने वाले कार्यों का मूल्यांकन अवश्य करें। आत्मसुधार को जीवन का हिस्सा बना लें।
9. आप एक विवरण पत्रिका बनाएं, जिसमें यह दर्ज हो की किन समस्याओं के लिए किन सिद्धांतों का प्रयोग किया। यह आपको बेहद लाभ पहुँचाएगा।

खंड - एक

चिंता से संबंधित वह तथ्य, जिन्हें जानना आपके लिए ज़रूरी है

1

हर एक दिन को जी-भर के जिएं

यह प्रसंग एक ऐसे युवक का है, जिसने 1871 के वसंत में एक किताब के सिर्फ़ 21 शब्द पढ़े और इन इक्कीस शब्दों ने उसकी पूरी ज़िंदगी बदल डाली। यह युवक मॉट्रिंयल जनरल हॉस्पिटल में मेडिकल का छात्र था। वह इसी चिंता में था की वह मेडिकल की परीक्षा में पास होगा या नहीं। यदि पास हो भी गया तो उसके भविष्य का क्या होगा। वह कहां जायेगा, कहां जाकर डॉक्टर की प्रेक्टिस करेगा और किस तरह अपनी आजीविका चलाएगा। ऐसे ही कई प्रश्नों से वह उलझन में था।

लेकिन उसके लिए यह 21 शब्द चमत्कार की तरह सिद्ध हुए। इन शब्दों की बदोलत वह अपनी पीड़ी का सबसे प्रसिद्ध महान डॉक्टर बना। इतना ही नहीं, उसे अपने कम के लिए जीवन में कई ऐसे पुरस्कार भी मिले, जिनकी हर किसी को उमंग होती है। जैसे, इंग्लैंड के सम्राट द्वारा दिया जाने वाला 'नाइट' पुरस्कार। आक्सफोर्ड यूनिवर्सिटी में 'रेजियस प्रोफेसर' का पद (उस समय यह ब्रिटिश राज्य में डॉक्टर को मिलने वाला प्रमुख सम्मान था।) आगे चलकर उन्होंने विश्वविख्यात मेडिसिन जॉन्स हॉपकिंस स्कूल बनवाया। जब वह दुनिया से गए तो उन पर कुल 1466 पृष्ठों की किताब लिखी गई, जिसके की दो खंड हैं।

इतिहास का यह महान युवक था - **सर विलियम आस्लर,** यहां वही 21 शब्द दिए जा रहे हैं, जिन्हें आस्लर ने 1871 के वसंत में पढ़ा था और वह साधारण से असाधारण शख्स बन गए थे। थामस कार्यालय द्वारा इन शब्दों को संजोया गया, जिसकी बदोलत वह चिंता मुक्त जीवन जी पाए। यह शब्द हैं - *"हमारा काम भविष्य की धुन्ध में क्या दिखता है यह देखना नहीं है, बल्कि वह करना है जो हमारे सामने मौजूद है।"*

करीब 42 साल बाद, वसंत की एक रात जब ट्यूलिप की फूल खिल रहे थे, उस समय सर विलियम आस्लर येल विश्वविद्यालय के कैंपस में छात्रों को संबोधित कर रहे थे। उन्होंने कहा कि लोग सोचते हैं विलियन आस्लर के पास एक अलग तरह का दिमाग़ है। इसलिए वह चार विश्वविद्यालयों में प्रोफेसर हैं, और पुस्तकें लिखीं।

काश! उनका कहा सच होता। मेरे नजदीकी मित्र जानते हैं कि मेरा दिमाग़ बहुत ही औसत दर्जे का है।

तो फिर सवाल उठता है कि सफलता का राज क्या है? इस पर उन्होंने बताया की वह डे डाईट कंपार्टमेंट मतलब प्रत्येक दिन को वर्तमान में जीते हैं। इसके अलावा और कुछ नहीं।

उन्होंने एक उदाहरण देते हुए समझाया कि येल में भाषण देने से पहले मैं एक समुद्री यात्रा पर गया था। इस यात्रा में, मैंने देखा कि जहाज के कैप्टन ने पुल खड़े होकर एक बटन दबाया और मशीनों की आवाज़ हुई और देखते ही देखते जहाज के हिस्से हो गए। मतलब वह 'वाटर कंपाटमेंट' बन गए। यही हमारे साथ है, लेकिन 'आप हम उस बड़े जहाज से कई गुना अधिक अद्भुत रचना हैं और हम सभी जीवन की अनूठी यात्रा पर हैं। पर जहाज की तरह ही हमें भी नियंत्रित किये जाने की बेहद जरूरत है। मेरी सभी से निवेदन है कि खुद को नियंत्रित करना सीख लें। और यह जन लें की जीवन यात्रा में *'प्रत्येक दिन को जीना'* ही जीने का सर्वश्रेष्ठ तरीका है। इसे अपने जीवन में स्वयं करके देखें, जीवन के पुल पर जाइए और जहाज के कैप्टन की तरह एक बटन दबाकर अतीत के सभी झरोखों को बंद कर दीजिए। गुजरे कल की मृत स्मृतियों से दूरी बना लें। अब इसी तरह दूसरा बटन दबाइए और भविष्य की धुंद को अपने जीवन में प्रवेश करने से रोक दीजिए, जिसमें केवल कल के प्रश्न है, जो अभी जन्मा ही नहीं है। बिना विचलित हुए अतीत और भविष्य से रक्षात्मक दूरी बना लीजिए। यदि आप ऐसा करने में असफल हैं तो तो याद रखिए अतीत के बोझ और भविष्य के डर ने कई शक्तिशाली योद्धाओं के कदमों को लडख़ड़ा कर रख दिया है। इसलिए अगर आपको कुछ चाहिए तो वह सब केवल 'वर्तमान' में ही मिलेगा; कहीं और नहीं। अतीत और भविष्य की गहरी धुंध से निकलकर सिर्फ़ वर्तमान में जीने के लिए खुद को तैयार कर लीजिए। आपका भविष्य आज में है..., कोई भी कल कभी नहीं आता। व्यक्ति की मुक्ति का दिन आज और अभी है। चिंता, मानसिक तनाव यह उर्जा और समय की बर्बादी है, जितने में आप भूत या भविष्य का सोचेंगे उतने में आप वर्तमान में कुछ कदम चल लेंगे। भविष्य की चिंताएं हमेशा आदमी का पीछा करतीं हैं।

लेकिन डॉ. आस्लर का कहने का यह मतलब बिल्कुल नहीं है कि आप भविष्य की उचित तैयारी ना करें। बल्कि इसे बारे में व्यापक नजरिए से देखा जाए तो उनका

कहना यह है कि यदि हमें कल के लिए खुद को तैयार करना है तो अपने अंदर की सारी ऊर्जा और सकारात्मक सोच व उत्साह को अपने वर्तमान में किए जाने वाले काम पर ही लगा दें। और इस तरह आप आप देखेंगे कि आप अपने वर्तमान को सुधारते हुए नया भविष्य भी गढ़ते जा रहे हैं।

येल के छात्रों को संबोधित करते हूं वह बोले जब भी वह अपने दिन की शुरुआत करें, एक बार ईसा मसीह की इस प्रार्थना को अवश्य दोहराएं - *"हे परमपिता! हमें आज का भोजन प्रदान करो।"*

गौर करें इस प्रार्थना में गहरा अर्थ छिपा हुआ है।इसमें परमपिता से आज के लिए भोजन की मांग की गई है। इस बात की शिकायत नहीं की गई कि कल का भोजन बसी था और न ही आने वाले कल के लिए भोजन की चाहत है। और यह भी नहीं कहा कि "हे परमेश्वर! जहाँ गेहूं की फसलें ऊगती हैं वहां पानी उपलब्ध कराएं, जिससे अकाल न पड़े। और हमें भोजन मिलता रहे या ऐसा आशंका भी नहीं जताई गई कि यदि मेरी नौकरी चली गई तो मुझे भविष्य में भोजन कैसे प्राप्त होगा?"

इस प्रार्थना में केवल आज के भोजन की ही इच्छा व्यक्त की गई है। ऐसा इसलिए, क्योंकि गुजरा हुआ कल गुजर चुका है, भविष्य का हमें पता नहीं। सिर्फ़ आज का ही भोजन हम कर सकते हैं और हमें मात्र उसी पर अपना ध्यान केंद्रित करना चाहिए।

मुझे एक बहुत रोचक वाकया याद आ रहा है। सालों पहले एक दार्शनिक बंजर और पथरीली जमीन पर भटक रहा था, यहां के रहवासी बहुत मुश्किल में अपने दिन गुजर रहे थे। उनके सामने कई चुनौतियां भी थीं, जिनसे वे निजत वे चाहते थे। एक दिन पहाड़ पर रहवासियों ने दार्शनिक के चारों तरफ़ एकत्र होकर उनसे अपनी समस्याओं के समाधान का उपाय बताने को कहा। उस समय दार्शनिक ने जो कहा उसे दुनिया में सर्वाधिक बार दोहराया गया। इस भाषण में केवल 26 शब्द हैं, जो बेहद यादगार हैं, यह आज तक हमारे कानों में गूंज रहे हैं; यह हैं - "आने वाले कल का कोई विचार आज मत करो, क्योंकि कल अपना विचार स्वयं कर लेगा। आज की बुराइयों के लिए तो आज का ही दिन काफ़ी है।"

कई लोगों ने परमेश्वर के इन शब्दों को मानने से मना कर दिया है : *"आने वाले कल का कोई विचार मत करो"* असल में उन्होंने इस इसलिए विरोधाभासी और रहस्यवाद से भरा माना, क्योंकि वह इसका असल मर्म समझ ही नहीं पाए। वह अपने-अपने तर्क देते हैं कि - मुझे तो कल की तैयारी ही होगी, यह भविष्य के लिए बेहद जरूरी है। मुझे अपने परिवार की सुरक्षा के लिए बीमा कराना होगा। मुझे अपने बुढ़ापे के लिए धन एकत्रित करना ही होगा। यदि मुझे तरक्की के लिए भविष्य से संबंधित योजनाएं बनानी ही होंगी।

यह एक सीमा तक तो सही है, लेकिन मैं एक बात यहां ध्यान दिलाना चाहूँगा कि परमेश्वर शब्द का अनुवाद जो आज हम पाते हैं, वह वैसा नहीं है। यह अर्थ आज से तीन सौ साल पहले सम्राट जेम्स के युग का है। क्योंकि तीन सौ वर्ष पूर्व 'विचार' (Thout) शब्द का मतलब था - *'चिंता' (Anxiety)।* अब बाइबल के आधुनिक संस्करण में ईसा मसीह के शब्दों के अर्थों को अधिक इस्पष्ट किया गया है। अब इस बात पुन: लिखा गया है - *"आने वाले कल की कोई चिंता मत करो।"*

निश्चत ही आने वाले कल का विचार तो किया जा सकता है, लेकिन इसकी चिंता कर के समय व्यर्थ ना कीजिए।

द्वितीय विश्व युद्ध के दौरान, हमारी सेना के प्रतिनिधि आने वाले कल की योजनाएं तो बनाती थी, लेकिन उनकी योजनाओं में चिंता शामिल नहीं होती थी। अमेरिकी नौसेना एडमिरल, अर्नेस्ट जे. किंग ने कहा था - "मैंने अपनी सर्वश्रेष्ठ नीति बनाकर अपने सर्वश्रेष्ठ सेनिकों को सर्वश्रेष्ठ हथियार दिए हैं। और मैं यह अच्छे से जानता हूँ कि बस यही मेरे नियंत्रण में है। इससे ज्यादा और कुछ नहीं।"

अर्नेस्ट एडमिरल किंग ने आगे कहा, 'कोई भी जहाज अगर डूबने ही वाला हो, तो मैं कितनी भी कोशिश कर लूं, लेकिन उसे बचा नहीं पाऊंगा। मैं अच्छी तरह से जानता हूँ कि गुजरे कल की बातों से चितिंत होने के बजाए मुझे आने वाले कल की समस्याओं के समाधान पर विचार करना चाहिए।यदि ऐसा नहीं होगा तो मैं कल, आज और भविष्य के मकडज़ाल में ही उलझा रहूँगा।'

ये बातें हमें क्या सबक देती हैं - अच्छी सोच रखने वाला व्यक्ति समस्या के कारण, समाधान और परिणाम के बारे में विचार करता है, वह तार्किक ढंग से कामों को अंजाम देता है। लेकिन नकारात्मक विचार वाले अक्सर तनाव या नकारात्मकता से घिरे रहते हैं।

मुझे एक बार द न्यूयार्क टाइम्स के प्रकाशक आर्थर हेस सुल्जबर्गर का साक्षात्कार लेने का अवसर मिला। उनके कई रोचक किस्सों में से एक महत्त्वपूर्ण किस्सा यह था कि जब यूरोप में द्वितीय विश्व युद्ध का शुरुआती दौर आरंभ ही हुआ था तब वे इतने तनाव में आ गए थे कि उन्हें नींद ही नहीं आती थी। कई रातें उन्होंने ऐसे ही गुजारी थीं। अक्सर वे रात को उठते तो आइना देखकर खुद की तस्वीर बनाने की कोशिश करते। वे ऐसा इसलिए करने लगे थे, ताकि उनका दिमाग़ फालतू की चिंताओं से मुक्त रहे। परन्तु फिर भी उनके अंतर्मन को शांति नहीं मिल पाई। अंत में उन्होंने स्पष्ट किया कि उन्हें गहरी शांति पाने का राज तब मिला, जब उन्होंने चर्च में गाए जाने वाले एक भजन के छह शब्दों को अपने जीवन में आत्मसात किया। वे जादुई शांति से भरे छह शब्द थे - मेरे लिए एक कदम बहुत है।

मुझे राह दिखाओ, अपनी दयालुतापूर्ण रोशनी की शरण में लो...

मेरे पैरों को दृढ़ रखो : मैं आप से ये नहीं कहता कि मुझे दूर का दृश्य दिखाओ; मेरे लिए एक कदम ही पर्याप्त है।

जब ये घटनाएं एक ओर घटित हो रहीं थीं तब दूसरी ओर बाल्टीमोर (मैरीलेंड) में रहना वाला शख्स टेड बेंजरमिनो भी यूरोप में ऐसी ही बातें सीख रहा था। उसने युद्ध में रहते हुए खुद को इतने तनाव से भर लिया था कि चिंता ही अब उसकी साथी हो चुकी थी।

उन्होंने बताया कि मैंने व्यर्थ ही चिंता की और आखिर में अप्रैल, 1945 को पूरी तरह बीमार हो पड़ गया। मुझे ऐसी बीमारी हुई, जिसमें रोगी को बेहद असहनीय दर्द का सामना करना पड़ता है। डॉक्टर इसे स्पैस्मोडिक ट्रांसवर्स कोलोन बीमारी कहते हैं। ये तो परमेश्वर की कृपा है कि द्वितीय विश्व युद्ध उस दौरान थम गया। अन्यथा मैं अपनी चिंताओं की वजह से ब्रेकडाउन का शिकार जरूर हो जाता।

मैं 94वीं, इन्फैन्ट्री डिवीजन का ग्रेव्ज रजिस्ट्रेशन, नॉन-कमीशन्ड ऑफिसर था। उस समय मेरा काम यह था कि मैं युद्ध के दौरान लापता होने वाले, अस्पताल में भर्ती मरीज और युद्ध में मरने वालों का रिकॉर्ड रखूं। इसी के साथ कई बार मुझे शत्रु सिपाहियों और मित्र देशों के मरने वाले सिपाहियों के उन शरीरों को भी बाहर निकालने का काम करना पड़ता था, जिनके मृत शरीर ठीक से दफन नहीं हो पाते थे। मृतकों के पास के सामान उनके परिजनों के पास भिजवाने का काम भी मेरे ही हिस्से में था। मैं इन सभी के बीच लगातार काम करते हुए परेशान होता रहता। मुझे इस बात की हमेशा चिंता लगी रहती कि मुझसे जाने-अनजाने में कहीं कोई भूल न हो जाए।

मेरे सोलह महीने के बेटे को देखने के लिए मैं हमेशा तरसता रहता था। प्रति दिन ईश्वर से प्रार्थना करता कि क्या उसे देखने के लिए मैं इस भीषण युद्ध से बच पाऊंगा। हताशा और निराशा मुझ पर इतनी हावी हो चुकी थी कि मेरा शरीर पूरी तरह बर्बाद हो चुका था। मुझे लगने लगा था मेरे शरीर में सिर्फ़ चमड़ी और हड्डी का ढांचा ही रह गया है। अक्सर मैं सोचता कि अगर घर भी मुझे जाने को मिल जाएगा तो मैं किस हालत में घर पहुँच पाऊंगा। इसका भी अंदाजा नहीं था। इन परिस्थितियों ने मेरी ऐसी हालत कर दी थी कि हर समय मेरी आंखों से आंसू ही निकलते। एक बार युद्ध के समय तो मैं पूरी तरह ठीक होने की उम्मीद भी खो चुका था।

आखिरकार मुझे सेना के अस्पताल में भर्ती होना पड़ा। मैं इस घनघोर अंधकार से जूझ ही रहा था कि मुझे मेरा इलाज कर रहे डॉक्टर ने ऐसी सलाह दी कि उसने मेरी ज़िंदगी की तस्वीर ही बदल कर रख दी। उन्होंने पहले पूरी तरह मेरी शारीरिक जांच की। इसके बाद उन्होंने कहा तुम्हारी समस्या मानसिक है न कि शारीरिक। वे

बोले, *"टेड अगर हम अपने जीवन को एक बालूघड़ी की तरह मान लें तो हम जानते हैं, बालूघड़ी में क्या होता है। बालूघड़ी जिस बालू से भरी होती है, उसमें बीच के सुराख से एक-एक करके ही बालू के कण नीचे आ पाते हैं। हम कितना भी चाहें पर बिना नुकसान पहुँचाए इस अवधारणा को तोड़ नहीं सकते। सिर्फ इतना ही नियम है। बालूघड़ी की तरह ही हमें भी एक निश्चित क्रम में कार्य करने की जरूरत है। सुबह उठते ही हमारे भीतर से आवाज आने लगती है कि हमें आज कई काम करने हैं। यहीं से हमारे दिन का संतुलन बिगड़ना शुरू हो जाता है। अगर हम सभी कामों को क्रमबद्ध तरीके से न कर के एक साथ करने कि कोशिश करेंगे, तो हम कुछ भी नहीं कर पाएंगे, इस तरह अपने मानसिक और शारीरिक ढांचे को पूरी तरह निढाल कर लेंगे।"*

इस दर्शन को मैंने उसी दिन से अमल में लेना शुरू कर दिया, और मेरी ज़िंदगी को बदलने वाले यही वह क्षण थे। *'एक ही बालू का कण या कहें कि एक समय में एक काम।'* इस एक सलाह ने मेरी इतनी मदद की, कि मैं पूरे युद्ध के दौरान खुद को मानसिक और शारीरिक रूप से स्वस्थ रख सका। इसका अनुपालन करते हुए ही मैंने अपने जीवन में एडक्राफ्टर्स प्रिंटिंग एंड ऑफसेट कंपनी, इन्क के पब्लिक रिलेशन्स एंड एडवर्टाइजिंग विभाग में डायरेक्टर का पद प्राप्त कर लिया। साथ ही यही नहीं, मुझे व्यापार में भी युद्ध से मेल खाती समस्याओं का ही सामना करना पड़ा।

व्यापार के लिए हमें कई मसलों पर एक साथ निपटना था, जैसे-कम समय, कम स्टॉक, नई स्टॉक व्यवस्था, नये फॉर्म, ऑफिस खोलने और बंद करने का समय, पता बदलने की प्रक्रिया आदि। यही सभी समस्याएं बिल्कुल हमारे सामने थीं, जिनसे हमें ही निपटना था। परन्तु मैंने निराश या हताश होने की बजाए डॉक्टर की उस सुनहरी सलाह को याद रखा। 'एक बार में एक ही काम।' इस तरह मैं अपने काम को ठीक से निपटा पाया। युद्ध के दौरान मुझे जिन तनावों और दुविधाओं से गुजरना पड़ा। उन सब पर जीत पाया।

आधुनिक जीवनशैली का एक भयानक पक्ष यह भी है कि अस्पतालों के कई बिस्तर उन मरीजों के लिए आरक्षित थे, जो किसी न किसी भावनात्मक या मानसिक बीमारियों से परेशान थे। असल में वे गुजरे हुए कल भयावह अनुभवों और आने वाले कल के खौफ से इस तरह खुद को जकड़ चुके थे कि उन्होंने उसे ही सत्य मान लिया था। वे चाहते तो खुद को अस्पताल में भर्ती होने से बचा सकते थे। अगर उन्होंने ईसा मसीह की बात *'आने वाले कल की कोई चिंता मत करो।'* या सर विलियम आस्लर के शब्दों पर अमल किया होता : *'सिर्फ़ आज में जियो।'*

असल में हम दो छोर के मध्य खड़े हैं - एक अतीत है जो हर किसी का कुछ न कुछ होता है। वहीं दूसरा भविष्य है, जो निरंतर आगे ही बढ़ता जाता है। हमारे लिए एक समय में अतीत में होना या भविष्य में होना असंभव है। किसी भी सूरत में नहीं। लेकिन फिर भी हम ऐसा करने का प्रयास करते हैं। इसका परिणाम यह होता है कि हम अपने मन और शरीर दोनों को नुकसान पहुँचा लेते हैं। इन विचारों को जानने के साथ हम अब यह प्रण लें कि आज से हम अपने सुबह उठने से लेकर सोने तक इसी पल में जिएंगे, तो हमारी ज़िंदगी बदल जाएगी। एक जगह रॉबर्ट लुई स्टीवेंसन ने लिखा है, 'आदमी एक दिन के लिए हर बोझा उठा सकता है। उसकी शक्ति उसे एक दिन के लिए हर काम संभव बनाकर देती है। एक दिन में सूरज के निकलने से लेकर उसके डूबने तक प्रसन्नता, प्रेम, करुणा, शांति, संयम के साथ तो रह ही सकता है। यही तो जीवन का असली मकसद है।'

ज़िंदगी हमसे यही चाहती है, पर मिसेज ई.के. शील्ड्स सोने (जो सेगिनॉ, मिशिगन में रहने वाली थी।) जीवन के इस अद्भुत नियम को जानने से पहले तक जीवन से इस कदर मायूश हो चुकी थीं कि वे इसका अंत करने के बारे में भी विचार कर चुकी थीं। उन्होंने मुझे अपने बारे में बताया था 'मैं बहुत उदास थी, क्योंकि 1937 में मेरे पति की मृत्यु हो चुकी थी। मेरे पास जीवन यापन के लिए पैसे भी नहीं बचे थे। इस निराशाभरे दौर में मैंने अपनी पुरानी नौकरी करने का फैसला किया। सबसे पहले मैंने अपने कान्सस शहर के पुराने नियोक्ता रोच-फाउलर कंपनी के मि. लियॉन रोच को खत लिखा। उन्होंने सम्मान के साथ मुझे फिर नौकरी का अवसर दे दिया। मैं कस्बों, गांवों के स्कूल में पुस्तकें बेचने का काम किया करती थी। अपने पति की बीमारी की वजह से मैंने अपनी पहले की कार तो बेंच दी थी, परन्तु एक सेकेंड हैंड कार की व्यवस्था मैंने किस्तों में पुस्तकें बेंचने के लिए कर ली थी।'

मैंने सोचा था कि काम करने के साथ ही मेरी निराशा भी कम होने लगेगी। लेकिन रोज-रोज अकेले गाड़ी चलाना और भोजन करना मेरे लिए असहनीय होता था। कई ऐसे क्षेत्र थे, जहां मेरी कमाई अच्छी नहीं हो पाती थी। इससे मुझे अपनी कार की किस्तें चुकाने में भी परेशानी होने लगी थी।

मिसूरी के वर्साइली में, मैं 1938 के दौरान जब काम कर रही थी तब वहां के स्कूलों के हालात काफी खराब थे। इन हालातों में तो मैंने एक बार आत्महत्या का भी विचार कर लिया था। तब जीवन में इतनी हताशा थी कि मैं सफल शब्द के मायने भी भूल चुकी थी। हर दिन सुबह उठना और रोज की जरूरतों का सामना करने की हिम्मत भी मैं खो चुकी थी। डर मेरे जीवन का हिस्सा बन गया था- मेरी डर के कई कारण थे, जैस- कार की किस्तें नहीं चुका पाना। अपने घर का किराया न दे पाना। सेहत की

समस्या। मैं डरती थी कि मुझे खाना मिलेगा या नहीं। लेकिन इन सब के बावजूद मैं इसलिए जीवित रही कि मेरी एक बहन थी और वो मेरी मौत से बहुत दुखी होती। मेरे पास तो मेरी अंतिम यात्रा के लिए भी पैसे नहीं थे।

पर एक दिन मेरी किस्मत बदली। मैंने एक लेख पढ़ा। ऐसा लेख, जिसके एक प्रेरक वाक्य ने मुझे हताशा से निकालकर आशाओं से सराबोर कर दिया। वह प्रेरक वाक्य था 'बुद्धिमान व्यक्ति के लिए हर दिन नया जीवन देने वाला होता है।'

मैंने इसे अपनी कार में लिखकर चिपका लिया। हर दिन मैं उसे कार चलाते हुए देखती। धीरे-धीरे यह वाक्य मेरे अंदर घर करने लगा। मुझे एहसास होने लगा कि हर दिन नया होता है। उसे नए तरह से लेना ही जीवन का असली उद्देश्य है। मैंने बीते कल की बातों के बोझ को उतार फेंका। भविष्य की वैचारिक परेशानियों से तुरंत छुटकारा पाया। अब हर सुबह मैं खुद से एक ही बात कहती- हर दिन नया है।

सोच बदलते ही मेरी ज़िंदगी इतनी बदल जाएगी। मैंने यह कभी सपनों में भी नहीं सोचा था। अब मैं न गरीबी से डरती हूँ और न ही उन खौफनाक सपनों से, जो मुझे डराते थे। अब मैं पूरी तरह प्रसन्न और सुखी हूँ। मैं भीतर से खुद में एक उत्साह को महसूस करती हूँ। अब मैंने अपने मस्तिष्क को इस तरह से तैयार कर लिया है कि वह किसी भी भयानक विपदा के आने से डरने वाला नहीं है। अब मुझे पता है कि जीवन का एक दिन ही मुझे गुजारना है, वो भी प्रसन्नता से। इतना तो मैं कर ही सकती हूँ। साथ ही यह भी मुझे समझ आ गया है कि समझदार व्यक्ति के लिए प्रतिदिन नया जीवन होता है। यही सबसे बड़ी हकीकत है, जिसे सभी को स्वीकार करना चाहिए।

मुझे कोई ये बतागा कि यह सुंदर कविता किसने लिखी है।

इस जीवन में सिर्फ़ वही प्रसन्न है,
जो आज को अपनाता है।
जो पूरे जोश से कहता है,
कल तुम जो चाहे करो,
पर आज तो मैंने पूरी तरह जी लिया।।

यह शब्द कितने प्रेरक लगते हैं! यह शब्द ईसा मसीह के भी तीस साल पहले होरेस नाम के रोमन कवि द्वारा लिखे गए थे।

मनुष्य को यह भ्रांति होती है कि वह जीवन जी रहा है, जबकि असल में वह केवल जीवन के दिन गुजार रहा होता है। वह भविष्य के गुलशनों में खोया रहता है, बजाए इसके कि अभी जो फूल उसके सामने हैं उसका आनंद लेने के। आखिर हम लोग कितने मूर्ख हैं-हद से ज्यादा मूर्ख!

स्टीफन लीकॉक कहते हैं कि इंसान की जीवन यात्रा बहुत ही अजीब होती है। पहले वह बचपन में बड़े होने के सपने देखता है, इसके बाद बड़ा होने पर कमाने के, फिर शादी के, अंत में रिटायरमेंट होने तक वह यही सब सोचता रहता है। एक दिन जब रिटायरमेंट वाला दिन आ जाता है तो ठंडी सांस लेकर वह सोचने लग्ता है कि पीछे कितना कीमती वक्त वह गुजार आया। तभी समझ आता है कि पीछे ज़िंदगी का हर लम्हा जीने लायक था और हमने कहां गलती कर दी। हमें तो जीवन के हर पल, हर लम्हे का आनंद लेना चाहिए था।

ऐसी ही कहानी स्व. एडवर्ड एस. इवान्स (डेट्रॉइट) की है। उन्हें जीवन के हर पल के आनंद लेने का तजुर्बा तब हुआ जब वह लगभग मृत्यु के नजदीक पहुँच गए थे। असल में उन्होंने अपने जीवन में पैसे कमाने की शुरुआत अखबार बेंचकर शुरू की थी। फिर वे किराना दुकान में बाबू बने। धीरे-धीरे समय के साथ जब उनका परिवार बड़ा होता गया और पारिवारिक सदस्यों की संख्या बढ़कर सात हो गई, तो उन्होंने किसी तरह असिस्टेंट लाइब्रेरियन की नौकरी कर ली। इसके बावजूद वो उतना पैसा नहीं कमा पा रहे थे, जितना परिवार भरण पोषण के लिए जरूरत था। दिन-ब-दिन बढ़ती जरूरतों और खर्चों ने आखिरकार उनमें इतने साहस भर दिया कि आठ साल बाद उन्होंने अपना व्यापार शुरू कर दिया।

खैर, उन्होंने व्यापार शुरू करने के साथ ही उसमें ऐसी सफलता पाई कि 55 डॉलर, जो किसी से उधार लिए गए थे, से बीस हजार डॉलर कमाने वाली कंपनी का एम्पायर खड़ा कर दिया। जीवन में मिली इस अप्रत्याशित सफलता के क्षणों में उनके साथ फि एक दुर्घटना घटी। उनका एक दोस्त दिवालिया हो गया, जिसकी जमानत उन्होंने ली थी। ऐसी एक और दुर्घटना घटी। जिस बैंक में उनका पैसा जमा था, वह दिवालिया हो गया। बैंक के पास फूटी कौड़ी नहीं बची। उलटे अब उन पर सोलह हजार डॉलर का कर्ज और लद गया था। इन परिस्थितियों में कोई भी खुद को दुनिया का बदनसीब आदमी समझ सकता है। इवान्स के साथ भी ऐसा ही था। उन्होंने बताया 'मेरे इतने बुरे हाल थे कि आंखों से नींद गायब हो चुकी थी। भूख-प्यास नहीं लगती थी। यहां तक एक दिन सड़क पर चलते-चलते मैं घबराहट से गिर पड़ा।

मेरे शरीर में इतनी भी शक्ति नहीं रह गई थी कि ठीक से सड़क पर चल सकूं। मेरे शरीर में इतना असहनीय दर्द होने लगा था कि मैं ठीक से लेट भी नहीं पा रहा था। मुझे डॉक्टर ने एक और खौफनाक खबर सुनाई कि तुम दो सप्ताह तक ही जीवित रह सकते हो। इस खबर ने मुझे सदमें में डाल दिया। मैंने थके हुए इंसान की तरह अपनी वसीयत लिखी और निढाल होकर बिस्तर पर यह सोचते हुए लेट गया कि अब ज़िंदगी में कुछ नहीं हो सकता। अब मुझे चिंता और संघर्ष की कोई जरूरत नहीं रह गई, क्योंकि

अब तो जीवन का फैसला होने वाला है। मैं चिंता मुक्त होकर सोया। इससे पहले मैं दुनियाभर की चिंताओं की वजह से ठीक से सो भी नहीं पाता था, लेकिन अब मैं बेफिक्र होकर सोया, जैसे-एक बच्चा सोता है। इस चिंता मुक्त निद्रा ने मेरे जीवन में परिवर्तन लाने शुरू कर दिए। मुझे भूख लगने लगी। मेरा वजन भी बढ़ने लगा।

कुछ ही समय में, मैं सहारे से चलने लगा। मेरे अंदर सकारात्मक बदलाव होने लगे। यहां तक कि बहुत जल्द मैं काम करने लायक भी हो गया। मैंने भी परिस्थितियों के सुधार को देखते हुए एक सप्ताह में तीस डॉलर वाली नौकरी कर ली। यह नौकरी मेरी बीस हजार डॉलर वाली कंपनी से बहुत छोटी थी, लेकिन मुझे अब उसे पाने की भी बहुत खुशी थी। इस नौकरी में मेरे पास जहाज में जाने वाली कारों के चक्कों के पीछे ब्लॉक लगाने वाला कार्य था। मैंने यह कार्य बहुत संजीदगी से किया, लेकिन इस बार मेरे अंदर ना बीते हुए कल की चिंता थी, ना ही आने वाले कल का भय। मैं चिंता से पूरी तरह मुक्त हो चुका था। मैंने सिर्फ़ और सिर्फ़ अपनी ऊर्जा का इस्तेमाल चक्कों में लगाए जाने वाले ब्लाक को बेचने के लिए करना शुरू कर दिया।

यही सकारात्मक रवैया इवान्स के बेहद काम आया। उन्होंने इस नौकरी के बाद इतनी तरक्की कर ली कि फिर से एक 'इवान्स प्रॉडक्टस कंपनी' के प्रेसिडेंट बन गए। न्यूयार्क स्टॉक एक्सचेंज में इस कंपनी का नाम दर्ज है। आज अगर आप ग्रीनलैंड के ऊपर हवाई यात्रा करते हैं तो उसके पास जिस फील्ड में उतरेंगे, उस हवाई पट्टी का नाम इवान्स के सम्मान में ही दिया गया है। अंतत: अगर इवान्स ने 'वर्तमान में जीना' नहीं सीखा होता तो शायद ही उनके जीवन में इतना क्रांतिकारी बदलाव संभव हो पाता। वे इतने सफल नहीं हो पाते।

एक समय व्हाइट क्वीन ने बहुत उम्दा बात कही थी 'आदमी को बीते कल और भविष्य पर जेम नहीं लगाना चाहिए। बल्कि उसे आज पर लगाकर उसका आनंद लेना चाहिए।'

हम में से ज्यादात्तर लोग आज का आनंद लेने के वनिस्पत, बीते कल और आने वाले कल की माला जपते रहते हैं।

मेरी ज़िंदगी कई ऐसी दुर्घटनाओं से गुजरी है, जो कई बार तो हुई ही नहीं। यह कहना था मॉन्टेन का, जो फ्रांस के महान दार्शनिक थे। उन्हीं की तरह हमारा भी हाल है।

दांते ने भी कहा था कि 'एक दिन जो आज का गुजर गया। वो लौटकर दोबारा नहीं आएगा।' यह तेजी से बिखर रहा है। इसलिए इसकी कीमत समझते हुए आज को हमें समेट लेना चाहिए। यही हमारे लिए सबसे कीमती है।

अभी कुछ समय पहले मैंने एक सप्ताह लॉवेल थॉमस के फॉर्म पर गुजारा था, जहां उन्होंने अपने स्टूडियो की दीवारों पर 118वें भजन की यह पक्तियां उद्धृत कर रखी थी। जिनसे उन्हें प्रेरणा मिलती रहे। और वो पक्तियां थीं –

इस दिन को परमेश्वर ने इसीलिए बनाया है,

कि हम इसमें प्रसन्न और सुखी रहेंगे।।

जॉन रस्किन की मेज पर पत्थर का एक टुकड़ा रखा रहता था, जिस पर लिखा रहता था 'आज।'

हालांकि मेरी डेस्क पर ऐसा कुछ नहीं है। मैंने अपने घर के आईने पर एक कविता लिख रखी है, जिसे मैं प्रतिदिन शेविंग के दौरान गुनगुनाता रहता हूँ।

इस कविता को प्रसिद्ध भारतीय नाटककार कलिदास ने लिखा है। इसे सर विलियम आस्लर सदैव अपनी डेस्क पर रखा करते थे। :

सुबह का अभिनंदन

आज को देखो
क्योंकि यही सत्य है, जीवन का सारांश है।
इस सूक्ष्य यात्रा में
जीवन की वास्तविकता छिपी है

वृद्धि का आनंद
कर्म सुख
खूबसूरती का झुकाव
जो बीता, वो एक ख्वाब है

आने वाला कल एक फसाना
पर, गर आज आनंद से जी लिया
बीता कल खूबसूरत ख्वाब बनेगा
और भविष्य आशाओं का प्रतिबिंब

तो आओ ठीक से देखो 'आज' को

इसके स्वागत का यही तरीका है।।

चिंता को यदि आप भी सचमुच जीवन से बाहर निकालना चाहते हैं तो याद रखें आप भी सिर्फ़ वही करें जो सर विलियम आस्लर ने किया :

अतीत की स्मृतियां और भविष्य की झलक, दोनों को भूल जाएं। सिर्फ़ और सिर्फ़ 'आज' में जीना सीख लें।

आप खुद से यह सवाल करें और उनके उत्तर लिखें।

1. भविष्य के हसीन सपनों की खातिर क्या मैं आज को भुला दे रहा हूँ?
2. बीते हुए पलों को याद कर-करके क्या मैं अपना वर्तमान नष्ट कर रहा हूं। ऐसी बीती हुई स्मृतियां जिनमें सुधारने के अब कोई प्रयास नहीं किए जा सकते हैं।
3. क्या हर दिन मैं आज में जीने का प्रयास करने वाला संकल्प ले रहा हूं।
4. क्या वर्तमान में जीने से मेरी ज़िंदगी बेहतर से बेहतर हो सकती है?
5. मैं आज... कल... या अगले सप्ताह...। कब से ऐसा जीवन जीना शुरू करने वाला हूं।

2

बिगड़े हालात बदलने की जादुई शक्ति

क्या बिगड़े हालातों को संभालने की जादुई शक्ति के बारे में जानने के उत्सुक हैं। ऐसी तरकीब, जो तत्काल आपके काम आ सकती है। इसे विलिस एच. कैरियर ने अपनाया था। हां, वही विलिस, जिसने इंजीनियर रहते हुए एयर-कंडीशनर की कंपनी की नींव रखी थी। साथ ही वह न्यूयार्क में स्थित साइरैक्स के कैरियर कॉर्पोरेशन में प्रमुख की भूमिका भी निभा चुके हैं। उनकी चिंताओं से मुक्त होने के लिए जो तरकीब है, वह मेरे ख्याल से किसी और के पास नहीं हो सकती। यह मुझे उन्होंने तब बताई थी, जब हम दोनों मिलकर इंजीनियर्स क्लब (न्यूयार्क) में भोजन कर रहे थे।

उन्होंने मुझसे कहा-मैं बफैलो फोर्ज कंपनी, जो कि बफैलो (न्यूयार्क) में स्थित है, में काम करता था। तब मेरे हिस्से बहुत महत्त्वपूर्ण काम आया। मुझे मिसूरी के क्रिस्टल सिटी में स्थित पिट्सबर्ग प्लेट ग्लास कंपनी के गोदाम में गैस साफ करने वाली मशीन स्थापित करने का अवसर मिला। मशीन, गैस से अनावश्यक चीजों को निकालने का काम करती है, ताकि इंजन अच्छे से काम करें और जलते समय उन्हें किसी प्रकार का नुकसान न पहुँचे। असल में पहले ऐसे तरीके से यह काम नहीं होता था। यह एक नवीन प्रणाली थी। इससे पहले विशेष हालातों में यह प्रयोग के तौर पर आजमाया गया था। जब मैंने यह काम करना शुरू किया तो कई प्रकार के व्यवधान आए।

मशीन काम करने के बाद भी उतना काम नहीं कर पा रही थी - जैसे हमने अपने क्लाइंट को वादा किया था। इन हालातों ने मुझे इतना असहज कर दिया था कि मैं अपने दैनिक कामों को ठीक से नहीं कर पा रहा था। चिंता ने मुझे अनिद्रा का शिकार

बना दिया था। मुझे तब कुछ भी सूझ नहीं रहा था, लेकिन हालातों पर गौर करने से मुझे जो सबसे महत्त्वपूर्ण बात समझ में आई, वह यह थी कि चिंता करने से बिगड़े हालात सुधरने वाले नहीं थे। मैंने चिंता को अपने दिमाग़ से दूर फेंका और कठिनाई के हल के बारे में पूरी तरह खुद को केंद्रित करने लगा। पिछले तीस सालों से मैं इस चिंता-विरोधी तरीके का प्रयोग करते आ रहा हूँ। यह तीन सरल कदमों में होने वाली आसान प्रक्रिया है। ये तीन कदम इस तरह हैं, जिससे कोई भी फायदा ले सकता है :

पहला कदम : मैने हालातों को देखते हुए सबसे पहला काम यह किया कि बिगड़े हालातों से खुद के जीवन में होने वाले नुकसान का अंदाजा लगाया। मैंने सोचा कि आखिर इस काम के न होने पर मुझे क्या संभावित नुकसान हो सकते थे। ना मुझे जेल जाना पड़ता और ना ही मुझे कोई फांसी पर चढ़ा देता। हालांकि इस असफलता पर मेरी नौकरी दांव पर थी। साथ ही यह मशीन जो यहां काम कर रही थी, उसे मेरी कंपनी को हटाना पड़ता, जिससे उन्हें लगभग बीस हजार डॉलर का घाटा हो सकता था।

दूसरा कदम : जब सारे संभावित परिणाम मेरे सामने आ गए तो मैंने खुद को सबसे पहले उसके लिए तैयार किया। मैंने स्वयं को समझाया कि इससे अगर मेरी नौकरी चली जाए तो भी मैं अपने प्रयासों से दूसरी अच्छी जॉब पा सकता हूँ। मेरी कंपनी के नजरिए से देखा जाए तो गैस साफ करने का यह नया प्रयोग था, जिसे इससे पहले विशेष हालातों में ही प्रयोग किया गया था। इसलिए इस प्रयोग में आने वाले बीस हजार डॉलर के खर्च को कंपनी अपने अनुसंधान बजट में भी डाल सकती थी। इस तरह सभी संभावनाओं से सोचने के बाद जब मेरा मस्तिष्क शांत हो गया, तब जाकर मुझे राहत मिली। मैं पहले की तरह सामान्य हो पाया।

तीसरा कदम : हालातों का जायजा लेने और उनके संभावित परिणामों की गणना करने के बाद मैंने उन नुकसान पर गौर करना शुरू किया, जिन्हें मैं अपनी ओर से कम कर सकता था। जिनके बारे में मैंने पहले ही सोच लिया था। मैं तेजी से बीस हजार डॉलर के नुकसान को कम करने में जुट गया। जब मैंने काम करने वाली जगह का बारीकी से निरीक्षण किया तो मुझे ज्ञात हुआ इन हालातों को ठीक करने के लिए हमें एक अतिरिक्त मशीन की जरूरत है।

यदि हम पांच हजार डॉलर और खर्च कर दें तो हमें सारी समस्याओं से छुटकारा मिल सकता है। मैंने अपने वरिष्ठों को सारी बात समझाई और इसी तरकीब को आजमाया। अंतत: इस तरकीब ने काम किया और जहां हमें बीस हजार डॉलर का नुकसान होने जा रहा था। उसकी जगह पर अब हमें पंद्रह हजार डॉलर का फायदा हो गया।

इस तरह अगर मैं सिर्फ़ चिंता ही करता रहता तो इस कहानी का अंत बुरा होता, क्योंकि चिंता इंसान को एकाग्र नहीं होने देती। इंसान जब चिंता करना शुरू करता है तो उसका दिमाग़ एक जगह स्थिर न होकर भटकना शुरू कर देता है। अजीब ख्याल उसे डराने लगते हैं। इन परिस्थितियों में इंसान की निर्णय लेने की क्षमता भी नष्ट हो जाती है। वहीं इससे उभरने के लिए जब हम हालातों का सूक्ष्म निरीक्षण कर हर परिस्थिति के लिए खुद को मानसिक रूप से तैयार कर लेते हैं तब दिमाग़ इस स्थिति में पहुँच जाता है कि वह बिगड़े हालातों में भी एकाग्रता से अहम निर्णय ले सके।

यह मेरे जीवन की बहुत पुरानी घटना है, परन्तु जो तरकीब मैंने इस दौरान आजमाई उसने सचमुच चमत्कारिक रूप से काम किया। इसलिए मैं उस तरकीब का इस्तेमाल हर जगह करने लगा। इसकी वजह से ही आज मुझे चिंता मुक्त जीवन जीने का अवसर मिला है।

अब प्रश्न यह उठता है कि विलिस एच. कैरियर की यह तरकीब इतनी मूल्यवान क्यों है? शायद इसलिए क्योंकि इससे हमारा दिमाग़ जो बादलों की तरह यहां-वहां भटकना बंद हो जाता है। हम हकीकत की धरती पर पूरी तैयारी के साथ खड़े रहते हैं। अगर ऐसा ना हो तो हम जानते हैं कि हम किसी भी समस्या से पूरी तरह निजात नहीं पा पाएंगे।

विलियम जेम्स, जो एप्लाइड साइकोलॉजी के पितामह कहे जाते हैं, उनकी मृत्यु सन् 1910 में हुई थी। किन्तु मैं जानता हूँ कि यदि वे जिंदा होते और उन्हें इस नायाब तरकीब का पता चलता तो निश्चित ही इसकी प्रशंसा करते। इसका कारण यह है कि उन्होंने भी अपने छात्रों से कहा था : बीती बातों को स्वीकारो... घट चुकी घटनाओं को बदला नहीं जा सकता। इसलिए इसे स्वीकार करके ही हम इससे उभरने का पहला कदम उठा सकते हैं।

इसी तरह की बात एक चीनी दार्शनिक लिन यूटैंग ने अपनी प्रसिद्ध पुस्तक *'द इम्पॉर्टेंस ऑफ़ लिविंग'* में भी कही थी। उसके अनुसार, हर बुरी स्थिति को एक बार स्वीकार करके ही मन को शांत किया जा सकता है। मनौवैज्ञानिकों के अनुसार इसे कहा जाता है भीतरी ऊर्जा को छोडना। मैं इस बात से पूरी तरह सहमत हूँ। इसे ऐसा भी कह सकते हैं कि एक नए सिरे से ऊर्जा को मुक्त करना। एक बार मन द्वारा जब हर बुरी परिस्थिति को स्वीकार कर लिया जाता है तो हम जान जाते हैं कि हम क्या खो सकते हैं। इसका अर्थ यह भी हो सकता है कि हम अब जानते हैं कि खोने के साथ ही क्या पाया जा सकता है। इस सब के बीच जैसा विलिस एच. कैरियर ने कहा था कि मेरा मन तुरंत शांत हो गया और मैं चिंता मुक्त होकर सही रूप से सोच सका।

क्या अब ये आपको समझदारी भरी सलाह नहीं लगती है? इस सब के बाद भी हम अपने चारों ओर देख सकते हैं कि कैसे लोग दु:ख, निराशा और गुस्से में अपना जीवन बर्बाद कर देते हैं। सिर्फ़ इसलिए क्योंकि उन्हें परिस्थितियों के अनुसार परिणामों का सामना करना नहीं आता है। वे खुद को हर तरफ से घिरा पाते हैं और स्वयं को बचाने के प्रयास से इंकार कर देते हैं। वे चाहें तो अपनी किस्मत को बदल सकते हैं। पर वे ऐसा कुछ नहीं करते। इस तरह वे सिर्फ़ चिंता करना शुरू कर देते हैं। इसके रोगी बन जाते हैं, जिसे मैलेनकोलिया भी कहा जाता है।

क्या आप एक और उदाहरण से जानना चाहेंगे कि किस तरह विलिस एच. कैरियर की जादुई तरकीब को अपनाकर किसी ने अपना भाग्य बदला। तो लीजिए मैं, मेरी कक्षा के आयल डीलर छात्र का उदाहरण यहां दे रहा हूँ, जैसा उसने मुझे बताया।

मुझे षडयंत्र के तहत फंसाया जा रहा था। इसका मुझे जरा भी अंदाजा नहीं था कि जैसा फिल्मों में होता है वैसा ही मेरे साथ भी हो रहा था। इसका कारण यह था कि - मेरी कंपनी में कई डिलेवरी ट्रक और ड्राइवर थे। उस दौरान, क्योंकि युद्ध के नियम सभी जगह लागू थे और हमें भी उनका पालन करना था। मैं इस बात से अंजान था कि मेरी कंपनी के कुछ ड्राइवर हमारे नियमित ग्राहकों को कम तेल दे रहे हैं और बचा हुआ तेल अपने निजी ग्राहकों को बेचने का काम करने लगे हैं। इसका पता मुझे तभी चल पाया जब एक इंस्पेक्टर ने आकर मुझसे इसकी शिकायत की और अपना मुंह बंद रखने के लिए मुझसे इसकी कीमत मांगी। उसके पास हमारी कंपनी में हो रहे इस घोटाले के पूरे सबूत थे। इसलिए पुरजोर तरीके से वह मुझे धमका रहा था कि वह ड्रिस्ट्रिक्ट एटॉर्नी के सामने खुलासा कर सकता है, यदि उसकी मांग पूरी नहीं की गई।

मैं यह तो जानता था कि इससे सीधे मुझ पर कोई आरोप नहीं लग रहा था। यह मेरी कंपनी के ड्राइवरों की गलती थी। फिर भी कंपनी में होने वाले किसी भी अनुचित काम के लिए मुझे उत्तरदायी ठहराया जा सकता था। इसके अलावा वेबजह अखबारों में नकारात्मक रूप से नाम उछलने और अदालत तक बात पहुँचने से बात बहुत बिगड़ सकती थी। मेरी कंपनी मुझे बहुत प्यारी थी, क्योंकि इसे मेरे पिता ने चौबीस वर्ष पहले शुरू किया था।

उस दौरान मैं दिन-रात परेशान रहने लगा। मेरे दिमाग़ ने लगभग मेरा साथ छोड़ ही दिया था। मैंने तीन दिनों तक न खाया और न ही सोया। लगातार मेरा दिमाग़ एक ही बात पर अटका रहा कि उस इंस्पेक्टर को पांच हजार डॉलर देकर क्या मैं अपना पीछा छुड़ाऊं या उसे उसके मन का कर लेने दूं। इन दोनों ही परिस्थितियों में नुकसान तो मेरा ही था।

इसी दौरान मैंने डेल कारनेगी की कक्षा में मिली हाऊ टु स्टॉप वरीइंग बुकलेट खोली। इसमें मैंने विलिस एच. कैरियर की प्रेरणात्मक कहानी का अध्ययन किया। उसमें यही सलाह दी गई थी कि बुरे से बुरे का अंदाजा पहले ही लगा लो। मैंने भी इसी सलाह को माना। मैंने खुद से सवाल किया कि मान लो मैं पैसे न दूं और इंस्पेक्टर, एटॉर्नी को जाकर सब कुछ बता दे। तब हालात कितने बिगड़ सकते हैं।

इसका उत्तर मुझे यही मिला-मेरे वर्षों के कारोबार को नुकसान पहुँच सकता था। बुरे प्रचार के कारण मुझे अब व्यापार करने में कई प्रकार की दिक्कतें आ सकती थी। पर इससे बुरा यह नहीं हो सकता था कि दूसरों की गलती की वजह से मुझे जेल जाना पड़े।

मैंने खुद से फिर एक सवाल किया - अगर मेरा बिजनेस चौपट हो भी गया तो इसके बाद आखिर मेरा क्या होगा?

इसका मेरे पास यही उत्तर था-बिजनेस अगर खत्म हो गया तो मुझे भी दूसरों की तरह किसी प्रकार की नौकरी खोजनी पड़ेगी। इसमें मेरा अब तक अनुभव बहुत ही काम आएगा। आखिर मुझे आयल उद्योग का इतना जबरदस्त ज्ञान है। इसलिए मुझे नौकरी मिलने में ज्यादा परेशानी नहीं होगी। इन सभी बातों ने मेरे दिमाग़ को शांत और स्थिर कर दिया। अब मैं खुद को बेहद मुक्त महसूस करने लगा। तनाव मेरे दिमाग़ से पूरी तरह हट गया। मुझे यह सुखद आश्चर्य हुआ कि अब मैं पुन: पहले जैसे दृढ़ता से निर्णय लेने लगा।

मैं तीसरा कदम उठाने के स्तर पर पहुँच चुका था। अब मेरा विश्वास हर बुरी से बुरी स्थिति को सुधारने में हो गया था। इसलिए मैंने समस्या को समझते हुए समाधान के बारे में सोचना शुरू कर दिया। जब मैंने साक्ष्यों के हिसाब से सूक्ष्म विश्लेषण किया तो मुझे इस कठिनाई का नया हल नजर आया। मैंने सोचा कि अपने वकील को सब कुछ बताकर इसका हल जरूर निकाल सकता हूँ। मुझे यह बहुत ही हास्यास्पद लगा कि मैंने अब तक इस तरह क्यों नहीं सोचा, लेकिन इसका सबसे अहम कारण यह था कि मैं इतनी गंभीर चिंता में डूब गया था मैं इसके बारे में सोच ही नहीं पा रहा था। मैंन इस तरह एक तरकीब ढूंढ ली थी। अब मैं सुबह वकील के पास जाने का सोचकर बेफिक्र होकर सो गया।

अगली सुबह उठकर मैंने वैसा ही किया जैसा सोचा था। अपने वकील के पास पहुँचा और मैंने उसे सारी बातों खुलकर बता दी। उसने मुझे सुझाव दिया कि मैं सारी सच्चाई डिस्ट्रिक्ट एटॉर्नी को बता दूं। मैंने उसकी बातें मानते हुए एटॉर्नी के सामने कंपनी में हो रहे गलत कामों के साथ ही पुलिस इंस्पेक्टर द्वारा ब्लैक मेलिंग किए जाने वाली सारी बातें बता दी। मेरी बातें सुनते ही एटॉर्नी ने जो मुझसे कहा, वह जानकार

मेरे होश ही उड़ गए। असल में उन्होंने बताया कि ऐसी ब्लैक मेलिंग की घटनाएं पहले भी कइयों के साथ हो चुकी हैं। वह इंस्पेक्टर जो ऐसा कर रहा है, हकीकत में वो इंस्पेक्टर ही नहीं है। वो तो एक अपराधी है, जो ऐसा करके दूसरों को लूटने का काम कर रहा है। उस अपराधी की पुलिस बहुत दिनों से तलाश कर रही है। आप सोच सकते हैं कि मुझे यह जानकार कितनी खुशी हुई होगी। उस अपराधी की वजह से मैं इतना परेशान हो गया था कि पिछली दो-तीन रातों से ना ठीक से सो पाया और ना ही भोजन कर पाया था। उस धोखेबाज को पांच हजार डॉलर देने की चिंता ने मेरा जीवन दुर्भर कर दिया था।

इस अनुभव ने मुझे गहरा सबक सिखाया। किसी भी बड़ी समस्या के लिए मैं अब तैयार हो चुका था। अब जब भी कोई ऐसी समस्या मेरे सामने आती है, जिसकी वजह से मैं घोर चिंता में पड़ जाता हूँ तो मैं उससे निकलने के लिए सबसे पहले विलिस एच. कैरियर के दिखाए रास्ते पर चलने लगता हूँ।

जैसी कहानी विलिस एच. कैरियर की समस्या को लेकर थी। उससे भी हैरत कर देने वाले कहानी एक और शख्स की थी, जिसके बारे में जानकार आप भी हैरत में पड़ जाएंगे। यह कहानी है मैसेच्युसेट्स में विन्चेस्टर के रहने वाले अर्ल. पी. हैनी की। यह उन्होंने मुझे 17 नवंबर 1948 को स्टेटलर होटल (बोस्टन) में सुनाई थी। उसने बताया :

अपनी उम्र के 20वें दशक में मुझे चिंता ने इस तरह घेरा था कि मुझे अल्सर की शिकायत हो गई थी। एक रात तो स्थिति इतनी गंभीर हो गई कि मुझे नॉथवेस्टर्न यूनिवर्सिटी ऑफ शिकागो के स्कूल ऑफ मेडिसिन में भर्ती कराना पड़ गया। मैं पहले 175 पाउंड का था। इस चिंता की वजह से मेरा वजन घटकर 90 पाउंड हो गया। मैं इतना कमजोर हो गया था कि डॉक्टर को भी मेरी चिंता होने लगी थी। मेरी स्थिति तब और गंभीर हो गई थी जब कई डॉक्टर और एक प्रसिद्ध अल्सर विशेषज्ञ ने मुझे यह जानकारी दी कि मेरा अल्सर रोग कभी ठीक नहीं हो सकता। मैं दवाओं के सहारा जीवित रहने लगा। खाने में सिर्फ़ रोज एक चम्मच दूध और क्रीम ले पाता था। यह दौर इतना भयावह था कि मैं देखता एक नर्स हर रात और सुबह एक रबर मेरा अमाशय में डालकर मेरे अंदर की कई गैर-जरूरी चीजों को बाहर निकाल लेती।

यह क्रम एक... दो... या तीन दिन नहीं... कई हफ्तों तक चला। इस उबाऊ और थकाऊ जीवन से निराश होकर एक दिन मैंने एक बड़ा फैसला लिया: मैंने खुद से कहा, आखिर ऐसा कब तक चलेगा? अगर यही सब चलता रहा तो मैं सिर्फ़ आने वाले भविष्य में अपनी मौत की तरफ कदम बढ़ा रहा हूँ। इससे अच्छा मुझे अपने बचे हुए जीवन का आनंद लेना चाहिए। मेरी दिली तमन्ना दुनियाभर की सैर करने की थी। मैंने इन हालातों में इसी चाहत को पूरा करने का सोचा।

खैर, इसके लिए मुझे यह बात सबसे पहले डॉक्टर को बतानी थी। एक सुबह जब मैंने उनसे यह बात कही कि मैं दुनिया की सैर पर निकलवाने वाला हूँ और इस दौरान अपने अमाशय की देखभाल मैं खुद करूंगा तो वे हैरत में पड़ गए। उन्होंने कभी इतनी अविश्वसनीय बात नहीं सुनी थी। उन्होंने मुझे सलाह दी कि यदि मैंने ऐसा किया तो मेरा बचा नामुमकिन होगा, लेकिन मैंने ठान लिया था। मैंने उन्हें जवाब दिया नहीं डॉक्टर, ऐसा कुछ नहीं होगा। मैंने अपने रिश्तेदारों को भी सूचना दे दी कि अगर मुझे कुछ हो गया तो मैं नेब्रास्का के ब्रोकन बाऊ में अपने पारिवारिक कब्रिस्तान में ही अंतिम शरण लूंगा।

मैंने अनहोनी को ध्यान में रखते हुए एक ताबूत की भी व्यवस्था कर ली। उसे अपने साथ ले जाते समय उस जहाज की कंपनी से यह सौदा किया कि यदि सफर के दौरान मुझे कुछ हो जाए तो मुझे उस ताबूत में बर्फ के सहारे वापस आने तक रखा जाएगा। इन सारी व्यवस्थाओं के साथ ही मेरा अनोखा सफर शुरू हो गया। मेरी आत्मा मेरे अंदर हिलोरे मार रही थीं :

हर उस चीज का आनंद लो, जो हमारे सामने है

कहीं ऐसा न हो, हम मिट्टी में मिल जाएं

मिट्टी आपस में मिलकर दब जाएगी

बिना गीत, साकी, शराब और अंत के!

अपने सफर के दौरान मैं एस.एस. प्रेसिडेंट एडम्स जहाज पर जब पहुँचा, जो लास एंजेलिस से पूर्वी देशों की यात्रा पर जा रहा था, मैंने खुद में सकारात्मकता को महसूस करना शुरू कर दिया। यह सकारात्मकता की शक्ति इतनी तीव्र थी कि मेरा अमाशय को संभालना और दवाएं लेना, सभी खत्म हो गया। मैं मुक्त होकर ऐसे भोजनों का आनंद लेने लगा कि, जो मेरे लिए घातक सिद्ध हो सकते थे। इस दौरान मैंने सिगार और हाईबॉल्स पी। मैंने खुद को और अपने शरीर को इतना आनंद दिया, जिसकी कई सालों से मेरी तमन्ना थी। जहाज में सफर के दौरान कई तूफानों का भी सामना मुझे करना पड़ा, पर मैं डरा नहीं, इसने मेरा रोमांच और बढ़ा दिया।

मैंने सफर के दौरान जहाज पर वो सब किया जो कोई आम आदमी करता है, जैसे-नये दोस्त बनाए, नाच-गाने किए, खेल खेले। यह सब मैंने आधी रात तक जाग-जाग कर किया। इसके बाद जब हम चीन और भारत जैसे देशों में पहुँचे तो यहां की गरीबी और भूखमरी की समस्या देखकर मैंने अपने जीवन की व्यापारिक समस्याओं को याद किया, जो मुझे झेलनी पड़ती थी। इन देशों की समस्याओं के सामने यह समस्याएं बेहद हलकी थीं। मैंने अब चिंता करना छोड़ दिया था। इस सारी यात्रा से

जब मैं वापस अपने घर अमेरिका लौटा तब तक मेरी मनोदशा पूरी तरह बदल चुकी थी। मैं पहले जैसा बिल्कुल नहीं रह गया था। मेरा वजन 90 पाउंड तक बढ़ गया था। मुझे यह याद भी नहीं था कि मुझे कभी कोई बीमारी भी थी। मैं पूरी तरह स्वस्थ होकर फिर अपना व्यापार करने लगा। इसके बाद तो मैं कभी बीमार ही नहीं हुआ। अर्ल पी. हैनी का कहना था कि उन्होंने इस दौरान सिर्फ़ विलिस एच. कैरियर के बताए हुए सिद्धांतों का पालन किया। उन्होंने चिंता छोड़ने के जितने भी सूत्र बताए थे वे सब उन्होंने आजमाए।

पहला सवाल - उन्होंने खुद से किया **:** मेरे साथ बुरे से बुरा क्या हो सकता है? – जवाब था, मौत।

दूसरा सवाल - इससे क्या हो सकता है ? **:** मैंने इसके लिए खुद को तैयार कर लिया था, क्योंकि इसके अलावा और कोई रास्ता भी नहीं बचा था।

तीसरा सवाल - अब आगे क्या किया जा सकता है ? - मैंने सारी परिस्थितियों को देखते हुए यही धारणा बना ली थी कि अपने जीवन के बचे समय को अस्पताल के बिस्तर पर नहीं बिता सकता। मुझे अपने शेष समय का आनंद लेना होगा।

उस जहाज पर जाने से लेकर लौटने तक मैंने एक ही बात सही की। वह थी कि मैं चिंता मुक्त रहा। बिल्कुल बेफिक्र, हर गम से अंजान। इसी कारण यह संभव हो पाया कि मैंने अपनी पुरानी सारी परेशानियों को भुला दिया। मेरे भीतर नया उत्साह भरा। मेरे मन को मिली शांति की वजह से मैं आज अपना जीवन बचा पाया।

इसलिए अगर जीवन में किसी के भी सामने इतनी समस्या आए कि वह गहरी चिंता की खाई में खो जाए तो उसे सब भुलाकर विलिस एच. कैरियर के जादुई नसीहतों को आजमाना चाहिए। और वो चमत्कारिक नसीहतें क्या हैं?

1. एक बार सबसे पहले अंदाजा लगा लें आपके साथ सबसे बुरा क्या हो सकता है?
2. जीवन में जो भी हो उसे स्वीकार कर लें।
3. मन को शांत रखते हुए हर बुरी परिस्थिति को यथासंभव सुधारने की कोशिश करें।

3

क्या चिंता से आपका नुकसान संभव है?

जो चिंता से नहीं लड़ सकता,
वह किशोरावस्था ही मर जाता है।

–डॉ. अलेक्सिस कैरेल

यह बहुत पुरानी है, एक युवक मेरे घर आया और उसने मुझसे परिवार सहित चेचक का टीका लगवाने की गुजारिश की। यह वह वालंटियर था, जिसके जैसे कई और लोग पूरे न्यूयार्क शहर में टीका लगवाने की गुजारिश कर रहे थे। उस समय लोग डरे हुए थे, लाइन में लगकर टीका लगवाने के लिए उन्हें बेहद इंतजार करना पड़ता था। वो ऐसा दौर था जब अस्पतालों के अतिरिक्त पुलिस स्टेशनों, फायर बिग्रेड ऑफिस और कारखानों में भी अस्थायी व्यवस्था बनाकर यही काम किया जा रहा था। दो हजार से भी ज्यादा चिकित्सक और नर्स इसी काम में दिन-रात लगे हुए थे, लेकिन आखिर यह सारा घटनाक्रम क्यों हो रहा था, क्योंकि अस्सी लाख की जनसंख्या वाले न्यूयार्क शहर में आठ लोगों को चेचक रोग हुआ था और इसमें से दो की मृत्यु भी हो चुकी थी। मैं यह सोचता हूँ कि इतने वर्षों में किसी ने भी चेचक के टीके लगवाने की तरह मुझे चिंता की बीमारी से मुक्त होने के लिए कभी आग्रह क्यों नहीं किया। जबकि यह ऐसी बीमारी थी जिसने चेचक से भी दस गुना ज्यादा लोगों के जीवन को नुकसान पहुँचाया था। किसी ने भी आज तक नर्वस ब्रेकडाउन के पीछे के सबसे महत्त्वपूर्ण कारण चिंता के बारे में कभी बात नहीं की और ना ही कभी किसी को चेताया। यही कारण है कि मुझे यह महसूस हुआ कि यह काम करना होगा। मैं आपके घरों की घंटियां बजाकर आपको इस अध्याय में यहां चेताने की कोशिश कर रहा हूँ।

डॉ. अलेक्सिस कैरेल, जिन्हें चिकित्सा सेवाओं के लिए नोबेल मिल चुका है। वे कहा करते थे, जो चिंताओं से लडऩा नहीं जानते, वे युवा अवस्था में ही मर जाते हैं। ये बात मजदूर, डॉक्टर, महिला और हर शख्स पर लागू होती है।

कुछ वर्ष पूर्व मैं सांता के रेलवे चिकित्सक डॉ. ओएफ गॉबर के साथ टैक्सस और न्यू मेक्सिको घूमने गया था। वे सांता अस्पताल संघ के प्रमुख चिकित्सक हैं और उनका पूरा पदनाम गल्फ कालोरेडो है। उनसे मेरी चिंता विषय पर गहन बातचीत हुई। उन्होंने इस विषय पर मुझसे कहा था कि, चिकित्सक के पास आने वाले मरीज डरे और चिंता से ग्रस्त होते हैं। ये सत्तर प्रतिशत रोगी अगर खुद की चिंता पर काबू पा लें तो मेरे ख्याल से वे प्राकृतिक रूप से ठीक हो सकते हैं। मुझे अंदाजा है कि उनकी बीमारियां काल्पनिक नहीं हैं।यह मुंह की दुखती दाढ़ की तरह वास्तविक है। कई और बीमारियां हैं जो सौ गुना वास्तविक हैं। जैसे-अनिद्रा, अमाशय का अल्सर, दिल का रोग, सिरदर्द, नर्वस इंडाइजेशन और लकवे की समस्या आदि। मैं भी खुद अमाशय के अल्सर से बारह साल तक पीड़ित रहा हूँ।

असल में डर, चिंता का सबसे बड़ा कारण है। चिंता, जो मनुष्य को कमजोर कर देती है। इससे शरीर का अमाशय प्रभावित होने लगता है। उसमें बनने वाले रस का संतुलन पूरी तरह से बिगड़ जाता है। इसका अंजाम अमाशय का अल्सर।

डॉ. जोसेफ एफ. मॉन्टेग्यू, जो प्रसिद्ध नर्वस स्टमक ट्रबल पुस्तक के लेखक हैं, वे कहा करते थे - हम जानते ही नहीं कि हमें अल्सर क्यों होता है ? इसके पीछे सिर्फ़ खाने की ही वजह नहीं है, बल्कि वो चिंताएं हैं, जो आपके सीने में बैठकर आपको खाए जा रही हैं। वो भी इसका बहुत बड़ा कारण हैं।

ऐसी ही कुछ बात डॉ. डब्ल्यूसी अल्वारेज ने कही। उन्होंने कहा- अधिकतर मामले ऐसे देखे गए हैं कि अल्सर के बढऩे और घटने का कारण भावानात्मक रूप से मरीज में आने वाले उतार चढ़ाव रहे हैं।

मेयो क्लीनिक द्वारा पेट की बीमारियों के लिए पंद्रह हजार शोध किए गए थे, उसी से यह निष्कर्ष आया। इसमें मेयो क्लीनिक ने पाया की अस्सी फीसदी लोगों को किसी प्रकार की शारीरिक बीमारी नहीं थी। उनकी पेट की बीमारी का असल कारण दुनियाभर में फैला मौकापरस्ती, भय, नफरत और सबसे मुख्य चिंता था, जिनके साथ वह संतुलन नहीं बैठा पा रहे थे। ऐसी बीमारी अल्सर की भी थी। अल्सर जिसे लाइफ पत्रिका ने भयानक रोगों की श्रेणी में 10वें स्थान पर रखा है। इसी बीच मेरा पत्र के माध्यम से मेयो क्लीनिक के डॉ. हेरॉल्ड सी. हैबीन से वार्तालाप हुआ था। उन्होंने बताया था कि हाल ही में एक शोधपत्र पढ़ा था, जो अमेरिकन एसोसिएशन ऑफ़

इंडस्ट्रियल फिजिशियन्स एंड सर्जन्स में प्रकाशित हुआ था। शोध में 176 व्यापारिक प्रतिनिधियों के बारे में बताया गया था, जिनकी औसत आयु 44 वर्ष थी।

शोध में निष्कर्ष आया था कि इन प्रतिनिधियों में से एक तिहाई में तीन बीमारियां पाई गईं। इन सबका एक कारण था उनकी ज़िंदगी में तनाव। ये बीमारियां थीं - हाई ब्लड प्रेशर, पेट के अल्सर तथा दिल की बीमारी। सोचने वाली बात है कि पैंतालीस की उम्र तक पहुँचने से पहले ही हमारे बिजनेस प्रतिनिधि तीन घातक बीमारियों का शिकार हो चुके हैं।

आखिर किस कीमत पर वे स्वयं को सफल बताने का प्रयास कर रहे हैं। उनकी सफलता के पीछे छिपी हैं कई घातक बीमारियां, जो उनको जीवनभर नुकसान पहुँचाने वाली हैं, तो ऐसी सफलता के बारे में हम क्या कह सकते हैं? ऐसी कामयाबी जिस पर कोई अपना स्वास्थ्य कुर्बान कर देता है। सोचने वाली बात तो यह है कि कोई कितना भी अमीर हो जाए। उसे सोने के लिए एक ही बिस्तर चाहिए। वह ज्यादा से ज्यादा पूरे दिन में तीन बार ही खा सकता है। यह तो कोई और भी कर सकता है, बल्कि वह ज्यादा अच्छे से खा सकता है और आनंदपूर्वक नींद ले सकता है। मैं अगर अपने बारे में कहूँ तो मैं दूसरे इंसान की तरह चिंता मुक्त जीवन जीना चाहूँगा। मैं किसी सिगरेट या रेलरोड कंपनी के चक्कर में खुद की सेहत से हरगिज नहीं खेल सकता। मैं अपना स्वास्थ्य खराब नहीं कर सकता।

मैं आपको एक बात बताना चाहता हूँ कि एक बार कनाडा के जंगलों में एक इंसान की मौत दिल का दौरा पड़ने से हो गई थी, जबकि वह दुनिया की सबसे बड़ी सिगरेट निर्माता कंपनी का मालिक था। उसने अपनी उम्र के इक्सठ साल तक सिर्फ़ दौलत कमाई थी। पर वो उसके काम न आई। वह कह सकता है कि उसने जीवन के कई अनमोल साल गंवाए थे। तब उसे व्यापार में इतनी कामयाबी मिल पाई थी। लेकिन मेरी नजर में मेरे पिता (जो एक किसान थे।) उससे कई गुना सफल व्यक्ति थे, जिनका स्वर्गवास 89 वर्ष की उम्र में बिना कोई जायदाद छोड़े हुआ था।

अपनी रिसर्च के परिणामों को देखते हुए मेयो ब्रदर्स ने तो यह घोषित भी कर दी थी कि अस्पतालों में आधे ज्यादा जो मरीज हैं, उनकी बीमारी के पीछे मानसिक और भावनात्मक कारण हैं। क्योंकि जब भी ऐसे लोगों के शरीर को पोस्टमार्टम के जरिए जांचा जाता है तो उनके शरीर की सभी तंत्रिकाएं उतनी ही स्वस्थ दिखती हैं जितनी सामान्य व्यक्ति की होती है या जितनी जैक डेम्प्सी की। ऐसे लोगों में बीमारियों का आगमन उनकी कोशिकाओं में खराबियों की वजह से नहीं होता है, बल्कि उनमें ज्यादातर रोग बेबसी, बैचेनी, कुंठा, निराशा की वजह उत्पन्न होते हैं। इस अवसर पर प्लेटो की बात सही कही जा सकती है कि - चिकित्सकों को किसी व्यक्ति का इलाज

करते समय उसके शरीर के साथ मानसिक उपचार भी करना चाहिए, क्योंकि किसी मनुष्य की व्याधि को तब तक नहीं मिटाया जा सकता जब तक उसके शरीर और दिमाग़ दोनों को संयुक्त रूप से ठीक न किया जाए।

यह वह परम सत्य था जिस पर कभी चर्चा नहीं की गई। इसका रहस्योद्घाटन होने में दो हजार तीन सौ साल लग गए। आज आधुनिक युग में हम नई चिकित्सा पद्धति की व्युत्पत्ति करने जा रहे हैं, जिसका नाम है 'साइकोसोमैटिक'। इस पद्धति में शरीर के साथ मस्तिष्क का भी उपचार होता है। यह एक ऐसा सुनहरा समय है जब शरीर में कीटाणुओं से फैलने वाले रोगों (हैजा, चेचक, पीत ज्वर) को पहले ही नष्ट किया जा चुका है तब इस नई पद्धति का भविष्य उज्ज्वल है। चिकित्सा विज्ञान को इस पद्धति की जरूरत इसलिए है, क्योंकि आधुनिक चिकित्सा विज्ञान के द्वारा चिंता, भय, कुंठा और निराशा से होने वाले रोगों के इलाज का कोई भी उपचार नहीं है। शहरीकरण के साथ ही ऐसे लोगों की संख्या कई गुना तेजी से बढ़ रही है, जो भावनात्मक रोगों से त्रस्त होते जा रहे हैं। ये एक तथ्य यह है कि हमारे देश के हर छह युवाओं में से एक द्वितीय विश्व युद्ध के समय सेना में मानसिक कारणों से भर्ती नहीं हो पाया था।

अगर पागलपन को देखें तो इसके कारणों का विश्लेषण करने पर हम पा सकते हैं कि इसके पीछे मुख्य कारणों में चिंता और भय महत्त्वपूर्ण कारण रहा है। इसे ऐसे समझ सकते हैं कि कोई आदमी जब वास्तविक दुनिया से तालमेल नहीं बैठा पाता तब वह खुद की एक नई दुनिया की रचना शुरू कर देता है। अंत में वह अपनी दुनिया में इतना रम जाता है कि उसे हकीकत की दुनिया ही सपने जैसे लगने लगती है। शायद यही उसकी चिंताओं का समाधान हो।

स्टॉप वरीइंग एंड गेट वेल एक पुस्तक डॉ. एडवर्ड पोडोल्स्की के द्वारा लिखी गई है। यह मेरी मेज पर रखी हुई है। इसके भीतर कुछ महत्त्वपूर्ण अध्याय हैं :

- चिंता, दिल को कैसे प्रभावित करती है।
- चिंता, उच्च रक्त चाप का कारण है।
- चिंता, गठिया रोग का कारण है।
- चिंता करने से पेट कम रहता है।
- सर्दी का एक कारण चिंता भी है।
- थायरॉइड रोग में चिंता की भूमिका
- चिंता, मधुमेह का कारण

डॉ. कार्ल मेनिंजर (मनोविश्लेषण के मेयो बंधु) ने चिंता पर पुस्तक 'मैन अगेंसट हिमसेल्फ' लिखी है। इस पुस्तक में यह तो बताया ही गया है कि चिंता से कैसे बचें? लेकिन इसके साथ ही इसने वो सारे राज खोल दिए हैं जिसमें चिंता, प्रतिशोध, भय द्वारा मनुष्य के शरीर को अति-नुकसान पहुँचाया जाता है।

कोई कितना भी सुदृढ़ दिमाग़ का क्यों न हो, अगर चिंता ने उसके दिमाग़ में एक बार भी घर कर लिया तो उसका जीना मुश्किल हो जाता है। यही घटना गृह युद्ध के आखिर दिनों में जनरल ग्रान्ट के साथ हुई थी:

ग्रांट ने नौ महीनों से रेकमंड पर घेरा डाल रखा था। वहां पहले ही जनरल ली के साथियों ने मुश्किल परिस्थितियों से हार मान ली थी। हाल इतने बुरे थे कि रेजिमेंट के साथी बारी-बारी साथ छोड़ने को मजबूर थे या वे सभी यहां रोते हुए, चमत्कारिक परिवर्तन की आस में रहकर सिर्फ़ प्रार्थनाओं पर निर्भर हो गए थे। ऐसा लग रहा था कि उनका आखिरी वक्त आ गया है। ऐसी स्थितियों में ली के साथियों ने वे वेयरहाउस जो तंबाकू और कपास से भरे थे, उनमें आग लगा दी। वहां रखा गोलाबारूद नष्ट करते हुए रात के अंधेरे का लाभ उठाते हुए भाग निकले। लेकिन ग्रांट ने अपने जाबांज सैनिकों के साथ उन्हें सभी तरफ से घेर कर रोक लिया। उनके सामने शेरडिन की जाबांज सिपाही भी उन्हें रोके हुए थे। वे रेलवे लाइन तक भी नहीं पहुँच पाए थे, क्योंकि शेरडिन की सेना द्वारा वहां पहले से ही सप्लाई पर रोक लगा दी गई थी। इन उलझी हुई स्थितियों में ग्रांट ऐसा उलझे कि वे अपनी सेना से पीछे रहे गए और वहां उन्हें एक फार्महाउस में शरण लेनी पड़ी। आगे वो बताते हैं कि, मैं थकान और शरीर के असहनीय दर्द से परेशान था। मैंने सारी रात सरसों और गर्म पानी से अपनी सेंकाई करता रहा। पर इस पूरे प्रकरण में उन्होंने बताया कि उनका दर्द तब भी ठीक नहीं होता, अगर उनका एक साथी घुड़सवार वह पत्र नहीं लाता जिसमें ली ने युद्ध विराम की घोषणा करते हुए समर्पण की इच्छा जताई थी। ग्रांट ने कहा कि, मैं तो सिरदर्द से ही मर गया होता अगर मैंने उस खत को नहीं पढ़ा होता। यह कहानी यही बताती है कि ग्रांट की परेशानी उनके बदन में होने वाला असहनीय दर्द या सिरदर्द नहीं था, बल्कि वे नकारात्मक डर, तनाव की भावनाएं थीं, जो उन पर हावी हो चुकी थीं। इन भावनाओं पर जैसे ही सकारात्मक भावों आत्मविश्वास, जीत की खुशी ने हमला किया, नकारात्मक भावनाएं पल भर में दूर हो गई। यही हाल हेनरी मॉर्गनथा, जूनियर का भी था। वो फ्रैंकलिन डी. रूजवेल्ट की कैबिनेट में मंत्री थे, उन्हें चिंता रोग हो चुका था। वो बताते हैं कि उनकी चिंता उस समय बहुत बढ़ गई थी जब 44 लाख बुशेल प्रेसिडेंट के द्वारा गेहूँ की कीमत बढ़ाने के उद्देश्य से अचानक ही खरीद लिए गए थे। हेनरी कहते हैं मैं इससे इतना घबरा गया था कि मुझे चक्कर आने लगे थे। उस दिन मैं घर गया और लंच के बाद सीधे बिस्तर पर लेट गया। चिंता से इंसान कैसे घटकर,

छुईमुई का पौधे जैसा हो जाता है। इसके लिए मुझे पुस्तकालयों या अस्पतालों में जाकर शोध करने की जरूरत नहीं पड़ी। इसका अंदाजा मैंने यह पुस्तक लिखते समय अपने घर की खिड़की से सड़कों पर भागते-दौड़ते लोगों को देखते हुए लगा लिया। मैं यहीं से अपने मोहल्ले के उन घरों को देख सकता हूँ, जिनमें किसी के यहां चिंता की वजह से नर्वस ब्रेकडाउन की समस्या आई या कोई मधुमेह रोग से पीड़ित हो गया। इन बातों को मैं मॉन्टेन (लोकप्रिय फ्रांसीसी दार्शनिक) के उस कथन से समझाना चाहूँगा जो उन्होंने उस समय कहे थे, जब वो अपने गृहनगर बॉडर्युक्स के मेयर चुने गए थे। तब उन्होंने अपने शहर के लोगों से कहा था कि मुझे खुशी है, मैं आपके शहर का मेयर चुना गया। आपकी सेवा करने से मुझे संतुष्टि प्राप्त होगी, लेकिन मैं आपकी चिंताओं को अपने फेंफड़ों और लीवर में नहीं ले पाऊंगा। ऐसा ही मेरा एक पड़ोसी के साथ हुआ, जिसने स्टॉक मार्केट की अपनी समस्या को इतने गंभीर तरीके से ले लिया कि उसका जीना दूभर हो गया। चिंता इंसान को कहां तक ले जा सकती है। यह जानने के लिए मुझे अपने पड़ोसियों के हालातों को देखने की जरूरत नहीं है। फिलहाल जिस घर के कमरे में बैठा-बैठा लिख रहा हूँ, उस घर के पहले के मालिक की चिंता के कारण दुर्गति हो चुकी है। उसने चिंता को इस कदर अपनी रगों में बसा लिया था कि उसे बे-समय मौत का शिकार होना पड़ा। चिंता, कितना भयानक रोग है, इसका अंदाजा आप इससे भी लगा सकते हैं कि यह आपको कई घातक बीमारियां जैसे, आर्थराइटिस या गठिया का शिकार बना सकता है। आर्थराइटिस के प्रसिद्ध विशेषज्ञ डॉ. रसेल एल. सेसिल ने इस रोग के निम्न प्रमुख कारण बताए हैं।

1. विवाह संबंधों का टूटना
2. किसी प्रकार की वित्तीय असफलता
3. एकाकीपन और अनावश्यक चिंता
4. बैर भरा भाव मन में रखना

यह चार कारण ही आर्थराइटिस होने के लिए काफी नहीं हैं। कई और भी कारण इस रोग के कारक होते हैं और आर्थराइटिस भी कई तरह का होता है। किन्तु यह सबसे आम वे कारण जरूर हैं, जो डॉक्टर रसेल ने बताए हैं। जैसे-मेरे ही दोस्त के साथ एक घटना घटी। मंदी के दौर में उसके गिरवी रखे घर पर बैंक ने कब्जा कर लिया था। गैस कंपनी द्वारा उसका कनेक्शन काट दिया गया। इन सब परेशानियों के कारण उसकी पत्नी को आर्थराइटिस का अटैक आ गया। चारों ओर चिंताओं से घिरा रहते हुए उसने अपनी पत्नी का सही इलाज कराया, लेकिन उसकी स्थिति तभी सुधर पाई जब उसकी आर्थिक स्थिति में सुधार हुआ। क्योंकि ऐसा होते ही उसकी और उसकी

पत्नी की चिंताएं दूर हो गई। चिंता दूर होते ही उन्हें इसके परिणाम भी देखने को मिले। डॉ. विलियम आईएल मैक्गॉनिगेल ने अपने अमेरिकन डेंटल एसोसिएशन के एक सम्मेलन में संबोधन के द्वारा बताया था कि दांतों का रोग भी चिंता की वजह से हो सकता है। उन्होंने कहा था यदि इंसान निरन्तर भय, दु:ख और चिंता में ही डूबा रहता है तो उसके शरीर में कैल्शियम की मात्रा का स्तर बिगड़ जाता है। इससे दांतों की परेशानी बढ़ जाती है। उन्होंने अपने एक मरीज का उदाहरण देते हुए बताया था कि उनका एक मरीज जो पहले पूरी तरह स्वस्थ था। उसे कुछ समय बाद ही दांतों में केविटी की समस्या हो गई थी। इसका कारण जब उन्होंने जाना तो उन्हें ज्ञात हुआ, यह सब तब शुरू हुआ जब उसकी पत्नी बीमार पड़ गई। उसे इस बात की चिंता सताने लगी और इसका दुष्परिणाम बीमारी में बदल गया। अब आप यह बताइए कि आपने किसी ऐसे शख्स को देखा है, जो थॉयराइड के उच्च्च स्तर से पीड़ित है। ऐसे लोगों में कंपकंपाने, हिलने और डरने की भारी समस्या हो जाती है। मैंने ऐसे ही शख्स को देखा है, जिसके ऐसे हाल थे। मनुष्य के गले में थॉयराइड ग्रंथि होती है, जो बहुत ही महत्त्वपूर्ण कार्य करती है। यह शरीर के हार्मोन्स के लिए उत्तरदायी होती है। अगर यह सही तरह से काम ना करे तो लोगों का दिल ठीक से काम नहीं कर पाता, जिससे पूरा शरीर आग की तरह जलने लगता है। ऐसी परिस्थितियों में रोगी को ऑपरेशन के द्वारा ही बचाया जा सकता है। ऐसे ही घातक लक्षणों से पीड़ित मेरे एक दोस्त के साथ मैं कुछ समय पहले फिलाडेल्फिया गया था। वहां हमारी मुलाकात 38 वर्षीय इस बीमारी का इलाज कर रहे लोकप्रिय विशेषज्ञ डॉ. इजराइल ब्रैम से हुई थी। वहां उन्होंने अपने क्लीनिक के प्रतीक्षालय में साइन बोर्ड पर एक बहुत अच्छी सलाह लिख रखी थी। अपनी बारी का इंतजार करते समय मैंने यह लिख लिया था।

- मनोरंजन और हास्य
- जीवन में सर्वाधिक मनोरंजन प्राप्त होता है, बेहतर नींद, संगीत, स्वस्थता, हास्य और धर्म से।
- परमेश्वर पर यकीन करो,
- जीभर के सोओ,
- आनंदपूर्ण संगीत सुनो,
- हमेशा सकारात्मकता की खोज।
- ये सारी बातें आपको स्वस्थ और खुशहाल बनाएंगी।

जब हम डॉक्टर से मिलने पहुँचे तो उन्होंने मेरे मित्र से पहला प्रश्न यह पूछा, किस बात की चिंता तुम्हे सता रही है ? उसने मेरे मित्र से कहा कि अगर उसने यह सब जारी

रखा तो उसे दूसरे रोगों को भी घेरने में 'ज्यादा समय नहीं लगेगा। रोग जैसे-मधुमेह, अल्सर और हृदय रोग, क्योंकि यह सारे रोग आपस में गुथे हुए हैं।

इसी तरह जब मैंने एक बार प्रसिद्ध सितारा मर्ले ओबेरॉन का साक्षात्कार लिया था तब उन्होंने मुझे बताया था कि उन्होंने जीवन में चिंता करना छोड़ दिया है, क्योंकि उन्हें पता है जैसे ही उन्होंने यह किया और वह अपनी अमूल्य संपत्ति सुंदरता को खो देंगी।

उन्होंने कहा कि शुरुआत में फिल्मों में काम मिलने की संभावना को लेकर मैं बहुत चिंतित थी। तब मैं भारत से लौटकर लंदन आई ही थी। मैंने शुरुआत में जिन प्रोड्यूसर से काम मांगा था। उसमें से किसी से भी मुझे काम नहीं दिया। यहां तक मेरे पास बचत के पैसे भी खत्म हो गए थे। मुझे दो सप्ताह बिस्किट और पानी से गुजारने पड़े थे। एक दिन चिंता और भूख से भरी हुई मैंने खुद से कहा कि इन हालातों के चलते तो तुम कभी फिल्में नहीं कर पाओगी। न तुम्हारे पास अनुभव है और न ही तुमने कभी अभिनय किया है। अगर कुछ तुम्हारे पास है तो वह है सिर्फ़ सुंदर चेहरा। मैंने यह सोचते ही अपना सुंदर चेहरा आइने में देखा। तब मैंने देखा कि चिंता की वजह से वह भी मुरझा गया था। उस पर लकीरें आ गईं थीं।

फिर मैंने खुद से कहा कि अब तुम्हारे पास सिर्फ़ यही सुंदर चेहरा है, जिसे तुम्हे बचाकर रखना है। चिंता से तुम इसे कुर्बान नहीं कर सकती। यही इकलौती चीज है, जो अब तुम्हें बचाना है।

चिंता ही ऐसी चीज है, जो किसी महिला की उम्र में इतना फासला ला सकती है। ये सुंदरता को निरंतर कम करने का काम करती है। चिंता सबसे जरूरी काम यह करती है कि हमारे चेहरे पर झुर्रियां ला देती है। हमारे सिर के बाल झडऩे लगते हैं और भौंहें चढ़ जाती है। चेहरा बेजान हो जाता है। उस पर मुंहासे उग आते हैं।

दुनियाभर में लोग हृदय रोग जैसी घातक बीमारी के रूप में गिनी जाती है। अमेरिका में इसका कहर कुछ 'ज्यादा ही है। वहां इससे मरने वालों की संख्या बहुत 'ज्यादा है। यह एक जानने योग्य तथ्य है कि दूसरे विश्व युद्ध के समय करीब बीस लाख लोगों की मृत्यु हृदय रोग से हुई थी, जबकि विश्व युद्ध से मरने वालों की संख्या तीन लाख तैंतीस हजार थी। मुझे पता है हृदय रोग से मरने वालों में बड़ी संख्या उनकी थी, जिन्हें दु:ख और चिंता के कारण यह हुआ था। डॉ. अलैक्सिस कैरेल को हृदय रोग की वजह से ही कहना पड़ा था कि जवानी में उन्हें ही 'ज्यादातर मौत का शिकार होना पड़ता है, जिन बिजनेसमैन को चिंता के साथ संतुलन बनाना नहीं आता है।

एक बार विलियम जेम्स ने बहुत ही खूबसूरत बात कही थी - एक बार ईश्वर आपके दोषों की माफी देता है, लेकिन नर्वस सिस्टम कभी आपको माफ नहीं करता।

मैं अपनी बात एक और विशेष तथ्य के साथ प्रस्तुत करने जा रहा हूँ। अमेरिका में आत्महत्या करने वालों की संख्या इतनी 'ज्यादा है कि वहां हर साल जितने लोग पांच सबसे घातक बीमारियों से नहीं मरते। उससे 'ज्यादा आत्महत्या का शिकार होते जा रहे हैं। अगर मैं सभी से पूछूं कि इसका कारण क्या है तो सीधा सा जवाब मिलेगा, 'चिंता'।

मुझे यह बात पता है कि चीनी सेना द्वारा अपने दुश्मन को सताने के लिए नायाब तरीका अपनाया जाता है। वे अपने दुश्मन के हाथ-पैर बांधकर उसे पानी की एक थैली के नीचे बांध देते हैं। उस थैली से लगातार दिन-रात बूंद-बूंद टपकती रहती है। धीर-धीरे यह इंसान के लिए असहनीय हो जाता है। जब वह थक जाता है तो एक-एक बूंद उस पर हथौड़े की तरह प्रहार करती है। यह स्थिति किसी भी चैतन्य व्यक्ति को पागल बनाने के लिए काफी होती है। सबसे पहले यह तरीका हिटलर के जर्मन कॉन्सेन्ट्रेशन कैंपों और स्पेनिश इंक्विजिशन में प्रयोग किया जाता था। यह टप-टप-टप की आवाज चिंता की तरह है, जो इंसान को अंतत: पागल बनाकर ही छोड़ती है। इसका अंत आत्महत्या से भी हो सकता है।

अब यहां कुछ जरूरी सवाल हैं, आपसे आपके जीवन के बारे में। क्या आप एक प्रसन्न और लंबी ज़िंदगी चाहते हैं? एक स्वस्थ शरीर और बेहिसाब खुशी। आपकी इन्हीं बातों के लिए मैं यहां फिर से डॉक्टर एलेक्सिस के कथन बता रहा हूँ, जो व्यक्ति अपने अंतर्मन को शांत रखते हुए आधुनिक जीवनशैली के साथ संतुलन बनाए रख सकते हैं, वही बीमारियों से बचे रह सकते हैं।

तो बताइए क्या आप भी ऐसा कर सकते हैं या नहीं? मैं जानता हूँ हर सामान्य व्यक्ति का उत्तर होगा 'हां'। पुरजोर तरीके से कहा जाने वाला 'हां'। असल में हम अपने लिए एक धारणा बना लेते हैं। उसी के अनुसार हम खुद को आंकते हैं। परन्तु हम अपनी सोच से कहीं अधिक मजबूत होते हैं। हर इंसान के अंदर परमेश्वर की इतनी महत्त्वपूर्ण शक्तियां छिपी हुई हैं कि वह कई का तो जीवनभर प्रयोग ही नहीं कर पाता है। ऐसा ही वाल्डन पुस्तक के लेखक थोरो ने कहा था, मेरे ख्याल से यह बहुत ही रोचक तथ्य है कि मनुष्य में खुद को बेहतर से बेहतर बनाने की असीमित ताकत होती है। सिर्फ़ इंसान को जरूरत होती है कि वह अपने देखे गए सपनों को पूरा करने के लिए पूरे जोश और उत्साह से आगे बढ़े। निरंतर किए गए प्रयासों और सकारात्मकता से जीवन में वह सफलता पा सकता है, जिसकी कल्पना भी शायद उसने की हो।

मुझे पूरी उम्मीद है कि ओल्गा के. जार्वे, जो कूरडेलीन (आईडेहो) की रहने वाली थीं, उनमें जितनी इच्छा शक्ति थी उतनी ही मेरी इस पुस्तक के पाठकों में भी होगी। वह ऐसी महिला थीं जिसने यह तय कर लिया था कि जीवन में कितनी ही अड़चनें क्यों न हों। पर वो हमेशा खुद को चिंता मुक्त रखेंगी। अगर वो ऐसा कर सकती

हैं तो हम और आप भी यह कर सकते हैं। बशर्ते इस पुस्तक में दिए गए चमत्कारिक नियमों को अपने जीवन में उतारना होगा। आइए जानते हैं वह कहानी जो जार्वे ने मुझे लिखकर बताया था,साढ़े आठ साल पहले मुझे पता चला कि मुझे घातक कैंसर की बीमारी हो गई है। मेयो बंधु, जो देश के सर्वश्रेष्ठ डॉक्टर थे, उन्होंने भी मेरी बीमारी पर सहमति जताई थी। मैं जीवन के इस मोड पर पहुँच गई थी जहां से भविष्य में सिर्फ़ अंधेरा ही दिखाई देता था। मेरी उम्र बेहद कम थी। मैं मरना बिल्कुल ही नहीं चाहती थी। मैं इतनी हताश थी कि मैंने एक दिन केलॉग में अपने चिकित्सक को फोन कर अपने दिल का हाल सुना दिया। उन्होंने इत्मिनान से मुझे सुना और कहा कि जार्वे लगता है तुम अब बिल्कुल संघर्ष नहीं करना चाहती हो। याद रखो! अगर तुम ऐसे ही दु:खी और निराश रहोगी, तो मुझे नहीं लगता तुम बच पाओगी। अब ये रोना छोड़ो। असलियत का सामना करो, जागो और लड़ो। निराश होकर मत बैठो। इन शब्दों ने मुझ पर जादुई असर किया। इतना असर कि मेरे अंदर से कंपकंपी उठने लगी। मैंने संकल्प लिया कि अब मैं और चिंता नहीं करूंगी। निराश नहीं होऊंगी।

अगर यह सच है कि दिमाग़ी भ्रांतियों पर जीता जा सकता है तो मैं यह सच करके दिखाऊंगी। अब मेरा मकसद सिर्फ़ जिंदा रहना है। इन स्थितियों में किसी भी मरीज को &0 दिन तक लगातार साढ़े दस मिनट तक एक्सरे देने का नियम था, लेकिन मुझे तो पूरे 49 दिन निरंतर साढ़े चौदह मिनट तक एक्सरे किया गया। मुझे यह महसूस होने लगा था कि मेरे शरीर में नामात्र की मांस रह गई है। मेरी शरीर की हड्डियां उसी तरह देखी जा सकती थीं जिस तरह बिना हरियाली के पर्वत पर दिखने वाली चट्टानें होती हैं। पर हालात जितने भी बुरे थे। मैंने कसम खा ली थी कि मैं खुश रहूँगी। मैंने ऐसा ही किया। मैं यह समझ सकती हूँ कि सिर्फ़ हंसने, मुस्कुराने या चिंता न करने से कैंसर जैसे घातक रोग ठीक नहीं हो सकते हैं, लेकिन इतना तो हो ही सकता है कि सकारात्मक नजरिया रखने से शरीर भी खुद को निरोग रखने की कोशिश करने लगता है। मैंने भी इस दौरान खुद में ऐसे ही परिवर्तन महसूस किए। अब मैं खुद को इतना बेहतर महसूस करने लगी थी जितना पहले कभी नहीं किया था।

आखिर इन सब का कारण क्या था? वही जादुई शब्द जो डॉक्टर ने मुझसे कहे थे, असलियत का सामना करना, जागो और लड़ो। निराश होकर मत बैठ जाओ। यही मैंने किया। इस चैप्टर को मैं उन शब्दों से खत्म करना चाहूँगा जो अलेक्सिस कैरेल ने कहे थे, जवानी में मरने वाले वे ही होते हैं, जो चिंता से लडऩा नहीं जानते। कई बार पैगंबर में आस्था रखने वाले कुरान की आयतें सीने पर लिखवा लेते हैं। मेरी उम्मीद भी ऐसी ही है कि यह पुस्तक पढ़ने वाले इस चैप्टर के शीर्षक को अपने दिलो-दिमाग़ पर अंकित कर लेंगे-जवानी में मरने वाले वे ही होते हैं, जो चिंता से लडऩा नहीं जानते। शायद यह संभव हो कि डॉक्टर कैरेल ये आपके ही बारे में कह रहे हों।

संक्षिप्त में खंड एक

चिंता के बारे में जानने योग्य आवश्यक जानकारियां

नियम 1. चिंता मुक्त होने विलियम आस्लर के अनुयायी हो जाएं। वही करें जो उन्होंने कहा- सिर्फ़ वर्तमान का दिन जीभर जिएं। सिर्फ़ भविष्य के भ्रमित करने वाले भयों से न डरो।

नियम 2. अब जब भी कोई समस्या आए। विलिस एच. कॅरियर के चमत्कारिक सूत्रों को अपनाएं।

1. यदि यह समस्या नहीं सुलझी तो कितना नुकसान संभव हो सकता है।
2. जरूरत के अनुसार खुद को बुरी परिस्थितियों के लिए तैयार करें।
3. कोशिश करें, जितना हो सके बुरी परिस्थितियों को सुधारें।

नियम 3. याद रखें कि चिंता आपके स्वास्थ्य की कितनी दुर्गति कर सकती है। जवानी में मरने वाले वे ही होते हैं, जो चिंता से लडऩा नहीं जानते।

खंड दो

चिंता का विश्लेषण इन आधारभूत बिन्दुओं के माध्यम से

4

किन बिंदुओं के माध्यम से चिंता का विश्लेषण करें और सुलझाएं

ईमानदारी के छह सेवक, जिन्होंने मुझे बहुत कुछ सिखाया।

क्या, क्यों, कब, कैसे, कौन और कहां?

—रूडयार्ड किपलिंग

पिछले खंड में चिंता मिटाने के लिए विलिस एच. कैरियर के बताए गए चमत्कारिक सूत्र अकेले वो सब आपको नहीं दे पाएंगे, जिनकी अपेक्षा आप कर रहे हैं, तो फिर इनके अलावा हमें और क्या करना होगा ? हमें चिंता का विश्लेषण करना सीखना होगा। इसी के आधार पर हम उसे जड़ से समाप्त कर सकेंगे। इसके लिए तीन बिंदुओं को जानना जरूरी है।

1. आंकड़े जुटाइए।
2. उनका विश्लेषण कीजिए।
3. निर्णय लीजिए और उसके अनुसार दृढ़ता से काम कीजिए।

क्या यह रास्ता आपको सही नहीं लगता ? सही लगता है न! महान दार्शनिक अरस्तु ने यह मार्ग दिखाया था और अपने जीवन में इन सिद्धांतों का प्रयोग भी किया था। हमें भी इन्हीं का प्रयोग करना है। उन चिंताओं के खिलाफ, जो हमें निरंतर खोंखला किए दे रही है, हमें दिन-रात बेचैन किए हुए है।

तो शुरुआत करते हैं पहले नियम से : आंकड़े जुटाइए। आखिर ये आंकड़े जुटाना इतना जरूरी क्यों है ? क्योंकि जब तक हमारे सामने सही तथ्य या आंकड़े नहीं

होंगे तब तक हम किसी भी प्रकार से दशा का सही अनुमान नहीं लगा पाएंगे। यह आंकड़े हमें सही निर्णय लेने में काफी मददगार साबित होते हैं। अगर ऐसा न किया गया तो हम सिर्फ़ अंधेरे में तीर चलाते रहेंगे और हमारे हाथ कुछ नहीं लगेगा, लेकिन क्या ये ख्यालात मेरे हैं ? नहीं। ये कहना है कोलंबिया विश्वविद्यालय के कोलंबिया कॉलेज में 22 साल तक डीन रह चुके हरबर्ट ई. हॉक्स का।

उन्होंने कहा था कि चिंता का प्रमुख कारण है भ्रमित होना। वे कहते हैं कि चिंता का सबसे बड़ा कारण यह है कि हम निर्णय लेना तो चाहते हैं, लेकिन हमारे पास पर्याप्त जानकारी नहीं होती। जैसे, कोई समस्या सुलझाने का समय मेरे पास अगले मंगलवार तक का है तो मैं अगले मंगलवार तक उसकी चिंता बिल्कुल नहीं करता। मैं इस दौरान समस्या से जुड़े आंकड़े जुटाने में अपना समय लगाता हूँ। मैं अपनी नींदे खराब नहीं करता। सिर्फ़ आंकड़े जुटाता हूँ। जब मैं सारे तथ्य या आंकड़े जुटा लेता हूँ तो समस्या अगले मंगलवार तक सुलझ चुकी होती है। इसका अर्थ यह है कि अब आपने चिंता को पूरी तरह से हरा दिया है। मैंने हॉक्स से पूछा। इस बात पर उन्होंने कहा, हां, मैंने अब चिंता पर पूरी तरह से विजय पा ली है। यह बात मैं पूरे होशोहवास में कह रहा हूँ। मुझे अब यह यकीन हो गया है कि अगर समस्या के संबंध में सही आंकड़े जुटाकर कोई व्यक्ति निर्णय ले तो वह हर अंधकार को चीरकर रोशनी में आ सकता है।

यह वह जादुई मंत्र है, जिसे बार-बार दोहराना जरूरी है। अगर समस्या के संबंध में सही आंकड़े जुटाकर कोई व्यक्ति निर्णय ले तो वह हर अंधकार को चीरकर रोशनी में आ सकता है। पर यहां समझने वाली बात यह है कि हम में से 'ज्यादातर लोग असल में क्या करते हैं ? जैसा कि थॉमस एडिसन ने एक बार कहा था कि आदमी हमेशा सोचने की मेहनत से बचना चाहता है। इसके लिए वह हर संभव उपाय करता है।

इंसान की प्रवृत्ति यह है कि वह उन्हीं तथ्यों को जुटाना चाहता है, जो उसकी इच्छा के अनुरूप हों। अन्यथा वह अन्य तथ्यों पर ध्यान भी नहीं देता। अनचाहे तथ्यों या आंकड़ों को वह नजर अंदाज करता रहता है। इंसान तटस्थ भाव से तथ्य संग्रहित करने की जगह उन पर ध्यान देने लगता है, जो उसके पूर्वाग्रहों को सही ठहराने का काम करते हैं।

यही बात आंद्रे मॉरॉए ने भी कही थी, इंसान को उसकी इच्छाओं की पूर्ति करने वाला हर तथ्य सही लगता है, जो तथ्य उसकी इच्छा के अनुरूप नहीं होता। उसे वह अपने पास आने भी नहीं देता।

अब हम यह अनुमान लगा सकते हैं कि हमें जीवन में इतनी कठिनाइयां क्यों आती है ? अगर हमारे दिमाग़ में यही बैठ जाए कि दो और दो पांच होते हैं तो आपको नहीं लगता हमें दूसरी कक्षा के इस आसान से गणित को सुलझाने में भी समस्या का सामना करना पड़ेगा, लेकिन आपको जानकार हैरत होगी कि दुनिया ऐसे लोगों से भरी पड़ी है। वे दो और दो पांच की अवधारणा से ही ग्रसित हैं। इसलिए उन्होंने अपनी और दूसरों की ज़िंदगी को बदरंग कर दिया है।

लेकिन जब भी हम यह विचार करते हैं कि आखिर इसमें हम क्या कर सकते हैं, तब हमें अपने ऐसे भावानात्मक विचारों को छोड़ते हुए हॉक्स के नियम याद करने होंगे। हमें हमेशा ही समस्या के संबंध में तटस्थ और सही आंकड़े जुटाना है। जब मनुष्य चिंता के सागर में समाया होता है तब वह भावनात्मक रूप से सही निर्णय लेने में असमर्थ होता है। ऐसी ही परिस्थितियों में जब मैं कठिनाइयों को सही नजरिए से देखते हुए उनके बारे में सही आंकड़े जुटाने का प्रयास करता हूँ तो नीचे लिखी दो तरकीबें अपनाता हूँ।

1. मैं खुद को इतना भरोसा दिलाता हूँ कि यह तथ्य मैं अपने लिए नहीं, बल्कि दूसरे के लिए इकट्ठा कर रहा हूँ। इस तरह मुझे खुद की भावनाओं से मुक्ति मिलती है और मैं सही तरह से तथ्य जुटाने में लगता हूँ।
2. आंकड़े जुटाते समय मैं इस तरह कल्पना करता हूँ कि मैं एक विपक्ष का वकील हूँ, जिसे मेरे खिलाफ सारे तथ्य जुटाने हैं। ऐसे तथ्य जिन्हें मैं देखना भी पसंद नहीं करता।

इस तरह मैं दो तरफ से संग्रहित तथ्यों को पक्ष और विपक्ष की तरह लिख लेता हूँ। इससे मुझे समझ आ जाती है कि सच्छाई इन दोनों प्रकार के तथ्यों के बीच है।

यह सारी बातें सिर्फ़ इसलिए हैं कि मैं आपको समझा सकूं कि आइंस्टीन से लेकर, सुप्रीम कोर्ट के न्यायाधीश तक किसी भी समस्या के तथ्यों को जाने बिना सही निर्णय नहीं ले सकते। यही बात हम पर भी लागू होती है। यह बात एडीसन पहले से ही जानते थे। इसलिए जब उनकी मृत्यु हुई थी तब उनके पास करीब ढाई हजार प्रतियां उन समस्याओं से संबंधित तथ्यों की मिली थीं, जिन्हें हल करने का वे प्रयास कर रहे थे।

इस तरह अब आप जान ही गए होंगे कि समस्या को सुलझाने का पहला चरण है तथ्य या आंकड़े जुटाइए। हॉक्स के कहे और अनुपालन किए गए नियमों का पालन हम भी करें। हम तब तक समस्याओं को लेकर चिंतित न हों जब तक उनके संबंध में निष्पक्ष तरीके से सारे आंकड़े इकट्ठे न कर लें।

परन्तु यह नियम सिर्फ़ यहीं तक लागू नहीं होता। इसके बाद की भी प्रक्रिया जारी रहती है। अगर इन तथ्यों का उचित विश्लेषण न होगा तो परेशानियां कभी दूर नहीं होंगी।

इस संबंध में मेरा अनुभव यही रहा है कि समस्याओं के लिए एकत्रित आंकड़ों का विश्लेषण तभी सही तरह से किया जा सकेगा जब सारे पक्ष-विपक्ष के तथ्यों को लिख लिया जाए। असल में, जब तथ्यों को किसी एक जगह पक्ष-विपक्ष के रूप में लिखकर उसे मनन किया जाता है तो आधी समस्या वहीं सुलझ जाती है। इस तरह हम एक सही निर्णय लेने की ओर आगे बढ़ जाते हैं। इस संबंध में चालर्स केटरिंग ने कहा था, अगर समस्या को जल्द और सही तरीके से सुलझाना है तो उसे सही तरह से बताना भी उतना ही जरूरी होता है।

चीन की एक मशहूर कहावत के माध्यम से मैं आपको इस विचार को आत्मसात करने के लिए उदाहरण प्रस्तुत करता हूँ। चीनी कहावत यह है कि एक तस्वीर हजार शब्दों के बराबर होती है।

इसलिए मैं एक आदमी का उदाहरण देकर आपको यह तस्वीर और स्पष्ट करना चाहूँगा। उनका नाम है गैलेन लिचफील्ड। वे सुदूर-पूर्व के प्रसिद्ध व्यवसायी हैं, जो अमेरिका में अपना व्यापार करते हैं। उन्हें मैं कई वर्षों से जानता हूँ। जब जापानी सेना 1942 में चीन के अंदर शंघाई में घुस आई थी। तब लिचफील्ड वहीं थे। उनकी यह कहानी उसी दौरान की है, जो उन्होंने मुझे एक दिन सुनाई थी। उन्होंने बताया।

जापानी, पर्ल हार्बर पर हमला करने के तुरन्त बाद में शंघाई के अंदर टिड्डियों की तरह गए थे। उस समय मैं वहां एशिया लाइफ इंश्योरेंस का प्रबंधक था। उनके द्वारा मेरी संस्था में एक एडमिरल आर्मी लिक्वंडेटर भेजा गया था। मुझसे यह कहा गया था कि मुझे उसका सहयोग करना है अपनी संपत्तियों का ब्योरा तैयार करने में मेरे पास दूसरा कोई और रास्ता नहीं था। सहयोग करना या मौत, ये ही दो रास्ते रह गए थे उस समय।

तब मैंने सहयोग करना चुना। खुद को शांत रखते हुए अनचाहे तरीके से मैंने उस काम को किया। मैंने उस समय एक चालाकी की। मैंने जो ब्योरा एडमिरल को प्रस्तुत किया उसमें सात लाख 75 हजार डॉलर की जानकारी नहीं जोड़ी। यह मैंने इसलिए किया, क्योंकि वह सभी संपत्तियां हमारे शंघाई कार्यालय की न होकर हांगकांग की थीं। मुझे यह भी डर लग रहा था कि कहीं यह जापानियों को पता न चल जाए, और वही हुआ, उन्हें पता चल गया। किस्मत से मैं उस समय वहां नहीं था, लेकिन मेरा मुख्य लेखा सहायक वहीं मौजूद था। उसने मुझे बताया था कि जिस एडमिरल को मैंने गलत जानकारी सौंपी थी। वह बहुत गुस्से में था। वह लगातार मुझे झूठा, मक्कार जैसे

अपशब्द कह रहा था। मैंने उनके आदेशों का सही तरह से पालन नहीं किया था। इससे यह बात तो पक्की थी कि मुझे ब्रिजहाउस में फेंका जाएगा।

यहां मैं आपको बताता चलूं कि ब्रिजहाउस का अर्थ जापानियों द्वारा बनाए गए टार्चर करने वाले कक्ष से था। मेरे कई मित्रों ने तो वहां जाने से पहले ही आत्महत्या को विकल्प के रूप में चुन लिया था। जो दोस्त ब्रिजहाउस पहुँचे। उनकी दस दिन में ही सख्त पूछताछ और टार्चर के कारण मौत हो गई थी। ऐसी ही जगह जाने की अब बारी मेरी थी।

मुझे रविवार की दोपहर को इसकी जानकारी मिली। भनक लगते ही मेरे अंदर सिहरन दौड़ उठी। मैं भी औरों की तरह शायद ब्रिजहाउस न जाने का विकल्प चुन लेता अगर इस झंझट से निकलने की सही तकनीक मुझे पता नहीं होती। मेरी एक बहुत ही अच्छी आदत थी, जब भी मैं किसी समस्या में पड़ जाता था तो अपने टाइपराइटर पर समस्या से जुड़े दो सवाल और उनके जवाब जरूर लिख लेता था। जो थे :

1. कौन सी समस्या मेरे सामने है ?
2. समस्या का समाधान क्या है ?

शुरुआत में, मैं प्रश्नों को लिखे बिना ही उनके उत्तर ढूंढने का प्रयास करता था, लेकिन फिर मैंने पाया कि इस तरह मैं समस्याओं के सही हल तक नहीं पहुँच पा रहा हूँ। इसलिए मैंने प्रश्नों को लिखना शुरू कर दिया। इस तरीके से मैं अब समस्या के समाधान को लेकर सही अनुमान लगाने लगा था। रविवार की उस दोपहर को भी मैंने यही किया। मैं अपने टाइपराइटर गया और मैंने लिखा:

1. कौन सी समस्या मेरे सामने है ?

   मैंने लिखा कि अब मुझे ब्रिजहाउस जाना पड़ेगा।

2. समस्या का समाधान क्या है ?

इसके लिए मैंने कई घंटे विचार किया। इन परिस्थितियों में मेरे पास क्या-क्या विकल्प हैं। अंत में, मैंने चार विकल्प तलाशे और उन्हें उनके परिणाम सहित लिखा। वे थे,

1. उस एडमिरल के सामने अपना पक्ष रखा जा सकता है, लेकिन परेशानी यह थी कि उसे अंग्रेजी नहीं आती है। अगर किसी अनुवादक की सहायता से यह काम किया जाए तो भी शायद ही बात बने। इस तरह बात और बिगड़ सकती

है और वह इतनी जहमत उठाने की जगह मुझे सीधे ब्रिजहाउस पहुँचाना पसंद करेगा।

2. मैं किसी तरह सभी से छिपकर भाग सकता हूँ, पर यह संभव नहीं था, क्योंकि मैं निगरानी में था। मुझे अपने वाय एमसीए वाले कमरे में आने-जाने से पहले दस्तखत करने पड़ते थे, तो यह विकल्प भी 'ज्यादा काम का नहीं था। हो सकता है ऐसा करते हुए मैं पकड़ा जाता और तब मुझे सीधे गोली मार दी जाती।
3. एक विकल्प के रूप में ऑफिस जाना बंद कर सकता था, लेकिन इस वजह से एडमिरल को मुझ पर संदेह हो जाता। वो मुझे पकड़वा कर सीधे ब्रिजहाउस भेजने का काम भी कर सकता था।
4. मैं आम दिनों की तरह सोमवार को कार्यालय जाऊं। जापानी एडमिरल अपने कामों में व्यस्त होगा। शायद उसे मेरे बारे में ख्याल ही न रहे। इन परिस्थितियों में वह शांत हो चुका होगा। अगर वह मुझे बुला भी लेता है तो इस शांत माहौल में मुझे अपनी बात रखने का मौका मिल सकता है। यही विकल्प मुझे ठीक लगा। इस परिस्थिति में गड़बड़ी से अनभिज्ञता जताने और ब्रिजहाउस से बचने का मौका दोनों ही मेरे पास होते।

इस तरह चौथी योजना पर मेरे दिमाग़ के द्वारा सहमति बनते ही मैं राहत महसूस करने लगा। मैंने खुद को तैयार कर लिया कि अब मुझे सोमवार को आम दिनों की तरह दफ्तर जाना है और सारी चीजों से अनभिज्ञता जताते हुए दैनिक रूप से काम करना है।

अगले दिन सोमवार को शांत और आम दिनों की तरह मैं अपने कार्यालय पहुँचा। मैंने देखा एडमिरल कार्यालय में सिगरेट सुलगाए बैठा था। उसने मेरी तरफ बिना बोले घूरकर देखा। इस दौरान कुछ नहीं हुआ। मैंने देखा छह सप्ताह के बाद उसे टोकियो भेज दिया गया और मेरी सारी परेशानी दूर हो गई थी। इस तरह मुझे अनचाहे भय से छुटकारा मिला। असल में मैंने अपने भय पर जीत तभी पा ली थी जब समस्या से जुड़े विकल्पों को अपने टाइपराइटर पर लिखकर स्थिति का सही-सही अनुमान लगा लिया था। अगर इस दौरान मैंने अपनी ओर से चिंता और भय के कारण कोई गलत कदम उठा लिया होता तो हो सकता है कि इस कहानी का कोई और ही परिणाम निकल कर सामने आता। मैं उस रविवार चिंता में ही खोया रहता। चिंता से मुझे नींद भी नहीं आती। मैं सोमवार को जब अपने कार्यालय गया तो हो सकता है एडमिरल को मेरी हालत देखकर मुझ पर संदेह हो जाता और वो कोई एक्शन लेने लगता।

इस तरह मुझे अपने जीवन में जो तजुर्बे मिले हैं वो यह बताते हैं कि समस्याएं कोई भी हों। हमें एक निर्णायक भूमिका में पहुँचना जरूरी होता है। असल में लोग अनचाहा डर पाले रहते हैं और इसी में खुद को इतना डुबा लेते हैं कि उससे सही तरह से निकलना ही भूल जाते हैं। इस तरह उनका खुशहाल जीवन बर्बाद हो जाता है। मैंने अपने तरीकों को आजमाकर पाया है कि जब हालातों का सही निरीक्षण कर मैं किसी विशेष निर्णय पर पहुँच जाता हूँ तो मेरी पचास प्रतिशत चिंता पहले ही समाप्त हो चुकी होती है। इसी तरह बाकी की चिंता का भी समाधान मेरे द्वारा बनाई गई योजना को अमल में लाने से हो जाता है। मैं अपनी नब्बे प्रतिशत चिंताएं इन चार बिंदुओं के माध्यम से समाप्त करता हूँ।

1. पहले समस्या को स्पष्ट रूप से लिखें।
2. समस्या के समाधान के विकल्पों को देखें।
3. खुद से एक सहमति बनाएं कि आपको हालातों के अनुसार क्या करना है।
4. निर्णय लेने के बाद तुरन्त अपनी योजना को पूरा करने में जुट जाएं।

इस तरह लिचफील्ड ने अपने पूरे जीवन में पाई गई सफलताएं इन मुख्य बिंदुओं का पालन करते हुए पाई है। उन्होंने एशियाई महाद्वीप में एक सफल अमेरिकी व्यवसायी की तरह लंबे समय तक काम किया। वे वित्त और बीमा क्षेत्र में काम करने वाली वैश्विक संस्थाएं जैसे पार्क एंड फ्रीमैन, स्टार और इंक के निदेशक रहे।

असल में उनके द्वारा प्रयोग किए जाने वाले नियम इतने सशक्त, प्रभावी और उपयोगी परिणाम देने वाले हैं कि यह अमूमन हर किसी को मुश्किल से मुश्किल हालातों से निकालने का काम कर सकते हैं। इन नियमों का जो अंत का हिस्सा है वह अतिमहत्त्वपूर्ण है कि अपने द्वारा जुटाए गए तथ्यों का आंकलन करते हुए योजना बनाएं और उसके अनुसार काम करें। अन्यथा आपके द्वारा तथ्य या आंकड़े संकलन के लिए की गई सारी मेहनत पर पानी फिर जाएगा। विलियम जेम्स ने इस संबंध में एक बार प्रेरक बात कही थी, जब निर्णय ले लिया जाए तो फिर सावधानियों पर ध्यान नहीं देना चाहिए। यहां सावधानियों से उनका अभिप्राय चिंता से है। वे यही बोलना चाहते हैं कि तथ्यों के संकलन और उनके विश्लेषण के बाद जब आप एक निर्णय ले लेते हैं तो आपको बार-बार फिर हिचकने की जरूरत नहीं होनी चाहिए। आप सिर्फ़ अपनी बनाई योजना पर ध्यान दें। इसी तरह हालातों को आप सही तरह संभाल पाएंगे।

इसी बात पर मैंने वाइट फिलिप्स (जो प्रसिद्ध तेल विशेषज्ञ हैं) से बात की थी। उन्होंने इस पर अपनी राय देते हुए कहा था कि अगर आदमी लगातार केवल अपनी समस्या के बारे में ही सोचता रहता है तो वह सिर्फ़ दुविधा में ही उलझा रहता

है, क्योंकि जरूरत से 'ज्यादा खोजबीन और सोचने से भी कोई फायदा नहीं होता। इसलिए हमें मात्र योजना बनाना चाहिए, उस पर काम करना चाहिए और फिजूल की बातें, बिल्कुल नहीं सोचना चाहिए।

तो आईए आप गैलने लिचफील्ड के जैसे अपनी समस्या को सुलझा कर देखिए।

1. अपनी समस्या के बारे में लिखिए।

2. समस्या के संभावित समाधान क्या-क्या हो सकते हैं?

3. मैं इसके लिए यह कर सकता हूँ।

4. इस काम की शुरुआत कब से करनी है।

5. व्यवसाय की आधी चिंता ऐसे दूर करें

5

अपने बिजनेस की आधी चिंताएं किस प्रकार दूर करें

अगर आप व्यापार करते हैं तो इस अध्याय के शीर्षक को देखकर हैरान होंगे। सोच रहे होंगे कि यह बहुत ही बचकाना शीर्षक है, क्योंकि मैं स्वयं कई वर्षों से व्यापार कर रहा हूँ। ऐसा कोई तरीका नहीं होता कि व्यवसाय की आधी चिंताएं चुटकी बजाते ही दूर हो जाएं।

दरअसल, मैंने भी यदि ऐसा पहले देखा होता तो सहस ही इस पर विश्वास नहीं करता, क्योंकि यह विश्वास करने वाला शीर्षक नहीं है। ऐसे शीर्षकों ने कई बार लोगों को भ्रमित करने का काम किया है। इसलिए हमें इस पर लंबी चर्चा करने की जरूरत है। यह बहुत ही ज्यादा संभव है कि आपके व्यवसाय की आधी समस्याएं पहलभर में दूर न हों, लेकिन यह तो आप पर निर्भर करता है कि आप इस प्रक्रिया को किस तरह से आजमाते हैं, लेकिन मैं ऐसे लोगों के उदाहरण यहां जरूर प्रस्तुत कर सकता हूँ कि जिन्होंने ऐसा किया है और अपनी सफलता का परचम लहराया है।

पहले आप बताएं कि आपको यह शब्द याद तो हैं - जवानी में मरने वाले वे ही होते हैं, जो चिंता से लडऩा नहीं जानते। चिंताएं इतनी डरावनी होती हैं कि यह पूरी तरह से मनुष्य को बर्बाद कर देती हैं। इसलिए अगर मैंने आपकी दस प्रतिशत चिंताएं भी समाप्त कर दी तो, यह अपने आप में बहुत बड़ी बात होगी। मैं यहां ऐसे व्यावसायिक प्रतिनिधि के बारे में बताने जा रहा हूँ जिसने अपनी व्यापारिक बैठकों में लगने वाले समय को 75 प्रतिशत तक कम कर लिया था। यह उदाहरण इसलिए भी अहम है, क्योंकि इस जानकारी को आप क्रास चेक भी कर सकते हैं। यह किसी 'मिस्टर एक्स' या 'ओहियो के मेरे परिचित' या 'मिस्टर जोन्स' की बात नहीं है। यह एक सच्ची कहानी है, जिसके नायक हैं मिस्टर लियॉन शिमकिन। यह न्यूयार्क में

साइमन एंड शस्टर, रॉकफेलर सेंटर जैसे प्रसिद्ध प्रकाशन समूह के भूतपूर्व प्रबंधक और भागीदार रह चुके हैं।

आइए जानते हैं, जो उन्होंने स्वयं मुझे बताया था।

मैंने पिछले 15 साल तक अपने जीवन के हर दिन का आधा समय उन बैठकों में बिताया, जहां सिर्फ़ समस्याओं पर बात होती थी। उन बैठकों में अक्सर यही सोचा जाता था कि हमें यह करना है या नहीं। हम यह कर सकते हैं या हालात के अनुसार हमारे पास क्या विकल्प हैं ? इस तरह की बैठकों में हम कई बार परेशान हो जाते। उत्तेजित हो जाते। यहां-वहां घूमने लगते। इन सब के बाद तो मैं बहुत बुरी तरह थक जाता। मेरे जीवन में यह सब 15 सालों तक चलता रहा। मैंने कभी यह नही सोचा कि इसे और भी बेहतर तरीके से किया जा सकता है। अगर उस समय तक कोई मुझसे यह कहता कि मैं इन बैंठकों में लगने वाले समय को 75 प्रतिशत तक कम कर सकता हूँ, तो मुझे वह शख्स सिर्फ़ ख्याली दुनिया का आदमी लगता। जिसे ज्यादा अक्ल नहीं है फिर भी अपने बिना सिर-पैर वाले सुझावों के जरिए खुद को ज्यादा होशियार बताना चाहता है। परन्तु मुझे एक ऐसी तकनीक का पता चला और मैंने पिछले 8 वर्षों में उसे अपनाते हुए अपने 75 प्रतिशत समय का बचाव करना सीख लिया। इस तकनीक ने मेरी कार्यकुशलता बढ़ाई और मेरे जीवन में क्रांतिकारी बदलाव ला दिया। आपको यह जादू की तरह लग रहा होगा। मुझे पूरी उम्मीद है जब आप इसे जानकर अच्छी तरह आजमाने लगेंगे तो आप भी भरोसा करने लगेंगे।

तकनीक इस तरह है : सबसे पहले मैंने बैंठकों में पिछले 15 साल से चले आ रहे रुटीन को खत्म किया। इसमें मेरे सहयोगी मुझे अपनी समस्याएं विस्तार से सुनाते थे और अंत में उसका हल पूछते थे। इन सारी प्रक्रियाओं में बहुत समय बर्बाद हो जाता था। इसके लिए मैंने अपने अधीनस्थों को हर समस्या लाने से पहले चार प्रश्नों के उत्तर लिखकर लाने के लिए कहा। जैसे-

1. समस्या क्या है?

(पहले की बैठकों में हमारे कई घंटे यही जानने में बर्बाद हो जाते थे कि असल समस्या क्या है? हम ज्यादातर समय सिर्फ़ परेशानियों पर ही चर्चा करते रहते। समस्या का ज्ञान हमें बड़ी मुश्किल से होता।)

2. समस्या का कारण क्या है?

(अपनी पुरानी ज़िंदगी के बारे में, मैं जितनी बार सोचता हूँ मुझे उतनी ही हैरानी होती है कि आखिर मैंने कैसे अपना इतना बहुमूल्य समय बैठकों में केवल चिंता करते हुए नष्ट कर दिया। इसके बदले मैंने समस्या का पता लगाने और उसका निदान खोजने में समय लगाया होता तो शायद उस कीमती समय का रचनात्मक प्रयोग हो सकता था।)

3. समस्या को हल करने के विकल्प।

(अक्सर हमारी बैठकों में समस्या को सुलझाने की योजना पर फोकस करने की जगह पर बहस शुरू हो जाती थी। दो लोग आपस में खुद के सुझावों को सही ठहराने की बेकार बहस में उलझ जाया करते थे। इससे बैठक का समय बर्बाद होता और हम किसी नतीजे पर भी नहीं पहुँच पाते।)

4. कौन सा विकल्प आपको ज्यादा कारगर लगता है।

(बैठकों में मैंने देखा लोग अपने कई घंटों सिर्फ़ चिंता करने और परेशान होने में बिता देते थे। मैं ऐसे ही एक व्यक्ति के साथ बैठकों में शामिल होता। परन्तु मैंने कभी यह नहीं देखा कि उसने समस्या के समाधान के लिए कभी कोई सुझाव दिया हो।)

इन चार सवालों ने अब मेरी और मेरे सभी साथियों की ज़िंदगी बदल कर रख दी है। अब मेरे सभी साथी मेरे पास कम समस्याओं को लेकर आते हैं, क्योंकि उन्हें मेरे पास आने से पहले इन चार सवालों की प्रक्रिया से होकर गुजरना पड़ता है। जब वे अपनी समस्या को सुलझाने के लिए इस प्रक्रिया को अपनाते हैं तो पाते हैं कि कठिनाई का लगभग हल उन्हें मिल ही गया है। यह हल उन्हें इस तरह मिल जाता है जैसे, इलेक्ट्रिक टोस्टर से टोस्ट बनकर अपने आप बाहर आ जाती है। अगर समस्या पर बैठक भी करनी पड़े तो भी अब उतना समय नहीं लगता जितना पहले लगता था, क्योंकि अब बैठक सही तथ्यों के साथ तार्किक रूप से संयोजित होती है।

इसका यह लाभ हुआ है कि साइमन एंड शस्टर समूह की कार्यशैली में सकारात्मक परिवर्तन आ गया है। अब यहां समस्या पर चिंता करने या बहस करने में समय नष्ट नहीं किया जाता है, बल्कि समाधान पर ज्यादा से ज्यादा विचार करते हुए उस प्रक्रिया को अपनाने पर जोर दिया जाने लगा है।

इसी तरह मेरे एक महत्त्वपूर्ण बीमा प्रतिनिधि मित्र ने मुझे बताया था कि यह तकनीक उनके लिए इतनी कारगर सिद्ध हुई थी कि उन्होंने इसके जरिए न सिर्फ़ अपनी

चिंताओं पर काबू पाया, बल्कि उन्होंने अपनी आय भी दोगुनी कर ली। ऐसी ही एक उदाहरण फ्रैंक बेटगर का है। उन्होंने अपने बारे में बताया था कि जब मैंने अपने व्यवसायिक जीवन की शुरुआत बीमा प्रतिनिधि के रूप में की थी तब मेरे अंदर इसके प्रति जुनून था। मैं इस क्षेत्र में तेजी से प्रगति करने का इच्छुक था, लेकिन समय के साथ मुझे इस क्षेत्र में कार्य करने की अनिच्छा होने लगी। मैं इस कदर परेशान हो गया कि इस क्षेत्र को अलविदा कहने की सोचने लगा। यह हो भी गया होता अगर शनिवार की सुबह मैंने यह नहीं सोचा होता कि आखिर मेरी इस समस्या की जड़ क्या है?

1. पहला सवाल-समस्या क्या थी?

मैं ज्यादा से ज्यादा ग्राहकों से मिल रहा था। फिर भी मेरी आय सही अनुपात में नहीं हो पा रही थी। असल में, मेरे लक्ष्यगत ग्राहक से जब भी मैं बात करता तो उनकी ओर से मुझे पुन: मिलने का आश्वासन मिलता। यह तभी होता जब मुझे अपने विक्रय का ब्योरा देने का वक्त आ जाता है। इस तरह मेरा कीमती समय यूं ही बार-बार मिलने में ही नष्ट होता जा रहा था।

2. दूसरा सवाल - समस्या का कारण क्या है ?

इसके लिए मुझे हालातों की समीक्षा करने की जरूरत थी। मैंने इसके लिए पूरे एक साल का ब्योरा निकाला और उस पर ध्यान देना शुरू किया। इस तरह जब मैंने विश्लेषण करना शुरू किया तो मुझे अंदाजा हुआ कि मेरे द्वारा सत्तर प्रतिशत बीमा पहली बार में और 23 प्रतिशत बीमा दूसरी बार में किए गए थे। शेष सात प्रतिशत बीमा में मुझे चौथी, पांचवीं बार तक का समय लगा था। इस तरह विश्लेषण कर मैंने पाया कि अपने बहुमूल्य समय का अधिकत्तर समय मैं वहां नष्ट कर रहा था, जिसमें मात्र सात प्रतिशत की ही मेरी बिक्री हो रही थी।

3. तीसरा सवाल - समाधान पर अमल करना

जब मैंने एक बार स्थिति को ढंग से समझ लिया तो मैं यह जान गया कि मुझे अपने उन ग्राहकों से मिलने की जरूरत ही नहीं, जो मुझे दूसरी बार से अधिक मिलने का आश्वासन देते हैं। अब इन ग्राहकों से बचे समय में, मैं नए ग्राहकों को तलाशने लगा। इसका मुझे गजब का लाभ हुआ। अब मेरी आय तेजी से बढने लगी। इस तरह बेटगर आगामी समय में प्रसिद्ध और सफल बीमा प्रतिनिधि बन गए। ऐसा कैसे हो गया ? वे तो निराशा से यह व्यवसाय छोड़ने ही वाले थे। यह सब संभव हुआ आंकड़ों का सही विश्लेषण कर लिए गए आवश्यक निर्णय के कारण, तो अब आप बताइए कि क्या

आप इन सवालों के माध्यम से अपनी व्यवसायिक समस्याओं के 50 प्रतिशत को कम करना चाहेंगे या नहीं ? मैं सवालों को पुन: यहां दोहरा रहा हूँ।

1. समस्या क्या है ?
2. समस्या का कारण क्या है ?
3. समाधान के विकल्प क्या हैं ?
4. समाधान का कौन सा विकल्प आपके लिए लाभकारी है ?

खंड दो-संक्षिप्त में

चिंता को समझने का तरीका

नियम 1. हालातों को देखते हुए सही आंकड़े और तथ्य जुटाइए। याद हैं डीन हॉक्स ने क्या कहा था ? इस संसार में चिंता की सबसे बड़ी समस्या यह है कि आदमी निणज़्य तो लेता है लेकिन उसके पास समस्या से जुड़े कोई आंकड़े नहीं होते। इसलिए वह सही निणज़्य नहीं ले पाता।

नियम 2. तथ्यों को जांचे। उनका विश्लेषण करें।

नियम 3. विश्लेषण कर लिये गये निणज़्य पर बिना देरी किए काम करना शुरू कर दें।

नियम 4. किसी भी समस्या के लिए आप और आपके सहयोगियों को नीचे दी गई प्रक्रिया अपनाएं।

1. समस्या क्या है ?
2. समस्या का कारण क्या है ?
3. समस्या, समाधान के तरीके क्या हैं ?
4. समाधान का सबसे अच्छा विकल्प कौन सा है ?

खंड-तीन

चिंता को स्वयं पर हावी होने से पहले उन्हें समाप्त कर दें

6

अपने मस्तिष्क को चिंताओं से कैसे दूर रखें

एक रात मेरी कक्षा के विद्यार्थी मैरियन जे. डगलस ने अपनी जो कहानी सुनाई, उसे मैं भूल नहीं सकता। (यहां डगलस का मैंने असली नाम प्रयोग नहीं किया है, क्योंकि उसे इससे आपत्ति थी।)

उसने अपनी कहानी में हमें बताया कि उसके घर में दो भयानक ह‌ादसे हुए थे, वो भी एक बार नहीं, दो बार। पहला हादसा तब हुआ जब उसकी पांच साल की बेटी की मौत हो गई थी, जिसे वह और उसकी पत्नी बहुत प्यार करते थे। जैसे-तैसे वे इस दु:ख से उभरे और अगले दस महीने बाद उन्हें फिर से एक लड़की हुई, पर इस बार भी उसकी बच्ची ने सिर्फ़ पांच दिन बाद ही दुनिया को अलविदा कह दिया। यह उसकी ज़िंदगी में दोहरे असहनीय पल थे।

मैरियन ने बताया कि यह मेरे जीवन का सबसे दर्दनाक हादसा था। नैं इस हादसे के बाद अपना आत्मविश्वास पूरी तरह खो चुका था। न चैन से सोना, खाना और न ही कोई सुध। आखिरकार मैंने परेशान होकर चिकित्सक से सलाह लेने का निर्णय लिया। वह दो चिकित्सकों से मिला। एक ने उसे नींद की गोलियां खाने के लिए कहा। दूसरे ने उसे आसपास का माहौल बदलने का सुझाव दिया। मैरियन ने दोनों तरीके आजमाए, लेकिन उसे राहत नहीं मिली। उसने हमें बताया कि उसे ऐसा एहसास होता कि वह कहीं फंस गया है और सांस भी नहीं ले पा रहा है।

अगर आपने भी ज़िंदगी में दु:ख झेला होगा तो आप दु:ख से उत्पन्न तनाव को सरलता से समझ सकते हैं।

इन हालातों के बीच सबसे अच्छी बात यह थी कि मेरा एक चार साल का बेटा जीवित था। अब वही मेरा संसार था। उसी से एक दिन मुझे जीने की नई राह मिली,

जब उसने मुझसे आकर कहा - पापा, क्या आप मेरे लिए एक बोट बना दोगे ? इन हालातों में तो मैं कुछ भी नहीं करना चाहता था, पर मेरे जिद्दी बेटे के सामने मेरी एक भी न चली। अंतत : मुझे वह करना ही पड़ा, जो वह चाहता था।

मैंने अपने बेटे के लिए टॉय बोट बनाना शुरू कर दिया। इस काम में मुझे तीन घंटे से ज्यादा समय लगा, लेकिन जब मैंने अपना काम पूरा कर लिया तब जाकर महसूस किया कि इतनी शांति का एहसास मुझे बहुत दिनों से नहीं हुआ था। इस सुखद एहसास ने मुझे फिर सोचने के लिए मजबूर कर दिया था। मेरी समझ में आ गया था कि जब दिमाग़ को किसी काम में व्यस्त रखा जाता है तो हमारे पास बिना मतलब की चिंता करने का समय नहीं होता है। इस तरह बोट बनाने के काम ने मुझे बहुत कुछ सिखा दिया था। अब मैंने फैसला कर लिया था कि मैं किसी न किसी काम में खुद को व्यस्त रखूंगा।

मैंने यह काम अगले ही दिन से करना शुरू कर दिया। सबसे पहले मैंने एक सूची बनाई, जिन कामों में मुझे व्यस्त रहना था। खिड़कियां, दरवाजे, ताले, सीढ़ी, नालियां, ऐसी दर्जनों चीजें थीं जिनकी मरम्मत होनी जरूरी थी। आपको यह जानकर हैरानी होगी सकती है कि मैंने लगभग 242 कामों की ऐसी सूची बना ली थी, जिनमें खुद को व्यस्त रख सकता था।

एक के बाद एक कामों में खुद को व्यस्त रखते हुए आखिरकार मैंने दो सालों में बेहद सारे काम पूरे कर लिए। अब मेरा जीवन कई प्रेरक क्रियाओं से परिपूर्ण है। मैंने न्यूयार्क की प्रौढ़ शिक्षा कक्षा में सप्ताह के दो भाग लेना आरंभ कर दिया है। कई अन्य गतिविधियों का भी मैं हिस्सा बन गया हूँ। इन सब प्रेरक और सक्रिय जीवनशैली का परिणाम यह हुआ कि मैं एक स्कूल बोर्ड का चैयरमेन बन गया। अब मैं बोर्ड की ओर से कई बैठकों में भाग लेता हूँ। रेडक्रास जैसी समाज सेवी संस्था के लिए चंदा एकत्रित करने के लिए मैं काम करता हूँ। अब मैं इतना व्यस्त रहना लगा हूँ कि मुझे चिंता करने का वक्त ही नहीं मिलता।

यही बात हमें विंस्टन चर्चिल ने कही थी, विश्व युद्ध के दौरान उन्हें 18 घंटे काम करना पड़ता था। इस दौरान जब उनसे पूछा गया कि इतना काम करने और जिम्मेदारी की वजह से क्या वे चिंतित हो जाते हैं तो उनका जवाब गौर करने लायक था। उन्होंने कहा कि मेरे पास सिर्फ़ योजनाएं बनाने और उन पर अमल करने का ही वक्त है। चिंता करने का नहीं।

वाहनों के लिए सेल्फ-स्टार्ट बनाने वाले चार्ल्स केटरिंग ने भी ऐसा ही कुछ कहा था। केटरिंग विश्वविख्यात जनरल मोटर्स रिसर्च कॉरपोरेशन के प्रभारी और वाइस चेयरमैन, अपने सेवानिवृत्ति के दिनों में थे। उस दौरान उनके हालात ज्यादा ठीक नहीं

थे। उन्हें अपने प्रयोगों के लिए अपने खलिहान का प्रयोग करना पड़ता था। उस समय उनके पास ज्यादा पूंजी भी नहीं थी। उन्हें घर के खर्च के लिए उन 1500 डॉलर का इस्तेमाल करना पड़ा, जो उनकी पत्नी द्वारा पियानो सिखाकर कमाए गए थे। उन्होंने पांच सौ डॉलर का उधार अपने जीवन बीमा पर भी लिया था। इन हालातों के मध्य मैंने उनकी पत्नी से पूछा था कि क्या उन्हें ऐसी परिस्थितयों से चिंता नहीं होती। इस पर उनका जवाब था - मुझे इन हालातों में जितनी चिंता थी उसके उलट मेरे पति को जरा भी चिंता नहीं थी, क्योंकि वे इतने व्यस्त रहते थे। उन्हें चिंता करने का समय ही नहीं मिलता था।

पाश्चर नामक वैज्ञानिक ने भी कहा था कि पुस्तकालयों और प्रयोगशालाओं में ही शांति पाई जाती है।

आखिर वे ऐसा क्यों कह रहे थे ? शायद इसलिए, क्योंकि इन जगहों पर काम करने वाले अपने काम में इतने व्यस्त रहते हैं कि उन्हें उसके अलावा चिंता करने का समय ही नहीं रहता। आपने कभी सुना है कि शोध करने वालों को नर्वस ब्रेकडाउन हुआ हो।

आखिर व्यस्तता क्यों हमारी सारी चिंताएं मिटा देती है? ऐसा मनोव्ज्ञान के मूलभूत नियम के कारण होता है। वह नियम इस तरह है : मानवीय मस्तिष्क की इतनी ही क्षमता है कि वह एक वक्त पर एक ही काम पर ध्यान देता है। अगर आपको इस पर विश्वास न हो तो आईए एक प्रयोग करके देख लेते हैं।

खुद को रिलेक्स कीजिए। आराम चेयर पर बैठकर स्वयं की आंखें बंद कीजिए। अब एक साथ अपने दिमाग़ में आने वाले कल के कामों की सूची बनाइए और स्टेच्यू ऑफ लिबर्टी के बारे में सोचिए। (इसके अलावा भी आप और कोशिश कर सकते हैं।)

अब आप बताइए क्या आप दोनों चीजों के बारे में एक साथ सोच सकते हैं। नहीं न! हां, यही आपको क्रम से करने को कहा जाए तो आप सही तरह से एक के बाद एक कामों को सोच पाएंगे। यही हाल भावनात्मक क्षेत्र में भी होता है। जब कोई मनुष्य भावनात्मक रूप से किसी कार्य में डूबा हुआ होता है तो उस समय तक वह किसी प्रकार की चिंता नहीं कर सकता। वह सिर्फ़ अपने रोमांचक काम में तल्लीन रहता है। इसे कहा जा सकता है कि एक तरह की भावना के कारण दूसरे तरह की भावना का दिमाग़ में प्रवेश ही नहीं हो पाता है। जब दूसरा विश्व युद्ध हुआ था, तब मनोविज्ञान के जानकारों ने इसी विधि का लाभ उठाया था।

उस दौरान जंग में जुटे सैनिक भारी निराशा और युद्ध के घमाशान से खुद को आतंकित पाते थे, उनकी स्थिति न्यूरॉटिक की तरह हो जातीं थीं। ऐसे में चिकित्सकों

द्वारा उन्हें फिर से सहज करने के लिए उन्हें हमेशा व्यस्त रखने के लिए कहा जाता था। ऐसे लोगों को हर मिनट किसी न किसी क्रिया में मग्न रखा जाता था। इसमें इस बात का विशेष ध्यान रखा जाता था कि ये गतिविधियां ज्यादातर बाहरी होती थीं। जैसे, खेलना, शिकार करना, मछली पकडऩा, बागवानी, नाचना और गोल्फ खेलना। मनोविज्ञान के चिकित्सकों द्वारा इसे अपने प्रोफेशन में आक्युपेशलन थैरेपी कहा जाता है। असल में यह कोई नई खोज नहीं है, इसे तो ईसा मसीह के भी पहले से यूनानी चिकित्सकों द्वारा विगत पांच सौ वर्षों के पहले से आजमाया जा रहा है।

यही काम बेन फ्रेंकलिन के समय में क्वेकर्स द्वारा फिलाडेल्फिया में हो रहा था। क्वेकर्स सेनिटेरियम एक ऐसी जगह थी, जहां मानसिक बीमारों का बेहतर इलाज किया जाता था। वर्ष 1774 में वहां की जब एक आदमी ने यात्रा की थी तब उसने देखा वहां मानसिक रूप से बीमार लोग सूत काट रहे हैं। उसे यह देखकर ऐसा लगा जैसे वहां उन मरीजों का शोषण किया जा रहा है, लेकिन बाद में उसे बताया गया कि यह मानसिक बीमारों को दी जाने वाली एक थैरेपी है। इससे उन मरीजों में काफी सुधार देखा गया है।

मानसिक रूप से बीमार लोगों को हमेशा व्यस्त रखना सबसे अच्छी एनेस्थीसिया है। यह बात आपको कोई भी चिकित्सक बता देगा। एक दौर में हेनरी डब्ल्यू लांगफैलो को भी इस समस्या का सामना करना पड़ा था, जब उनकी पत्नी का देहांत बेहद युवा अवस्था में हो गया था। असल में, एक दिन मोम पिघलाते हुए उनकी पत्नी के कपड़ों में आग लग गई थी। उनकी चीख सुनकर जब तक लांगफैलो आते और उन्हें बचाने का प्रयास करते तब तक जलकर उनका निधन हो चुका था। इन हालात में लांगफैलो इतने निराश हो चुके थे कि उनके दिमाग़ ने काम करना बंद कर दिया था। वे पागलपन की हद तक पहुँच गए थे। तभी उन्हें अपने तीन बच्चों के लालन-पालन की चिंता सताने लगी। उन्हें एहसास हुआ कि अब उन्हें अपने बच्चों के लिए माता-पिता दोनों का फर्ज निभाना है। बस तभी से वे उनके साथ व्यस्त हो गए। लांगफैलो अपने बच्चों के साथ खेलने लगे, उन्हें घुमाने ले जाते, कहानियां सुनाते। इसी से निकल कर आई उनकी कविता द चिल्ड्रन आवर ने सभी को आत्मिक शांति प्रदान की। उन्होंने दांते का अनुवाद करते हुए खुद को इतना व्यस्त कर लिया कि अब उनका ध्यान कहीं भटक नहीं सकता था। इस तरह से उन्होंने अपने जीवन में शांति का एक बार पुन: अनुभव करना शुरू कर दिया।

इसी तरह का हादसा टेनीसन के साथ भी हुआ था। उन्होंने अपने मित्र आर्थर हल्लाम को खो दिया था। उन्हें इसका इतना दु:ख था कि इससे उभरने के लिए उन्होंने खुद ये बात कही थी कि मेरे दोस्त के जाने के गम से अगर मुझे निकलना है तो स्वयं को काम के सागर में डुबोना होगा। तभी मैं इस अपार दु:ख को भुला पाऊंगा।

मनुष्य की यह प्रवृत्ति है कि यदि वह खुद को दैनिक कार्यों में व्यस्त रखता है तो उसे अलग से खुद को कामों में झोंकने की जरूरत नहीं पड़ती है। किन्तु जब आदमी अपने दैनिक के कामों से निपटने के बाद फुरसत के क्षणों में आता है तभी न जाने क्यों वह चिंता और अनचाहे भय का शिकार होने लगता है, जबकि यही समय होता है जब उसे अपने काम को समाप्त करने के बाद प्रसन्न होना चाहिए। हमारे दिमाग़ में अनचाहे प्रश्न उठने लगते हैं, जैसे-हमारे जीवन में सब कुछ सही चल रहा है या नहीं। कहीं हम हमारे जीवन में कोल्हू के बैल की तरह ही तो काम नहीं किए जा रहे हैं। कल मेरे बॉस के कहने का मतलब यह तो नहीं था, कहीं मेरे आकर्षण में तो कमी नहीं आ गई।

इन सभी बातों का कारण यह है कि कुछ न करने पर दिमाग़ी वैक्यूम के हालात बन जाते हैं। यह भौतिकी का नियम है कि प्रकृति, वैक्यूम को स्वीकार नहीं करती है। आप इसे एक उदाहरण से परख सकते हैं, जैसे, एक बल्ब को तोडने पर आप देखेंगे कि प्राकृतिक हवा तेजी से बल्ब में समाकर उसके अंदर खाली जगह को भर देगी। इसी तरह हमारे दिमाग़ में भी होता है। प्रकृति हमारे दिमाग़ को भी कभी खाली नहीं रहने देती है। प्रकृति हमारे दिमाग़ में क्या भरती है? भावनाएं...सिर्फ़ भावनाएं। और यह भावनाएं कैसी होती है? चिंता, डर, जलन और आपसी बैर से भरी भावनाएं। यह भावनाएं आदिकाल से मनुष्य की साथी बनी हैं। इनकी शक्तियां इतनी अधिक हैं कि यह शांति, विनम्रता और सुखद भावनाओं को नष्ट कर देती हैं। उन पर हावी हो जाती हैं।

यहां जेम्स एल मर्सेल (प्रो. टीचर्स कॉलेज, कोलंबिया) ने की बात उद्धृत करना बहुत आवश्यक है कि लोगों पर चिंताएं तब आक्रमण नहीं करतीं जब आप पूरी तरह काम में तल्लीन रहते हैं, यह तब अपना प्रभाव दिखाना शुरू करती हैं जब आप काम को निपटा कर कुछ देर आराम करना शुरू करते हैं। इसी समय से चिंता और नकारात्मकता की भावनाएं आप पर हमला कर देती हैं। आप कई प्रकार की मूर्खता करना शुरू कर देते हैं। इस समय आपका दिमाग़ खाली चलने वाली मोटर की भांति हो जाता है, जिससे आपके दिमाग़ी बियरिंग जलने की संभावना बढ़ जाती है। इसलिए नकारात्मक भावनाओं का एक ही इलाज है कि आप खुद को किसी न किसी रचनात्मक काम में व्यस्त रखा जाए। खैर, यह सब समझने के लिए आपको किसी तरह का विशेषज्ञ बनने की जरूरत नहीं है। दूसरे विश्व युद्ध के समय मैं एक ऐसी घरेलू महिला से मिला था जिसने मुझे बताया था कि उसने चिंता को रचनात्मक कामों से हराना सीख लिया था।

असल में, मैं उस समय न्यूयार्क से मसूरी अपने फॉर्म हाउस जा रहा था तभी मेरी मुलाकात उस महिला और उसके पति से हुई थी। उन्होंने इस दौरान यह जिक्र किया

था कि पर्ल हर्बर की घटना के बाद अगले ही दिन उनका पुत्र सेना में भर्ती हो चुका था। इससे उस महिला को गहरा झटका लगा था। उसने अपने बेटे की याद में खुद के स्वास्थ्य को बहुत ज्यादा नुकसान पहुँचाया था। उसे हर पल यही चिंता रहती कि कहीं उसके बेटे की तबीयत खराब न हो गई हो। वो समय पर खाना खाता है या नहीं? कहीं जंग के मैदान में वह घायल तो नहीं हो गया? ऐसी कई चिंताएं उसे घेरे रखती थीं।

मैंने उससे पूछा कि किस तरह उसने खुद को इन चिंताओं के मकडज़ाल से आजाद किया, तब उसने मुझसे सिर्फ़ इतना कहा कि मैंने खुद को हमेशा व्यस्त रखा।

मैंने सोचा क्या, बस इतना ही। उसने मुझे बताया कि उसने अपनी नौकरानी को हटाकर खुद ही सारा काम करना शुरू कर दिया। इससे उसे अपने दिमाग़ को थोड़ा व्यस्त रखने में मदद मिली। किन्तु यह काफी नहीं था, क्योंकि वह सारे काम ज्यादातर मशीनों से पूरे होते थे। मैं शरीर से जरूर बर्तन धोने या बिस्तर लगाने के काम करती पर मेरा दिमाग़ अपने बेटे की यादों में ही लगा रहता। इसलिए मैंने इन सब से निकलने के लिए पास के ही एक डिपार्ट मेंटल स्टोर में सैल्सवुमैन की नौकरी कर ली थी।

यहीं से उनका दिमाग़ बदलना शुरू हुआ। उन्होंने बताया कि वहां चारों तरफ उन्हें ग्राहक घेरे रहते थे। वे उनसे तरह-तरह के सवाल पूछते कीमत, रंग, साइज आदि के बारे में। मुझे वहां एक पल की भी फुरसत नहीं मिलती थी। दिनभर के काम के बाद मैं जब अपने घर आती थी तो मुझे केवल अपने दुखते पैर और बदन दर्द से निजात पाने की ही सुध रहती थी। मैं जल्द से जल्द रात का भोजन करके सो जाती थी। इसके बाद मेरे पास न तो चिंता का समय था और न ही शक्ति रहती।

जॉन काउपर पॉइज ने दि आर्ट फॉरगेटिंग द अनप्लेजेंट में जो कहा है वह इस महिला को खुद के अनुभव से पहले ही प्राप्त हो गया था। काउपर ने कहा था कि जब आदमी पूरी तरह से काम में तल्लीन हो जाता है तो उसे एक निश्चित शांति, सुरक्षा और सुखद की अनुभूति प्राप्त होती है।

ओसा जॉनसन जो विश्व प्रसिद्ध महिला खोजी थीं। उन्होंने भी अपने जीवन में देखी गई कई कठिनाइयों से उत्पन्न चिंता और दु:ख से इसी तरह छुटकारा पाया था। उनकी यह कहानी आपने उनकी जीवनी आई मैरीड एडवेंचर में भी हो सकता है पढ़ी होगी। वो एक ऐसी महिला थीं जिन्होंने अपनी शादी रोमांच के लिए की थी। उनकी शादी सोलह वर्ष की उम्र में मार्टिन जॉनसन से हो गई थी। उनके साथ वह कैन्यूट (कान्सस) से बोर्नियो के जंगल में रहने आ गईं थीं। पच्चीस सालों तक एशिया और अफ्रीकी इलाकों में घूमते हुए लुप्त होने वाली प्रजातियों पर फिल्म बनाने का काम इस दंपती ने किया। इसके बाद वे लेक्चर टूर करने लगे। इस दौरान एक हादसा हुआ, जब डेनवर से कोस्ट जाने वाला हवाई जहाज क्रेस हो गया। इसमें सवार इस दंपती में से

मार्टिन की मृत्यु हो गई। ओसा इस दौरान इतनी भयानक तरीके से घायल हो गईं थीं कि चिकित्सकों को कहना पड़ा था कि अब वह शायद ही चल-फिर पाए। पर होनी को कुछ और ही मंजूर था। तीन महीने के अंदर ही ओसा व्हील चेयर पर बैठकर पूरे आत्मविश्वास से भाषण देने लगीं। उन्होंने ऐसा करते हुए सौ से ज्यादा लेक्चर दिए। मैंने उनसे सवाल किया था कि आखिर उन्होंने ऐसा क्यों किया? उनका जवाब था कि मैं सिर्फ़ दु:ख और चिंता में अपना जीवन नहीं गुजारना चाहती थी। इससे उभरने का यही मेरे पास एक रास्ता था, खुद को व्यस्त रखूं।

इस तरह ओसा को भी उसी बात की अनुभूति हुई, जो एक सदी पहले टेनीसन को भी हुई थी, और वह यही थी कि चिंताओं के महासागर से बाहर निकलने के लिए खुद को इतना व्यस्त कर दो कि कुछ और सोचने का मौका ही न मिले।

यही तथ्य एडमिरल बर्ड ने भी तब जाना जब वे दक्षिणी ध्रुव में ग्लेशियरों और बर्फ से ढंकी एक जगह पर पांच महीनों तक रहे। यह दक्षिणी ध्रुव अमेरिका और यूरोप दोनों से क्षेत्रफल में बड़ा था। इसके क्षेत्रफल में कई अंतहीन राज छिपे हुए थे। ऐसी जगह पर बर्ड ने अपने जीवन के सुनहरे पांच महीने गुजारे। वहां उनके सौ मील के अंतराल पर भी उन्हें किसी जीव-जंतु की आहट तक सुनाई नहीं देती थी। ठंड उनकी सांसों को जमा देती थी, जिसका एहसास उन्हें तब होता था जब वह बर्फ बनकर उनके आंखों के सामने उड़ते हुए दिखाई देती थी। बर्ड ने अलोन नाम से पुस्तक लिखकर अपनी पांच महीनों की कहानी बयां की है, जो उन्होंने बिल्कुल निर्जन स्थान पर गुजारे थे, जहां श्याह अंधेरे के सिवा कुछ नहीं था। दिन-रात में कोई अंतर नहीं था। आखिर ऐसी जगह पर उन्होंने खुद को कैसे जीवित रखा। इसका उत्तर उन्होंने दिया- कहा कि मैंने ऐसे समय में खुद को सदा व्यस्त रखा। मैं हर दिन सोने से पहले अगले दिन के लिए उन कामों की सूची बना लेता था, जो मुझे करने होते थे। जैसे, मैं खुद को कभी बचाव के लिए सुरंग बनाने में व्यस्त रखता। कभी बर्फ को समतल रखने में। फिर मैं कभी ईंधन के ड्रमों को सीधा करता तो कभी एक टूटे हुए की मरम्मत करने में व्यस्त रहता, जिसके द्वारा किसी इंसान को स्लेज के माध्यम से जरूरत पड़ने पर ले जाया जा सके।

इस तरह से मैंने खुद के लिए इतने काम इजाद कर लिए थे कि मैं हर समय व्यस्त रहता था। मैंने खुद में यह बदलाव भी पाया कि इससे मुझमें सख्त अनुशासन भी आ गया। अगर मैंने एक भी दिन बिना किसी ठोस योजना के गुजारे होते तो शायद मेरा अंत भी वैसा ही होता जैसे और लोगों का होता है, मतलब इन परिस्थितियों में, मैं भी औरों की तरह बिखर जाता।

इसलिए अगर किसी को भी मानसिक परेशानियों ने घेर रखा है तो वह जान लें कि खुद को व्यस्त रखकर इस समस्या का हल आसानी से निकाल सकते हैं। इस बात की पुष्टि प्रसिद्ध डॉ. रिचर्ड सी. कैबॉट ने की है, जो हावर्ड में क्लीनिकल मेडिसन के प्रोफेसर रहे हैं। डॉ. कैबाट ने अपनी पुस्तक व्हाट मैन लिव बाई में लिखा है-मैंने अपने चिकित्सा जीवन में कई ऐसे लोगों के स्वास्थ्य में सुधार होते देखा है, जिन्होंने खुद को सदैव व्यस्त रखा। असल में, इस काम के द्वारा उन्होंने उन अनचाही चिंताओं, डर, झिझक पर जीत पा ली, जिस से वह त्रस्त हो चुके थे। दरअसल, हमारे काम के कारण व्यस्त रहने से हमारे भीतर से साहस की अनुभूति का एहसास होता है। यह वैसा ही है जैसा इमर्सन ने स्वाबलंवन के लिए के लिए कहा था।

इसी विषय पर चार्ल्स डार्विन ने भी कहा था कि यदि मनुष्य कुछ न करते हुए सदैव निष्क्रिय पड़ा रहे तो वह उन विबर गिबर्स यानी कीड़े-मकोड़ों की तरह है, जो स्वयं को सिर्फ़ खोखला करने का काम कर रहा होता है। इससे मनुष्य के भीतर मौजूद शक्तियों का भी नाश हो जाता है।

मेरी सूची में ट्रेम्पर लॉगमैन वो अगला नाम है, जिन्होंने इसी तरकीब का इस्तेमाल कर सफलता पाई है। ट्रेम्पर न्यूयार्क के प्रसिद्ध व्यवसायी रहे हैं। उनसे मेरी अच्छी पहचान भी रही है। उन्होंने चिंता को जीतने की अपनी कहानी इस तरह से बताई थी कि मुझसे रहा नहीं गया और मैंने उन्हें अपनी कक्षा खत्म होने के बाद अपने साथ भोजन के लिए बुला लिया। हमने एक रेस्तरां में आधी रात तक उनके अनुभवों पर बात करते हुए गुजारी। इस दौरान उन्होंने मुझे बताया कि चिंता के कारण मुझे 18 साल पहले अनिद्रा रोग का सामना करना पड़ा था। मैं उस दौरान परेशान, चिड़चिड़ा रहने लगा था। मेरी स्थिति ऐसी थी कि मुझे कभी भी नर्वस ब्रेकडाउन की समस्या हो सकती थी।

मैं उस समय क्राउन फ्रूट एंड एक्स्ट्रैक्ट कंपनी में ट्रेजेरर के पद पर था। हमारी कंपनी ने पांच लाख डॉलर का निवेश स्ट्रॉबेरी के गैलन टिन में किया था। हम स्ट्रॉबेरी के गैलन आइस्क्रीम निर्माताओं को 20 साल से बेच रहे थे। हमारी सेल में उस समय मंदी आ गई, जब नेशनल डेरी और बोर्डन्स जैसी बड़ी संस्थाओं ने अपनी उत्पादन क्षमता बढ़ा दी। उन्होंने बैरल में पैक होने वाली स्ट्रॉबेरी खरीदकर समय और पैसों की अच्छी बचत की थी। हमारा पहले ही पांच लाख डॉलर का निवेश अटका हुआ था। वहीं हमारा पहले से ही अगले 12 महीने के लिए स्ट्रॉबेरी खरीदने का समझौता हो चुका था। इसके लिए हमने बैंक से साढ़े तीन लाख डॉलर का लोन लिया था जिसे अब हम न चुका पाने की स्थिति में थे और न ही इसका रिन्यू कराने की। इन सब कारणों ने मुझे गहरी चिंता में डाल दिया था।

खैर, इन हालातों से रूबरू कराने और सही जानकारी देने मैं हमारी कंपनी के प्रेसिडेंट के पास पहुँचा, जो हमारी वाट्सनविल्ले, कैलिफोर्निया में स्थित संस्था में बैठे हुए थे। मैंने उन्हें सारी बातें विस्तार से समझाते हुए कंपनी के डूबने की संभावना व्यक्त की, लेकिन उन्होंने इन बुरे हालातों के लिए न्यूयार्क कार्यालय की बुरी कार्यशैली को दोषी ठहराया। ये सिलसिला चलता रहता, अगर वे मेरी सलाह नहीं मानते। उन्होंने समय रहते मेरी सलाह मानी और स्ट्रॉबेरी को पैक करने का काम बंद कर दिया। इसी के साथ हमने सैन फ्रांसिस्को में नया बाजार खोजा और वहां की मांग के अनुसार आपूर्ति करना शुरू कर दिया। इस तरह हमारी बिक्री में आ रही सनस्याओं का निराकरण हो गया। किन्तु इसके बाद भी मेरे दिमाग़ से चिंताएं दूर नहीं हो रहीं थीं। शायद मुझे इस बात की लत लग चुकी थी।

वापस न्यूयार्क लौटकर आया तो मेरे दिमाग़ ने हर विषय को लेकर चिंता पालनी शुरू कर दी। जैसे, हमारी कंपनी हवाई से पाइनएप्पल, इटली से चेरी खरीद रही थी। उसे लेकर भी मेरे दिमाग़ में चिंता लगी रहती।

इस तरह मैंने अपना जीवन लगभग बर्बाद कर लिया था। हरदम चिंताओं से घिरा, जिसे अनिद्रा रोग हो चुका था, गहरा तनाव जिसके जीवन का अंग बन चुका था और जो नर्वस ब्रेकडाउन की ओर लगातार बढ़ रहा था।

मैंने इन सब हालातों से निकलने का एक तरीका निकाला। इससे मेरी चिंताओं से मुझे छुटकारा मिला। मैंने खुद को व्यस्त रखना शुरू किया। मैंने खुद को एक के बाद एक सभी समस्याओं के हल खोजने में लगा दिया। मैं पहले की अपेक्षा सात घंटे की जगह पंद्रह घंटे काम करने लगा। पूरी तरह खुद को काम झोंक दिया। मैं सुबह आठ बजे अपने कार्यालय पहुँचकर देर रात तक काम करता। अपने काम को बढ़ाते हुए मैंने खुद को व्यस्त किया। इतनी मेहनत और भागदौड़ के बाद जब मैं रात को घर पहुँचता तो मुझे नींद अपने आप आ जाती। मुझे इसके लिए कोई मेहनत नहीं करनी पड़ती।

यह सिलसिला लगभग तीन महीनों तक चला और इस एक फॉर्मूले ने मेरी चिंता की बीमारी को खत्म कर दिया। इस तरह मैंने खुद की चिंता करने की आदत से जब एक बार निजात पा ली तो पुन: अपने सामान्य जीवन में लौट आया। फिर वही जीवन अपनाया जो सात-आठ घंटे काम कर गुजारे जाते थे। यह मेरे साथ 18 साल पहले हुआ था। तब से आज तक मैं सही नीति अपनाकर चिंता मुक्त हो चुका हूँ।

जार्ज बर्नाड शॉ ने भी एक जगह कहा था-अगर इंसान सिर्फ़ यह सोचने में समय बिताता है कि वह सुखी है या नहीं तो वह निश्चित रूप से दु:ख की ही अनुभूति करेगा।

आप यह सब छोड़कर सिर्फ़ यह सलाह अपनाएं कि खुद को काम में व्यस्त कर लें। आप जब एक बार यह सब करके देखेंगे तो महसूस करेंगे आपके अंदर सकारात्मक लहरें उठने लगी हैं। दिमाग़ तेजी से काम करने लगा है। चिंताएं दूर हो चुकी हैं। इसलिए एक बार व्यस्त होकर देखिए। चिंता का सबसे सुलभ और कारगर इलाज यही है।

चिंता समाप्त करने का पहला नियम: व्यस्त रहें। काम में पूरी तरह डूबकर ही चिंता से छुटकारा पाया जा सकता है।

7

चिंताएं आप को भीतर से खोंखला न कर दें

मुझे यह कहानी रॉबर्ट मूर ने सुनाई थी, जो न्यूजर्सी के मेपलवुड के रहने वाले थे। मुझे पूरा विश्वास है कि यह आपके लिए बहुत रोमांचक कहानी होगी। उन्होंने बताया कि वर्ष 1945 में, मैंने अपने जीवन का सबसे महत्त्वपूर्ण सबक सीखा। भारत-चीन की सीमा रेखा से 276 फीट दूर। मैं 88 लोगों के साथ बाया एसएस-318 नामक पनडुब्बी में था। हमें पता चला था कि एक जापानी बेड़ा हमारी ओर आगे बढ़ रहा था। सुबह होते ही हम हमला करने के उद्देश्य से पानी की गहराइयों में चले गए थे। पेरिस्कोप से दिखाई दिया जापानी सेना के टैंकर, सुरंगपोत और बमवर्षक हमारी ही ओर आ रहे थे। हमने अपनी सुरक्षा के लिए तीन टॉरपीडो चलाए, पर निशाना नहीं लगा। जांच करने पर पता चला कि उनकी मशीनी संरचना में दिक्कत आ गई थी। पथप्रदर्शक को यह पता नहीं चला और वह आगे बढ़ता रहा।

इसी दौरान हम आखिरी जापानी सुरंगपोत पर हमला करने जा रहे थे। परन्तु कुछ ही पलों में हमने देखा वो हमारी ही ओर आ रहा है। (शायद जापानी हवाई जहाज ने हमें देख लिया था, जबकि उस समय हम साठ फीट गहरे पानी में डूबे हुए थे। उसके भेजे गए संदेश की वजह से ही वह सुरंगपोत हमारी ओर आने लगा था।)

हमने खुद को बचाना बेहतर समझा। हम और गहराई 150 फीट पर चले गए। अपने दरवाजों पर ताले लगाते हुए हमने पनडुब्बी के पंखों को बंद कर दिया और बिजली के उपकरण बंद कर एकदम शांत बैठ गए।

अगले कुछ ही पलों में क्या होने वाला था। इसका हमें अंदेशा भी नहीं था। अगले कुछ ही क्षणों में हमारी सबमरीन के आसपास छह गोले फटे। इन गोलों ने हमें 276 फीट समुद्री की गहराई में फेंक दिया। हमारे लिए यह बहुत डरावना था, क्योंकि अगर 1 हजार फीट की गहराई पर हमला होता है तो इससे निकलना मुश्किल होता है।

वहीं अगर पांच सौ फीट की गहराई पर यह हो तो जान बचाना ही मुश्किल हो जाता है। हमारे साथ स्थिति इससे भी ज्यादा खौफनाक थी। हमारे घुटनों तक पानी था। हम चुपचाप और शांत थे। उस जापानी सुरंगपोत ने हम पर 15 घंटे तक बम बरसाए। यह तथ्य है कि पनडुब्बी के 15 फीट के दायरे में अगर कोई बम फटे तो पनडुब्बी को नुकसान पहुँचता है और उसमें छेद हो जाता है। उस दौरान हमारी पनडुब्बी के पांच फीट के दायरे में बम फट रहे थे। हमें हमारे बंकर में छिपे रहकर सुरक्षित रहने के आदेश मिले थे। इस दौरान मैं इतनी दहशत में था कि मैं ठीक से सांस भी नहीं ले पा रहा था। मेरे मन में यही ख्याल आ रहा था कि अब मौत निश्चित है।

पनडुब्बी के पंखे और शीतलक तंत्र बंद होने से अंदर का तापमान बढ़कर सौ डिग्री के पार पहुँच गया था। मैं अंदर ही अंदर बुदबुदा रहा था-अब मौत निश्चित है... अब मौत निश्चित है। इन हालातों में मेरी हालत ऐसी थी कि मैं ठंड से कंपकंपा रहा था। मेरे दांत किटकिटा रहे थे। चिपचिपा पसीना बदन पर बह रहा था। यह क्रम 15 घंटे तक चलता रहा। एकदम से यह शोर थम गया, क्योंकि जापानी सुरंगपोत के पास बारूद खत्म हो चुका था। बारूद खत्म होते ही वह हमसे दूर चला गया। वह 15 घंटे मेरे लिए 15 लाख साल के बराबर कटे। एक-एक पल में मैंने अपनी पिछली ज़िंदगी के सारे पन्ने पलट लिए। हर वो लम्हा मैंने याद किया था, जो मेरी ज़िंदगी का खुशनुमा पल था। वो बुरी यादें भी जो मेरे जीवन में हुई थीं। जीवन के कई पल मैंने अनावश्यक चिंता करते हुए गुजारे थे। जैसे, कभी मैं बैंक में एक क्लर्क हुआ करता था। यह नेवी से पहले की बात है। उस दौरान मुझे नौकरी की तरक्की, सैलरी और कई बातों की चिंताएं सताती रहतीं थीं। मेरी हालत यह थी कि मैं न नई गाड़ी खरीद सकता था, न घर और न ही अपनी पत्नी के लिए नए कपड़े। मेरा पुराना इंचार्ज मुझे हमेशा डांटता था। मेरी हालत ऐसी हो गई थी कि मैं शाम को जब घर लौटता तो अपनी पत्नी से सामान्य बांतों पर झगड़ा कर लेता। मेरे चेहरे पर घाव का एक निशान भी था, जो एक कार दुर्घटना की वजह से मेरे चेहरे पर हो गया था।

मैं यह सोच रहा था कि तब यह चिंताएं मुझे जीवन की सबसे बड़ी बाधाएं लगती थीं। किन्तु उस समय जब वह सुरंगपोत हम पर बम बरसाए जा रहा था। यह सारी चिंताएं मुझे बहुत छोटी समझ आ रहीं थीं। यही वो पल थे जब मैंने मन में यह संकल्प लिया कि अगर अब मैं जीवन में कभी आसमां के तारों को देख पाया तो फिर कभी चिंता नहीं करूंगा। कभी भी नहीं...। वह 15 घंटे मेरे जीवन का सबसे बड़ा सबक थे। जीने की कला सीखाने वाले। यह समझिए उन 15 घंटों में, मैंने जितना भी सीखा उतना तो मुझे सिरेकस विश्वविद्यालय में भी नहीं सीखने को मिला। आदमी की फितरत ऐसी है कि कई बार वह बड़ी-बड़ी बाधाओं को तो आसानी से पार कर लेता है, लेकिन कई दफा छोटी-छोटी कठिनाइयां उसे हिला कर रख देती हैं। जैसे, सर हैरी

वेन के सिर कलम करने का दृश्य लंदन में सेमुअल पीप्स ने देखा था। उन्होंने देखा था कि प्लेटफॉर्म पर चढ़ते हुए सर हैरी ने रहम की गुजारिश नहीं की थी, बल्कि उन्होंने कहा था कि वे जल्लाद उनके गले के फोड़े बिना छूरे से गर्दन पर वार करें।

एडमिरल बर्ड, जिनका उदाहरण हम पहले पढ़ चुके हैं। उन्होंने भी दक्षिणी ध्रुव की ठंड में एक बात खोजी थी। वह यह थी कि उनके साथी बड़ी बातों की जगह छोटी-छोटी बांतों से अधिक परेशान हो जाते थे, जबकि उन्होंने वहां शून्य से अस्सी डिग्री माइनस ठंड को बिना शिकवा झेलने का काम किया था। बर्ड कहते हैं कि बंकर में दबे हुए मैं उन लोगों को देख पा रहा था जो ऐसे माहौल में भी एक-दूसरे के साथ सामान्य व्यवहार नहीं कर पा रहे थे। क्योंकि किसी ने अपना समान दूसरे की तरफ एक इंच ज्यादा जगह पर रख लिया था। कोई तब तक भोजन को तैयार नहीं था जब तक वह फ्लेचरिस्ट को देख न ले। ऐसा व्यक्ति जो पूरे 28 बार अपने भोजन को चबाने के बाद ही उसे निगलता था।

ध्रुवीय कैंप में अनुशासित रहने वाले आदमियों को भी यह छोटी-छोटी चिंताएं या आदतें पागल बना देती थीं। बर्ड के कहे अनुसार यह भी कहा जा सकता है कि शादी में छोटी-छोटी बातें लोगों को इतना नुकसान पहुँचाती हैं कि दुनियाभर में दिल के दर्द का कारण यही बनती हैं।

इसको जोसफ सबाथ के द्वारा कहे अनुसार समझ सकते हैं, वे शिकागो में जज रहे हैं और उन्होंने विवाह विच्छेद से संबंधित 40 हजार से भी ज्यादा केसों में अहम निर्णय सुनाए हैं। उन्होंने इस संबंध में कहा है कि विवाह में आने वाली अधिकांश परेशानियों का कारण छोटी-छोटी बातें रही हैं। यही बात फ्रैंक एस. हॉगन ने भी दोहराई है। वे न्यूयार्क काउंटी के पूर्व जिला अटार्नी रहे हैं। उन्होंने कहा है-मैंने देखा है कि अदालत में आए ज्यादातर मामलों का कारण छोटी-छोटी बातें रही हैं, जैसे, घरेलू परेशानियां, दूसरों का खुद के प्रति मनमाफिक व्यवहार न होना, ऐसे शब्द जिससे खुद की बुराई का एहसास हुआ हो आदि। अधिकतर हत्या या हमले संबंधी केसों के पीछे ऐसे ही कारण दबे रहते थे। दरअसल, हम सभी के साथ हर बार बहुत ज्यादा क्रूरतापूर्ण व्यवहार नहीं होता है, किन्तु मनुष्य का स्वभाव ऐसा है कि उसके झूठे अहंकार को जैसे ही ठेस पहुँचती है तो वह तिलमिला जाता है। दुनिया के आधे से ज्यादा मामले ऐसे ही हैं।

पहले पहल एलीनोर रूजवेल्ट भी ऐसे ही हुआ करती थीं। जब भी उनकी नई कुक अच्छा भोजन नहीं बनाती थी तो वे इससे परेशान हो जाती थीं। उनके मन के मुताबिक न होने पर यह उनका बेहद बचकाना व्यवहार रहता था, किन्तु अब जब भी ऐसा होता है रूजवेल्ट वयस्कों की तरह व्यवहार करती हैं और कुछ ही समय में

ऐसी छोटी-छोटी परेशानियों को भूलकर नए कामों में जुट जाती हैं। यही हाल कैथरीन महान महारानी का भी था, इतिहास में वो निरकुंश सम्राज्ञी के लिए जानीं गई हैं, किन्तु अगर उन्हें भी अपनी रसोई में कभी अच्छा भोजन नहीं मिलता तो वे इस बात को अधिक गंभीरता से नहीं लेती थीं।

इसी तरह मैं अपनी पत्नी के साथ शिकागो में रहने वाले अपने दोस्त के घर भोजन के लिए आमंत्रित किया था। वहां जब हम सब भोजन की टेबल पर बैठकर खान खा रहे थे। तब मेरे मित्र से भोजन परोसते समय कुछ गलती हो गई, जिसे न मैंने और न ही मेरी पत्नी ने नोटिस किया। किन्तु उसकी पत्नी ने उसे ऐसा करते हुए देख लिया और हम सबके सामने उसे डांटना शुरू कर दिया। उसने कहा कि जॉन, तुम कभी कोई काम ठीस से क्यों नहीं करते हो।

हमारी ओर मुखातिब होते हुए उसने कहा कि इनसे कोई काम ठीक से नहीं हो पाता। हमेशा कोई न कोई गड़बड़ी ये कर देते हैं।

मुझे इस बात से कोई परेशानी नहीं थी कि उससे भोजन परोसते समय कोई गलती हो गई थी, बल्कि मैं तो इस बात में उसका प्रशंसक हो गया था कि वह पिछले 20 सालों से ऐसी औरत के साथ जीनन निर्वाह कर रहा था। असल में, मेरा नजरिया ऐसा है कि मैं शांतिपूर्ण तरीके से सिर्फ़ दो हॉट डॉग खाना पसंद करता न कि अशांत माहौल में मीट का स्वाद लेता।

इन सब बातों के बाद मैंने भी अपने कुछ दोस्तों और श्रीमती कारनेगी को घर पर भोजन के लिए आमंत्रित किया। मिसेज कारनेगी जो हमारे यहां पहले आ गईं थीं, उन्होंने हमें बताया कि भोजन की टेबल पर रखे तीन नैपकिन टेबल क्लॉथ के रंग से मिल नहीं रहे थे। यह उन्होंने तब बताया जब गेस्ट हमारे घर पर पहुँचने ही वाले थे। ऐसे हाल में जब मैंने अपने कुक से जाकर इसके बारे में पूछा तो उसने बताया कि एक ही रंग के नैपकिन लॉन्ड्री में धुलने गए हैं। गेस्ट बिल्कुल हमारे घर पर पहुँच ही चुके थे। हमारे पास नैपकिन बदलने तक का समय नहीं था। खैर, ऐसे हालात में मेरी पत्नी ने यह सोच लिया था कि इस छोटी सी गलती के लिए क्यों अपनी पूरी शाम बर्बाद की जाए? यही सोचकर हम दृढ़ता से खाने की टेबल पर गए और मेहमानों के स्वागत के साथ ही भोजन की तैयारी करने लगे। कुछ ही समय में हमने देखा सब कुछ सही चल रहा था। सब भोजन का आनंद ले रहे थे। किसी ने उस नैपकिन की तरफ ध्यान ही नहीं दिया।

इसलिए कहा गया है कि अगर मन की शांति चाहिए तो फलतू की चिंता से पूरी तरह मुक्ति पा लो। यही कानून की प्रसिद्ध कहावत में भी कहा गया है, जो इस प्रकार है-छोटी बातों से कानून का कोई संबंध नहीं होता। इसलिए हमें कई बार सिर्फ़ अपना

नजरिया बदलने की जरूरत होती है और फिर हम देख सकते हैं कि हमें परिस्थितियां कैसे अलग लगने लगेंगी।

पर यह कैसे किया जा सकता है? इस संबंध में मेरे दोस्त होमर क्रॉय ने बताया है। वही होमर क्रॉय जिन्होंने दि हैड टू सी पेरिस और दर्जनों पुस्तकें लिखीं। उन्होंने इसके लिए स्वयं का उदाहरण देते हुए बताया था कि जब वे न्यूयार्क के अपने फ्लैट में पुस्तकों पर कार्य करते थे तब उनके अपार्टमेंट के रेडिएटरों की आवाजें उन्हें इस कदर परेशान कर देतीं थीं कि वे गुस्से से लाल हो जाते थे। यह सिलसिला कई दिनों तक चलता रहा।

बाद में, मैं एक बार अपने दोस्तों के साथ एक कैंप में गया। वहां मैंने जलती लकड़ियों के बीच वैसे ही रेडिएटर की आवाजें सुनीं। मैंने महसूस किया कि यहां मुझे यह आवाजें अच्छी लग रही थीं, जबकि घर पर रेडिएटर की वे आवाजें मुझे परेशान कर देती थीं। इसी सोच के साथ जब मैं वापस अपने घर पहुँचा तो मैंने अपने मन में यह सोचना शुरू कर दिया कि जैसे आग में जलती लकड़ियों की आवाज मुझे मधुर लगती हैं वैसे ही रेडिएटर की आवाज भी है। इसे भी मुझे जलती लकड़ियों की तरह ही मानना चाहिए। यही सोचकर मैं सोने गया और मैंने इसकी जरा भी चिंता नहीं की। इसी तरह कुछ दिन तक चलता रहा और मैंने महसूस किया कि कुछ दिनों बाद मैंने रेडिएटर की तरफ ध्यान देना ही बंद कर दिया है।

दरअसल, होता यह है कि जब मनुष्य अपनी छोटी-छोटी परेशानियों को इतना बड़ा बना देता है कि उसके प्रति तुनकमिजाज हो जाता है। यह सब इसलिए होता है कि हम सिर्फ़ इतना चाहते हैं सारी चीजें हमारे मन के मुताबिक ही हों। डिजराइली ने बहुत ही प्रेरणादायक बात कही थी-ज़िंदगी बहुत छोटी है। हमें इसे बेहतर से बेहतर बनाना चाहिए। इसी बात को लेकर दिस वीक पत्रिका में आंद्रे मॉरॉय ने लिखा था-डिजराइली के शब्दों ने मुझे जीवन में कई बार प्रेरणा दी। आदमी की यही फितरत है कि वह छोटी बातों को इतने गंभीर तरीके से ले लेता है कि उसका जीना दूभर हो जाता है। आदमी दुनिया में सदा जीवित रहने वाला प्राणी नहीं है, लेकिन फिर भी वह छोटी-छोटी परेशानियों को लेकर इतना समय गंवा देता है कि अपनी आधी ज़िंदगी उसी में उलझा रहता है। ये ऐसी परेशानियां हैं जिन्हें एक साल के अंदर ही दिमाग़ भूला देता है। न हमें और न ही किसी और को यह याद रहती हैं। फिर भी आदमी इन्हीं में अपना जरूरत से ज्यादा महत्त्वपूर्ण समय बर्बाद कर देता है। इसलिए यह बेहद जरूरी है कि मनुष्य अपने जीवन के कीमती समय को सकारात्मक कामों, भावनाओं और अभियानों में लगाए। ताकि इस छोटी सी ज़िंदगी को वह बेहतर से बेहतर बना सकें।

खैर, ऐसी गलती सिर्फ़ आम आदमी से ही नहीं होती। प्रसिद्ध व्यक्ति भी ऐसी गलतियां करते रहते हैं। लोकप्रिय लेखक रूडयार्ड किपलिंग ने भी अपने समय में ऐसी ही गलती की थी। इस पर रूडयार्ड किपलिंग वरमांट फ्यूड जैसी प्रसिद्ध पुस्तक लिखी जा चुकी है। इसमें उनके साले के साथ वरमांट के इतिहास में उनकी सबसे बड़ी कानूनी लड़ाई का पू ब्यौरा है।

यह इस प्रकार है-रूडयार्ड की शादी कैरोलिन बैलेस्टियर से हुई, जो वरमांट की रहने वाली थीं। अपने जीवनसाथी के साथ पूरी ज़िंदगी गुजारने के उद्देश्य से उन्होंने वरमांट के ब्रैटलबोरो में ही घर बनाया और कैरोलिन के साथ रहने लगे। वहां उनका अपनी पूरी ज़िंदगी गुजारने का इरादा था। इसी कारण बीट्टी बैलेस्टियर, जो कैरोलीन का भाई था, रूडयार्ड का सबसे अच्छा दोस्त बन गया था। वे साथ-साथ काम करने लगे थे।

इसी दौरान रूडयार्ड ने बैलेस्टियर से जमीन खरीद ली, इस शर्त के साथ कि बैलेस्टियर को प्रतिवर्ष उस जमीन की घास काटने का अधिकार होगा। इन सभी बातों के बीच रूडयार्ड एक बार उस जमीन पर एक बगीचा लगाने लगे। यह बैलेस्टियर को पसंद नहीं आया। उसने इसका विरोध करना शुरू कर दिया। रूडयार्ड ने भी इसे चुनौती के रूप में लिया और यह झगड़ा बढ़ता ही गया। तनातनी इस हद तक हो गई कि वरमांट की हरी वादियों में नफरत की फिजा घुल गई। इस झगड़े को एक घटना ने नई ऊंचाइयां दे दी। जब एक सुबह रुडयार्ड अपनी साईकिल से जा रहे थे। उसी रास्ते से बैलेस्टियर वैगन और घोड़े सहित आया और उसने रुडयार्ड को साईकिल से गिरा दिया। रुडयार्ड इस घटना से आगबबूला हो गए। गौर करने वाली बात यह है कि उन्होंने ही एक बार लिखा था-जब दूसरे अपना मानसिक संतुलन खो दें और सिर्फ़ दूसरों को ही दोष दें, तभी आपको अपना आपा नहीं खोना चाहिए। दु:खद बात यह है कि यही लिखने वाले ने अपना आपा खो दिया और उन्होंने एक गिरफ्तारी का वारंट निकलवाया, जो बैलेस्टियर के नाम था। यह बहुत बड़ा मुकदमा हो गया था जिसकी रिपोर्टिंग करने शहरों से कस्बे में आए। मुकदमा दिन-ब-दिन चलता रहा। आखिर में किसी के पक्ष में फैसला नहीं हो पाया। जबकि इसका असर यही हुआ कि रुडयार्ड को अपनी पत्नी सहित वरमांट के घर से दूर गुजारने पड़े। ठीक से सोचा जाए तो यह सब किस लिए हुआ सिर्फ़ कुछ फूलों की वजह से।

यही बात दो हजार चार सौ साल पहले पेरिक्लीज ने कही थी-दोस्तों! हम छोटी-छोटी बातों के लिए ही अपना समय नष्ट कर देते हैं।

एक ही बात पहले से लेकर आज तक कई विद्वानों ने दोहराई है। सिर्फ़ इसलिए कि हमें वह समझ आ जाए। अपनी बात की पुष्टि करने के लिए मैं यहां एक और

कहानी सुना रहा हूँ। डॉ. हैरी इमर्सन फॉस्डिक के द्वारा बताई गई कहानी। असल में, यह कहानी एक जंगल में लगे भीमकाय पेड़ की है।

लॉग्स पीक का ढाल, जो कॉलोरेडो में है। यहां एक विशालकाय पेड़ के बचे अवशेष हैं। इसकी उम्र करीब चार सौ साल की थी। सैन साल्वाडोर में जब कोलंबस आए थे तब यह सिर्फ़ एक पौधा था और तब तक आधा बढ़ चुका था, जब प्लाईमाउथ में तीर्थ यात्री बस गए थे। अपने पूरे समृद्ध जीवन में इस पेड़ ने कई दु:खों का सामना किया था। इस पर चौदह बार बिजली गिर चुकी थी। सैंकड़ों तूफानों से इसका सामना हुआ था, किन्तु इसने खुद को हमेशा मजबूत बनाए रखा, लेकिन इसका सामना अपने असल दुश्मन से तब हुआ जब इस पर दीमकों ने हमला कर दिया। यह दीमक पेड़ के भीतर घुस गईं और मजबूत पेड़ को इन्होंने बिल्कुल खोंखला कर दिया। ये हमले इतने निरन्तर और सशक्त थे कि पेड़ उनके सामने टिक नहीं पाया। यह घोर विडंबना थी कि अद्भुत शक्ति से भरपूर एक पेड़, जिसकी उम्र हजारों साल थी, जिसे कोई तूफान नहीं डिगा सका। उसे छोटे-छोटे दीमकों ने झुकने के लिए मजबूर कर दिया था। जबकि इन छोटे कीड़ों को हम कभी भी मसल सकते थे।

अब सोचने वाली बात यह है कि क्या हम भी उस विशालकाय पेड़ की तरह नहीं हैं? क्या हम भी अपने जीवन में आने वाले मुश्किल से मुश्किल वक्त से नहीं लड़ लेते? लेकिन चिंता के छोटे-छोटे दीमक हमें इतना कमजोर कर देते हैं कि हमारी सारी मजबूत इच्छाशक्ति पूरी तरह गायब हो चुकी होती है। क्या हम इन्हें मसल नहीं सकते?

मैं एक बार की घटना का जिक्र यहां करना चाहता हूँ। मैं व्यॉमिंग राज्य में स्थित टेटन नेशनल पार्क की डी. रॉकफेलर स्टेट अपने दोस्तों और व्यॉमिंग राज्य के हाइवे सुपरिटेंडेंट चार्ल्स सीफ्रेड के साथ घूमने गया था। वहां पहुँचने के लिए मैं जिस कार में सवार था, वह रास्ता भटक गई थी। इसलिए मैं रॉक फेलर एस्टेट के दरवाजे पर एक घंटे देरी से पहुँचा था। श्रीमान सीफ्रेड को एक घंटे तक हमारा जंगल में मच्छरों के बीच इंतजार करना पड़ा था, जबकि उनके पास उस एस्टेट के गेट की चाबी थी। वहां के मच्छर इतने खतरनाक थे कि उनके काटने से किसी संत का भी संयम खो सकता था, किन्तु वे श्रीमान सीफ्रेड के धैर्य को नुकसान नहीं पहुँचा पाए। जब हम पहुँचे तो देखा कि वे हम पर झुंझला नहीं रहे हैं, बल्कि वहीं के एक पेड़ की शाखा तोड़कर उन्होंने सीटी बना ली थी और वे वही बजा रहे थे। मेरे पास आज भी वो सीटी मौजूद है, क्योंकि मैंने उसे ऐसे आदमी की एक निशानी के रूप में संभाल कर रखा है, जिसने खुद को छोटी-छोटी बातों से परेशान नहीं होने दिया। वो जानता था जीवन की छोटी-छोटी परेशानियों को कैसे हैंडल किया जाता है।

चिंता को खत्म करने का दूसरा नियम ये है: जीवन में कभी छोटी-छोटी बातों से विचलित न हों। उन्हें नजरअंदाज करना सीखें। हमेशा याद रखें-ज़िंदगी बेहद छोटी है इसे जितना हो सके बेहतर बनाएं।

8

वह नियम जो आपकी चिंताओं को समाप्त कर देगा

मिसूरी के फॉर्म पर अपनी ज़िंदगी गुजारते हुए एक दिन तब रोने लगा था, जब मैं अपनी मां की सहायता चेरी को गड्ढे के भीतर रखने में कर रहा था। डेल, तुम क्यों रो रहे हो? -मेरी मां ने पूछा। मैंने रोते हुए कहा-मुझे डर लग रहा है कि कहीं मैं मर न जाऊं।

मुझे उस समय कई चिंताओं ने डरा रखा था, जैसे, तूफान आता था तो डरता था कि कहीं बिजली गिरने से मेरी मौत न हो जाए। पैसों की कमी से मुझे चिंता सताने लगती थी कि अब मुझे भोजन मिल पाएगा या नहीं। यहां तक मैं यह सोचकर भी चिंता करता रहता था कि मरने के बाद कहीं मैं नरक में न चला जाऊं। मुझे सैम व्हाइट से बहुत डर लगता था, जो मुझे कई बार मेरे कान काटने की धमकी दे चुका था। मुझे इस बात की चिंता रहती थी कि लड़कियां मुझ पर हंसेंगी जब मैं हैट उठाकर उनका अभिवादन करूंगा। यहां तक मेरी शादी भी नहीं हो पाएगी। अगर शादी हो भी गई तो मैं अपनी पत्नी से क्या बात करूंगा? मैंने यह कल्पना कर रखी थी कि अगर मेरी शादी हुई तो वह किसी गांव के चर्च में ही हो पाएगी। मैं बग्घी में अपनी पत्नी के साथ बैठकर फॉर्म तक जाऊंगा, लेकिन वापस आते समय अपनी पत्नी से क्या बातें करूंगा। इसे लेकर मुझे हमेशा चिंता लगी रहती थी। इन सारी चिंताओं को लेकर हमेशा मेरे अंदर हलचल मची रहती थी और मैं घंटों तक अपने अनगिनत प्रश्नों के उत्तरों की तलाश में ही लगा रहता था।

जैसे-जैसे समय गुजरता गया। मुझे अपनी गलती का एहसास होते गया। मुझे समझ आ गया कि जिन चिंताओं में घुलता रहा हूँ। उनमें से 99 प्रतिशत तो हुई ही नहीं हैं। जैसे, बिजली गिरने से मेरी होने वाली मौत के डर से अब मैं मुक्त हो चुका

था, क्योंकि नेशनल सेफ्टी काउंसिल से प्राप्त आंकड़ों से मुझे पता चल गया कि एक साल में बिजली गिरने से मरने वाली की संभावना तीन लाख पचास हजार में से किसी एक की ही होती है। उसमें से मैं एक नहीं हूँ।

इसी तरह जिंदा होकर भी खुद को दफनाने वाले डर से भी मैं तब आजाद हो गया जब मुझे यह समझ आ गया कि मुर्दों को तो ममी बनाकर रखा जाता था, लेकिन ऐसा कभी नहीं हुआ कि कभी किसी जिंदा व्यक्ति को दफनाया गया हो।

तथ्यों से पता चलता है कि दुनिया में आठ में से एक व्यक्ति की मौत का कारण कैंसर है। इसलिए मेरी चिंता की असल वजह तो यह होना चाहिए थी, लेकिन मैं था कि कभी जिंदा दफन होने से डर रहा था, तो कभी बिजली गिरने से।

यह सब मेरे बचपन के किस्से हैं। पर हमारा वयस्क जीवन भी कुछ इसी तरह का होता है। वयस्क होते हुए भी हम उन चिंताओं को अपना साथी बनाए रखते हैं, जो असल में होती ही नहीं हैं। इससे अच्छा यह होता है कि हम अपनी उन फिजूल की चिंताओं के कारण का पता लगाएं कि आखिर वे उत्पन्न कहां से हो रही हैं।

दुनिया की सबसे बड़ी बीमा कंपनी है लंदन की लॉयड्स। इस कंपनी ने करोड़ों डॉलर रुपए की कमाई की है। यह सब उसने मनुष्य की चिंता करने वाली प्रवृत्तियों से कमाया है। ऐसी चिंता जो निराधार होती है। इस कंपनी का कहना है कि आप जिन चिंताओं से घिरे हुए हो, उसका बीमा कराकर उससे मुक्त हुआ जा सकता है। इस तरह यह कंपनी पिछले दो सौ सालों से लगातार अपने क्षेत्र में सफलता पा रही है। इसकी यह सफलता रुकने वाली भी नहीं है। अगली 50 सदियों तक ये ऐसे ही प्रगति करती जाएगी। तब तक यह जूते से लेकर जहाज तक बीमा कर चुकी होगी। ऐसी चीजें जो मनुष्य को कल्पनाओं में डराती हैं। असल में उनके होने के बहुत कम उम्मीद होती है।

औसत नियम के हिसाब से हम उन तथ्यों तक पहुँच सकते हैं जिनसे हम अनजान रहते हैं। उदाहरण के रूप में हम ऐस समझ सकते हैं। यदि मुझे कोई ये बता दे कि मेरे जीवन के पांच साल भयंकर युद्ध में गुजरने वाले हैं, जैसे, गेटिसबर्ग का युद्ध। इतना मुझे चिंता करने के लिए काफी है। बस मेरा पहला काम होगा कि मैं जीवन बीमा ले लूं। मैंने दुनिया के अपने सारे काम खत्म करते हुए अपनी वसीयत तैयार कर चुका होऊंगा। मैं यह सोचने लगूंगा कि शायद इस युद्ध के बाद मैं जीवित न रहूँ। इसलिए जीवन के बचे हुए शेष दिन मुझे बेहतर तरीके से जीना चाहिए। किन्तु इसके अलावा सबसे अहम तथ्यों में से एक यह है कि जब देश में शांति का समय भी चल रहा होता है तब भी 50-55 साल तक के बीच उम्र निकालना भी भयंकर संघर्ष का काम होता है। यह लड़ाई भी गेटिसबर्ग की लड़ाई जितनी ही मुश्किल होती है।

इन उदाहरणों से मैं यह सिद्ध करना चाह रहा हूँ कि गेटिसबर्ग की लड़ाई में एक लाख 63 हजार सैनिकों में से जितने सैनिकों की मौत हुई थी, उतनी ही संख्या शांति के दिनों में पचास से पचपन साल के बीच के लोगों की भी रहती है।

मैं इस पुस्तक को लिखने के दौरान कई दिनों तक जेम्स सिम्पसन के नम-टी-गाह लॉज में रुका था। यह लॉज कैनेडियन रॉकीज बाऊ लेक के किनारे स्थित थी। मैंने वहां पर श्रीमान और श्रीमती हरबर्ट एच. सैलिंजर से मुलाकात की थी, जो सैन फ्रांसिस्को के रहने वाले थे। श्रीमती सैलिंजर को देखकर लग रहा था कि वह शांतिप्रिय महिला हैं। एक बार मैं उनके साथ बैठा हुआ था तब मैंने उनसे पूछा था कि क्या कभी उन्होंने चिंता की अनुभूति की है, क्योंकि उन्हें देखकर ऐसा नहीं लगता था कि उनके साथ ऐसा कुछ हुआ होगा। उन्होंने जब मुझे बताना शुरू किया तो मैं दंग रह गया। उन्होंने मुझसे कहा-चिंता, इस शब्द ने तो मेरी ज़िंदगी 11 साल तक बर्बाद करके रखी थी। असल में मेरी प्रवृत्ति तेज स्वभाव वाली रही है। पहले मैं बहुत अधिक चिंता करती थी। शुरुआत में, मैं शॉपिंग करने के लिए हर सप्ताह सैन मैटियो से सैन फ्रांसिस्को बस से जाया करती थी। उस दौरान भी कोई न कोई चिंता मुझे खाए जाती थी।

मेरी चिंताएं ऐसी होती थीं कि शायद मेरे शॉपिंग करते समय मेरे घर पर कुछ अशुभ न हो गया हो। कहीं मैंने यहां आने से पहले अपनी बिजली की प्रेस तो चालू नहीं छोड़ दी थी। मेरी नौकरानी मेरे बच्चों का ख्याल ठीक से रख रही होगी या नहीं। यह सब तब होता जब मैं शॉपिंग कर रही होती। मुझे यह कल्पनीय चिंताएं इतना सताती थीं कि मैं दौड़कर घर की ओर भागती। यह देखने के लिए कि सब कुछ ठीक है या नहीं। मेरी इन आदतों की वजह से ही मेरा पहला विवाह सफल नहीं हो पाया।

मेरा दूसरा विवाह ऐसे व्यक्ति से हुआ है, जो पेशे से वकील हैं। उनका स्वभाव शांत है और वे विश्लेषण करके निर्णय लिया करते हैं। मेरे अक्सर तनाव में रहने पर वे मुझसे कहा करते हैं कि तुम्हें किस बात की चिंता है...चलो इस बारे में बात करते हैं... चलो, हम औसत निकालकर देख लेते हैं कि तुम्हारी चिंता किस हद तक हकीकत में तब्दील हो सकती है।

इसका मैं आपको एक उदाहरण देकर समझाती हूँ- यह उस समय की घटना है जब मैं अपने पति के साथ आल्बकर्क, न्यू मैक्सिको से काल्सबैड कैवन्र्स की ओर जा रही थी। हमारी गाड़ी कच्ची सड़क पर चल रही थी। मेरे पति कार चलाते समय गाड़ी को बहुत ही असंतुलित रूप से चला पा रहे थे। कभी गाड़ी फिसलती कभी डगमगाने लगती। मुझे हर बार ऐसा लगता कि गाड़ी किसी गड्ढे में गिर जाएगी। परन्तु मेरे पति मेरा हौसला बनाए रखते। वे कहते-कोई दुर्घटना इसलिए संभव नहीं है, क्योंकि मैं बहुत सतर्कता से और धीरे गाड़ी चला रहा हूँ। अगर कार फिसल कर किसी गड्ढे में

गिर भी जाएगी तो भी हम सुरक्षित रहेंगे। हमें कोई चोट नहीं लगेगी। उनकी ये बातें मेरी उत्तेजना को भी खत्म कर देतीं।

इसी तरह से एक बार हम टूकिन वैली में कैंपिंग (जो कैनेडियन रॉकीज में स्थित है।) नामक जगह गर्मियों की छुट्टी में ट्रिप पर गए हुए थे। यहां हमने जहां अपना कैंप लगाया था, वो जगह समुद्र तट से सात हजार फीट ऊपर थी। इस दौरान वहां ऐसा भयानक तूफान आया कि मुझे लगा हमारे टेंट के टुकड़े हो जाएंगे। टेंट को बचाने के लिए विशेष रूप से लकड़ी के प्लेटफॉर्म से बांधा गया था। फिर भी वह तेज हवा के कारण हिल रहा था। मेरी चिंताएं बढ़ती ही जा रहीं थीं। मैं हर पल यही सोच रही थी कि कहीं टेंट हवाओं की वजह से उड़ न जाए। मेरी आशंकाओं को देखते हुए मेरे पति मुझे धैर्य रखने का कहते रहे और मुझे समझाते रहे कि हमें डरने की कोई जरूरत नहीं है। हम लोग ब्रूस्टर्स के प्रशिक्षित गाइड के साथ यात्रा कर रहे हैं।

ब्रूस्टर्स ऐसे प्रशिक्षित लोग थे, जो आठ सालों से यही काम करते आ रहे थे। उन्हें यहां की हर आबोहवा का अंदाजा था। इसलिए वे भलीभांति जानते थे कि यहां टेंट किस तरह से लगाया जाता है। उन्हें यह भी पता था कि यहां जब से उन्होंने टेंट लगाया है वह गिरा नहीं है। इसलिए औसत नियम के अनुसार आज भी इसके गिरने की कोई संभावना नहीं थी। अगर किसी कारण से कोई अनहोनी यहां हो भी जाती है और यह टेंट गिर जाता है, तो भी हमारे पास दूसरा टेंट था, जिसमें रुक सकत हैं। यह सारी बातें मेरे पति ने मुझे समझाई। इस तरह उस रात मेरी सारी चिंताएं दूर हुईं और मैं चैन से सो पाई।

ऐसी ही कई और घटनाएं मेरे जीवन में घटीं। जिन्होंने मुझे चिंता मुक्त बनने में सहायता की। जैसे, कैलिफोर्निया के जिस हिस्से में हम रहते हैं वहां कई वर्ष पहले पैरालाइसिस की बीमारी फैल गई थी। मेरे लिए वह बहुत ही भयावह अनुभव हो जाता अगर मेरे पति मुझे शांत और चिंता मुक्त नहीं रखते। उन्होंने मुझे सावधानी रखने और चिंता न करने के लिए समझाया। हमने इस दौरान सतर्कता बरतना शुरू कर दिया।

इस पूरे समय हमने अपने बच्चों की देखभाल विशेष रूप से की। हमने उन्हें स्कूल नहीं जाने दिया। बच्चों को फिल्मों से दूर रखा। किसी ऐसी जगह का हिस्सा नहीं बनने दिया, जहां भीड़ एकत्रित होती हो। स्वास्थ्य विभाग द्वारा जारी किए गए आंकड़ों ने भी हमारी चिंता कम करने का काम किया। उन्होंने बताया था कि कैलिफोर्निया में जब भी भयंकर रूप से पैरालाइसिस की बीमारी फैली थी तब भी मात्र एक हजार आठ सौ पैंतीस बच्चे ही इस बीमारी की चपेट में आ पाए थे। वैसे तो यह आंकड़े भी दु:खद थे, लेकिन इनके बारे में जानने से हमें यह जरूर पता चला कि बच्चों को पैरालाइसिस की बीमारी का सामना कम ही करना पड़ता है। औसत के नियम से अब

यह अनुमान लगाना आसान था कि यह बीमारी हमारे बच्चों को होने के आसार बहुत कम थे। इन तथ्यों ने हमारी 90 फीसदी चिंताओं को कम कर दिया था।

मेरे जीवन में घटी इन घटनाओं ने मुझे चिंता मुक्त इंसान बना दिया। मैंने इन नियमों का पालन करते हुए अपने जीवन के बीस वर्ष अब शांतिपूर्ण एहसास के साथ काट लिए हैं। मुझे पूरा विश्वास है कि आगे भी ये ऐसे ही चलते रहने वाला है।

इसलिए अक्सर यह कहा जाता है कि हमारे जीवन के बहुत सारे दु:ख तो हमारी कल्पना में ही होते हैं। इनका वास्तविकता से कोई वास्ता नहीं होता है। जिम ग्रांट, जो जेम्स ए. ग्रांट डिस्ट्रिब्यूटिंग कंपनी के मालिक थे, उनके भी जीवन में इसी प्रकार के अनुभव रहे। उन्होंने मुझे बताया था कि मेरी कंपनी का ऑफिस न्यूयार्क में है। मैं संतरे और ग्रेपफ्रूट की कम से कम दस गाड़ियों का आर्डर फ्लोरिडा से लाने के लिए अक्सर दिया करता था, लेकिन इस दौरान मेरे दिमाग़ में अनचाहे ख्याल आते रहते थे, जैसे, फल लाने वाली ट्रेन की कोई दुर्घटना अगर हो गई तो मेरे फलों का क्या होगा? अगर गाड़ी किसी पुल से गिर गई तो क्या होगा? यह सब ख्याल उन्हें तब आते थे, जबकि उनके माल का पूरा बीमा था। उन्हें चिंता सताते रहती थी कि अगर सही समय पर वे अपना माल ग्राहकों तक न पहुँचा पाए तो हो सकता है ग्राहक उनसे माल खरीदना बंद कर दें। उनकी चिंता ने उन्हें इतना परेशान कर दिया कि उन्हें यह लगने लगा की कहीं उनके पेट में अल्सर तो नहीं हो गया। जब उन्होंने खुद की चिकित्सक से जांच कराई तब उन्हें ज्ञात हुआ ऐसी कोई बीमारी उन्हें नहीं है, बल्कि चिंता ने उन्हें तनाव से भर दिया है। यही वजह है वे ऐसे फिजूल के ख्यालों में अपना समय नष्ट कर रहे हैं।

चिकित्सक की इन बातों ने मुझे खुद के बारे में सोचने के लिए मजबूर कर दिया। मैंने खुद से सवाल किए-इतने साल बीत गए काम करते हुए। अब तक मैंने कितनी बार फलों को गाड़ी से मंगवाया होगा। इसका जवाब था-करीब 25 हजार बार। मैंने अगला सवाल खुद से पूछा-इन 25 हजार बार में से कितनी बार मुझे किसी दुर्घटना को देखना पड़ा होगा। जवाब था-लगभग पांच बार। औसत के नियम के अनुसार इसका मतलब था कि करीब पांच हजार बार में से एक बार ही ट्रेन की दुर्घटना होने की संभावना थी। मेरी समझ में अब आ गया था कि मैं इस बात के लिए चिंता करके सिर्फ़ और सिफ अपना समय नष्ट कर रहा था।

इसी तरह मेरी दूसरी चिंता थी कि कहीं पुल न टूट जाए और गाड़ी उससे गिर जाए, जिससे मेरे सारे फल नष्ट न हो जाएं। इसके लिए भी मैंने खुद से सवाल किए-अब तक कितनी बार पुल टूटने की घटनाएं हुईं थीं। इसका उत्तर था- एक भी नहीं। इस तरह मैंने फिर खुद से कहा कि मैं कितना बड़ा मूर्ख हूँ, जो अपने पेट में अल्सर

की बीमारी उन कल्पनीय चिंताओं के लिए पैदा करना चाह रहा है, जो असल में है ही नहीं।

इस तरह मैं समझ गया कि चिंता सिर्फ़ स्वयं को बर्बाद करने का एक साधन है, जिसे मनुष्य स्वयं ही बढ़ावा देता है। मैंने अपने अनुभवों से सीखा और अपने जीवन में चिंता को जगह देना बंद कर दिया। इसलिए आज में इतना खुश रहता हूँ।

न्यूयार्क के राज्यपाल अल स्मिथ को मैंने कई बार अपने भाषणों में यह कहते हुए सुना है कि-हम उपलब्ध आंकड़ों का विश्लेषण करके देखते हैं। इसके बाद तथ्य बताते हुए उन्हें विश्लेषित करते जाते हैं।

इसलिए हमें भी अब जब चिंताओं का सामना करना पड़े तो अल स्मिथ की तरह हम भी खुद से कहें कि-हम उपलब्ध आंकड़ों का विश्लेषण करके देखते हैं। ऐसा करते ही हमारे समझ आ जाएगा कि कई कल्पनीय चिंताएं सिर्फ़ मनुष्य को जलाने का काम करती हैं, जबकि उनका कोई आधार नहीं होता।

न्यूयार्क की हमारी एक कक्षा में मेरे छात्र जे. मैल्स्टेड ने हमें उनकी चिंता से मुक्त होने वाली कहानी सुनाई थी। उसमें उन्होंने बताया था-1944 का जून माह था। मैं उस समय 999वीं सिग्नल सर्विस कंपनी में काम करता था। मैंने ओमाहा के पास नॉर्मन्डी नामक जगह में खुदाई करके कुछ देर लेटा हुआ था। लेटे हुए मैंने उस जगह को गौर से देखा तो वह मुझे किसी कब्र के समान आयताकार दिखाई दी। मैंने उस समय एक काम किया कि उस आयताकार गड्ढे में लेटकर देखा। मुझे ऐसा महसूस हुआ कि वह मेरी ही कब्र है। उस रात 11 बजे जब जर्मनी के बम गिराने वाले विमानों ने आसमान से बमों की बरसात कर दी तो मैं बहुत डर गया। इतना कि मेरी आंखों से नींद उड़ गई। अगली कुछ रातों तक मेरी ऐसी हालत हो गई थी कि जैसे मुझे ब्रेकडाउन होने वाला है। मैं इस हालत तक पहुँच गया कि अगर मैंने कोई जरूरी कदम नहीं उठाए होते तो मैं दिमाग़ी संतुलन खो देता। इसलिए मैंने सोचना शुरू किया। मैंने सोचा कि इतने बमों के गिरने के बाद भी मुझे अब तक कुछ नहीं हुआ है। यहां तक हमारी कंपनी के और लोगों को भी कुछ नहीं हुआ था। सिर्फ़ उनमें से कुछ लोग ही घायल हुए थे, वो भी बमों की वजह से नहीं, बल्कि हमारी एंटी–एयरक्राफ्ट तोपों के गोलों से घायल हो गए थे। इस तरह सबसे पहले मैंने अपने दिमाग़ से काल्पनिक डर को निकालना शुरू किया। इसके लिए कुछ रचनात्मक काम करने के बारे में सोचा। कई बार हम लोग अपनी तोपों से गिरने वाले गोलों से घायल हो जाते थे, इससे बचने के लिए मैंने अपनी संकरी खंदक के ऊपर लकड़ी की मोटी छत बनाई। मैंने उन परिस्थितियों में हर तरह से सोच कर देखा कि वह कौन सी स्थिति हो सकती है, जब कोई बम मुझ पर गिर सकता है। मुझे एक ही तरीका लगा, अगर बमवर्षक विमान से बम सीधा मेरी

खंदक पर गिरे तभी वह मुझे नुकसान पहुँचा सकता था और यह होने की संभावना दस हजार में से एक ही थी। यह बात जैसे ही मेरे दिमाग़ को समझ आ गई वैसे ही मेरे दिमाग़ ने शांति का अनुभव करना शुरू कर दिया। अब मैं खुद को इतना शांत कर चुका था कि भारी बमबारी के बीच भी मैं चिंता मुक्त होकर सोने लगा।

यह औसत का नियम इतना लाभदायक है कि अमेरिका की नौसेना ने भी इसका प्रयोग करके देखा था। यह बात हमें सेंट पॉल, मिनेसोटा के रहने वाले क्लाइड डब्ल्यू. मास ने बताई थी। वो भी उस नौसेना यूनिट के सिपाही थे। उन्होंने बताया था कि अमेरिकी नौसैनिकों को गेसोलिन से भरे जहाजों के साथ में कहीं भेजना था। नौसेना के सैनिक इस बात से इतने डरे हुए थे कि वे खुद के मरने की हर पल कल्पना करने लगे थे। उन्हें यही चिंता खाए जा रही थी कि हाई-आक्टेन गैसोलिन से भरे टैंकरों को यदि दुश्मन सेना ने मिसाइल से निशाना बना दिया तो उसके फटते ही उनकी मौत निश्चिंत हो जाएगी। जैसे ही यह बात नौसेना के वरिष्ठों को पता चली तो उन्होंने उन पुराने आंकड़ों से अपने सिपाहियों को समझाना शुरू कर दिया, जो उनके पास पहले से मौजूद थे। उन्होंने तथ्यों के माध्यम से यह समझाया कि अगर दुश्मन सेना द्वारा सौ जहाजों पर भी निशाना लगाया जाता तो भी क्षमता अनुसार इसमें से साठ तैरते रहते। बाकी बचे जहाज यदि डूबने की कगार पर भी पहुँच जाते तो भी उन्हें डूबने लगभग दस मिनट का समय लगता। इतना समय हर सिपाही के लिए काफी होता जान बचाने के लिए। इन आंकड़ों ने सैनिकों पर सकारात्मक असर करना शुरू कर दिया। उनका मनोबल बढ़ गया। इस तरह हमें विश्वास हो गया कि हमारे बचे रहने की संभावना ज्यादा है। औसत के इस नियम ने हमारी सोच बदल कर रख दी और हमें चिंता से मुक्त कर दिया।

इस तरह हमें चिंता से मुक्त होने का तीसरा नियम मिलता है। आंकड़ों का विश्लेषण करें और औसत के नियम के अनुसार देखें कि वह घटना जिसकी आप चिंता करते हैं उसके होने की कितनी संभावना है।

9

जो बीत गया, उसे स्वीकार करें

यह बात तब की है जब मैं बचपन में अपने दोस्तों के साथ खेला करता था। ऐसे ही मैं एक बार मसूरी के एक पुराने घर में दोस्तों के साथ खेल रहा था। मैंने उस सूने घर की छत से उतरते समय बीच में पड़ने वाली खिड़की से बिना सोचे समझे छलांग लगा दी। उस समय मुझे पता नहीं था कि अगले ही पल मेरे साथ क्या होने वाला है? छलांग लगाते ही मेरी बाएं हाथ की उंगली में पहनी हुई अगूंठी वहां लगी एक कील में फंस गई थी। इसका अंजाम यह हुआ कि उसी वक्त मेरी उंगली कट चुकी थी। मैं असहाय, दु:ख से भरा उस समय इतनी जोर से चिल्ला रहा था, जैसे मेरी जान ही निकलने वाली हो। उस समय मैं अपने होश में नहीं था। मेरे इस जख्म को वक्त ही भर पाया। धीरे-धीरे वक्त बीतने के साथ ही मैं इस दर्द को भूलता चला गया। अब जब मेरे घाव पूरी तरह भर चुके हैं, तो मैं एक पल भी यह नहीं सोचता कि पहले मेरे साथ क्या हुआ था? क्योंकि अब उस दर्द को याद करने से क्या लाभ? उस बीती बात को मैं दिल से स्वीकार कर चुका हूँ। मैं अब इस बात पर ध्यान ही नहीं देता कि मेरे बाएं हाथ में एक उंगली है ही नहीं।

मैं ऐसे ही लोगों से मिल चुका हूँ, जिन्होंने जीवन में स्वीकारना सीखा है। मैं कुछ वर्ष पहले एक आदमी से मिला था, जो न्यूयार्क के ऑफिस की इमारतों में लिफ्टमैन था। उसके बाएं हाथ की कलाई वाला हिस्सा नहीं था। मैंने उससे पूछा था कि क्या उसे मलाल होता है उसके बाएं हाथ की कलाई नहीं है। उसने कहा था-नहीं, अब मैं इस तरफ ध्यान ही नहीं देता हूँ। इसकी याद मुझे तभी आती है जब मुझे कभी सुई में धागा डालने की जरूरत पड़ती हो।

जब हमारे पास किसी और स्थिति को पूरी तरह स्वीकार करने के अलावा कोई और रास्ता न हो तो हम देखते हैं कि बुरी से बुरी परिस्थितियों को भी हम भूला सकते हैं।

मुझे अक्सर याद आता है, फ्लेमिश भाषा में लिखा एक सूत्रवाक्य, जो इस प्रकार है - जो बीत चुका उसे बदला नहीं जा सकता। यह सच्ची बात नीदरलैंड में स्थित जगह एमस्टर्डम के एक गिरिजाघर में लिखी गई है। यह गिरिजाघर 15वीं सदी का है।

मैं आपको बताना चाहता हूँ कि हम जब अपने जीवन के आगामी दशकों में जाएंगे तो हमें ऐसी बहुत सी बातों का सामना करना पड़ेगा, जो हमने सोची भी नहीं होगी, पर वो होंगी। उन्हें बदलना हमारे वश के बाहर की बात होगी। इन हालातों में हमारे पास चुनने के लिए केवल दो तरीके होंगे या तो हम परिस्थितियों को, जो हमारे हाथ में नहीं हैं या थीं, स्वीकार कर लें। या फिर हम इन अंजामों को तब तक अस्वीकार करते रहें जब तक कि हम नर्वस ब्रेकडाउन की स्थिति तक नहीं पहुँच जाते।

विलियम जेम्स, जो मेरे चहेते दार्शनिक हैं, मैं यहां उनकी बातें उदधृत करना चाहूँगा। उन्होंने कहा था-जो घट चुका है उसे स्वीकारो। इसी से आप भविष्य की किसी अशुभ घटना से बच सकते हो।

आरेगॉन के पोर्टलैंड की रहने वाली एलिजाबेथ कॉनले ने मुझे पत्र के माध्यम से बताया था कि उन्होंने यह सब मेहनत और अपने अनुभव से सीख लिया है। पत्र में इसका उल्लेख करते हुए उन्होंने लिखा था कि उत्तरी अफ्रीका में अमेरिका की जीत के दौरान उन्हें एक तार मिला था जिसमें लिखा था कि युद्ध के दौरान मेरा भतीजा लापता हो गया है। इसके बाद मिले एक और तार में उसकी मृत्यु की सूचना दी गई।

मेरा भतीजा मुझे बेहद प्रिय था। मुझे विश्वास नहीं हो रहा था कि उसके साथ ऐसा हो गया है। उसकी मौत की खबर सुनते ही मैं पैरालाइसिस की शिकार हो गई। जबकि इससे पहले मैं एक शानदार नौकरी कर रही थी। इससे होने वाली आय से मैंने अपने भतीजे का बहुत अच्छे से पाला था। मेरी ज़िंदगी में ख़ुशी के वे सब रंग थे, जिसकी अपेक्षा सब करते हैं, लेकिन एक दिन अचानक मुझे मिले तार के साथ सब खत्म हो गया। मेरे जान से भी ज्यादा प्यारा भतीजा मुझसे दूर हो चुका था। मैं ईश्वर से यही फरियाद करती कि क्यों उसने ऐसा किया? एक युवा जिसके सामने अभी ज़िंदगी के बहुत सारे वर्ष थे, जिसके कई सपने थे, उसके साथ समय इतना बेरहम कैसे हो गया? इन सारी बातों का असर मुझ पर यहां तक हो चुका था कि मैंने गम के सागर में डूबे हुए यह फैसला कर लिया था मैं अब नौकरी छोड़ दूंगी और कहीं दूर जाकर अकेले रहूँगी।

मैं अपने आप में खोई हुई एक दिन अपने घर की मेज साफ कर रही थी तभी मेरी नजर एक लेटर पर पड़ी। यह वही लेटर था जो कभी मेरे भतीजे ने मुझे तब लिखा था, जब मेरी मां की मौत हो गई थी। उसने मुझे पत्र में लिखा था-हम सब को उनके जाने के बाद उनकी बहुत याद आएगी। जाहिर है आप हम से भी ज्यादा उन्हें याद

करोगी, लेकिन उम्मीद है कि आप इस दु:ख को सहन कर अपनी ज़िंदगी में आगे भी बढ़ेंगी। आपकी सकारात्मक सोच इस गम से उभरने में आपकी भरपूर मदद करेगी। मुझे यह याद है, आपने मुझे हमेशा मुस्कुराना और जीवन के हर हालातों में खुद को बहादुर बनाते हुए संतुलित रखना सिखाया है। यह बात मैं दुनिया के किसी भी कोने में रहूँ, पर भूल नहीं सकता हूँ।

मैं उस पत्र के शब्दों को पढ़कर बार-बार दोहरा रही थी। मुझे ऐसा लग रहा था कि मेरा भतीजा मेरे करीब ही बैठा है और मुझसे बातें कर रहा है। वह मुझसे एक ही बात कह रहा है-जो भी आपने मुझे सिखाया। अब वक्त है कि आप भी उसी का पालन करें। दु:ख के आंसुओं को होठों की हंसी के तले दबा लें।

उस पत्र ने मुझे एक बार फिर जीने की राह दिखाई। मैंने अपनी नौकरी नहीं छोड़ी। अपने अंदर की सारी कटुता को समाप्त कर लिया। मैंने स्वयं से कहा-जो हो चुका, वो बीत चुका। पर मैं अब खुद को बदल लूंगी, क्योंकि वह भी यही चाहता है। मैंने खुद को काम में पूरी तरह व्यस्त कर लिया। इस दौरान मैंने उन लोगों को बेटों को पत्र लिखे, जो सैनिक बनकर जंग लड़ रहे थे। मैंने रात्रिकालीन व्यस्कों की कक्षा में प्रवेश ले लिया। नए मित्र बनाते हुए कई रुचियां विकसित की। मेरी व्यस्तता ने मुझे बदल कर रख दिया। दु:ख अब मेरा अतीत बन चुका था। अब तो मैं हर दिन को प्रसन्नता के साथ व्यतीत करने लगी हूँ। मैं अपने भतीजे की इच्छा के अनुसार अब प्रसन्न और शांतिपूर्ण जीवन व्यतीत कर रही हूँ। मैंने जो हुआ उसका विरोध करने के बजाए अब उसे स्वीकार कर लिया है।

कॉनले की तरह हमें भी जीवन में जल्दी या देरी से सीखना ही पड़ता है कि जीवन में कुछ बातें जो हमारे हाथ में नहीं होती हैं उन्हें हमें स्वीकार करना ही पड़ता है। हमें इस बात को मान कर चलना चाहिए कि-जो होना था वो हो चुका। उसे स्वीकार करने में ही भलाई है।

यह एक ऐसी चुनौती है, जिसके आगे सम्राटों तक को झुकना पड़ा है। उन्हें भी अपने जीवन के किसी न किसी क्षण में यह बात सीखनी पड़ी है। यह बात हमें जार्ज पंचम के जीवन से पता चलती है। उन्होंने अपने बकिंघम पैलेस की लाइब्रेरी की दीवार पर कुछ वाक्य लिखवाए हुए थे, जिनका भावार्थ था-हे परमेश्वर! मुझे ऐसी शिक्षा प्रदान करें कि मैं व्यर्थ ही चांद को पाने की खातिर व्यग्र न रहूँ और इतना भी उत्तेजित न रहूँ कि जीवन की तुच्छ वस्तुओं के लिए अपना संतोष खो दूं।

जार्ज पंचम के विचारों से मिलती-जुलती बात शॉपेनहार ने भी कही थी कि-ज़िंदगी में कुछ हो या न हो पर आत्मसंतुष्टि का होना अतिआवश्यक है।

हमेशा हालातों के अनुसार व्यवहार करना जरूरी नहीं है, क्योंकि हर बार हालातों से खुशी प्राप्त नहीं होती है। आदमी का नजरिया भी इस दिशा में महत्त्वपूर्ण भूमिका अदा करता है। ईसा मसीह का एक कथन है-स्वर्ग और नर्क दोनों ही इंसान के भीतर हैं।

इंसानी शक्तियां इतनी ताकतवर हैं कि वह भयंकर से भयंकर विपदाओं को झेल सकती हैं। इसका एहसास कम लोगों को ही होता है, लेकिन यह बात सच है। सिर्फ़ उनका प्रयोग करना हमें आना चाहिए। सही समय पर सही शक्तियों के किए गए प्रयोग से हर कठिनाइयों पर विजय पाई जा सकती है।

यहां मैं आपको टार्किंगटन का उदाहरण देना चाहूँगा। वह कहा करते थे कि-मैं सिवाए अंधेपन के अपने जीवन के हर दु:ख को झेल सकता हूँ। पर जीवन नें हमें कई बार वही क्षण देखने पड़ते हैं जिनके बारे में हम कल्पना में भी नहीं सोचना चाहते। बूथ टार्किंगटन के साथ भी ऐसा ही हुआ। साठ वर्ष की अवस्था में उन्होंने एक दिन महसूस किया कि उन्हें अपने घर के कालीन का रंग ठीक से दिखाई नहीं दे रहा है। उन्होंने चिकित्सक से अपनी आंखों की जांच कराई तो वही हुआ जिसका भय वे ज़िंदगी भर पाले हुए थे। चिकित्सक ने बताया कि उनकी आंखें धीरे-धीरे कमजोर हो रही हैं, इसलिए वे ठीक से देख नहीं पा रहे हैं। अभी एक आंख की रोशनी गई है। धीरे-धीरे दूसरी आंख के साथ भी ऐसा ही होगा।

टार्किंगटन इस बात से पूरी तरह टूट सकते थे, किन्तु क्या ऐसा हुआ? नहीं! उन्होंने इस दु:ख को भी हास्य के साथ सहना सीख लिया। उनकी आंखों के सामने काले धब्बे दिखाई देने लगते। पर वे इससे नहीं डरते। जब भी बड़ा सा काला धब्बा उनकी आंखों के सामने से गुजरता, वे बुदबुदाते-इतनी सुबह कहां जा रहे हो दादाजी!

जब हमारा नजरिया सकारात्मक हो तो दुनिया का कोई गम हमें हरा नहीं सकता। टार्किंगटन के साथ भी ऐसा ही था। टार्किंगटन को जब पूरी तरह दिखाई देना बंद हो गया तब भी उन्होंने कहा-इस अंधेपन की वजह से मैं जीना नहीं छोड़ सकता। दुखों की तरह इसका भी सामना किया जा सकता है। दिमाग़ शरीर का सबसे शक्ति शाली अंग है। इसी से यह शरीर भी चलता है। मैं इसी की सहायता से हर दु:ख और परेशानी से लड़ सकता हूँ।

इस तरह के नजरिए के साथ टार्किंगटन ने लोकल एनेस्थीसिया के साथ एक वर्ष के भीतर 12 से अधिक ऑपरेशन बिना भय के कराए। इस दौरान उन्होंने जरा भी भय का अनुभव नहीं किया, क्योंकि वे जानते थे कि इसके अलावा और कोई रास्ता नहीं है। इन परिस्थितियों का सामना बिना डर और संयम के साथ ही किया जा सकता है। उन्होंने उस समय एक और जरूरी काम किया। बिना प्राइवेट वार्ड के शिफ्ट हुए उन्होंने

जनरल वार्ड में रहना चुना। वहां उन्हें अपने जैसे और मरीज मिले जिनके साथ उन्होंने हास्य-विनोद की बातें की। वहां मौजूद लोगों का अधिकतम मनोरंजन करने का प्रयास उन्होंने किया। अपनी आंखों के बार-बार ऑपरेशन होने पर उन्होंने खुद को इस तरह सांत्वना दी कि ये कितनी अच्छी बात है, आज आंखों की जटिल से जटिल बीमारियों के लिए भी इलाज मौजूद है।

यही सब अगर आम आदमी या जिसके पास सही नजरिया न हो, उसके साथ हुआ होता तो बारह ऑपरेशन का सोचकर ही उसे नर्वस ब्रेकडाउन हो जाता। पर जैसा मैंने बताया कि टार्किंगटन उन लोगों में से नहीं थे, उन्होंने कहा- ज़िंदगी ने मुझे जो भी दिया मैं उसे स्वीकार करने को तैयार हूँ। उन्होंने अपना नजरिया इस तरह रखा कि ज़िंदगी में ऐसा कोई दुःख नहीं जिसका सामना मनुष्य न कर सके। जैसा कि जॉन मिल्टन ने कहा था-अंधा होने से बड़ा दुःख उसे न सह पाने की अयोग्यता है। यही बात टार्किंगटन भी समझ गए थे।

मैं बह्मांड को स्वीकार करती हूँ! मार्गरेट फुलर ने यह बात कही थी, जो न्यू इंग्लैंड में रहने वाली प्रसिद्ध फेमिनिस्ट थीं।

ऐसा ही इंग्लैंड में रहने वाले थॉमस ने कहा था कि-जो भी हो गया है, जिसे बदला नहीं जा सकता। उसे बिना प्रतिरोध के मान लेने में ही भलाई है। उन्होंने इन सब बातों को अपना लिया था, और अब वे दूसरों को भी सलाह दे रहे थे अगर हम चाहकर भी किसी चीज को बदल नहीं सकते थे उसे स्वीकार कर लेने में ही भलाई है। परिस्थितियों को बदलने के बदले खुद को बदलना ज्यादा आसान है।

मेरे साथ भी ऐसा कई बार हो चुका है। एक घटना के संबंध में मैंने भी वही किया था, जो ज्यादातर लोग करते हैं। मैंने उसे स्वीकार नहीं किया। उसका प्रतिरोध किया। मैंने उसके खिलाफ संघर्ष करना शुरू कर दिया। इसका नतीजा भी मुझे भुगतना पड़ा। मेरी रातों की नींद और दिन का चैन मुझसे कोसों दूर हो गया। न चाहते हुए भी मैंने कई मुश्किलों को न्यौता दे दिया। यह सिलसिला एक वर्ष तक चला और इसका अंत ऐसे हुआ कि मुझे उस परिस्थिति को आखिरकार स्वीकार ही करना पड़ा। मुझे अंदाजा था कि एक दिन मुझे यह स्वीकार करना ही पड़ेगा, लेकिन मैंने ही खुद को कहीं बांध रखा था।

मुझे लगता है कि वाल्ट व्हिटमैन की तरह कहना था-पेड़ों और जानवरों के जैसे रात, तूफान, भूख, उपहास, दुर्घटना और अपमान का सामना करना सीखो।

मैं कई सालों तक जानवरों के साथ रहा हूँ। इस दौरान मैंने कभी किसी गाय को इसलिए बुखार आते नहीं देखा कि कभी किसी बारिश के मौसम में कम बारिश हुई हो और उनके चारे के लिए घास की व्यवस्था ही न हो पाई हो या कभी ठंड ज्यादा

पड़ी हो या कभी गर्मी। भूख, तूफान का सामना वे बहुत शांति और संयम से करते हैं, इसलिए आपने इन वजहों से कभी किसी जानवर का नर्वस ब्रेकडाउन होते हुए या पागलपन का दौरा पड़ते हुए नहीं देखा होगा।

आखिर इन सब बातों से मैं आप लोगों को बताना या सिखाना क्या चाहता हूँ कि आप जीवन में उत्पन्न होने वाले हर अनचाहे हालातों के सामने हार मान जाएं या किस्मत के भरोसे बैठे रहें, नहीं, बिल्कुल भी नहीं। मैं तो बस यही कहना चाह रहा हूँ कि जब तक आपको लगे कि हालातों को बदला जा सकता है आप अपनी लड़ाई जारी रखें। हार न मानें। परन्तु यदि यह तय हो जाए कि अब जो हो चुका है वह बदलने वाला नहीं है तो कृपया संयम का परिचय दें। समझदार बनें। फिर आप बीते हुए को बदलने की खातिर खुद को कष्ट न दें।

यहां मैं डीन हॉक्स, जो कोलंबिया विश्वविद्यालय के प्रोफेसर थे, के उन सूत्रों का जिक्र करना चाहूँगा, जिनका उल्लेख मदर गूज में किया गया था। वे पक्तियां इस प्रकार हैं-

इस संसार का हर दुःख
या तो मिट सकता है
या नहीं मिटा सकता।
अगर मिट सकता है
तो उसे मिटा दो,
अगर नहीं, तो
फिर उसके बारे में ज्यादा मत सोचो।

इन पुस्तक को तैयार करने के लिए मैंने बहुत जरूरी काम किया है। इस जरूरी काम में, मैंने अमेरिका के महत्त्वपूर्ण क्षेत्र में काम करने वाले विशेष व्यापारिक प्रतिनिधियों के साक्षात्कार लिए हैं। साक्षात्कार के दौरान ही मैंने जाना कि उन सभी प्रतिनिधियों में एक बात कॉमन रही। उन्होंने जीवन में स्वीकार करने की शैली को अपनाया हुआ था। इसी कारण वे चिंता मुक्त जीवन जी पा रहे थे। चलिए इसे कुछ उदाहरणों से समझते हैं। मैं ये आपके लिए प्रस्तुत कर रहा हूँ-

पेनी स्टोर्स के संस्थापक जेसी पेनी, जिनकी राष्ट्रीय स्तर पर शाखाएं हैं, ने मुझसे एक बार कहा था-मैं अपने जीवन में परिणामों की चिंता नहीं करता। अगर किसी दिन मेरे साथ ऐसा हो कि मैं अपनी सारी संपत्ति खो दूं तो भी आप मेरे माथे पर एक शिकन

तक नहीं देखेंगे, क्योंकि मैं सिर्फ़ अपना काम सही तरीके से करने पर विश्वास करता हूँ। परिणामों को मैं ईश्वर पर छोड़ देता हूँ।

यही बात प्रसिद्ध उद्यमी हेनरी फोर्डने भी कही थी-जिन्हें बदला नहीं जा सकता उन हालातों को मैं वक्त पर छोड़ देता हूँ।

केसी टेलर जो क्राइस्लर कॉर्पोरेशन के प्रेसीडेंट थे, उन्होंने मुझे चिंता मुक्त होने के लिए अपना एक तरीका बताया था। वो मैं आपको यहां बता रहा हूँ। उन्होंने कहा था कि-मेरे सामने आने वाली परेशानियों के बारे में, मैं यह गणना करता हूँ कि उस परेशानी का मैं हल निकाल पा रहा हूँ या नहीं। यदि उसका हल होता है तो तुरन्त उसके समाधान पर अपना काम शुरू कर देता हूँ। यदि ऐसा नहीं होता है तो मैं फिर उस परेशानी से तंग नहीं होता हूँ, क्योंकि मैं जानता हूँ कि इस दुनिया का कोई भी व्यक्ति भविष्य में होने वाली घटनाओं के बारे में ज्यादा कुछ नहीं बता सकता। यह किसी के भी नियंत्रण के बाहर की बात है। वर्तमान में बहुत सारी शक्तियां काम कर रही होती हैं, जो भविष्य को बदलने का काम करती हैं। इसलिए उनसे निपटने का सबसे अच्छा तरीका यही है कि उनकी चिंता ही न की जाए।

केलर का यही दर्शन 19वीं सदी पहले भी रोम को एक शख्स ने सिखाया था और वह व्यक्ति था, एपिक्टेटस। एपिक्टेटस ने रोम के लोगों को यही समझाया था कि-ज़िंदगी में जो बातें आपके नियंत्रण के बाहर हों, उनके परिणामों के बारे में चिंता नहीं करनी चाहिए। यह इंसानी शक्ति के बाहर की चीज है।

इसका एक और बेहतरीन उदाहरण है, सारा बर्नहार्ड का। अपने अच्छे समय में वे चार महाद्वीपों में फैले अपने थियेटर की मालकिन थीं। वह आधी सदी तक। अपने समय की प्रसिद्ध अभिनेत्रियों में उनकी गिनती थीं। किन्तु उनके जीवन में कुछ ऐसा हुआ कि अपने जीवन के अंतिम दिनों में सब कुछ गंवा बैठीं। तब वो 71 साल की थीं। एक तरफ तो उन्होंने अपनी सारी संपत्ति खो दी। वहीं दूसरी तरफ बीमारी के कारण उनका एक पैर काटने की नौबत आ गई। पॉज्जी नामक चिकित्सक ने उन्हें यह जानकारी दी। यह बीमारी उन्हें तब हुई थी, जब वे अंटलाटिक महासागर की यात्रा पर थीं। एक दिन वे जहाज के डेक पर समुद्री तूफान के कारण गिर गईं थीं, वहीं से उन्हें पैर में फ्लेबाइटिस नामक रोग हो गया था। अगर ऐसा नहीं किया जाता तो शायद उनकी जान भी जा सकती थी। चिकित्सक भी उन्हें यह बताने से डर रहे थे। उन्हें डर था कि कहीं यह दु:खद खबर पाकर उन्हें हिस्टीरिया का दौरा न पड़ जाए। फिर भी उन्हें यह बताया जाना जरूरी ही था। जब चिकित्सकों ने उन्हें सारी बातें बताईं, तो सारा की तरफ से इतनी ही प्रतिक्रिया आई-अगर ऐसा करना जरूरी है तो करें, मुझे कोई परेशानी नहीं।

ऑपरेशन थियेटर में जाते हुए उन्होंने अपने पुत्र से कहा था-यहीं ठहरो, मैं अभी आती हूँ। ऑपरेशन थियेटर के लिए ले जाते समय वे अपने नाटकों के डायलाग बोलकर सुना रहीं थीं। वे बोल रही थीं कि वे यह सब इसलिए कर रही हैं ताकि चिकित्सकों और नर्स का आत्मविश्वास बुलंद रहे। ऐसे हालातों में भी उन्होंने सबका हौसला बढ़ाया।

इस कहानी का अंत ऐसे हुआ कि सारा जल्द ठीक होकर आईं और उन्होंने बचे जीवन में पूरी दुनिया का दौरा कर अपने दर्शकों का नाटकों से मनोरंजन किया।

रीडर्स डाइजेसट के एक आलेख में एल्सी मैक्कार्मिक ने लिखा था कि-आदमी जैसे ही बीती परिस्थितियों को स्वीकार कर लेता है तो उसका जीवन सरल और समृद्ध हो जाता है।

कोई भी इंसान या तो अपनी ऊर्जा बीती घटनाओं के मलाल में खर्च कर सकता है या सब स्वीकार कर अपने जीवन को संवारने में लगा सकता है। एक समय में एक ही काम किया जा सकता है। या तो बीते हुए का ही मलाल करें या ज़िंदगी को पूरे उत्साह के साथ जीना शुरू करें।

मेरे जीवन में भी यह सब हो चुका है। मैंने अपने मसूरी वाले फॉर्म में कई पेड़ लगाए हुए थे। बढ़ियां देखरेख में यह पेड़ खूब फले-फूले, लेकिन इनकी अग्निपरीक्षा तब शुरू हुई, जब एक भारी बर्फीते तूफान ने मेरे फॉर्म में तबाही मचा दी। मेरे फॉर्म के बडे-बड़े पेड़ बर्फ के बोझ से दब चुके थे, लेकिन उन्होंने भी हार नहीं मानी। वे बर्फ का बोझ लिए खड़े रहे, झुके नहीं। परन्तु इसका अंत दु:खद हुआ। बर्फ के बोझ से कई शाखाएं टूटकर गिरने लगीं। कई को काटना पड़ा। इसी के विपरीत मैंने उत्तर प्रांत के जंगलों के पेड़ों को कभी भी बर्फ के बोझ से गिरते नहीं देखा। क्यों? क्योंकि यह सदाबहार पेड़ जानते थे कि किन परिस्थितियों में झुकना चाहिए। अपनी शाखाओं को कैसे बचाना चाहिए? किस तरह जरूरी परिस्थितियों के साथ तालमेल बैठाया जाए।

खुद को लताओं की तरह बनाओ, न कि अक्खड़ पेड़ की तरह। जिजित्सु के विशेषज्ञ अपने छात्रों का यही पाठ पढ़ाते हैं।

इस संबंध में एक और उदाहरण दिया जा सकता है। कभी आपने गौर किया है कि गाड़ियों में लगने वाले टायर कैसे सड़कों से सामंजस्य बैठाकर सालों-साल चलते रहते हैं। असल में, शुरुआत में टायर बनाने वालों पहले प्रयास किया था कि टायर सड़कों के विपरीत काम करते हुए अपना काम करें, लेकिन बहुत जल्द उन्हें समझ आ गया, ऐसा संभव नहीं है। टायर कभी सड़कों का प्रतिरोध कर टिक नहीं पाए। टायर विशेषज्ञों ने पाया कि सड़कों के विपरीत तो नहीं, पर उसके साथ सामंजस्य बैठाकर

जरूर टायरों की उम्र बढ़ाई जा सकती है। जब उन्होंने इसी अवधारणा के साथ काम किया तो उन्हें सफलता मिल गई। टायर कई वर्ष तक चलने लगे।

इंसान के साथ भी ऐसा ही है, उसे अपने कठिन जीवन के साथ सामंजस्य बैठाना पड़ता है। तभी वह ज़िंदगी की कठिन डगर पर लंबे समय तक चल पाता है।

यदि हमारी ज़िंदगी नदी की तरह प्रवाहित नहीं होती और हम लगातार इससे प्रतिरोध बनाए रखें तो आपने सोचा है इसका परिणाम क्या होगा। वही जो लताओं के जैसे झुकने की बजाए पेड़ों की तरह अक्खड़ बने रहने के होते हैं। हम चिड़चिड़े बन जाएंगे। तनावपूर्ण स्थितियां अपने चारों ओर पैदा कर लेंगे। संघर्ष हमारे जीवन का अभिन्न हिस्सा बन जाएगा।

परिस्थितियां इससे भी ज्यादा खराब हो सकती हैं, जब हम यथार्थ का सामना किए बिना कल्पनाओं के संसार को सच मान लें। हम अपनी ही दुनिया में खोए रहें। इसके दुष्परिणाम स्वरूप हमारा क्या होगा? हम लगभग अपना मानसिक संतुलन खो देंगे।

मैं इसे एक और उदाहरण से समझा सकता हूँ। विलियम एच. कैसेलियस, जो न्यूयार्क में ग्लेनडेल के रहने वाला थे। वो उसने अपने सेना के दिनों के कई किस्से हमें हमारी कक्षा में सुनाए थे। उसने अपने क्षेत्र में पुरस्कार भी प्राप्त किए थे। उसने हमें बताया कि कोस्ट गार्ड में सेवा के दौरान मुझे अंटलांटिक में एक जरूरी काम दिया गया था। वहां में सुपरवाइजर था, जिसे विस्फोटकों की देखरेख करनी थी। इससे पहले मैं ऐसी जगह काम करता था, जहां हमें बिस्किट बेचने होते थे। वही आदमी अब विस्फोटकों को संभाल रहा था। मेरे पास कोस्ट गार्ड में भर्ती होने के बाद सिर्फ़ दो दिन का प्रशिक्षण था। इसलिए इतनी बड़ी जवाबदारी जब मेरे कंधों पर डाली गई तो मैं दंग रह गया। मेरे काम का पहला दिन मुझे जीवनभर याद रहने वाला है। बहुत ही ठंडे दिन में मुझे कैवन पाइंट, बैयान, न्यूजर्सी जैसी जगहों पर स्थित अपने होल्ड नंबर पांच वाले जहाज पर विस्फोटक चढ़वाने थे। यह काम सिर्फ़ पांच मजदूरों के साथ मुझे करना था। मजदूर इससे अनजान थे कि वे रस्सियों के सहारे जिन बक्सों को खींचकर जहाज में लाद रहे हैं वो एक टन टीएनटी से भरा हुआ है। उसमें इतना बारूद है कि वह जहाज को पलभर में उड़ा सकता है।

मैं उस दिन हर पल अपने आप से सवाल करता रहा था। कई भयानक सवाल मेरे दिमाग़ में उठ रहे थे, जैसे, क्या होगा अगर रस्सी टूट जाए? मैं बहुत डरा हुआ था। फिर भी उन परिस्थितियों में मुझे काम तो करना ही था। मैं भाग नहीं सकता था, क्योंकि मैं भगोड़ा करार दिया जाता। मेरे साथ मेरे माता–पिता की बदनामी होती। इसलिए हालात

चाहे जैसे भी थे, उन्हीं के अनुसार मुझे काम करना था। मजदूर जिस तरह से बक्सों को जहाज पर चढ़ा रहे थे। उसे देखकर मेरा दिल हर पल डरता रहा। यह क्रम चलता रहता, अगर मैं थोड़ी हिम्मत कर खुद को नहीं समझाता। मैंने उन हालातों में खुद को समझाया कि -यह काम तो तुम्हें ही करना है। यदि नहीं करोगे तो हो सकता है तुम्हें गोली मार दी जाए। अगर काम करते हुए कोई हादसा हो जाए और जहाज बारूद से फट जाए तो भी तुम्हें मरने का पता नहीं चलने वाला। यह मौत उन रोगों से होने वाली मौत से तो अच्छी ही है, जो धीरे-धीरे कर आदमी की जान लेती है।

मैंने इस तरह स्वयं को वो करने के लिए राजी किया, जो मुझे किसी भी हाल में करना ही था। जब मैंने अपने दिमाग़ को बार-बार यह बात समझाई तो आखिर में मेरा अशांत मन शांत हो गया। उसे समझ आ गया कि इसके सिवाए अब कुछ नहीं किया जा सकता। मेरी चिंता और भय का इस तरह से अंत हुआ।

मैंने तभी यह सबक सीखा कि अगर हालात ऐसे हो जाएं कि हम चाहकर भी उसे बदल न पाएं तो हमें उन्हें स्वीकार करना ही पड़ता है। अब मेरे जीवन के आने वाले ऐसे हालातों को लेकर मैं सहज हो चुका हूँ। जब भी ये आते हैं तो मैं उनको लेकर ज्यादा प्रतिक्रिया नहीं देता हूँ। यह एक कामयाब तरीका था, जिसने ब्रिस्किट के सैल्समैन को भी कठिन हालातों से लडऩा सिखाया।

सुकरात अपने समय का सबसे तेजस्वी विचारक था। ईसा मसीह को शूली पर लटकाने के अलावा सबसे दूर्दांत मौत उसी की हुई थी। सुकरात से एथेन्स में कई लोग जलते थे। इसलिए उन्होंने सुकरात को अपमानित किया, बदनाम किया और उन्हें अपने रास्ते से हटाया। सजा के रूप में जब बंधक बनाकर सुकरात को जहर का प्याला दिया गया, तब जेलर ने उससे कहा-जो अटल सत्य है, उसे स्वीकारो। सुकरात ने भी वही किया। उसने हंसते हुए जहर का प्याला पी लिया। यह सब इतनी सहजता से हुआ कि सदियों तक सुकरात का नाम इतिहास के पन्नों में अमर रहने वाला है।

ईसा मसीह के भी लगभग 399 साल पहले इन शब्दों की इजात हो गई थी कि-जो अटल सत्य है, उसे स्वीकार करो। बदलते वक्त के साथ आज इन शब्दों को प्रयोग करना ज्यादा जरूरी हो गया है।

चिंता रूपी दीमक को खत्म करने के उद्देश्य से मैंने हर उस जगह से ज्ञान खोजने की कोशिश की है, जहां से भी इसका समाधान मिल सकता था। मैं आपके साथ उसी ज्ञान को बांटना चाहता हूँ ताकि आप भी इसे अपने जीवन में धारण कर सकें। ऐसे शब्द जो हमें ऐसी जगह लिख लेने चाहिए जिनका हम हर समय मनन कर सकें। इसे डॉ. रीनहोल्ड नीबर द्वारा लिखा गया था,

जिन चीजों को मैं बदल नहीं सकता।
हे परमेश्वर! उन्हें स्वीकारने की मुझे शक्ति दो,
जिसे मैं बदल सकता हूँ।
उसे बदलने का मुझे साहस दो,
मुझे इतना बुद्धिमान बनाओ
कि इन दोनों के बीच के अंतर को
मैं हर समय पहचान सकूं।

मेरे अनुसार चिंता को खत्म करने का चौथा नियम है- न बदली जाने वाली चीजों को स्वीकारना सीखें।

10

अपनी चिंताओं पर विराम लगाएं

शेयर बाजार में बहुत से लोगों की रुचि होती है। वे यहां जल्द से जल्द से निवेश से दोगुना कमाई करने की अपेक्षा में आते हैं। क्या आप भी जानना चाहेंगे शेयर बाजार में कमाने की असल तरकीब क्या है? मुझे पता है, आपका जवाब हां ही होगा, लेकिन अफ़सोस मुझे वह जादुई तरकीब नहीं पता जिससे पैसे रातों-रात दोगुने हो जाएं। अगर ऐसा होता तो यह पुस्तक दस हजार डॉलर तक में बिक जाती। खैर, मेरे एक मित्र हैं चार्ल्स रॉबर्ट्स। वे सलाहकार का काम करते हैं। उन्होंने मुझे जरूर शेयर बाजार में निवेश कर सफल होने के नुस्खे बताए थे। मैं आप लोगों के साथ वही बांटना चाहता हूँ। उन्होंने मुझे बताया था कि मेरे पास शेयर बाजार में लगाने के लिए 20 हजार डॉलर थे, जब मैं टेक्सास से न्यूयार्क आया था। मैं खुद को बहुत अक्लमंद समझता था। इसी कारण मैंने शेयर बाजार में निवेश किया और अपनी सारी पूंजी खो बैठा। कुछ छोटे लाभों के अलावा मुझे ज्यादात्तर नुकसान ही हुआ।

असल में यह सारा पैसा मेरे अमीर दोस्तों का था, जिन्हें नुकसान से कोई फर्क नहीं पड़ता था। परन्तु मेरे लिए यह बेहद दु:ख की बात थी कि जो पैसा मेरे पास था, वह सब डूब गया। पैसा डूबते ही मैं अपने मित्रों को यह बात बताते हुए बहुत डरा हुआ था कि उन तक यह बात कैसे पहुँचाऊं। किन्तु आखिर में उन्हें पता चलना ही था। मुझे इस बात से जरूर राहत मिली जब मेरे मित्रों ने इस नुकसान पर नकारात्मक प्रतिक्रिया न देते हुए मुझे भी आशावादी होने का साहस बंधाया। उनके इसी प्रोत्साहन से मैंने पुन: अपने निवेश की समीक्षा की।

समीक्षा के दौरान मैंने देखा कि मैंने अपने निवेश में बेहद नासमझी दिखाई। यह सारा निवेश बिना जानकारी के लापरवाही से किया हुआ निवेश था। यह शेयर बाजार में मेरे अनाड़ी होने की निशानी था। इसे मैंने सिर्फ़ दूसरों की सलाह पर बिना समझ के किया था।

जब मुझे यह ज्ञान हो गया कि मैंने यह निवेश अपनी स्वयं की भूल के साथ शुरू किया था, जिसका अंत इसी तरह नुकसान से होना था, तो शेयर बाजार को लेकर मेरे अंदर से शोक और भय निकल गए। अब मैंने पुन: निवेश करने की ठानी, लेकिन इस बार मैंने सोच लिया जब तक मैं यह जान नहीं जाता कि शेयर बाजार में निवेश करने का सही तरीका क्या है, मैं निवेश नहीं करूंगा। इसके लिए सबसे पहला काम मैंने यह किया कि उस समय के शेयर बाजार में सफल निवेशक बर्टन एस. कैसल्स से मैंने अपना परिचय बढ़ाया। वे निरंतर शेयर बाजार में सफल हो रहे थे। उनकी सफलता देखकर कोई भी बता सकता था कि यह सिर्फ़ उनकी अच्छी किस्मत की वजह से नहीं था, बल्कि उनके सही अनुशासन और ज्ञान की वजह से था।

उनसे हुई मुलाकात में उन्होंने मुझसे पूछा था कि-मैं किस तरह से कोई शेयर खरीदने का निर्णय लेता हूँ। इसके बाद उन्होंने शेयर बाजार में निवेश करने का सबसे उत्कृष्ट तरीका बताया। उन्होंने कहा कि जब भी शेयर खरीदा जाए यह बात हमेशा ध्यान में रखी जाए कि शेयर बाजार में उतार-चढ़ाव बहुत तेजी से आते हैं। इसलिए निवेशक को शेयर खरीदने के साथ ही स्टाप-लॉस का हमेशा ध्यान रखना चाहिए। जैसे, मैं यदि पचास डॉलर का कोई शेयर खरीदता हूँ तो सबसे पहले उस पर 45 डॉलर का स्टाप–लॉस लगा देता हूँ। इससे मेरा नुकसान बहुत कम हो जाता है। मेरा मानना है कि अगर मैं सही तरीके से चुनकर शेयर खरीदूं तो मुझे कई डॉलरों का फायदा तो हो सकता है, लेकिन स्टाप–लॉस का प्रयोग करके मैं खुद को कई बार ज्यादा नुकसान होने से भी बचा लेता हूँ। यह स्कीम हमेशा काम करती है और मैं फायदा कमाता हूँ।

राबर्टस से मिले परामर्श के बाद मैंने तुरन्त उनके बताए स्टाप-लॉस के नियम का पालन दृढ़ता से करना शुरू कर दिया। मुझे खुशी है कि इस तरह करके मैंने कई गुना डॉलर कमाए। जब शेयर बाजार में मुझे इस सिद्धांत से फायदा मिला तो मैंने इसे ज़िंदगी पर भी लागू करने का विचार किया। इसने मुझे किस तरह लाभ पहुँचाया। यह मैं आपको उदाहरण से बताता हूँ।

दरअसल, मेरा एक ऐसा मित्र था जो कभी लंच पर समय से नहीं आता था। आधा-एक घंटा देरी से आना उसके लिए सामान्य बात थी। एक दिन मैंने उससे कह दिया कि अब मैंने तुम्हारे लेट आने पर स्टाप-लॉस का निर्धारण कर दिया है। अब मैं सिर्फ़ 10 मिनट तुम्हारा इंतजार किया करूंगा। इसके बाद मुझे कोई चिंता नहीं कि मैं तुम्हारे साथ लंच कर पा रहा हूँ या नहीं। मैं इसके परिणाम देखकर हैरत में पड़ गया। मेरे मित्र की आदत में सुधार हो गया था।

पर अब मैं यह सोचता हूँ कि यह सब मैंने अपने जीवन में पहले क्यों नहीं किया। मुझे अपने भावनात्मक आवेगों, दु:खों, इच्छाओं और अनावश्यक कामों पर स्टाप-

लॉस के सिद्धांत का पालन करना चाहिए था। मुझे मानसिक रूप से परेशान करने वाली हर स्थिति का सही विश्लेषण करना चाहिए था। मुझे खुद में तय करना चाहिए था कि किसी भी दु:खद हालात के लिए मैं तय सीमा तक दु:ख मनाऊंगा।

खैर, मेरे जीवन में एक अवसर ऐसा आया जब मैंने स्वयं को बुद्धिमान साबित किया। यह तब की बात है जब मेरे कई वर्षों की मेहनत, योजनाएं और सपने दांव पर लगे हुए थे। असल में, मैंने अपने जीवन के शुरुआती 30वें दशक में यह तया किया कि मैं लोकप्रिय उपन्यासकार बनूंगा। बिल्कुल जैक लंदन, फ्रैंक नॉरेस और थॉमस हॉर्डी की तरह। इसी बात को लेकर मैंने अपना उपन्यास द ब्लिजार्ड (बफीलज तूफान) नाम से लिखा। परन्तु यह इतना आसान नहीं था। इस उपन्यास के लिए मैंने प्रथम विश्वयुद्ध के बाद के यूरोप में ऐसी जगह पर बिताए, जहां मैं कम कीमत पर गुजारा कर सकता था।

मैं अपने उपन्यास को लेकर जिस भी प्रकाशक के पास गया। उसकी मुझे पुस्तक के नाम के अनुरूप उतनी ही ठंडी प्रतिक्रिया प्राप्त हुई। यहां तक कि मुझे मेरे साहित्यिक प्रतिनिधि ने कहा कि मुझमें उपन्यासकार बनने के कोई गुण नहीं हैं। यह उपन्यास भी स्तरहीन है। यह सुनते ही मेरे पैरों तले जमीन खिसक गई थी। मैं अपने उस प्रतिनिधि के कार्यालय से जब बाहर आया तो मैं ऐसा महससू कर रहा था कि वह मेरी ज़िंदगी का सबसे बड़ी मायूसी वाला दिन है। मैं तय नहीं कर पा रहा था कि अब मैं क्या करूं? मेरी ज़िंदगी दोराहे पर आ गई थी। कुछ सप्ताह दु:ख में गुजारने के लिए मैंने खुद को संभाला। उस समय मेरे जीवन में स्टाप-लॉस नाम का कोई सिद्धांत नहीं था, लेकिन अब मुझे महसूस होता है। ऐसे हालातों में मैंने जो खुद को संभाला था वह स्टाप-लॉस का ही सिद्धांत था।

मैंने खुद को इस तरह समझाया कि वे दो साल जिन्हें मैंने अपने उपन्यास लिखने में जी-तोड़ मेहनत कर बिताए थे। वे मेरे आगामी जीवन के लिए प्रेक्टिस की तरह थे। अब मुझे सिर्फ़ आगे के बारे में सोचना चाहिए। मैं वापस अपनी वयस्कों को पढ़ाने वाली ज़िंदगी में आ गया। मैंने छात्रों को पढ़ाना पुन: शुरू कर दिया और शेष समय में महान लोगों की जीवनियां और नॉन-फिक्शन पुस्तकें लिखना आरंभ कर दीं।

पर क्या मैं अपने इस फैसले से आज खुश हूँ? मैं ईमानदारी से कह सकता हूँ कि अच्छा हुआ मैंने सही समय पर समझदारी दिखाई। आज मुझे यह जरा भी अफ़सोस नहीं है कि मैं दूसरा थॉमस हार्डी नहीं बन पाया।

मुझे याद है हेनरी थोरो ने अपनी डायरी में एक बहुत ही प्रेरणादायक वाक्य लिखा था कि-जो भी वस्तु या चीज हम जीवन में पाते हैं उसके लिए हम ज़िंदगी के पलों की कीमत चुकाते हैं।

इसका दूसरा अर्थ यह लगााया जा सकता है कि किसी भी चीज के लिए जीवन के पलों की अधिक मात्रा नहीं चुकाई जानी चाहिए। यदि ऐसा होता है तब आप नुकसान में पहुँच जाते हो। ऐसा सुलिवन और गिल्बर्ट के साथ हो चुका है। उन्होंने कानों को मधुर लगने वाला संगीत रचा था, आकर्षक शब्दों से सबका मन मोह लिया था। कई अच्छे ओपेरा लिखकर उन्होंने लोगों को अपना दीवाना बनाया था, जैसे, पेशेंस, पाइनाफोर, द मिकाडो आदि। किन्तु उनके साथ परेशानी यह थी कि वे गुस्सैल स्वभाव के थे। उन्हे अपने जीवन को प्रसन्नता से भरना नहीं आया। उन्होंने एक गलीचे के कारण कई दिन तक कटुता में गुजारे। जानना चाहेंगे ये क्या माजरा था? तो सुनिये, उन दोनों ने मिलकर एक थियेटर खरीदा, जिसके लिए सुलिवन ने एक गलीचा खरीदा था। गलबर्ट उस गलीचे की कीमत के कारण सुलिवन से लड़ पड़े। उनकी तकरार इस स्तर पर पहुँच गई कि बात अदालत तक जा पहुँची। परिणाम यह हुआ कि उन दोनों के बीच बोल-चाल बंद हो गई। हालांकि उनका काम एक-दूसरे से बंधा हुआ था, तो काम तो एक साथ ही कर रहे थे।

इसके लिए वे यह करते कि सुलिवन का काम संगीत तैयार करना था और गिल्बर्ट का काम गीत लिखना। जब दोनों अपने-अपने काम पूरे कर एक-दूसरे को डाक से भिजवा देते। यह सब तब तक चलता रहा, जब तक उन्हें एक बार एक प्रोग्राम के सिलसिले में एक साथ मंच पर नहीं आना पड़ गया। मंच पर वे एक-दूसरे की तरफ न देखकर अलग-अलग दिशा में अभिवादन करने लगे थे, क्योंकि उन्हें स्टाप-लॉस के सिद्धांत का ज्ञान नहीं था, इसलिए वे अपना कीमती वक्त सिर्फ़ आपस में झगडऩे में ही गुजारते रहे। काश! उन्होंने यह समझ लिया होता कि किसी बात को लेकर कहां एक-दूसरे से आपसी मतभेद रखने होते हैं।

यह बात अब्राहम लिंकन से भी सीखी जा सकती है। लिंकन ने गृहयुद्ध के समय तब महत्त्वपूर्ण बात कही थी, जब उनके शत्रुओं की भत्र्सना उनके मित्र कर रहे थे। लिंकन ने कहा था कि-मुझमें आप जितना द्वेष नहीं है। मुझे लगता है आदमी के पास जीवन में बहुत कम समय होता है। इसके आधे समय को भी अगर वह लड़ाई में बिता दे तो फिर उसके जीवन में शेष क्या रह जाएगा? इसलिए अगर कोई मुझ पर वार करना बंद कर दे तो मैं अतीत में किए उसके कामों को भूल जाना पसंद करता हूँ।

ऐसा ही एक वाक्या मेरे आंटी एडिथ का भी है। वे लिंकन के समान औरों को माफ करना नहीं जानती थीं। उनका जीवन बहुत कष्टमय था। वे अंकल फ्रैंक के साथ गिरवी रखे फॉर्म पर रहते थे। ऐसा फॉर्म जो बंजर और काकरोचों से भरा हुआ था। उन्हें अपना कर्ज चुकाने के लिए खूब मेहनत करनी पड़ रही थी। पर घर सजाने की शौकीन एडिथ आंटी एक बार मसूरी के मैरीविले के ड्राईगुड्स स्टोर से उधार

करके सजावटी सामान खरीद लाईं थीं। अंकल फ्रैंक को जब यह पता चला तो उन्होंने ड्राईगुड्स स्टोर वाले से आंटी को उधार सामान देने के लिए मना कर दिया। बस यहीं से उनके और आंटी के बीच झगड़े की शुरुआत हो गई। अब आए दिन उनके बीच लड़ाइयां होने लगीं। मैंने उन्हें कई बार अंकल फ्रैंक द्वारा किए गए इस व्यवहार की कहते सुना। इस घटना का जिक्र मैंने उन्हें उनकी आयु के 70 वर्ष होने तक करते सुना। आखिरकार तंग आकर मुझे ही उन्हें कहना पड़ा कि -इतनी पुरानी बात को वे भुला क्यों नहीं देतीं? इतनी पुरानी बात के लिए अब भी अंकल को कोसना सही नहीं है। किन्तु उन्होंने मेरी एक न सुनी।

आंटी ने अपने दिल में द्वेष को इस तरह से घर बनाने दे दिया था कि अब उन्हें उससे निकल पाना असंभव हो गया था। आंटी ने अपने पूरे जीवन सिर्फ़ अंकल को कोसने की खातिर अपने सुख, चैन और शांति त्याग दी थी। कोई हैरानी की बात नहीं यदि उन्होंने अपना जीवन दु:ख में बिताया। ब्रेंजामिन फ्रैंकलिन ने भी अपने जीवन की एक घटना का जिक्र किया है। इसमें उन्होंने अपनी ज़िंदगी में की गई एक गलती के बारे में बताया है। वो घटना इस तरह है कि उन्हें बचपन में सीटी को लेकर दीवानगी हो गई थी। इसके लिए वे एक खिलौने की दुकान में गए और अपने पास के सभी सिक्के सीटी के लिए दे दिए। उनकी दीवानगी ऐसी थी कि उन्होंने दुकान वाले से पहले सीटी के दाम तक नहीं पूछे। इसके बाद की घटना का जिक्र उन्होंने 70 की आयु में अपने मित्र को लिखे पत्र में किया था, उन्होंने लिखा कि-जब वे सीटी लेकर घर पहुँचे तो उनके भाई-बहनों ने उनसे सीटी के असल दाम बताते हुए उन्हें चिढ़ाया कि वे सीटी को बहुत महंगे दाम पर ले आए हैं। इसके बाद तो उन्हें चिढ़ाने का सिलसिला चल पड़ा। उन्हें भी जब एहसास हो गया कि उन्होंने बहुत महंगे में सौदा किया था तो सीटी बजाने का उनका मजा भी किरकिरा हो गया।

खैर, विश्व प्रसिद्ध नेता और राजदूत बनने के बाद भी ब्रेंजामिन को जीवन का वो सबक याद रहा। जब उन्होंने महंगे दाम पर सीटी खरीदी थी और सुख के बजाए दु:ख अधिक पाया था।

इसी सीख को लेकर बेंरजामिन ने कहा था कि-मैंने अपने जीवन में सीटी को लेकर जो सबक सीखा था। वह मुझे ज़िंदगीभर याद रहा, लेकिन वो सीख मैंने अपने बचपन में ही सीख ली थी। जब मैं बड़ा हुआ तो मैंने देखा कि ज़िंदगी में कई लोग मेरे बचपन वाली गलतियां करते हैं। वे अपने जीवन में कई चीजों का अनुमान सही से नहीं लगाते और ठगी का शिकार होते रहते हैं। एक बार गलती करना तो सामान्य बात है, लेकिन बार-बार वही गलती की जाए तो समझ लेना चाहिए आप मूर्ख हैं।

हम जान चुके हैं कि यह गलती एडिथ आंटी, गिल्बर्ट-सुलिवन और डेल कारनेगी ने की थी। ऐसा नहीं है कि यही लोग थे जिन्होंने ये गलतियां की। कई महान लोग भी यही गलती कर चुके हैं।

लियो टॉल्स्टॉय का नाम तो आपने सुना ही होगा। उन्होंने कई क्लासिक नॉवेल लिखे। वार एंड पीस और अन्ना कैरेनिना उनके लिखे लोकप्रिय नॉवेल हैं। वे इन्साइक्लोपीडिया ब्रिटेनिका के अनुसार दुनियाभर के सबसे लोकप्रिय लोगों में से एक थे। 1890 से 1910 के मध्य में वे इतने लोकप्रिय हो चुके थे कि उनके दीवाने उनके घर के चक्कर काटा करते थे। उनके फैन उन्हें छूना चाहते थे, मिलना चाहते थे। वे जब कुछ कहते थे तब लोग उसे डायरी में उतार लेते थे, जैसे, उन्होंने बाइबल का कोई दिव्य कथन कह दिया हो।

किन्तु अपने जीवन के 70 वर्षों के दशक में टॉल्सटॉय दिमाग़ी रूप ब्रेंजामिन फ्रैंकलिन की उस उम्र के बराबर हो गए थे। जब वे सात साल के थे।

असल में, इसका कारण यह था कि टॉल्स्टॉय ने अपनी पसंद से शादी की थी। उसके साथ वे बहुत खुश थे और परमेश्वर को हमेशा धन्यवाद देते रहते थे कि उसने, उन्हें मनपसंद जीवनसाथी चुनने का अवसर दिया। किन्तु उनकी पत्नी के साथ ऐसा नहीं था। वह जलन की भावना से इतनी भरी हुई थीं कि वह लियो का पीछा भेष बदलकर किया करतीं थीं। उनकी इन हरकतों ने दोनों के बीच इतनी दूरियां बढ़ा दी कि एक बार उनकी पत्नी ने बंदूक उठाकर अपनी ही बेटी की तस्वीर पर चला दी। शराब पीकर आत्महत्या करने की धमकी दी। उनकी हरकतों से उनके बच्चे भी डरने लगे।

इन हालात से टॉल्स्टॉय जैसा व्यक्ति भी अपना आपा खो बैठा। उसने इन परिस्थितियों में क्या किया? उसने एक डायरी ली और उसके और अपनी पत्नी के बीच हुई सारी घटनाओं के लिए पत्नी को दोषी ठहरा दिया। वह डायरी ही उनके लिए बे्रंजामिन की सीटी की तरह बन गई। वे चाहते थे कि सबके सामने सिर्फ़ उनकी पत्नी को दोषी माना जाए, न कि उन्हें। लेकिन इसके विरोध में उनकी पत्नी ने उनकी डायरी जला दी और खुद की डायरी और एक उपन्यास लिखा, जिसका नाम लिखा 'गलती किसकी'। अपने उपन्यास में उन्होंने अपने पति से द्वेष करते हुए सारे आरोप उन पर लगा दिए। यहां तक कि पति को उन्होंने खूंखार बता दिया और खुद को निर्दोष।

दोनों ने अपनी ज़िंदगी बर्बाद कर ली। बसे बसाए घर को उजाड़ लिया। आखिर यह सब होने का असल कारण क्या था, वही जो टॉल्स्टॉय ने कहा था।

आदमी यही चाहता है कि वह और लोगों को हमेशा प्रभावित करे। इस प्रभावित करने की इच्छा में ही वह ऐसे काम भी करने लगता है जो उसे नहीं करना चाहिए।

टॉल्स्टॉय और उनकी पत्नी ने भी यही किया। पर आप बताइए, क्या हमें इससे कोई फर्क पड़ता है कि दोनों में से कौन सही था कौन गलत? हर व्यक्ति अपनी ही समस्याओं में इतना उलझा हुआ है कि उसे दूसरे की उलझनों से कोई सरोकार ही नहीं है। यहां अंदाजा लगाइए कि दो लोगों ने अपनी सीटी की कितनी भारी कीमत चुकाई। वो 50 साल तक अपने जीवन दु:ख, क्लेश और द्वेष की भावना लिए जीते रहे। अपनी नासमझी में उन्होंने ऐसा किया। अगर उन्हें भी स्टाप-लॉस सिद्धांत का ज्ञान होता तो वे भी शायद यह समझ जाते कि अति से ज्यादा द्वेष पालने से जीवन सिर्फ़ नरकमय हो सकता है और कुछ नहीं।

इस तरह हम जान सकते हैं कि जीवन की मानसिक शांति के लिए सबसे बड़े अद्भुत सिद्धांतों में से एक है-मूल्यों का सिद्धांत। हमारे जीवन में चीजों का मूल्य क्या है? यदि हम यह पैमाने तय कर लें तो हमारी आधी चिंताएं दूर हो सकती हैं।

चिंता को खत्म करने के तीन अद्भुत नियम हैं। आप इन्हें जीवन में उतार लें।

इन नियमों का प्रयोग तब करें जब आपको ये लगे कि आपका जीवन चिंता से नष्ट हुआ जा रहा है।

1. जिस बात की आपको सबसे ज्यादा फिक्र है आखिर वह आपकी ज़िंदगी में कितनी जरूरी है।
2. चिंता पर मैं कब स्टाप-लॉस लगा लूं।
3. चिंता रूपी सीटी की मैं कितनी कीमत अपने जीवन में चुका रहा हूँ।

11

हवा में तीर न चलायें

इस समय मैं अपने घर की एक खिड़की के पास खड़ा हूँ, जहां से मुझे अपने घर के बाग में रखे डायनासोर के निशान दिख रहे हैं। असल में, पत्थरों पर उकेरे यह डायनासोर के निशान मैंने येल विश्वविद्यालय के पीबॉडी संग्रहालय से खरीदे हैं। वहां के क्यूरेटर ने मुझे बताया था कि यह निशान आज से करीब 18 करोड़ साल पहले के हैं। अब आप ही बताइए कि क्या इन निशानों को बदलने के लिए आप 18 करोड़ साल पीछे जाने की बेवकूफी करेंगे? नहीं न! पर हम लोग यह जरूर करते हैं कि एक सौ अस्सी सेकंड पहले घट चुकी घटना को बदलने के लिए जरूर उतावले रहते हैं। जबकि किया यह जा सकता है कि एक सौ अस्सी सेकंड पहले हुई घटना से उत्पन्न प्रभाव को तो बदला जा सकता है, लेकिन उस घट चुकी घटना को बदलना नामुमकिन होता है।

हर मनुष्य अपने जीवन में अतीत का एक ही तरीके से लाभ कमा सकता है। वह तरीका है, बीते हुए अतीत की जानकारियों को विश्लेषित कर उन बातों को एकत्रित किया जाए, जिसके माध्यम से भविष्य में लाभ हो सकता है। इसके बाद यह भी जरूरी है कि आदमी अपने दु:खद अतीत को भूलने का प्रयास करे। खैर, ये जो बातें मैंने आपको बताई, क्या मैं हमेशा से ही यह सब समझता था? या मुझ में इतनी समझदारी थी, जो मैं यह सब कर पाता था। यह मैं आपको अपने एक अनुभव से समझा सकता हूँ। इस अनुभव का सार यह है कि मैंने अपने जीवन में एक समय तीन लाख डॉलर खो दिए थे। पर यह हुआ कैसे? यही कहानी मैं आपको बताने जा रहा हूँ।

जब मैंने अपने जीवन में वयस्कों को पढ़ाने का सोचा। तो इसे प्रभावी रूप से करने के लिए मैंने खुद का कई तरह से प्रचार करना आरंभ किया। अपनी संस्था की शहरवार शाखाएं खोली। सभी जरूरी जगहों पर अपने विज्ञापन दिए। मैं खुद में ही इतना व्यस्त था कि मैंने इन सब चीजों में हो रहे खर्च की ओर ध्यान ही नहीं दिया।

यह खर्च लगातार बढ़ता गया। जबकि मुझे किसी ऐसे योग्य व्यक्ति की आवश्यकता थी, जो इसका हिसाब सही तरह से रख सके।

इस तरह करते हुए मेरे काम के एक साल पूरे हो गए। वार्षिक रूप से समीक्षा के दौरान मैंने पाया कि एक साथ काम करते हुए जब कि मैं लोकप्रिय हो चुका हूँ और कक्षाएं भी अच्छी चल रही हैं, फिर भी मैं कोई लाभ नहीं ले पाया हूँ। जब मेरी जानकारी में यह आया तब मुझे लगा कि मेरा पहला कदम वही होना चाहिए, जो ऐसी ही परिस्थितियों में जॉर्ज वांशिगटन कार्वर ने उठाया था, जब उनके द्वारा शुरू किया गया बैंक डूब गया था और उन्हें इससे चालीस हजार डॉलर का नुकसान हुआ था। कार्वर से किसी ने पूछा था कि-क्या आपको पता है आप दिवालिया हो गए हैं? तब उन्होंने ध्यान देने योग्य प्रतिक्रिया दी, उन्होंने कहा-हां, मुझे भी यही जानकारी मिली है। उन्होंने इसे सहज रूप से लिया और सारे मसले को अपने दिमाग़ से हटा दिया। इसके तुरंत बाद वे पढ़ाने के लिए चले गए।

मेरा भी पहला कदम यही होना चाहिए था, मैंने खुद से कहा।

दूसरा जरूरी कदम जो मुझे बाद में समझ आया, वो यह था कि मुझे अपनी गलती को भविष्य के लिए सबसे बड़ा सबक मानना चाहिए था।

किन्तु मैं यहां सभी को बताना चाहता हूँ कि इन दो बातों को जानते हुए भी मैंने दोनों में से एक बात भी नहीं की। इसके विपरीत मैंन अपनी हालात निराशाजनक बना ली। औरों की तरह नींद मुझसे दूर हो चुकी थी। मैंने अपना सुकून खो दिया था। मैं उस सत्य को या अपनी गलती को स्वीकार नहीं कर पा रहा था, जो मैंने की थी। असल में, दूसरों को उपदेश देना आसान होता है, बजाए खुद उन चीजों के पालन करने के।

एलन सांडर्स से मिलने के बाद मुझे लगता है काश! मुझे डॉ. पॉल ब्रांडवाइन से पढ़ने का मौका मिला होता। पॉल, न्यूयार्क के जॉर्ज वांशिगटन में पढ़ाने वाले प्रसिद्ध शिक्षक थे। एलन सांडर्स ने उन्हीं से ज़िंदगी के कुछ जरूरी सबक सीखे थे। उसने मुझे बताया कि-मैं अपनी किशोरावस्था से ही बहुत चिंता करता था। मुझे हर समय कोई न कोई चिंता लगी रहती थी। इसी वजह से शायद मैं गलतियां भी ज्यादा किया करता था। गलतियां चिंताओं को और भी बढ़ा देतीं थीं। परीक्षा की घड़ी में, मैं दिन-रात जागता रहता था। मुझे अपने सभी कामों को लेकर हमेशा फिक्र लगी रहती थी कि मैं उन्हें सही ढंग से कर पा रहा हूँ या नहीं। ऐसी ही चिंताएं मेरे जीवन का अभिन्न हिस्सा बन चुकी थीं।

एक दिन स्कूल में जब विज्ञान की कक्षा में एक प्रयोग चल रहा था, तब डॉ. पॉल ने डेस्क के किनारे दूध की बोतल रखी। हम सब हैरान थे कि आखिर डॉ. पॉल यह सब क्या करने जा रहे हैं। तभी पॉल ने दूध की बोतल को सिंक पर जोर से पटक

दिया, जिससे दूध नाली में गिर गया, और वे जोर से चिल्लाए। नाली में गिरे दूध की तरफ ध्यान मत दो। उन्होंने हम सबको पास बुलाकर टूटी हुई दूध की बोतल दिखाते हुए कहा- ये देखो, बोतल टूट चुकी है और सारा दूध नाली में बह चुका है। अब तुम्हारे चाहने से कुछ नहीं होने वाला। फरियाद करने, गुस्सा करने, चिढ़ने या मिन्नतें करने से हकीकत बदलने वाली नहीं है। अब तुम यही कर सकते हो कि जो हो गया है उसे स्वीकारो, उसे भूलने का प्रयास करो और अगले किसी काम में व्यस्त हो जाओ।

एलन ने कहा कि- मुझे स्कूल में गणित और दूसरे विषयों के बारे में जो भी सिखाया गया था वह सब लगभग मैं भूल चुका था, किन्तु पॉल सर का सिखाया सबक मुझे जीवनभर याद रहा। पॉल सर के अनुसार अगर दूध को फैलने से पहले बचाने की जितनी कोशिश कर सकते हो करो, लेकिन यदि वह फैल ही जाए तो अफ़सोस मत करो। उसे सबक की तरह लेते हुए भूल जाओ।

कई पाठक यह कह सकते हैं कि यह सब पुरानी बातें हैं। यह वे वर्षों से सुनते आ रहे हैं। इसमें कुछ भी नया नहीं है। मैं भी समझता हूँ कि इसमें कुछ भी नया नहीं है, लेकिन जितना मुझे ज्ञान है उसके अनुसार यह सब बातें वर्षों के ज्ञान का सार हैं। जिसे जितनी बार दोहराओ उतना सीखने को मिलता है। यह अनुभव से उत्पन्न ज्ञान कई पीढ़ियों से होता हुआ हम तक पहुँचा है। मेरा दावा है कि कोई किसी भी युग के महान चिंतकों के विचारों को पढ़ ले। उसे यह दो कहावतें हर जगह जानने को मिलेंगी। पहली-व्यर्थ बह चुके दूध का अफ़सोस न करो। और दूसरी-नदी पर जब पुल बन जाए, तभी उसे पार करो। यही दो कहावतें हमें जीवन का असल मर्म सिखाती हैं। अगर हम कहावतों के अनुसार स्वयं को ढाल लें तो हमारा सबसे आदर्श जीवन बन जाएगा। परन्तु सिर्फ़ पढ़ने से ही ज्ञान जीवन में नहीं उतर आता। इसके लिए उसे अपने स्वभाव, अपने कर्मों में उतारना जरूरी होता है। आप भले ही नई बातें न जानें, लेकिन जो आप जानतें हैं उसे ही अपने जीवन का अंग बना लें, उसी के लिए प्रोत्साहित करना इस पुस्तक का परम उद्देश्य है।

मैं ऐसे शख्स को जानता हूँ जो अपने अतीत को नए ढंग से पेश करने की कला में माहिर था। उसका नाम फ्रेंड फुलर शेड था। उन्होंने एक बार कॉलेज की एक कक्षा को अपना व्याख्यान देते हुए पूछा था (तब वे फिलाडेल्फिया के संपादक थे।) यहां कितने लोगों ने कभी लकड़ी को काटने का काम किया है। कई लोगों से अपने हाथ उठाकर इस सवाल पर रजामंदी दी थी। फिर उन्होंने प्रश्न किया था-अब बताइए, कितने लोगों ने हवा को कैंची से काटने का काम किया है? जाहिर है, इस बार किसी छात्र ने हाथ नहीं उठाया था।

शेड ने कहा कि-हम ऐसा काम नहीं कर सकते। हम उन चीजों की चिंता करते ही क्यों हैं, जो या तो घट चुकी है या काटी ही नहीं जा सकती।

कॉनी मैक, जो बेसबॉल के लोकप्रिय खिलाड़ी थे। उनसे मैंने एक बार पूछा था कि क्या वे उन मैचों के बारे में ज्यादा सोचते थे, जिनमें वे हार जाते थे। इस पर उनका कहना था कि शुरुआत में, मैं जरूर इन सब की चिंता करता था, लेकिन फिर मैंने यह सब करना छोड़ दिया, क्योंकि ऐसा करने से चिंता और बढ़ती थी, लेकिन फिर भी इससे कोई समाधान नहीं निकलता था। मैं समझ चुका था कि नदी में बहता हुआ पानी जो हमेशा आगे निकल जाता है, उसका अनाज के लिए इस्तेमाल कर ही नहीं सकते। पर आप इन सब चिंताओं को भूलकर खुद को परेशान होने से जरूर बचा सकते हैं।

इसी तरह का एक किस्सा मुझे थैंक्सगिविंग पार्टी में डिनर के दौरान जैक डेम्पसी ने सुनाया था। तब वे टनी से अपनी हैवीवेट चैंपियनशिप हार गए थे। उन्होंने वाक्या क्रेनबरी मांस खाते हुए सुनाया था, उन्होंने कहा था कि-उस दिन लड़ाई के दौरान मैंने महसूस किया था कि मैं अब बूढ़ा हो गया हूँ। फिर भी 10वें राउंड में, मैं अपने पैर पर खड़ा था। मेरा चेहरा बिगड़ चुका था, आंखें खुलने की स्थिति में नहीं थीं। मैं सिर्फ़ इतना देख पा रहा था कि जो हमारा रेफरी था, वो जीन टनी को विजेता घोषित कर रहा था। मैं महसूस कर रहा था कि विश्व चैंपियन का ताज मेरे सर से उतर रहा है। मैं दु:खी मन से अपने ड्रेसिंग रूम की तरफ गया। इस बीच कई की आंखों में आंसू थे, कई मुझसे हाथ मिलाने के लिए बेताब थे।

इसके ठीक एक वर्ष बाद वही सब फिर से दोहराया गया, जब मेरी जीन से दोबारा लड़ाई हुई। उसने फिर मुझे हरा दिया। जब उसके मुक्के मेरे मुंह पर पड़ रहे थे तो मैंने खुद से कहा कि-इस मुक्के को मैं स्वीकार करूंगा। अपनी हार को गरिमा से स्वीकार करूंगा। मैं किसी अतीत, चिंता और पश्चाताप में नहीं जियूंगा। मैंने यही किया। नाली में गिरे दूध पर दु:ख नहीं मनाया। खुद से बार-बार यही कहा कि अतीत की मुझे कोई चिंता नहीं है। इसके लिए उन्होंने यह तरीका अपनाया।

उन्होंने अपनी हार मानी और अपने दिमाग़ को भविष्य के कामों की ओर मोड़ दिया। इसके लिए उन्होंने जैक डेम्पसी रेस्तरां, ब्राडवे में और ग्रेट नॉदर्न हॉटेल, 57वीं रोड पर खोल लिया। मुक्केबाजी को लोकप्रिय बनाने के लिए कई तरह के आयोजन किए। खुद की सारी शक्ति को उन्होंने रचनात्मक कामों में लगाया। इस तरह करते हुए उन्होंने मुझसे कहा कि-आज मैं जितना खुश हूँ इतना तो तब नहीं था जब मैं मुक्केबाजी में चैम्पियन हुआ करता था।

जैक जो शेक्सपियर को नहीं जानते थे फिर भी अनजाने में ही उनकी दी हुई उस सीख का पालन अपनी ज़िंदगी में कर रहे थे, जो उन्होंने इस प्रकार दी थी-समझदार

आदमी कभी अतीत पर दुःख नहीं मनाता। वह हमेशा अपने भविष्य को रचनात्मकता से भरने का प्रयास करता है। इसी तरह जब मैं उन लोगों को देखता हूँ, जिन्होंने खुद को दुःख, चिंता और अतीत के नकारात्मक यादों से स्वयं को मुक्त कर लिया है तो मैं भी उन्हें देखकर प्रेरणा पाने लगता हूँ और खुश होता हूँ कि वे सकारात्मक तथा प्रसन्न जीवन व्यतीत कर रहे हैं।

मैंने अपने जीवन में खुश रहने वाले कैदियों को देखा है। यह तब की घटना है जब मैंने एक बार सिंग-सिंग जेल की यात्रा की थी। जेल की यात्रा के दौरान जब मैंने जेलर लुइस ई. लॉज से इसकी खबर ली तो उन्होंने बताया कि यहां कैदी जब आते हैं तब उनके अंदर गुस्सा और प्रतिशोध की भावना भरी होती है। पर जैसे-जैसे वह यहां समय गुजारते हैं, वह खुद को अधिक शांत और सकारात्मक महसूस करने लगते हैं। यह उन्हीं के साथ हो पाता है, जो अपने अतीत की काली परछाइयों को अपने दिमाग़ से हटा देते हैं। ऐसे ही एक कैदी के बारे में उन्होंने बताते हुए कहा कि वह जेल की चार-दीवारी के बीच सब्जियां उगाया करता था और गीत भी गाता था। मेरे ख्याल वो शख्स जो फूल, सब्जियां उगाते हुए गीत गा रहा था, वो हमसे भी ज्यादा समझदार था। उसे पता था जो अतीत में उसके साथ हुआ था। उसके नाम से अदालत में कुछ पंक्तियां लिख दी गईं थीं, जिन्हें चाहकर भी न आंसुओं की बारिश बदल सकती थी, न कोई और तरकीब। वह पंक्तियां तो अपना काम करके आगे बढ़ चुकी हैं।

इसलिए हम सबको सिर्फ़ इतना जानना है कि गलतियां करना इंसान का स्वभाव है। हर इंसान जीवन में कभी न कभी गलतियां करते हैं, लेकिन इसके लिए शोक मनाते हुए पूरा जीवन गुजार देना समझदारी नहीं है। शायद आपको पता हो कि नेपोलियन भी पूरे जीवन में कई युद्ध हारा था। संभव है हमारा स्तर नेपोलियन से ठीक हो। इस दुनिया में राजा से लेकर कोई भी ताकतवर आदमी अतीत को नहीं बदल सकता है, इसलिए आप छठवें नियम को याद रखें।

कैंची से हवा काटने की कोशिश कभी तम करें।

संक्षिप्त में खंड तीन

चिंता हमारा अंत करें, इससे पहले हमें उसका अंत कर देना चाहिए

नियम 1. व्यस्त रहें। चिंता को पूरी तरह भूल जाए। चिंता का यह सबसे महत्त्वपूर्ण इलाज है।

नियम 2. छोटी बातों से परेशान न हो। अपनी खुशियों को चिंता की दीमक न लगने दें।

नियम 3. औसत का नियम सदा याद रखें। हमेशा स्वयं से पूछते रहें-यह होने की कितनी संभावना है।

नियम 4. जो अटल बात हो चुकी, जिस अतीत को बदलना संभ्व नहीं। उसे स्वीकारना सीखें।

नियम 5. चिंताओं पर स्टाप-लॉस लगा दें। जरूरत से ज्यादा चिंता न करें।

नियम 6. अतीत की गलतियों का सबक याद रख भूल जाएं। ज़िंदगीभर उसका बोझ न लादें। कैंची से हवा काटने की कोशिश बिल्कुल न करें।

खंड - चार

ऐसे सात तरीकें हैं जिनसे आप सुकून की मानसिकता प्राप्त कर सकते हैं

12

ऐसे आठ शब्द हैं जो आपकी ज़िंदगी बदलने के लिए पर्याप्त हैं

मेरी ज़िंदगी का सबसे महत्त्वपूर्ण सवाल एक रेडियो प्रोग्राम में पूछा गया था कि- ज़िंदगी में आपने सबसे कीमती सीख क्या सीखी?

मेरे लिए इसका जवाब देना आसान था, क्योंकि वह सीख मुझे मिल चुकी थी। वह सीख थी ज़िंदगी को लेकर हम कैसी मानसिकता रखते हैं? यह महत्त्वपूर्ण है। अगर आपकी सोच से मैं रूबरू हो जाऊं तो मैं बता सकता हूँ कि आप कैसे काम करते होंगे। यह इंसान का नजरिया ही होता है, जो उसे जीवन के युद्ध में सकारात्मक और नकारात्मक बनाता है। इसी से मनुष्य अपनी तकदीर स्वयं लिखता है। आदमी दिनभर क्या सोचता रहता है। उसी से उसका निर्माण होता है। यह बात पूरी तरह सच है।

असल में, मेरी या कहें कि आपकी, हम सबकी सबसे बड़ी समस्या यही है कि हम सही वक्त पर सही विचार नहीं चुन पाते। अगर हम यह कर पाएं तो आधे से ज्यादा समस्याओं का हल तो हम ऐसे ही निकाल लेंगे। यही बात मार्कस आरेलियस ने कही थी, वे महान रोमन सम्राज्य के लोकप्रिय दार्शनिक थे। उन्होंने सिर्फ़ आठ शब्द कहे-हमारी ज़िंदगी हमारे विचारों से ही बनती है।

इंसान का सारा स्वभाव उसके सकारात्मक या नकारात्मक नजरिए पर निर्भर करता है। यदि हमारे विचार पॉजिटिव हैं तो परिस्थितियां कैसी भी हो, हम प्रसन्न रहेंगे। यदि विचार नेगेटिव हैं तो हम हमेशा निरुत्साही और हताश ही रहेंगे। दरअसल, हमारे मस्तिष्क में यदि डर का वातावरण बना रहता है तो हम सदैव डरे हुए ही रहते हैं। असफलता यदि हमारे दिमाग़ में घर कर लेती है तो हम सारी जंग पहले ही हार चुके होते हैं। नजरिए का सिद्धांत इसी तरह काम करता है। नार्मन विंसेंट पील ने

चेताया था कि-हम अपने बारे में जैसा सोचते हैं वैसे नहीं होते। बल्कि हमारा दिमाग़ी नजरिया जैसा होता है, हम वैसे ही बन जाते हैं।

यह जरूरी नहीं कि हमेशा यह आशावादी स्वभाव ही आपके काम आए। हर परिस्थिति में यह पॉजिटिव सोच आपको रहा दिखाए, क्योंकि मैं समझता जीवन इतना आसान नहीं है। लेकिन मेरी यही राय है कि पॉजिटिव सोच रखते हुए ही आप आगे बढ़ते रहें। इसे सरल शब्दों में कहा जाए तो समस्याएं हमेशा रहती हैं। इसलिए हमें इसे लेकर जागरूक होना चाहिए न कि चिंतित। जागरूक होना और चिंतित होना, इन दोनों बातों में पर्याप्त अंतर है। मैं इसे आपके एक उदाहरण देकर समझाता हूँ।

मुझे न्यूयार्क में कई बार ट्रैफिक जाम की समस्या से जूझना पड़ता है। पर इससे मैं कभी दु:खी नहीं रहता, बल्कि इसे लेकर जागरूक रहता हूँ। जागरूकता और चिंता में अंतर यही रहता है कि जागरूकता में हम समस्याओं पर ध्यान देते हैं, हम उनके समाधान की ओर अग्रसर होते हैं, लेकिन चिंता में ऐसा नहीं होता। चिंता आदमी के दिमाग़ को दुर्बल बना देती है।

लॉवेल थॉमस ऐसा ही शख्स था, जो जागरूक था। वह समस्याओं के होते हुए चिंता मुक्त होकर मिला करता था। उसे मैं तब से जानता हूँ जब वे प्रथम विश्व युद्ध के दौरान एलेनबी-लॉरेंस अभियान पर अपनी फिल्में दिखा रहे थे। उनके पास आधा दर्जन मोर्चों की शानदार तस्वीरें थीं। टीई लॉरेंस की अरब सेना की जानकारी थी और एलेनबी में दर्ज की गई जीत का रिकॉर्ड था। उनके अभियान का टाइटल था, -एलेनबी के साथ फिलिस्तीन में और लॉरेंस के साथ अरब में। यह ऐसा अभियान था जिसके बारे में पूरी दुनिया में चर्चा हो रही थी। उनका कैम्पेन इतना प्रसिद्ध हो चुका था कि उनके अभियान के लिए लंदन आपेरा का सीजन आगे बढ़ा दिया गया था, ताकि वे कावेंट गार्डन रॉयल आपेरा हाउस में अपनी प्रसिद्ध फिल्में सभी को दिखा सकें।

वे यहीं नहीं रुके। उन्होंने अपना अभियान जारी रखा। कई और देशों की यात्राएं की। दो साल में भारत और अफगानिस्तान पर फिल्म बनाई। ये सब जब चलता रहा तब उनके साथ दुर्भाग्यपूर्ण घटना घटी, जो इस तरह थी।-

लंदन में उन्हें दिवालिया घोषित कर दिया गया। तब मैं उनके साथ ही था। मैंने उनके साथ लायन्स कार्नर हाउस के होटल में बेहद सस्ता भोजन किया। इसके लिए उन्होंने स्कॉट्समैन जेम्स मैक्बी से उधार लिया हुआ था।

इन सब परिस्थितियों के बीच अगर सबसे अच्छी बात कोई थी तो वह यह थी कि थामस अपनी समस्याओं को लेकर जागरूक थे। उन्होंने उन समस्याओं को दिमाग़ी बुखार नहीं बनाया। उन्हें एहसास था कि अगर समस्याएं हैं तो उनका समाधान

भी है और हमें उसी तरफ ध्यान लगाना है। वे इसके लिए खुद को हमेशा उत्साही रखते थे। वे रोज आक्सफोर्ड स्ट्रीट से एक फूल खरीदकर अपने कोट में लगाते और आशावादी नजरिए से सबसे मिला करते। उन्होंने हताशा के विचारों से स्दा परहेज किया और साहस का दामन हमेशा थामे रखा। उन्हें पता था कि ज़िंदगी के खेल में आदमी गिरता संभलता रहता है। इसे भी उन्होंने एक सबक की तरह लिया।

आप सोच रहे होंगे कि मैं सकारात्मक नजरिए पर आपको क्यों इतना लंबा भाषण दे रहा हूँ, क्योंकि इसके पीछे वैज्ञानिक कारण भी है। इसका पता हमें पुस्तक-दि साइकोलॉजी ऑफ़ पावर से पता चलता है। इसे लोकप्रिय मनोविश्लेषक जेए हैडफील्ड ने लिखा था। उन्होंने पुस्तक के माध्यम से अपने विचार प्रस्तुत करते हुए उसमें कहा था कि-मैंने एक बार एक प्रयोग किया था। इसका उद्देश्य था किसी सुझाव का मानसिकता पर और उससे शरीर पर क्या असर पड़ता है। मैंने तीन लोगों को डायनेमोमीटर देकर जितना उनसे हो सके जकडने के लिए कहा था। यह प्रयोग तीन अलग-अलग हालातों में उनके साथ किया गया। पहले उन्हे सचेत अवस्था में जब यह काम करवाया गया तो उनकी पकड़ 101 पौंड निकल कर आई थी। इसके बाद उन पर सम्मोहन विद्या का प्रयोग किया गया। ऐसा करने पर देखा गया कि उनकी पकड़ ढीली हो गई। सम्मोहन के दौरान वे सिर्फ़ 29 पौंड की ही पकड़ रख सके। अर्थात जागरूकता पर किया गया उनका काम कहीं अधिक बेहतर रहा, बजाए सम्मोहन के समय के। (जिन तीन लोगों पर यह प्रयोग हुआ उनमें से एक इनामी मुक्केबाज था, जब उससे सम्मोहन के दौरान का अनुभव पूछा गया तो उसने बताया कि तब उसने खुद की भुजाओं को बच्चों जितना कमजोर पाया था।)

इसी परीक्षण को आगे बढ़ाते हुए हैडफील्ड ने पुन: सम्मोहन के दौरान लोगों के दिमाग़ में सकारात्मक विचार भरने शुरू किए। सकारात्मक विचारों के साथ जब उन्होंने डायनेमोमीटर दबाया तो इस बार वही लोगों ने 142 पौंड की पकड़ से उसे दबाया। अब उनकी पकड़ अचानक बढ़ गई।

यही वह प्रयोग है जिससे हैडफील्ड ने सिद्ध किया कि जब आदमी अपने दिमाग़ में सकारात्मक विचार भरता है तो उसकी क्षमताएं दोगुनी हो जाती हैं। वह दोगुनी शक्ति से सकारात्मक दिशा में काम करता है।

ऐसे ही मेरे पास और भी उदहारण हैं, जो सकारात्मक विचारों की शक्ति को बताते हैं। उनमें से एक और उदाहरण मैं यहां देना चाहता हूँ। यह घटना अमेरिका से जुड़ी है, जिसके बारे में एक पूरी किताब लिखी जा सकती है, लेकिन मैं इसे संक्षिप्त में आपके सामने प्रस्तुत करूंगा।-

एक गरीब महिला, जो बेघर थी, उसने अक्टूबर की ठंड से जमा देने वाली रात में मदर वेब्स्टर का दरवाजा खटखटाया। वेब्स्टर मैसाच्युसेट्स के एम्सबरी में रहती थीं और वह सेवानिवृत्त समुद्री कप्तान की पत्नी थीं। जैसे ही उन्होंने दरवाजा खोला। अपने सामने दुर्बल, निस्तेज महिला को पाया। यह महिला श्रीमती ग्लोवर थीं, जो इस भरे ठंड के मौसम में रहने के लिए एक घर खोज रहीं थीं।

श्रीमती वेब्स्टर उनसे उनके साथ रुकने का आग्रह किया, क्योंकि वह उस बड़े घर में अकेली रहा करती थीं। परन्तु अफ़सोस ग्लोवर ज्यादा दिनों तक वहां नहीं रुक सकीं। इसका कारण था वेब्स्टर का दामाद, जो कुछ दिनों बाद उनके साथ रहने आ गया था। ग्लोवर को देखते ही उसने उसे घर से बाहर कर दिया। वह नहीं चाहता था कि वह उसके साथ कोई भिखारी की तरह दिखने वाली औरत रहे। जब उसने ग्लोवर को निकाला। उस समय बाहर तेज बारिश हो रही थी। श्रीमती ग्लोवर कुछ समय तक बारिश में भीगती रहीं और फिर किसी और आशियाने की तलाश में भटकने लगीं। आपको यह जानकर बहुत आश्चर्य होगा कि बिल एलिस जिसने उस महिला को घर से निकाल दिया था वो आगे चलकर विश्व में मैरी बेकर एड्डी के नाम से प्रसिद्ध हुई। वही मैरी जिन्हें किश्चियन विज्ञान का संस्थापक कहा जाता है। आज पूरे विश्व में जिनके अनगिनत अनुयायी हैं।

यह उनका वह डरावना दौर था, जब उन्होंने दु:ख, भय, दुर्भाग्य का सामना किया। उन्होंने जीवन में कई असफल विवाह किए। उनके पहले पति की मृत्यु हो गई। दूसरे पति ने उन्हें छोड़ दिया था। एक और पति जिसकी गरीबी से मृत्यु हो गई। इस तरह उनका वैवाहिक जीवन हमेशा अंधकारमय और दु:खद रहा। उनको एक पुत्र जरूर हुआ, लेकिन गरीबी के कारण उन्होंने उसे खुद से दूर कर दिया। 21 सालों तक उन्हें पता ही नहीं रहा कि वह कहां और कैसा है।

अपनी बुरी परिस्थितियों और दु:खों के कारण उन्होंने मानसिक उपचार के विज्ञान पर काम करना शुरू किया था। बाद में इस पद्धति का यही नाम उन्होंने दिया। उनकी ज़िंदगी उस दिन से बदली जब वे एक दिन मैसेच्युसेटस के लिन में बेहोश होकर गिर पड़ीं। बर्फ से ढंके फुटपाथ पर वे इतनी बुरी तरह गिरीं थीं कि डॉक्टर को कहना पड़ा कि-इनके रीढ़ की हड्डी में गंभीर चोट आई है और इनके बचने की संभावना भी कम ही है। अगर बच भी जाएं तो शायद ही दोबारा चल पाएंगी।

इन परिस्थितियों का सामना मैरी ने कैसे किया? उन्होंने बाइबल का सहारा लिया। उन्हें संत मैथ्यू के शब्दों से प्रेरणा प्राप्त हुई, जिसमें उन्होंने कहा था-लकवे वे ग्रसित आदमी ईसा मसीह के पास आया, जो बिस्तर पर लेटा हुआ था। ईसा मसीह

ने उससे कहा-प्रसन्न हो जाओ, तुम्हारे सभी पाप माफ कर दिए गए हैं। अपना बिस्तर उठाओ और घर जाओ। वह उठा, और अपने घर चला गया।

मैरी ने बताया कि इन शब्दों ने उन पर चमत्कार किया। उनके अंदर आस्था और उपचारक शक्ति को भर दिया। वे इन शब्दों को पढ़ने के साथ ही अपने बिस्तर से उठ खड़ी हुईं और चमत्कारिक रूप से चलने भी लगीं।

इस आश्चर्यजनक अनुभव ने मैरी के जीवन की दिशा बदल कर रख दी। मैरी ने इस अनुभव के बारे में कहा कि-इस अनुभव ने मेरे सामने मानसिकता की शक्ति के रहस्य को खोल कर रख दिया। इससे मुझे ज्ञान और प्रेरणा मिली कि मैं मानसिक शक्ति का प्रयोग कर खुद के साथ दूसरों को भी स्वस्थ रख सकती हूँ। इस अनुभव ने सिद्ध कर दिया था कि मनुष्य के दिमाग़ में अद्भुत शक्ति विराजमान है सिर्फ़ उसे सकारात्मक दिशा देने की जरूरत है।

अपने अनुभव से उन्होंने ऐसी धार्मिक स्थापना की, जो किसी महिला द्वारा स्थापित पहला संस्था है। इसे उन्होंने क्रिश्चियन साइंस नाम दिया। आज दुनियाभर में इस साइंस के फॉलोवर हैं। आपको मेरी बातों से लग सकता है कि मैं (डेल कारनेगी) क्रिश्चियन संस्था का प्रचार कर रहा हूँ। पर ऐसा कुछ नहीं है। मैं आपको वो बता रहा हूँ, जो सच में घटित हुआ है। इसलिए यह जानकर बढ़ती उम्र के साथ मेरा भी मानसिक शक्ति पर विश्वास बढ़ता ही जा रहा है। मैंने अपने वयस्कों की कक्षाओं में कई बार लोगों को उनकी मानसिकता बदलते ही चिंता और डर से मुक्त होते देखा है। मुझे पता है किसी और को इस बात पर भरोसा करने में कठिनाई हो पर मैं तो यह इतनी बार देख चुका हूँ कि अब तो मुझे इस बात पर रत्ती भर भी आश्चर्य नहीं होता।

उदाहरण देकर मैं अपनी बात आप लोगों को समझा सकता हूँ। यहां मैं अपने छात्र की ऐसी घटना बताने जा रहा हूँ, जिसने उसका जीवन बदला। यह उसने ही मुझे हमारी कक्षा में बताया था। मैं आप लोगों के साथ उसके अनुभवों को बांट रहा हूँ। उसने कहा था कि पहले मैं खुद को लेकर हमेशा शिकायत करता रहता था। मैंने कई चिंताएं पाल रखी थीं, जैसे, मैं इतना दुबला क्यों हूँ? मेरी शादी होगी या नहीं, अगर होगी तो मैं अच्छा पिता बन पाऊंगा या नहीं? मेरे झड़ते बालों की वजह से कहीं मैं समय से पहले ही गंजा तो नहीं हो जाऊंगा? मुझे ऐसा लगता था कि मैं बेहतर जीवन नहीं जी रहा हूँ, इसलिए शायद मेरी शादी ही न हो। या मुझ में लोगों को प्रभावित करने की क्षमता नहीं है, इसलिए मैंने तनाव में आकर अपनी नौकरी भी छोड़ दी थी। मैंने खुद को ऐसे बाइलर के रूप में बदल लिया था, जिसमें कोई सेफ्टी बाल्व नहीं बचा था, जो कभी भी कहीं भी फट सकता था। इसी चिंता और तनाव की वजह से वही हुआ, जो होना चाहिए था। मैं नर्वस ब्रेकडाउन का शिकार हो गया। दिमाग़ में

उत्पन्न तनाव के बारूद कितना असहनीय दर्द देते हैं इसका अंदाजा वह नहीं लगा सकता, जिसे यह हुआ न हो। ईश्वर करे, इससे किसी का सामना न हो।

खैर, मैं इस कदर निराशा की गर्त में था कि मैंने अपने परिवार से भी बात करनी बंद कर दी थी। मैं डरा हुआ बेपरवाह इंसान बन चुका था। मैं सहमा-सहमा सा रहता। कभी भी किसी भी बात पर रो पड़ता। मैं पूरी तरह से अकेलेपन का शिकार हो चुका था। कई बार मेरे मन में खुद को खत्म करने के ख्याल भी आए। पर अच्छा हुआ ऐसे समय में मैंने अनजाने में ही समझदारी भरा निर्णय लिया। मैंने अपनी जगह बदलने का फैसला किया ताकि मेरी सारी नकारात्मकता चली जाए। इसके लिए मैंने फ्लोरिडा की यात्रा करने का निर्णय लिया। जब मैं अपनी यात्रा पर जाने लगा तो मेरे पिता ने मेरे हाथों में एक पत्र थमाते हुए कहा कि इसे मैं फ्लोरिडा पहुँचकर ही खोलूं।

जब मैं फ्लोरिडा पहुँचा तो वहां पहले से ही इतने पर्यटकों का जमावड़ा था कि मुझे वहां किसी होटल में ठहरने के लिए कमरा तक नहीं मिला। मुझे अपने सोने की व्यवस्था एक गैराज में मिले सिर्फ़ सोने के बिस्तर पर करनी पड़ी। मैंने वहां काम करने का भी सोचा, जिसके लिए मियामी से आए ट्रांप फ्रेटर में काम के बारे में बात की, लेकिन मुझे काम नहीं मिला। मैंने अपने फुरसत के क्षणों को समुद्र तट पर गुजारना बेहतर समझा। इस दौरान मेरे मन में यह जिज्ञासा थी कि मेरे पिता ने खत में क्या लिखा है? समुद्र तट पहुँचते ही मैंने सबसे पहला काम उस खत को पढ़ने का किया। उसमें लिखा था-मुझे पूरी उम्मीद है कि तुम्हारे दु:ख अपने घर से पंद्रह सौ मील दूर जाकर भी खत्म नहीं हुए होंगे। इसका बहुत बड़ा कारण है और वह है, तुम। तुम शारीरिक और मानसिक रूप से पूर्णत: स्वस्थ आदमी हो। परिस्थितियां इतनी भी बुरी नहीं हैं कि तुम उनसे हार जाओ। अगर कोई चीज जिसने तुम्हें दुर्बल बनाया है तो वह है तुम्हारे मानसिक विचार, क्योंकि आदमी जैसा सोचता है वह वैसा ही हो जाता है। जब तुम्हें इसका एहसास हो जाए तो अपने घर अपने पिता के पास जरूर लौट आना।

इस पत्र को पढ़कर जहां मुझे आत्मविश्वास से भर जाना था, इसके विपरीत मेरे दिमाग़ ने नाराजगी की प्रतिक्रिया दे दी। मुझे मेरी हालत को देखते हुए सहानुभूति की अपेक्षा थी और कहां मेरे पिताजी मुझे पत्र में उपदेश दे रहे थे। मैंने यह फैसला कर लिया कि अब तो मैं कभी भी वापस अपने घर नहीं जाने वाला। वक्त बीतने के बाद जब रात आई तब मैं यूं ही भटकता हुआ ऐसी जगह पहुँचा जहां एक चर्च बना हुआ था और वहां प्रवचन कार्यक्रम चल रहा था। मेरे पास करने को कुछ था नहीं तो मैं प्रवचन सुनने चला गया। उस प्रवचन में बात की जा रही थी कि मन को जीतने वाला इस दुनिया का सबसे शक्तिशाली आदमी होता है। मैंने ध्यान लगाकर जब पूरे प्रवचन को सुना तो यह मेरी ज़िंदगी के लिए अलग ही अनुभव रहा। उन प्रवचनों में बताया

गया सार वही था, जो मेरे पिता ने मुझे खत में लिखकर बताया था। मुझे ऐसा लगा कि जैसे मेरी आंखें खुल गई हैं। एक नई रोशनी में, मैं खुद को बेहतर ढंग से देख पा रहा था। मैं समझ गया कहां गलती हुई है। मैं सबको अपने तरीके से बदलने में लगा हुआ था, जब यह नहीं हुआ, तो मैंने ही खुद को निराशा की खाई में ढकेल लिया। जबकि यह सब बातें संभव नहीं थीं।

जैसे ही मेरे दिमाग़ का अंधकार दूर हो गया। मैंने अगली सुबह ही सबसे पहले अपने घर वापसी कर ली। मैं घर पहुँचकर इतना संतुलित हो चुका था कि एक सप्ताह के अंदर काम पर भी जाने लगा था। मैंने बिना देर किए उस लड़की को प्रपोज किया जिसे मैं चाहता था। आज उसके साथ मेरा पांच बच्चों का सुखी परिवार है। आज मैं कार्टन निर्माण विभाग के सुपरिंटेंडेंट के रूप में काम कर रहा हूँ, जबकि इससे पहले छोटे से विभाग में फोरमैन की नौकरी किया करता था। पहले अठारह लोगों को मैं आदेश देता था, आज चार सौ लोग मेरे सहयोगी के रूप में काम कर रहे हैं। अब मैं सभी से खुलकर मिलता हूँ। जीवन के असल मूल्य अब मुझे सही तरीके से समझ आ गए हैं। अब आने वाली हर परेशानी का सामना मैं पूरे आत्मविश्वास से करता हूँ। मैं खुद से सिर्फ़ अपने मानसिक विचारों को बदलने का कहता हूँ और देखता हूँ कि परेशानी का हल खुद ही निकल आता है।

मैंने अपने जीवन के अनुभवों से जान लिया कि मानसिक विचार किस तरह मनुष्य के जीवन में अहम भूमिका निभाते हैं। नर्वस ब्रेकडाउन के समय मैंने देखा कि मेरा दिमाग़ और शरीर पूरी तरह से टूट चुके थे। पर आज मजबूत मानसिकता की बदौलत मेरी सारी ज़िंदगी बदल चुकी है। मुझे समझ आ गया कि उस समय मैं अपने विचारों की वजह से दु:ख के सागर में डूबा था, जैसे ही मुझे इस बात का ज्ञान हो गया। मेरी सारी परेशानियां अपने आप दूर हो गईं।

इन सभी कहानियों से निकले परिणामों के अलावा मैं भी इस बात पर यकीन करता हूँ कि मनुष्य को जीवन में प्राप्त होना वाला दुख-दर्द इसलिए नहीं मिलता, क्योंकि वह छोटी जगह में पैदा हुआ है या वह गरीब है या विलासिता के साधन उसके पास नहीं हैं, बल्कि इसका सबसे बड़ा कारण यही है कि उसका जीवन को लेकर नजरिया ही गलत होता है। मैं फिर इसे एक उदाहरण के रूप में बताना चाहूँगा। यह कहानी जॉन ब्राउन की है, वही जॉन जिसे इसलिए फांसी की सजा मिली थी, क्योंकि उसने हार्पर्स फेरी के अमेरिकी शस्त्रागार पर कब्जा करने और दासो को विद्रोह के लिए उकसाने का काम किया था। जब ब्राउन को फांसी की सजा दी जा रही थी तब वे फांसी के फंदे की ओर निश्चिंतता और शांति भाव से बढ़ रहे थे। उसी दौरान उनके साथ चलने वाला जेलर तनाव में था। अपने अंतिम पलों में भी जॉन ने कहा था कि-

यहां से वर्जीनिया के ब्लू रिज पहाड़ों का दृश्य तो बहुत ही सुंदर दिखता है। ईश्वर का धन्यवाद, उसने मुझे यह सुंदर नजारा देखने का अवसर प्रदान किया।

ऐसी ही कहानी दक्षिणी ध्रुव पर पहुँचने वाले पहले ब्रिटिशर्स रॉबर्ट फाल्कन स्कॉट और उनके साथियों की भी है। वे वहां पहुँच तो गए, लेकिन उनकी वापसी की यात्रा विश्व की सबसे कठिन यात्राओं में से एक रही। उनके पास रखा भोजन और ईंधन खत्म हो चुका था। वहां ग्यारह दिनों तक चले बर्फीले तूफान ने उनके इरादों को पस्त कर दिया था। रॉबर्ट और उनके साथियों को लग रहा था कि अब वे शायद ही जीवित बच सकें। ऐसी स्थिति के लिए वे अपने साथ अफीम की खुराक लेकर गए थे, ताकि समय पड़ने पर वे उसका नशा करते रहें और कुछ समय के लिए खुद को वास्तविक परिस्थितियों से दूर रख सकें। शायद उन्हें ऐसा ही करना चाहिए था, लेकिन उन्होंने सकारात्मक रास्ता चुना। ये बात खोजी दलों के माध्यम से पता चली, जब उन्हें उनके शवों के पास उनके द्वारा लिखे पत्र मिले। उसमें उन्होंने जिक्र किया था कि अंतिम समय उन्होंने गीत गाकर बिताए न कि रोकर।

इन उदाहरणों के पात्र यह सिखाते हैं कि अगर आदमी खुद के इरादों को मजबूत बनाए रखे तो परिस्थितियां कैसी भी हों वह उनमें आनंद के पल खोज ही लेता है। फिर चाहे उसे सूली पर चढ़ाया जा रहा हो या बर्फीले तूफान में वे वह अपने जीवन का अंतिम समय काट रहा हो।

मिल्टन ने भी यही कहा था कि-दिमाग़ में इतनी शाक्ति है कि वह चाहे तो नरक को स्वर्ग में तब्दील कर दे और स्वर्ग को नरक में बदल दे।

मिल्टन के इस कथन के दो उपयुक्त उदाहरण हैं, पहला-हेलन केलर और दूसरा-नेपोलियन। नेपोलियन जिसे सफलता का पर्याय कहा जाता है, जिसकी मिसालें दी जाती हैं, जिसके पास शक्ति, धन, विलासिता की कोई कमी नहीं थी। उसने भी सेंट हेलेना से कहा था कि-मेरे पास सब है, फिर भी मैं अपने जीवन में कुछ दिन भी सुकून से नहीं जी पाया। वहीं हेलन केलर ने कहा था कि-ज़िंदगी कितनी खूबसूरत है। जबकि वे न देख सकती थी, न सुन सकती थी और न ही बोल सकती थी।

अगर मैं दूसरे के अनुभवों को छोड़कर अपने अनुभवों से भी कहूँ तो मैंने भी यही सीखा है कि हर आदमी खुद के जीवन में शांति लाने के लिए स्वयं ही जिम्मेदार है। यह बातें सेल्फ-रिलायेंस निबंध के अंतिम पैरे में इमर्सन ने भी कही थी। उन्होंने उसमें लिखा था-आपके किसी पुराने दोस्त का घर आना, किसी रिश्तेदार का बीमारी से ठीक हो जाना या किसी मुकाबले में आपकी विजय, आप इन्हें ही अपने जीवन में आनंद का कारण बना लेते हैं, किन्तु सिर्फ़ कारणों को अपने आनंद का आधार मत बनाएं।

इसी संबंध में एपिक्टेटस, जिसे महॉन दार्शनिक कहा जाता है, ने भी कहा था कि-शरीर के किसी घाव को भरने के लिए आदमी जितना उतावला रहता है। उसे अपने मस्तिष्क से बुरे विचारों को भी निकालने के लिए उतना ही उतावला होना चाहिए। 19वीं सदी में कही गईं ये बातें आज भी उतनी ही प्रासंगिक है, जितनी पहले थीं।

चिकित्सा विज्ञान में भी कई चिकित्सक इस बात की पुष्टि करते हैं कि आदमी में कई बामारियों का कारण उसकी चिंता और तनाव है, जैसे-जॉन हॉपकिंस अस्पताल के डॉ. जी. कैनबी राबिन्सन ने कई बार कहा है, उनके पास अस्पताल में आने वाले अधिकांश मरीजों में से कई भावनात्मक तनावों और दबावों की वजह से बीमार होकर आए हुए होते हैं। इस कारण वे जीवन में आए असंतुलन को बताते हैं।

जीवन में हुई कोई दुर्घटनाएं इंसान को इतना कष्ट नहीं पहुँचाती, जितनी कि उस घटना के बारे में सोच-सोचकर वह खुद को खोंखला कर लेता है। यह विचार फ्रांसिसी दार्शनिक मॉन्टेन ने व्यक्त किए थे। यही उनके जीवन के आधार वाक्य भी थे।

आखिर मैं आपको इन सब उदाहरण और उद्धरण से क्या समझाना चाहता हूँ? कि जब आप पर मुसीबतों के पहाड़ टूट पड़े, जब आपकी सारी शक्ति जवाब दे जाए, जब दुःखों के बोझ के कारण आपकी आंखों के आंसू सूख चुके हों तब भी... हां, तब भी... आप खुशनुमा ज़िंदगी का तानाबाना बुनने के सपने बुन सकते हैं गमों को सहने की क्षमता विकसित कर सकते हो। बस, आपका दिमाग़ ताकतवर होना चाहिए। उसमें सिर्फ़ और सिर्फ़ मजबूत, सकारात्मक विचार होना चाहिए। इसी रहस्य से मैं बार-बार उदाहरणों के साथ पर्दा उठा रहा हूँ। आप भी इसे कर सकते हैं। बस इसके लिए थोड़े से प्रयास और साहस की जरूरत होती है।

दुनिया के प्रसिद्ध मनोविज्ञानी विलियम जेम्स ने अपने प्रयोगों से कई बार यही सिद्ध करके बताया था, जो बातें मैं आपको इतनी देर से समझाने की कोशिश कर रहा हूँ। उन्होंने अपने अनुभव से कहा था कि-हमें लगता है कि हमारे कार्य हमारी भावना का अनुसरण करते हैं, परंतु कार्य और भावना साथ-साथ चलते हैं तथा कार्य पर नियंत्रण करने से हम अपनी भावना को परोक्ष रूप से नियंत्रित कर सकते हैं, क्योंकि अपने कार्य व गतिविधियों को इच्छाशक्ति द्वारा आसानी से नियंत्रित किया जा सकता है, जबकि अपनी भावनाओं को नियंत्रित करना अपेक्षाकृत कठिन है।

सरल शब्दों में समझा जाए तो जेम्स कहते हैं, कोई भी इंसान यह उम्मीद न रखे कि उसके सोचते ही हालात बदल जाएंगे या उसके मन की भावनाएं बदल जाएंगी। ऐसा नहीं होने वाला, लेकिन मानसिक नजरिया बदलते ही वह अपने कार्यों में जरूर

बदलाव महसूस करेगा। एक बार उसके कामों में बदलाव हो गया तो वह देखेगा कि उसकी भावनाएं भी बदलते जा रही हैं। बस हमें इतना ही करना है। यदि हम कभी किसी कारण से खुश न भी हो तो भी हमें ऐसा व्यवहार करना है जैसे हम खुश हैं। हमें खुद को शांत रखना है।

आपको क्या लगता है? ये तरकीब काम करेगी। अगर अभी भी आपको संशय है तो आप इसे खुद करके क्यों नहीं देखते। अभी के अभी खुद को शांति की मुद्रा में ले आएं। गहरी सांस लें। अपना मनपसंद गीत गाएं, अगर नहीं गा सकते तो गुनगुनाएं।

आपको यह महसूस होगा कि जब आप भीतर से खुश होते हैं तो शरीर भी आपको वैसी ही प्रतिक्रिया देता है। तब शरीर उदास नहीं रह सकता।

यही असल सच्चाई है, जिसे आप प्रयास कर अनुभव कर सकते हैं।

मैं एक ऐसी महिला को जानता हूँ, जिसे यह रहस्य पता नहीं था। इसलिए वह दुःखों के सागर में ही डूबी रही। वह कैलिफोर्निया की रहने वाली थी। वह जीवन में अपने पति को खो चुकी थी। वह अब बूढ़ी और अकेली थी। उसकी स्थिति बहुत चिंताजनक थी, फिर भी मैं मानता हूँ कि वह अब भी अपने शेष जीवन को बदल सकती थी। उससे जब भी उसकी सेहत के बारे में पूछा जाता, तो वह कहती कि-सब अच्छा है, लेकिन उसकी बातें और उसके चेहरे के भाव मेल नहीं खाते। उसकी आवाज से ही समझ आ जाता कि उसके अंतर्मन में अगर झांकों तो पता चले कि वह हमसे कहना चाहती है, एक बार मेरे दु ख को समझो, तो सही मैं कितनी दुःखी हूँ? अब मेरे पास खुश रहने की कोई वजह नहीं है। पर असल हकीकत इतनी भी बुरी नहीं थी।

अपनी निजी ज़िंदगी में उसके पास उसके पति द्वारा छोड़ी गई पर्याप्त संपत्ति थी, जिससे उसकी ज़िंदगी आराम से कट सकती थी। उसके बच्चे थे जिनका विवाह हो चुका था। उसे यही शिकवा रहता कि उसकी बेटियां उसे तोहफा नहीं देतीं। उसके दामाद स्वार्थी हैं। यह सब वह तब सोचती जब वह उनके घर महीनों रहकर आती। खुद के पैसों की वह पाई-पाई बचाती। वह अगर सोचती कि मुझे अपने शेष परिवार को अधिक प्रेम देने की और उन्हें सहयोग करने की जरूरत है और इसके लिए हर वो संभव चीज करूंगी, जो मुझे करना चाहिए, तो निशिचित रूप से वह परिवार की सबसे सम्मानित सदस्य के रूप में स्वयं को स्थापित कर लेती, लेकिन उसने सिर्फ़ कटुता, दुःख और द्वेष को अपने दिमाग़ी घर का सदस्य बना लिया था। उसे सिर्फ़ अपने पास से प्रेम बांटना था और वो देखती कि वही दोगुना होकर उसे वापस मिलता।

एचजे एंग्लर्ट ऐसे ही व्यक्ति थे, जिन्होंने जीवन के इस महत्त्वपूर्ण रहस्य के बारे में जान लिया था। इसलिए वे भयंकर परिस्थतियों से निकलकर जीवन में हमेशा आगे

बढ़ते रहे। वे इंडियाना की टेल सिटी के रहने वाले थे। उन्हें जीवन के एक दौर में एक के बाद एक कई बीमारियों का सामना करना पड़ा था। जैसे, दस साल पहले उन्हें स्कार्लेट नामक बीमारियों ने घेर लिया था। वे इससे किसी तरह ठीक ही हुए थे कि नेफ्राइटिस रोग ने उन पर आक्रमण कर दिया। हर तरह का इलाज कराने के बाद भी उनका यह रोग नहीं गया। उल्टा उन्हें कई और बीमारियों ने भी जकड़ लिया। उनके चिकित्सक ने उन्हें बताया कि उनका ब्लड प्रेशर बढ़कर 214 तक पहुँच गया है। वे अपने सभी जरूरी काम पूरे कर लें, इसी में उनकी भलाई है, क्योंकि कभी भी कुछ भी हो सकता है।

इसका नतीजा यह हुआ कि मैं गहरी निराशा में डूब गया। मैंने सबसे पहले देखा कि मेरे बीमे की सारी किस्तें भर गई हैं या नहीं। मेरी निराशा के साथ ही मेरा पूरा परिवार भी दु:खी हो गया। कुछ दिन इसी निराशा के पलों में, मैं और मेरा पूरा परिवार रहा। ये सब यूं ही चलता रहता। यदि मैंने एक दिन खुद से यह नहीं कहा होता कि-इस तरह तो तुम अपनी बची सारी ज़िंदगी बर्बाद कर रहे हो। अभी तो तुम्हारे पास एक साल का समय है, जिसमें कई चीजें की जा सकती हैं। इसे खुश रहने में क्यों नहीं बिताते।

तब सबसे पहली शुरुआत मैंने अपने व्यवहार परिवर्तन से की। मैंने खुद को शांति की अवस्था में लाया। फिर खुद को समझाते हुए यह कहा कि सब ठीक हो जाएगा। खुद की मानसिक धारणा को बदलकर मैंने खुश रहने का प्रयास शुरू किया। शुरुआती दौर में मुझे इसके लिए खूब मेहनत करनी पड़ी। धीरे-धीरे मुझे इसकी आदत हो गई। जब मेरे दिमाग़ में सकारात्मक विचार भरने शुरू हुए तो मेरा शारीरिक व्यवहार भी वैसा ही होने लगा। मैं खुद को जितना खुश महसूस करता मेरा शरीर उतना ही ऊर्जावान महसूस करता। धीरे-धीरे मेरी हालत इतनी अच्छी हो गई थी कि जहां मेरे एक साल भी जीने की आशा नहीं थी, वहीं एक साल बाद भी मैं जिंदा था, खुद से बहुत खुश था, मेरा ब्लड प्रेशर नॉर्मल था, मैं सेहतमंद था। मुझे भरोसा हो गया कि अच्छा हुआ मैंने अपने चिकित्सकों की बात ज्यादा गंभीरता से नहीं ली। मैंने खुद को एक मौका देने की कोशिश की। अपने मानसिक नजरिए को बदलकर मैंने यह जंग जीती।

अब आप ही बताएं कि यदि खुद को सकारात्मक विचारों से भरने और खुश होने का अभिनय भर करने से किसी इंसान का जीवन बच सकता है, तो फिर हम और आप क्यों इस पद्धति को अपनाते। अपने दु:ख और दर्द से पल भर के लिए छुटकारा पाकर क्यों नहीं देखते? हम निराशाओं और हताशाओं को दफनाकर क्यों नहीं खुश होने का अभिनय मात्र कर इन सबसे छुटकारा पाने का प्रयास करते।

मुझे जेम्स एलन की एक पुस्तक याद है, जो सकारात्मक विचारों से भरी थी। उसे पढ़कर मेरे जीवन में कई अहम सकारात्मक परिवर्तन हुए थे। पुस्तक का नाम था-ऐज ए मैंन थिंकेथ। इस पुस्तक में लिखा गया था- इंसान को हमेशा कोशिश करनी चाहिए, हर समय में स्पष्ट और सकारात्मक नजरिया रखने की। अगर वह थोड़ा भी संतुलन बनाकर किसी के प्रति अपना दृष्टिकोण बदल कर देख ले तो पाएगा सामने वाले का व्यवहार भी बदल गया है। सिर्फ़ नजरिया बदलने से इंसान के आसपास की चीजों में व्यापक बदलाव संभव हैं। वो भी इतना कि उसे खुद आश्चर्य होने लगे। इंसान को यह रहस्य नहीं पता होता कि जीवन में उसे वो नहीं मिलता जो वो चाहता है, बल्कि जैसा वो होता है वैसी ही चीजें उसके पास आती जाती हैं। इंसान के भीतरी विकास का कारण बाहरी भौतिक वस्तुएं नहीं, बल्कि आत्मा है, जो उसे अंदर से बदलने का काम करती है। इसलिए इंसान अपने जीवन में जो कुछ भी पाता है, वह उसके विचारों का ही परिणाम होता है। विचारों को अगर ताकतवर बनाया जाए, तो इंसान जीवन में सरलता से सफल हो सकता है। अगर वो ऐसा नहीं करेगा तो उसे सिर्फ़ और सिर्फ़ दु:ख और निराशा का ही सामना करना पड़ेगा।

जेनेसिस ने अपनी पुस्तक में कहा है कि-यह पूरी धरती परमेश्वर का दिया अनमोल उपहार है। पर मैं बस इतना चाहता हूँ कि इस पूरी धरती पर मेरा राज हो या न हो, मेरा खुद पर, अपने विचारों, अपने भयों पर राज होना बहुत जरूरी है। मुझे यह भी पता है, अगर मैं अपने विचारों को नियंत्रित कर लूं तो बड़ी आसानी से वह सब पा सकता हूँ, जो मेरे इच्छाएं हैं।

विलियम जेम्स के यह शब्द हमें रहा दिखाते हैं कि-हम हर डरे हुए व्यक्ति के नजरिए को बदल कर उसके व्यवहार में परिवर्तन ला सकते हैं, बस उसके मानसिक डरों से हमें उसे आजाद कराना होता है।

अपने सुखों के लिए कार्य करना

हम हमेशा खुद की खुशी के लिए कार्य करें। इसके लिए एक दैनिक कार्यक्रम की सूची बनाई गई है। इसका नाम भी रखा गया है-बस आज के लिए। इसका निर्माण सिबिल एफ. पारट्रिज ने किया था। ये इतनी उपयोगी है कि अब तक लाखों लोग इसका लाभ ले चुके हैं। अगर आपने इसका अनुसरण कर लिया, तो मेरा दावा है कि आप जीवन में आनंद ही आनंद पाएंगे। बिंदुवार यह रहा 'सिर्फ़ आज के लिए' कार्यक्रम:

1. अब्राहम लिंकन ने कहा था-सुखी रहने का संकल्प करने वाले ही खुश रह पाते हैं। प्रसन्नता भीतर से जागृत होती है, बाहरी परिस्थितियों से नहीं। याद रखें सिर्फ़ आज के लिए संकल्प लें, आज मैं खुश रहूँगा।

2. संसार में जिस तरह से गतिविधियां चल रही हैं। मैं आज और सिर्फ़ आज उसके अनुसार खुद को बदल लूंगा। मैं यह अपेक्षा नहीं रखूंगा कि दुनिया मेरे हिसाब से बदल जाए।
3. आज मैं अपने शरीर को ताकतवर बनाने पर ध्यान दूंगा। व्यायाम से, शुद्ध मानसिक विचारों से इसको मजबूत करने का हरसंभव प्रयास करूंगा। ताकि यह मेरे हर कार्य को मुकम्मल तरीके से कर पाएं।
4. आज मैं अपने दिमाग़ को स्वस्थ और मजबूत बनाने का काम करूंगा। मानसिक रूप से मेरा प्रयास होगा कि इसे अधिक एकाग्र और शक्ति शाली बनाऊं।
5. अपनी आत्मा के पोषण के लिए मैं आज तीन तरह के काम करूंगा। पहला- बिना किसी को मेरा नाम पता चले मैं किसी की भलाई करूंगा। दूसरा और तीसरा-मैं ऐसे नए काम करूंगा, जो मेरे दिमाग़ी ज्ञान के लिए नए हों।
6. आज मैं सभी से शालीन व्यवहार करूंगा। मधुरता से बोलूंगा। सबकी तारीफ करूंगा। किसी के बारे में गलत नहीं बोलूंगा। मैं सिर्फ़ खुश रहूँगा और दूसरों को खुश रखने की कोशिश करूंगा।
7. आज मैं सिर्फ़ आज पर ही ध्यान दूंगा। सिर्फ़ आज की समस्याओं पर ही फोकस करते हुए अपने काम करूंगा, ना कि जीवन की समस्याओं को लेकर अपना सिर पीटता रहूँगा।
8. आज मैं अपने कामों की एक सूची बना लूंगा। पूरे दिन मुझे क्या करना है, चाहे मैं उसे न कर पाऊं, लेकिन इससे मैं अपने दिन को व्यवस्थित रखने में तो कामयाब हो ही पाऊंगा। इससे मुझे दो बातें, जल्दबाजी और अनिर्णय जैसी दोनों स्थितियों से छुटकारा पाने में भी कामयाबी मिल जाएगी।
9. आज मैं पूरे दिन में से कुछ वक्त ईश्वर से प्रार्थना करने में भी बिताऊंगा। ताकि सकारात्मक विचार मेरे दिमाग़ में जाते रहें।
10. आज मैं बिना भय के जीऊंगा। हर क्षण का आनंद लूंगा। अपनों को प्रेम बाटूंगा।

प्रसन्न रहने का सबसे जरूरी नजरिया

अपना नजरिया बदलें, सकारात्मक विचारों को अपने दिमाग़ में जगह बनाने दें। खुश रहने का अभिनय करें और आप देखेंगे कि यह आपके जीवन को बदल कर रख देगा।

13

कभी प्रतिशोध न पालें

यह एक समय की बात है, जब मैं एक बार येलोस्टोन पार्क से गुजरते हुए कुछ देर वहां देवदार के पेड़ों के जंगलों के सामने बैठा हुआ था। मैं और लोगों के साथ सफेद भालू का इंतजार कर रहा था, वही सफेद भालू जिसे यहां जंगली या आतंकी के नाम से जाना जाता है। मैंने देखा कि भालू के लिए जो भोजन लाया गया था उसे खाने के लिए वो कुछ क्षणों बाद आ गया। उस समय फॉरेस्ट रेंजर मेजर मार्टिनडेल घोड़े पर सवार होकर हमें भालू के विषय में बता रहे थे। उन्होंने ही बताया कि सफेद भालू में इतनी ताकत होती है कि वो पश्चिम में पाए जाने वाले भैंसे और कार्डियाक भालू को छोड़कर शेष सभी जानवरों को एक ही बार में मार सकता है। इस चर्चा के बीच में मैंने देखा कि ताकतवर सफेद भालू के साथ एक और जानवर भोजन कर रहा था, वह था स्कंक। पर ऐसा क्यों था? ताकतवर सफेद भालू उसे एक झटके में मार सकता था, परन्तु उसने ऐसा क्यों नहीं किया? शायद इसलिए, क्योंकि उसे पता था इसका कोई लाभ नहीं होने वाला।

मेरा अनुभव भी कुछ ऐसा ही रहा है। मैंने भी अपने मसूरी के फॉर्म में कई बार चार पैरों वाले स्कंक को जाल में फंसाया है। कई बार न्यूयार्क के फुटपाथ पर दो पैर वाले स्कंकों को देखा है। इन दोनों से टकराने के बाद मैंने यही सीख ली है कि दोनों से उलझने से कोई भी लाभ नहीं होने वाला है।

दरअसल, जब हम नफरत का बीज किसी के प्रति अपने अंदर बोते हैं, तो हमें यह एहसास नहीं होता कि हम खुद ही अपने दुश्मन को ही शाक्ति प्रदान कर रहे हैं। वो हमारी हर क्रियाविधि में शामिल हो जाता है। हमारे दिमाग़, ब्लड प्रेशर, हमारी प्रसन्नता और हमारी एकाग्रता पर। यही बात अगर हमारे दुश्मनों को पता चल जाए तो उनकी प्रसन्नता की कोई सीमा नहीं रहेगी। हमारी इतनी नफरत के बाद भी हमारे

दुश्मनों को तो कोई नुकसान नहीं होगा, लेकिन हम पर यह भावना जरूर प्रतिकूल असर करती रहेगी।

मेरे पास एक कथन है। आप बताइए इसे किसने कहा था, "कोई आपसे अपना स्वार्थ सिद्ध करने की कोशिश करे, तो आप उससे प्रतिशोध की भावना के बिना अपनों की सूची से तुरन्त हटा दें। उसके प्रति थोड़ी भी प्रतिशोध की भावना न पालें। इससे आपका ही नुकसान होने वाला है, उसका नहीं।" दिलचस्प बात यह है कि यह लाइन किसी दर्शनशास्त्र के ज्ञाता ने नहीं कही, बल्कि इसे तो मिल्वॉकी पुलिस विभाग ने अपने स्टेशन में लगा रखा है।

यह वैज्ञानिक रूप से भी सिद्ध हो चुका है कि यदि द्वेष की भावना लंबे समय तक मनुष्य में बनी रहती है, तो उसे हाई ब्लडप्रेशर की शिकायत भी हो सकती है। लाइफ पत्रिका में इस बारे में कई तथ्य उजागर किए गए हैं। उसमें यह बताया गया है कि मनुष्य में दिल की बीमारियों का एक कारण हाई ब्लडप्रेशर की स्थायी शिकायत होती है। यह हाई ब्लडप्रेशर होता क्यों है? प्रतिशोध की भावना से लगातार उबलते रहने के कारण।

ईसा मसीह ने भी अपने संवादों से चिकित्सा विज्ञान के लिए महत्त्वपूर्ण उपचार उद्‌धृत किए। जैसे उन्होंने कहा, 'अपने दुश्मनों से प्रेम करो।' या 'अपने दुश्मनों को सात गुना माफ कर दो।' इन सिद्धांतों में वे बीसवीं सदी के लिए महत्त्वपूर्ण उपचार बता रहे थे। अगर यह वाक्य हमने जीवन में उतार लिए, तो समझो हम दिल की बीमारी, उच्च रक्त–चाप और कई अन्य बीमारियों से कोसों दूर हो जाएंगे।

अभी कुछ दिन पहले मेरी एक दोस्त के साथ एक हादसा हुआ था। उसे हार्टअटैक आया था। उसके चिकित्सक ने तुरंत उसका उपचार करते हुए उसे शांत रहने और किसी पर भी गुस्सा नहीं करने के निर्देश दिए थे। चिकित्सक इस बात को भली–भांति जानते हैं कि गुस्सा सेहत के लिए कितना खतरनाक होता है। यह जानलेवा भी साबित हो सकता है, क्योंकि मेरी जानकारी में ऐसा शख्स है, जिसके साथ ऐसा हो चुका है। यह बात मुझे इसलिए मालूम है कि मेरे पास वॉशिंगटन के स्पोकेन के जेरी स्वार्टआउट का एक खत है, जिसमें इस बात का उल्लेख है। इसमें लिखा है, "एक 67 साल के एक रेस्तरां के मालिक की मौत सिर्फ़ इसलिए हो गई, क्योंकि उसने जरूरत से ज्यादा गुस्सा कर लिया था। उसके कप में उसके रेस्तरां के कुक ने काफी पी ली थी। इस बात से वह इतना नाराज हुआ था कि बंदूक लेकर कुक का पीछा करने लगा था। उसके गुस्से ने उसके शरीर का संतुलन बिगाड़ दिया और उसे हार्टअटैक आ गया। जब वो मरा उसके हाथों में बंदूक थी। पोस्टमार्टम से यह कंफर्म हुआ कि उसकी मौत हार्टअटैक से ही हुई है।"

'अपने दुश्मनों से प्रेम करो।', ईसा मसीह का यह कथन इसलिए भी जरूरी है, क्योंकि इसके माध्यम से हम खुद को ज्यादा सुन्दर और आकर्षक भी रख सकते हैं। जिन लोगों ने खुद को द्वेष, घृणा, नफरत और अराजकता से भर रखा है, उन्होंने असमय ही अपने चेहरों को झुर्रियों से भी भर लिया है। उनका चेहरा इतना निस्तेज हो गया है कि उसे कोई कॉस्मेटिक सर्जरी भी नहीं सुधार सकती। इसी की जगह पर उनके चेहरे को आकर्षक, सुन्दर, आत्मविश्वासी बनाने का काम प्रेम, दया, करूणा और क्षमा जितना कर सकते हैं, उतना कोई नहीं कर सकता। बाइबल में स्पष्ट किया गया है कि घृणित व्यक्ति भोजन का आनंद भी ठीक से ले नहीं पाता है, इसके लिए बाइबल में इस प्रकार के शब्दों का प्रयोग किया गया है, "प्रेम के साथ मिलीं सूखी सब्जियां भी स्वीकार हैं, बजाय घृणा के साथ मिले लजीज भोजन के।"

आप ही बताइए, क्या आपका दुश्मन इस बात से खुश नहीं होगा कि उसके प्रति आपकी पाली हुई नफरत आपको कमजोर बनाने, खून जलाने, कुरूप बनाने और दिल की बीमारियां देने का काम कर रही है। इससे आपकी आयु भी कम हो रही है, इसलिए कम से कम खुद की भलाई के लिए दुश्मन के प्रति स्वयं में विद्यमान सारी नकारात्मक भावना को निकाल फेंके। दुश्मन को इसकी इजाजत न दें कि वह आपकी सेहत, सुंदरता से खिलवाड़ कर सके। यही बात शेक्सपियर ने भी कही थी, "दुश्मन से प्रतिशोध की आग में स्वयं को इतना भी मत जलाओ कि आप स्वयं उस आग में जलकर भस्म हो जाओ।"

मैं फिर से ईसा मसीह का कथन दोहराता हूँ, जो उन्होंने कहा था, "अपने दुश्मन को सात गुना माफ करो।" यह बात व्यापार में बहुत काम आने वाली है। मैं आपको इसे एक उदाहरण से समझाता हूँ :

इस उदाहरण में स्वीडन के अपसैला से लिखे एक पत्र का संदर्भ है, जो जॉर्ज रॉना ने लिखा था। वे स्वीडन तब भागकर गए थे, जब द्वितीय विश्वयुद्ध के समय उन्हें जान बचाकर विएना से भागना पड़ा था अन्यथा वे वहां वकील के रूप में काम कर रहे थे। स्वीडन पहुँचकर उन्हें सबसे पहले एक नौकरी की तलाश थी, क्योंकि उनके हालात बहुत ज्यादा खराब थे। वे कई भाषाएं लिख और बोल सकते थे, यही उनका गुण था। उन्हें उम्मीद थी कि इसी के बल पर वे उन फर्मों में नौकरी पा सकते थे, जो आयात–निर्यात का काम करती थीं। पर उन्हें इस काम में एक के बाद एक असफलता ही हाथ लगी। फर्मों ने विश्व युद्ध की वजह से काम न होने की बात कही। कईयों ने कहा, उनका नाम भविष्य के लिए लिख लिया गया है, जब जरूरत होगी, तब बता दिया जाएगा। पर इस दौरान उनके साथ एक घटना भी घटी। उन्हें एक पत्र मिला, जिसमें लिखा था, "तुमने जो मुझे मेरे व्यापार से संबंधित सलाहें दी हैं, वो सभी मूर्खता

से भरी हैं। मुझे इस संबंध में किसी को भी पत्र भेजने की आवश्यकता नहीं है। सबसे बड़ी बात तो यह है कि आपके खत में लिखी स्वीडिश भाषा में इतनी खामियां हैं कि अगर मुझे जरूरत होती तो भी मैं आपको नौकरी पर नहीं रखता।"

रॉना को यह पत्र पढ़ते ही उस आदमी पर इतना गुस्सा आया कि अगर वो सामने होता तो पीट डालता। वो जोर से चिल्लाए, 'बकवास! मुझे स्वीडिश नहीं आती। खुद उसके खत में इतनी गलतियां, और वो मुझे सिखा रहा है।" गुस्से से भरे रॉना ने उसके लिए एक पत्र लिखना शुरू किया। ऐसा पत्र जिसे पढ़ते ही वह आगबबूला हो जाए। खत लिखते–लिखते, रॉना ने आत्म–विश्लेषण करते हुए सोचा। जरा ठहरो; उसने कहा, मुझे स्वीडिश नहीं आती। शायद ये हो भी सकता है, क्योंकि यह मेरी मातृभाषा तो है नहीं। मैंने तो इसे सीखा है। मुझे फिर से इस पर गौर करने की जरूरत है। यह तो उस आदमी का एहसान ही है कि उसने समय पर मुझे आगाह कर दिया। हां, ये जरूर है उसने कड़े शब्दों और अशिष्ट शैली का प्रयोग किया। पर बात सही कही, इसलिए मुझे उसे धन्यवाद ज्ञापित करना चाहिए।

रॉना ने तुरन्त दूसरा पत्र लिखना शुरू कर दिया। उसने लिखा, "मुझे खुशी हुई कि आपने जरूरत न होते हुए भी मुझे पत्र लिखा। मेरी खामियों से मेरा सामना कराया। मैंने गलत जानकारी के आधार पर आपको पत्र लिखा था। मेरी जानकारी के अनुसार, आपकी कंपनी अपने क्षेत्र की अग्रणी कंपनी है। हो सकता है कि मैंने अपने पत्र में व्याकरण संबंधी गलतियां की हों। आपके पत्र के बाद मैं स्वीडिश भाषा को सीखने और जानने के अपने प्रयासों को और तेज करने वाला हूँ। आपके पत्र के लिए मैं आपको अपनी ओर से धन्यवाद देना चाहता हूँ।"

पत्र लिखने के कुछ दिनों बाद एक चमत्कार हुआ। रॉना को एक पत्र मिला, जिसमें उस आदमी ने मिलने का आग्रह किया था। रॉना उससे मिलने पहुँचे और चर्चा के दौरान उनकी नौकरी पक्की हो गई। आखिर रॉना ने इससे क्या सीखा? यही "गुस्सा काबू में रखकर काम किए जाए, तो बिगड़ते काम भी बन सकते हैं।"

मैं आपकी इस बात से सहमत हो सकता हूँ कि हर कोई इतना साधु भी नहीं बन सकता कि हर किसी को माफ कर दे। पर फिर भी मैं यही कहूँगा कि खुद की सेहत, प्रसन्नता के लिए दूसरों को माफ कर दो और भूल जाओ। दार्शनिक कन्फ्यूशियस ने कहा था, "आपको कोई लूट ले तो भी आपका इतना नुकसान नहीं होगा, जितना उस घटना को बार–बार याद करने से होगा।"

यही बात मुझे जनरल आइजनहॉवर के पुत्र ने कही थी। मैंने उससे पूछा, क्या उसके पिता किसी के प्रति नफरत को दिल में रखते हैं। उसने कहा, 'नहीं, वे तो जिन्हें पसंद नहीं करते। उसके बारे में बात भी नहीं करते।'

ये बात एक पुरानी कहावत में भी झलकती है, जो इस प्रकार है, "मूर्ख वह है, जो कभी गुस्सा नहीं कर सकता, जबकि समझदार वह है जो अपने गुस्से को भी नियंत्रण में रखता है।"

न्यूयार्क के मेयर रहे विलियम जे. गेनर ने भी यही सिद्धान्त अपनाए थे। उन पर एक पागल ने हमला कर दिया था, जिससे वे अस्पताल में भर्ती होकर जीवन के लिए संघर्ष कर रहे थे, तब भी उन्होंने कहा था, "मैं हर किसी को उसके किए बुरे कामों के लिए हर दिन माफ कर देता हूँ।"

आप इस पर क्या कहना चाहेंगे? ये महान संतों वाली सोच है। ऐसा वे ही कर सकते हैं। इस बारे में हम जर्मन दार्शनिक शॉपेनहार (स्टडीज इन पेसिमिज्म के लेखक) का मत जान सकते हैं। उन्होंने जीवन को निरर्थक माना था। जीवन की घोर उदासियों के बीच भी उन्होंने अपने अनुभव से यही कहा था, 'अगर संभव हो, तो किसी को अपना शत्रु न बनाएं।'

छह राष्ट्रपति (विल्सन, हार्डिंग, कूलिज, हूवर, रूज़वेल्ट और ट्रूमैन) के सलाहकार रहे बर्नार्ड बरूच से मैंने एक बार पूछा था, "सलाहकार रहते हुए क्या आप अपने दुश्मनों के आक्रमण से परेशान हुए हैं।" तब उन्होंने कहा था, "जब तक मैं किसी को इजाजत नहीं देता, कोई भी मुझे परेशान नहीं कर सकता।"

एकदम सटीक और सही बात कही थी उन्होंने। कोई भी आपको आपकी इजाजत के बिना परेशान नहीं कर सकता। खुद से बस आप यही कहें कि 'मेरी हड्डियों को तो तोड़ा जा सकता है, लेकिन किसी के शब्द मुझे नुकसान नहीं पहुँचा सकते।'

याद रखें, मानव जाति ने ईसा मसीह की इबादत इसीलिए की, क्योंकि उन्होंने हमेशा अपने विरोधियों को क्षमा किया। मैं अक्सर जैस्पर नेशनल पार्क जाता रहता हूँ, जिसके सामने पश्चिमी जगत का सबसे सुन्दर पहाड़ दिखाई देता है। इस पहाड़ को एडिथ कैवेल के नाम से भी जाना जाता है। एडिथ वो ब्रिटिश नर्स थीं, जिसका निधन 12 अक्टूबर 1915 को हुआ था। वह जर्मन फायरिंग स्क्वाड के द्वारा मारी गई थी। और उसके मरने की वजह क्या थी? उसने अपना पेशेवर धर्म निभाते हुए, फ्रांसिसी और अंग्रेज सैनिकों का छिपकर इलाज किया था, उन्हें हालैण्ड भागने में मदद की थी। एडिथ को पहले कारावास की सजा मिली थी। उसके मरने से पहले ब्रुसेल्स की जेल में जब अंग्रेज चैपलेन उससे मिलने पहुँचे, तब उसने उस सुबह जो दो वाक्य कहे थे, वो विख्यात हो गए :

"मुझे एहसास है कि देशभक्ति पर्याप्त नहीं है। मुझे किसी के प्रति नफ़रत या कटुता नहीं रखना चाहिए।"

उनके पार्थिव शरीर को चार साल बाद इंग्लैंड के वेस्टमिंस्टर एबे में दफनाया गया था। उनकी एक मूर्ति लंदन के नेशनल पोर्टेट गैलरी के सामने लगाई गई, जिसके सामने मैं कई बार खड़ा हुआ हूँ और मैंने उनके कहे वे आखिरी शब्द कई बार पढ़े हैं, जो उनकी मूर्ति के ठीक नीचे लिखे हुए हैं।

"मुझे एहसास है कि देशभक्ति पर्याप्त नहीं है। मुझे किसी के प्रति नफ़रत या कटुता नहीं रखना चाहिए।"

खैर, दुश्मनों को क्षमा करना इतना आसान काम नहीं है। अपने अतीत को भूलकर नई शुरूआत करना भी बेहद कठिन काम है, लेकिन हम चाहें तो इसे एक ट्रिक से कर सकते हैं। खुद को किसी महान काम में इतना व्यस्त करके कि हमें और दूसरी बातों की सुध ही न रहे। हम हर चीज भूल जाएं। सिर्फ़ और सिर्फ़ अपने काम का ही ख्याल करें। इसे मैं एक उदाहरण से समझा सकता हूँ :

यह घटना 1918 की है, जो मिसिसिपी के जंगलों में घटित हुई थी। यहां एक अश्वेत शिक्षक लारेंस जोन्स फंस गए थे, उन्हें वहां के रहवासी मारने पर उतारू हो गए थे। लॉरेंस जोन्स अच्छे आदमी थे, जिन्होंने पाइनी वुडस कंट्री स्कूल की स्थापना की थी, जहां सौभाग्य से मुझे एक बार जाने को मिला था। पर मैं प्रथम विश्व युद्ध के समय की लारेंस से जुड़ी एक घटना का जिक्र यहां करने जा रहा हूँ। उस समय पूरे मिसिसिपी में यह अफवाह फैली कि अश्वेतों को विद्रोह करने के लिए जर्मनों द्वारा उकसाया जा रहा है। लारेंस जो अश्वेत शिक्षक थे, अपने ही लोगों के मध्य गलतफहमी का शिकार हो गए थे। उन पर विद्रोह के लिए भड़काने का आरोप था। भीड़ उन्हें मारने के लिए आतुर थी। मैं यहां वो बताने जा रहा हूँ, जो लारेंस ने भरी भीड़ के सामने कहा था, जिसे एक श्वेत व्यक्ति ने चर्च के सामने सुना था। वह शब्द थे, "जीवन की डगर बेहद ही कठिन, दुरूह और मुश्किल है। इस कठिन जंग को जीतने के लिए अश्वेत को कवच पहनना होगा और अपने जीतने तक लड़ाई लड़नी होगी।"

लारेंस को जलाने और फांसी देने के लिए कुछ लोग रात के अंधेरे में घोड़े पर आए थे। उन्होंने लारेंस को घोड़ों के पीछे बांध दिया और भगाते हुए वहां ले गए, जहां पर एक फांसी का फंदा और जलती चिता उसका इंतजार कर रही थीं। वे उसे फांसी पर लटकाने ही वाले थे कि किसी ने कहा, इस आदमी को जलाने से पहले एक अंतिम बार हम उसके वो शब्द तो सुने लें, जिनके माध्यम से लोगों को भड़काने का काम कर रहा था। सबने हां में हां मिलाई और ज़िंदगी और मौत के बीच गर्दन में फांसी का फंदा लिए लारेंस ने उन नाज़ुक पलों में अपने विचार रखे।

उन्होंने बताया कि उनकी पिछली ज़िंदगी इस तरह थी कि वे पढ़े–लिखे समझदार व्यक्ति थे। उन्होंने 1907 में आयोवा विश्वविद्यालय से ग्रेजुएशन किया था। पढ़ने

में तेज होने की वजह से उन्हें स्कॉलरशिप मिल चुकी थी। उनका संगीत ज्ञान बेहद आशाजनक था। अपने स्टाफ और दोस्तों के बीच वे बेहद लोकप्रिय भी थे। उनके जीवन में सब सकारात्मक और उनका भविष्य बेहद उज्ज्वल नजर आता था। स्नातक के बाद उन्होंने बिजनेस स्थापना के प्रस्ताव और संगीत शिक्षा दिए जाने का प्रस्ताव इसलिए ठुकरा दिया था, क्योंकि बुकर टी. वॉशिंगटन के जीवन से प्रेरणा प्राप्त करने के बाद उन्होंने अपने जीवन को अश्वेत जाति के पिछड़ेपन को दूर करने, साक्षर करने में लगाने का फैसला कर लिया था। अपने लक्ष्य की पूर्ति के लिए वे मिसिसिपी से दक्षिण में 25 मील दूर जैक्सन इलाके में पहुँचे, जहां उन्होंने 1.65 डॉलर से जंगल में स्कूल की शुरूआत की।

अपने पुराने उन सभी संघर्षों का जिक्र उन्होंने खुद को मारने के लिए बैठी भीड़ के सामने किया। उन्होंने बताया कि अश्वेतों को शिक्षित करने और उन्हें अच्छा किसान, कुक, मैनेजर, हाउसकीपर बनाने के लिए उन्होंने स्कूल में कितना परिश्रम किया। श्वेत लोग जिन्हें भीड़ अपना दुश्मन समझती थी, उनके बारे में लारेंस ने बताते हुए कहा था कि उन्हीं कुछ श्वेतों की वजह से वे स्कूल के लिए जमीन, सामान, गाय और जरूरी सामग्रियों की व्यवस्था कर पाए थे।

इन पलों के बारे में किसी ने एक बार लारेंस से पूछा था कि क्या उन्हें अब उन अश्वेतों से घृणा नहीं होती, जिनके लिए उन्होंने इतना कुछ किया और बदले में वे उनकी जान के पिपासु हो गए। इस पर लारेंस ने शांति और संयम से अपनी बात रखते हुए कहा था, "मेरा लक्ष्य इतना बड़ा और महान था कि मैं पूरे समय उसी के बारे में सोचता रहता था। मेरे पास किसी की बुराई करने या उससे नफरत करने के लिए समय ही नहीं था। मुझे यकीन था कि जब तक मैं किसी को आज्ञा न दूं, तब तक कोई भी ऐसा काम मुझे प्रभावित नहीं कर पाएगा कि मैं किसी से नफरत कर सकूं।"

लारेंस ने गुस्से और नफरत से भरी भीड़ के सामने जिस मर्मस्पर्शी तरीके से भाषण दिया। उसने माहौल को नरम कर दिया। बदले की आग से भरे लोगों की आंखों के सामने से अंधकार छटने लगा। ऐसे माहौल में एक बूढ़े ने अपनी बात रखी।

'मैं इस आदमी द्वारा कहे उन सभी श्वेतों को जानता हूँ, जिनका जिक्र इसने किया है। वे सभी उदार लोग हैं। अब मैं भरोसा कर सकता हूँ, यह लड़का बिल्कुल सही कह रहा है। मुझे दुख है हमने इसके साथ ऐसा बर्ताव किया। हमें तो इसकी दिल से मदद करनी चाहिए थी।"

यह कहते ही उसने अपनी हैट उतारकर उसमें दान लेना शुरू कर दिया, जो लारेंस के भलाई के काम में खर्च होने वाले थे। उस बूढ़े ने 52 डॉलर और 40 सेंट उन लोगों से जमा कर लिए, जो कुछ समय तक लारेंस के खून के प्यासे हो गए थे।

आखिर इस लड़ाई में वो व्यक्ति जीता, जिसने कहा था, "मेरा लक्ष्य इतना बड़ा और महान था कि मैं पूरे समय उसी के बारे में सोचता रहता था। मेरे पास किसी की बुराई करने या उससे नफरत करने के लिए समय ही नहीं था। मुझे यकीन था कि जब तक मैं किसी को आज्ञा न दूं, तब तक कोई भी ऐसा काम मुझे प्रभावित नहीं कर पाएगा कि मैं किसी से नफरत कर सकूं।"

यही बात 19वीं सदी के पहले महान दार्शनिक एपिक्टेटस ने अपने प्रवचन में कही थी, उन्होंने यह प्रकट किया था, आदमी के किए आज के कर्मों का फल उसे आने वाले भविष्य में मिलता जरूर है। जो वह बोता है, उसे निकट भविष्य में वही काटना भी पड़ता है, इसलिए उन्होंने कहा, "हमेशा याद रखो, जैसा बोओगे, वैसा पाओगे। इसलिए समझदार व्यक्ति कभी किसी से द्वेष नहीं पालता। निंदा नहीं करता। किसी के खिलाफ साजिश नहीं करता। हर बात के लिए औरों को दोष नहीं देता।"

इस बात का सबसे बेहतर उदाहरण अब्राहम लिंकन के रूप में हम पा सकते हैं। उन्हें अपने जीवन में बेपनाह घृणा का सामना करना पड़ा। लिंकन ने अपना अलग और स्पष्ट नजरिया विकसित किया। उन्होंने किसी काम में अपनी व्यक्तिगत पसंद–नापसंद को नहीं थोपा। अगर कोई उनकी आलोचना करता, तो वे उसे खुले दिमाग़ से सुनते। अगर किसी पद के लिए उनकी आलोचना करने वाला उपयुक्त होता, तो वे उसे वह स्थान देते। अपनी निजी राय के अनुसार कभी किसी को शत्रु नहीं मानते थे। उनके जीवन में उन्होंने सभी को तटस्थ होकर मूल्यांकन किया और उसी के अनुसार व्यवहार किया। यह बात हमें हर्नडन द्वारा लिखी गई जीवनी से पता चलती है।

हर्नडन लिंकन के साथ कानूनी सलाहकार के रूप में उनके साथ जुड़े हुए थे। उन्होंने लिंकन के बारे में बताया कि उनकी यह सोच रही कि "बिना किसी गुणगान और बिना आलोचना के किसी भी व्यक्ति को उसका काम करने देना चाहिए। हर मनुष्य एक माहौल, शैक्षणिक पृष्ठभूमि में पला होता है, जो उसे किसी न किसी रूप में ढालती है। इसलिए हमें दूसरों को बदलने के बजाय खुद को बदलने पर जोर देना चाहिए।" लिंकन की बात 100 प्रतिशत सही थी, उन्होंने अपने जीवन में जो कहा, उसका अक्षरश: पालन भी किया। उन्होंने उन सभी लोगों (मैक्लेलन, सेवर्ड, स्टैंटन और चेज़) को ऊंचे पदों पर नियुक्त किया था, जिन्होंने उनकी कभी न कभी, किसी न किसी समय आलोचना की हुई थी।

मैं भी लिंकन की बात से पूर्णत: सहमत हूँ। हर व्यक्ति जो आज जिस रूप में है, उसे वह उसकी परिस्थितियों, उसे मिली शिक्षा, मानसिक, भावनात्मक रूप से मिले व्यवहार ने बनाया है। इसलिए अगर हमें भी जीवन में वही मिला होता जो किसी और को मिला होता है, तो शायद हम भी वैसे ही हो जाते। इसलिए मुझे यहां सियोक्स

इंडियन्स की प्रार्थना याद आती है, उसमें वे कहते हैं, "हे परमेश्वर! मेरे अंदर किसी के प्रति आलोचना की भावना न आए। मैं किसी के भी बारे में तभी फैसला लूं, जब मैं उसके और उसके हालात के बारे में पूर्णत: जान जाऊं।"

इसलिए लिंकन सहित सभी दार्शनिक और मैं भी यही बार–बार गुजारिश करता हूँ कि कृपया अपने शत्रुओं के प्रति उदार बनें। खुद को खुशकिस्मत मानें कि हालातों ने तुम्हें उन जैसा नहीं बनाया। इसलिए अपने भीतर से प्रतिशोध की भावना को निकाल फेंकें और क्षमा, दयालुता तथा सहानुभूति को स्थान दें।

मेरे भी परिवार में ईसा मसीह के कहे शब्दों को प्रार्थना के रूप में दोहराया जाता था। मैंने अपने परिवार के साथ मिलकर कई प्रार्थनाएं की हैं, इतनी प्रार्थनाएं कि मेरे पिता की आवाज अब भी मेरे कानों में गूंजती है। यह हम मिसूरी के फॉर्म हाउस में किया करते थे। हम प्रार्थना में इन शब्दों को दोहराते थे, "अपने शत्रुओं से सदा प्रेम करो। उनके प्रति अपनी नफरत को भूला दो। दयालु बनो और ऐसे लोगों के लिए सदा प्रार्थनाएं करो।"

मैंने देखा है कि मेरे पिता ने इस प्रार्थना का अक्षरश: पालन कर जीवन में उस सुख शांति का अनुभव किया, जिसे पाने के लिए कई बादशाहों ने निरर्थक प्रयास किए।

जीवन में शांति की अनुभूति के लिए यह नियम हमेशा याद रखें :

जीवन में दुश्मनों को इतना महत्त्व बिल्कुल न दें कि आप खुद से ज्यादा उनके बारे में सोचने लगें। उन्हें क्षमा करें और भूल जाएं। जीवन में जनरल आइजनहॉवर की नीति को अपनाएं, "दुश्मनों के बारे में सोच–सोचकर अपने जीवन का अमूल्य समय नष्ट न करें।"

14

यदि आप यह करेंगें तो कृतघ्नता की चिंता आपको परेशान नहीं करेगी

मेरा कुछ समय टेक्सस शहर में गुजरा। वहां, मुझे एक ऐसे आदमी के बारे में बताया गया था, जो जरा–जरा सी बात पर गुस्सा हो जाया करता था। कई बार वो अपने गुस्से को द्वेष में बदल लेता था। उससे मिलते ही वो अपना दुखड़ा पहले सुनाने लगता था। मुझे उससे एक बार मिलने का मौका मिला था। मेरे साथ भी वही हुआ, जो वह सभी के साथ करता था। मुलाकात होते ही उसने मुझे अपना दुखड़ा सुनाना शुरू कर दिया, वह उस घटना के बारे में सुना रहा था, जो 11 महीनें पुरानी थी। सोचिए इतनी पुरानी बात का दुखड़ा वो अब तक बोझ की तरह खुद पर लादे हुए था। उसने मुझे खींझते हुए यह किस्सा सुनाया कि उसके यहां कुल 34 कर्मचारी काम करने वाले हैं। उसने 11 महीने पहले क्रिसमस के मौके पर कुल 10 हजार डॉलर बांटे, मतलब, 300 डॉलर प्रति व्यक्ति। पर उसके ऐसा करने के बाद भी किसी ने उसके प्रति अपना आभार व्यक्त नहीं किया। यही उसके गुस्से का सबसे बड़ा कारण था, उसे इस बात पर अफ़सोस था कि उसने क्यों इतना पैसा बर्बाद किया।

मैंने उसे गौर से देखा था, वो बूढ़ा था। उसकी उम्र 60 साल थी, लेकिन इसमें इतना गुस्सा भरा था। जैसा कन्फ्यूशियस ने कहा है, "गुस्सा जहर के समान होता है और नाराज आदमी के ये पूरे शरीर में फैल जाता है।" उस बूढ़े आदमी के साथ में भी यही हुआ था। अगर बीमा कंपनियों की बातों पर गौर किया जाए, तो किसी भी व्यक्ति की वर्तमान उम्र और 80 वर्ष के बीच जो अंतर होता है, उसका दो–तिहाई ही वो जी पाता है। इस बूढ़े महाशय के पास 60 के बाद जो जीवन शेष बचा था, उसमें भी एक वर्ष उन्होंने गुस्सा, द्वेष और अशांति में निकाल दिए थे। एक ऐसा अतीत जो बीत चुका था, दोबारा लौटकर नहीं आने वाला था। उसकी कड़वाहट लिए वह आदमी अपने वर्तमान को भी खराब करता रहा।

वह व्यक्ति अपनी तारीफ सुनने के लिए इतना व्याकुल था कि उसने हालातों और बिंदुओं पर जरा भी गौर नहीं किया था। उसके कर्मचारियों का उसे धन्यवाद न कहने का एक कारण यह भी हो सकता था कि उन्हें लगता हो, उनके अधिक काम करने के बाद भी उन्हें कम वेतन मिलता हो। इस कारण उन्होंने बोनस पर भी अपनी प्रतिक्रिया नहीं दी। शायद कर्मचारियों के बीच उसकी छवि तानाशाह की हो, जिसके कारण उससे लोग खुलकर बात भी न कर पाते हों। उनकी सोच में ये भी हो सकता है कि बोनस देकर मालिक टैक्स की बचत करना चाहता हो। संभावनाओं को देखा जाए, तो हो सकता है उसकी कंपनी में काम करने वाले कर्मचारी असभ्य हों। जो कभी किसी का शुक्रिया अदा न करते हों।

मैं भी इस बारे में ज्यादा नहीं बता सकता, लेकिन मुझे डॉ. सैम्युअल जानसन की एक बात हमेशा याद रहती है, "कृतज्ञता बहुत मेहनत से मिलने वाला परिणाम है। यह असभ्यता से प्राप्त नहीं हो सकती।"

आखिर, हम गौर करें तो इस आदमी के साथ क्या हुआ था ? उसने कृतज्ञता पाने के लिए एक गतिविधि की थी, जब उसे वो नहीं मिली, तो उसने द्वेष रखना शुरू कर दिया। ऐसा क्यों हुआ? क्योंकि उसे मानव व्यक्तित्व के बारे में कम जानकारी थी। सैम्युअल लीबोविट्ज जो कि जज बनने से पहले फौजदारी मामलों के वकील थे, उन्होंने 78 लोगों को फांसी से बचाया था। किन्तु आपको जानकर आश्चर्य होगा कि उन्हें किसी से भी धन्यवाद सुनने को नहीं मिला। न उन्हें क्रिसमस पर इनमें से किसी की तरफ से कार्ड मिला।

इसी बात के लिए आप संत ल्यूक का अध्याय देख सकते हैं, उसमें उन्होंने जिक्र किया है कि जब ईसा मसीह ने 10 लोगों को कोढ़ जैसी घातक बीमारी से ठीक किया था, तब उन्हें धन्यवाद देने के लिए मुश्किल से एक मरीज ही रुका था। बाकी के नौ उपचार होते ही वहां से बिना धन्यवाद किए चले गए थे। अब आप ही बताइए, मैं, आप और टेक्सास का वो आदमी, अपनी छोटी–छोटी नेकी के लिए धन्यवाद पाने का इतना बड़ा हकदार है। क्या, हम ईसा मसीह जैसा काम कर रहे हैं?

चार्ल्स श्वाब ने बैंक का पैसा शेयर में लगाने वाले एक बैंक कैशियर को बर्बाद होने से बचने में सहायता की थी। श्वाब ने वो सारा पैसा स्वयं भरा था, जो कैशियर ने शेयर बाजार में खो दिया था। इसके लिए उसे जेल भी जाना पड़ सकता था। आखिर कुछ समय तक कैशियर श्वाब का एहसानमंद रहा, लेकिन कुछ समय तक। उसके बाद फिर हालातों के अनुरूप वह उसका विरोधी हो गया। वो पुराना एहसान भूल गया।

ऐसा ही कुछ एन्ड्रयू कारनेगी के साथ भी हुआ था। उसने अपने रिश्तेदार को 10 लाख डॉलर दिए थे, जाहिर है, इतने पैसे मिलने पर उनका रिश्तेदार उनका बहुत

कृतज्ञ हुआ था, लेकिन कुछ समय बाद जब कारनेगी की मृत्यु हो गई, तब यही उसका रिश्तेदार उन्हें कोसने लगा। क्यों? क्योंकि उसने रिश्तेदार को तो सिर्फ़ 10 लाख डॉलर दिए थे, जबकि चैरिटी में 36.5 करोड़ डॉलर दे दिए थे। रिश्तेदार को 10 लाख डॉलर पाने से ज्यादा 36.5 करोड़ डॉलर खोने का गम था, जो उसके थे ही नहीं। उसने कारनेगी के प्रति कृतज्ञता समाप्त कर दी और कोसना शुरू कर दिया।

देखा आपने, इंसान का स्वभाव भी कितना अजीब है। वो उन बातों के लिए प्रसन्न नहीं है जो उसे प्राप्त है, बल्कि वह अपरोक्ष रूप से उन बातों पर ज्यादा ध्यान देता है, जो उसे प्राप्त ही नहीं होती। अगर ऐसा ही है, तो फिर इसका हल क्या है? शायद यही कि हम सत्य को स्वीकार कर लें। यथार्थवादी बनें। वैसे ही जैसा यथार्थवादी था, मार्कस आरेलियस। आरेलियस, रोमन सम्राज्य पर राज करने वाले सबसे प्रसिद्ध बुद्धिमानों में से एक नाम है। उन्होंने कहा था, "मैं चाहता हूँ आज ऐसे लोगों से मेरी मुलाकात हो, जो नफरत से भरे हों, कृतघ्न हों, लालची हों या अभिमान से भरे हों। ऐसे लोगों से मिलकर मुझे जरा भी आश्चर्य नहीं होगा, क्योंकि मैं यह बात भलीभांति समझ गया हूँ कि ऐसे लोगों के बिना तो यह संसार चल ही नहीं सकता। फिर क्यों मैं विचलित होऊं।"

अब आप ही बताइए कि आपको यह बात सही लगती है, या नहीं? हम जो जरा–जरा सी बातों से विचलित हो जाते हैं, हम जो जरा सा भी किसी की कृतघ्नता को दिल में पाल कर गुस्सा पाल लेते हैं, तो आप ही बताइए, इसमें किसका कसूर ज्यादा है ? सामने वाले का, जो अपने प्राकृतिक स्वभाव के अनुसार अपना काम कर रहा है या हमारा जो हम बिना मानवीय स्वभाव जानें खुद को दूसरे की वजह से परेशान कर रहे हैं। अगर हम ही कृतज्ञता के प्रति थोड़ा नजरिया बदलकर उसे पाने की आशा छोड़ दें, तो अगर वो न भी मिले तो कम से कम हमें दुख नहीं होगा। और हां, अगर कभी कृतज्ञता मिल गई, तो यह आपके लिए सुखद आश्चर्य के रूप में बदल जाएगी।

यही इस अध्याय का पहला संदेश है : कृतज्ञता की आशा न करें, यदि हम ऐसा करेंगे तो खुद को ज्यादात्तर समय दुख ही देंगे।

इसे एक और उदाहरण से समझ सकते हैं। मैं उस महिला का जिक्र यहां करना चाहूँगा, जिसके पास उसका कोई रिश्तेदार नहीं आता। वह अकेली रहती है। अगर कोई उसके पास बैठ जाए, तो वह यही बताती रहती है कि अपनी भतीजियों के लालन–पालन में उसने कितना वक्त लगाया। बचपन में उनकी चेचक, गलसुआ जैसी बीमारियों में सेवा की। बोर्डिंग स्कूल में पढ़ाया। एक भतीजी को उसने बड़े कॉलेज में पढ़ाया। दूसरी की शादी की।

पर मुख्य बात यह है कि क्या भतीजियां अब उससे मिलने आती हैं, या नहीं ? इसका जवाब है, हां। मगर, तभी जब उन्हें वक्त मिलता है। कभी–कभार वे सिर्फ़ महिला का हालचाल पूछने आती हैं, क्योंकि वे जब भी आती हैं, उन्हें घंटों उन एहसानों को सुनना पड़ता, जो उन पर किए गए। कई बार जब वे भतीजियां किसी वजह से आ नहीं पातीं, तो महिला को दिल में दर्द होने लगता। चिकित्सक कई बार कह चुके हैं कि यह बीमारी उनकी शारीरिक रूप से ज्यादा मानसिक और भावनात्मक है। इसलिए इसके बारे में वे उस महिला के लिए ज्यादा कुछ नहीं कर सकते हैं।

आखिर इस महिला को क्या चाहिए? कृतज्ञता; नहीं। इसे चाहिए है प्रेम, देखभाल। क्योंकि वह सिर्फ़ इसी बात की मांग कर रही है, इसलिए वह उसे मिल नहीं पा रहा है और जब तक वह इसे अपना विशेषाधिकार मानती रहेगी, तब तक यह उसे मिल नहीं पाएगा। इस महिला की तरह दुनिया में ऐसे लोगों की कमी नहीं है, जो अकेलेपन के शिकार हैं। उन्हें सिर्फ़ और सिर्फ़ प्रेम, ध्यान और देखभाल की आवश्यकता है। परन्तु यह कैसे संभव है? यह तभी संभव है, जब वे प्रेम पाने की आशा को छोड़ दें और प्रेम बांटना शुरू कर दें।

कहीं यह आपको उपदेश जैसा तो नहीं लग रहा। अकल्पनीय और कुछ ऐसा जो आपकी समझ के बाहर हो। यदि ऐसा है तो मैं आपको बताना चाहूँगा, यह सब मैंने अपने ही परिवार में होते देखा है। बचपन में मैंने देखा था मेरे माता–पिता अक्सर दान दिया करते थे, जबकि हमारी आर्थिक स्थिति बहुत अच्छी नहीं थी। मेरे माता–पिता को इसमें बहुत सुकून, शांति और सुख की अनुभूति होती थी। मेरे माता-पिता हर साल आयोवा के द क्रिश्चियन होम इन काउंसिल ब्लफ्स अनाथाश्रम के लिए पैसे भेजने की हमेशा व्यवस्था कर लेते थे। एक ऐसा अनाथालाय, जहां वे कभी नहीं गए फिर भी वे उसे लगातार दान देते रहे, जहां से उन्हें कभी कोई धन्यवाद नहीं मिला या मिला भी तो कभी कोई धन्यवाद पत्र। इससे ज्यादा कुछ नहीं। लेकिन बिना इस बात की परवाह किए वे हमेशा खुश रहे, क्योंकि उनके मन में छोटे बच्चों की मदद का भाव सदा बना रहा।

घर छोड़ने के बाद मैं अपने परिवार को पैसे भेजा करता था, ताकि वे अपने घर खर्च के साथ जरूरी कामों के लिए भी पैसा खर्च कर सकें। लेकिन मैं जब भी क्रिसमिस के अवसर पर अपने घर जाता और पिता से उन पैसों के बारे में पूछता, वे मुझे बताते, उन्होंने वो पैसे किसी विधवा औरत के लिए राशन खरीदने में खर्च कर दिए, क्योंकि उसके बहुत बच्चे थे और वो सामान खरीदने की स्थिति में नहीं थी। या तो किसी और परोपकारी काम में। उन्हें इसी तरह परोपकारी काम करने में आनंद आता था, और वो भी बिना किसी कृतज्ञता की आशा के।

अरस्तू ने एक जगह कहा था, "दूसरों के लिए दान देने वाला ही इस दुनिया का आदर्श व्यक्ति है।" मुझे ऐसा महसूस होता है कि यह बात उन्होंने पूरी तरह से मेरे पिताजी के लिए ही कही थी।

इस अध्याय की दूसरी महत्त्वपूर्ण बात मैं यहां बताने जा रहा हूँ : कृतज्ञता और कृतघ्नता की परवाह किए बिना हम दान देने का आनंद लें। इसी में सच्ची खुशी छिपी है।

कृतघ्नता को लेकर माता–पिता में भी सदियों से शिकायत रही है। उन्हें हमेशा लगा है कि उनके बच्चे उनके प्रति उतने कृतज्ञ नहीं हैं, जितने होने चाहिए। इस बात को लेकर शेक्सपियर के किंग लियर ने भी एक बात कही थी कि "कृतघ्न बच्चे सांप के दांत से ज्यादा पैने होते हैं।" किन्तु बच्चों को कृतज्ञता सिखाने का काम तो माता–पिता का ही होता है। जब तक उन्हें सही रूप में यह सब सिखाया नहीं जाएगा, तब तक इसे वे कैसे सीख पाएंगे, क्योंकि कृतघ्नता इतनी स्वभाविक है कि कभी भी कहीं भी बसेरा बना लेती है। पर कृतज्ञता उस फूल की भांति है, जिसे खाद, पानी, रोशनी देकर पल्लवित किया जाता है। इसे प्रेम और सुरक्षा से ही विकसित किया जा सकता है।

जब तक बच्चों को दूसरों के प्रति कृतज्ञता व्यक्त करना नहीं सिखाया जाता, तब तक यह उम्मीद करना भी बेमानी है कि बच्चे आपके प्रति कृतज्ञता का भाव रखेंगे। इसलिए अगर बच्चे बड़े होकर कृतघ्न हो जाएं, तो इसमें आपको आश्चर्यचकित नहीं होना चाहिए।

मेरे पास मेरी बात समझाने का एक उदाहरण है। शिकागो का ऐसा आदमी जिसे अपने सौतेलों बेटों से बहुत शिकायत थी। वो उनकी कृतघ्नता से दुखी था। वह एक सप्ताह में बमुश्किल 40 डॉलर कमाता था। उसने जिस विधवा से विवाह किया था, उसके दो पुत्र थे। महिला ने उससे अपने पुत्रों को कॉलेज भेजने का कह रखा था। वह आदमी जिसे अपने 40 डॉलर के हिसाब में परिवार के लिए भोजन, किराया, कपड़ा और उधार चुकाने की व्यवस्था करनी पड़ती थी, उसने बच्चों को कॉलेज भेजने के लिए हरसंभव प्रयास किए। और वह करके दिखाया। ऐसा उसने पूरे चार साल तक किया। लेकिन उसे इसके बदले में कोई भी आभार या धन्यवाद प्राप्त नहीं हुआ। न उस महिला ने और न ही उसके पुत्रों ने कभी ऐसा किया। क्यों?, क्योंकि उन्हें यह उस आदमी का कर्तव्य लगा, जिसे उसे किसी भी तरह पूरा करना ही चाहिए था। इसलिए उन्होंने खुद को अपने सौतेला पिता का कभी ऋणी नहीं समझा।

इस पूरी कहानी में दोषी कौन है ? वह पिता जो यह सब करता रहा, बच्चे जिन्होंने इस ओर कभी ध्यान नहीं दिया या उनकी मां जिसने कभी अपने बच्चों को

यह बताने की जरूरत नहीं समझी कि उनके लिए कोई एक व्यक्ति कितना परिश्रम कर रहा है। महिला ने अपने बच्चों को कभी यह एहसास नहीं कराया कि उसके पिता कितने यत्नों से अपना काम बूखबी कर रहे हैं। उनके प्रति तुम्हारी भी कुछ जवाबदारी बनती है, बल्कि उसने बच्चों को यही सिखाया कि ये सब उनका कर्तव्य है, जिसे वे निभा रहे हैं। उसे लगा कि ऐसा करने से बच्चों का पालन–पोषण सही तरह से हो पाएगा, लेकिन उसे यह एहसास नहीं हुआ कि इस तरह उसने अपने पुत्रों को यह सिखा दिया कि दुनिया उनकी देनदार है। इसका परिणाम यह हुआ कि उसके एक पुत्र ने अपने मालिक से उधार लिया और उसे चुका नहीं पाया, जिसके बदले में उसे जेल जाना पड़ा।

यह सर्वदा सत्य बात है कि हम अपने बच्चों को जैसा बनाते हैं वह वैसे ही बनते हैं। इसका सर्वश्रेष्ठ उदारहण है मेरी मौसी वायला अलैक्जेंडर। मैंने अपने बचपन में देखा था कि मेरी मौसी ने कैसे उनकी मां और अपने पति की मां को साथ रखते हुए उनकी खूब सेवा की थी। उन्हें भूरपूर प्रेम दिया था। मैं आज भी कल्पना कर सकता हूँ कि वे दोनों बूढ़ी महिलाएं फार्म हाउस में अंगीठी के सामने आग का आनंद ले रही है।

क्या इन दोनों महिलाओं की सेवा के कारण वायला मौसी को परेशानी नहीं हुई होगी। जरूर हुई होगी। पर दोनों के प्रति अपने प्रेम के कारण मौसी ने दोनों को खूब चाहा। अपनत्व और प्रेम दिया। इनके साथ में मौसी ने अपने छह बच्चों की भी देखभाल की। उन्होंने कभी किसी से कोई शिकायत नहीं की। अपने मन में यह भाव भी नहीं लाया कि वे कोई ऐसा अद्भुत काम कर रही हैं, जिसके लिए उन्होंने अनेक धन्यवाद प्राप्त होना चाहिए। नहीं; उन्होंने ऐसा कुछ नहीं चाहा। उन्होंने बिना किसी आशा के सिर्फ़ अपना काम किया, क्योंकि वह सभी से बेहद प्रेम करती थीं।

आज जब इस बात को 20 साल बीत गए हैं। आज वायला मौसी के पिता जीवित नहीं रहे। तब उनके बच्चे, जो अब बड़े हो गए हैं और अलग–अलग रहते हैं। वे सभी चाहते हैं कि मौसी उनके साथ रहे। उनकी सेवा में कुछ भी करने को हमेशा तैयार रहते हैं। क्या यह सब वे कृतज्ञता व्यक्त करने के लिए करते हैं, नहीं। बिल्कुल नहीं। यह तो उनका प्रेम है, जो उन्हें बचपन से ही वायला मौसी से सीखने को मिला। आज वे वही लौटा रहे हैं दयालुता और प्रेम।

15

10 लाख डॉलर के बदले क्या आप अपना सब कुछ दे देंगे?

मैं चिंता से दूर रहने की एक बहुत ही प्रेरक कहानी सुनाना चाहता हूँ। यह कहानी मुझे मेरे लेक्चर कक्षा के प्रबंधक हैराल्ड एबॉट ने सुनाई थी। एक दिन कान्सस सिटी में उनसे मेरी मुलाकात हुई थी, हम दोनों वहां से कार में मेरे मिसूरी स्थित बेल्टन वाले फार्म हाउस आ रहे थे। इसी दौरान उन्होंने मुझे अपनी यह प्रेरणादायक कहानी सुनाई, जो किसी को भी रोमांचित कर सकती है। आईए जानते हैं यह कहानी :

मैंने, पहले का जीवन कई गुना चिंता में गुजारा। सब कुछ वैसे ही चलता रहता, यदि 1934 में मैंने वह दृश्य न देखा होता। वह दृश्य मैंने वेब सिटी में वेस्ट डफर्टी स्ट्रीट पर पैदल चलते हुए देखा था। वह दृश्य सिर्फ़ 10 सेकंड का था, लेकिन प्रोत्साहित करने के लिए इतना वक्त काफी था। उसने मुझे इतना सिखाया, जितना मुझे 10 सालों में सीखने को नहीं मिला था। इससे पहले मैं वेब सिटी में किराने का एक स्टोर चलाया करता था, वेब सिटी में संचालित इस स्टोर से मुझे ज्यादा आमदनी नहीं हुई। यहां तक कि मुझे अपने घर खर्च के लिए कर्ज लेना पड़ा। वे कर्जे चुकाते–चुकाते मुझे सात साल लग गए। फिलहाल के हालात यह थे कि मेरा यह किराना स्टोर बंद हो चुका था, अब मैं नौकरी की तलाश में कान्सस सिटी जाना चाहता था, इसीलिए नैं मर्चेन्ट्स एंड माइनर्स बैंक उधार लेने के लिए जा रहा था।

मेरे इरादे पूरी तरह पस्त हो चुके थे और मैं उस दिन निराशा के साथ अपने कदम बढ़ाते हुए जा रहा था कि मैंने उस सड़क पर ऐसे आदमी को आते देखा, जिसके पैर नहीं थे। वो चक्के लगे पटिए पर बैठा हुआ लकड़ी के टुकड़ों से खुद को बढ़ाता हुआ चला आ रहा था। मेरी नजर उस पर तब पड़ी, जब वह फुटपाथ पर चढ़ने की कोशिश करने लगा था, उसी दौरान उसने मुझसे नजरें मिलाते हुए कहा था, 'शुप्रभात!

आज का दिन कितना सुहावना है।" यह शब्द उसने मुझसे इतने उत्साह से कहे थे कि मुझे ऐसा महसूस हुआ यह शख्स कितना धनवान है, जिसमें जीवन के प्रति इतना आशावाद भरा हुआ है।

बिना पैर होते हुए भी उस व्यक्ति के चेहरे पर कितनी मधुर मुस्कान थी और एक मैं था, जिसके पास इतना सक्षम शरीर था। मैंने खुद से प्रश्न किया कि आखिर सब कुछ होते हुए भी मैं उसके जैसा खुश क्यों नहीं हूँ? जवाब मेरे सामने था मेरी निराशाजनक सोच। मैंने उसी समय सोच लिया अब मैं ऐसी सोच को कहीं दूर फेंक दूंगा। इसी बात ने मुझे इतना बेफिक्र कर दिया कि जैसे मेरे दिल से कई गुना बोझ उतर गया। मैंने मर्चेन्ट्स एंड माइनर्स बैंक से अब 100 डॉलर की जगह 200 डॉलर मांगने का इरादा कर लिया। पहले मुझमें आत्मविश्वास नहीं था कान्सस सिटी जाकर नौकरी मांगने का, लेकिन अब मैंने तय कर लिया कि मैं वहां नौकरी जरूर प्राप्त कर लूंगा। खुद को हमेशा उत्साहित रखने के लिए मैंने घर के शीशे पर यह प्रेरक शब्द लिखवा लिए हैं, जिसे मैं हर समय पढ़ सकता हूँ।

'मैं दुखी था कि मेरे पास पैरों में पहनने के जूते नहीं हैं, लेकिन उस समय ईश्वर की मुझ पर कृपा महसूस हुई, जब मैंने बिना पैर वाले इंसान को देखा।"

मेरी परिचित एड्डी रिकेनबैकर से मैंने उनके जीवन के उस अनुभव के बारे में जानना चाहा था, जब वे अपने सहयोगियों के साथ प्रशांत महासागर में 21 दिनों तक लाइफगार्ड के सहारे ही तैरते रहे थे। वह उनके जीवन के सबसे अनमोल अनुभवों में से एक था। उन्होंने मुझे बताया, "उन परिस्थितियों में मुझे जीवन का सबसे बड़ा संदेश यह मिला कि अगर हमारे पास पीने को शुद्ध पानी और रोज भोजन की सुविधा है, तो आप समझिए कि इसके अलावा आपको दुनिया में किसी चीज की चिंता करने की आवश्यकता नहीं है।"

जीवन के प्रति आशाजनक कहानियों में एक प्रसिद्ध सच्ची कहानी टाइम पत्रिका द्वारा एक सार्जेन्ट की प्रकाशित की गई थी। वह सार्जेन्ट ग्वाडेलकैनेल युद्ध के समय बेहद जख्मी हो गया, जब एक बम का टुकड़ा उसके गले में लग गया था। वह बोलने की हालत में बिल्कुल नहीं था। उसे सात बार खून चढ़ाया जा चुका था। फिर भी उसने अपने चिकित्सक से खून चढ़ाते समय लिखकर पूछा, 'क्या मेरे जिंदा रहने की संभावना है?" चिकित्सक ने कहा, 'हां'। फिर उसने पूछा 'क्या इस हादसे से मेरे बोलने पर कोई फर्क पड़ेगा?' चिकित्सक ने कहा, 'नहीं'। उसने आशावादी तरीके से अगला वाक्य लिखा, 'बस अब मुझे चिंता करने की कोई जरूरत नहीं है।'

यही हाल हमारा है। हमें भी खुद से पूछने की जरूरत है कि "किस बात की चिंता हमें खाए जा रही है?" अगर हम इस सवाल पर गौर करें तो मुझे पूरी उम्मीद है

कि आपको आशावादी नजरिए से वह चिंता बहुत छोटी नजर आने लगेगी। हर इंसान के जीवन में 90 प्रतिशत चीजें सही ही होती है, सिर्फ़ 10 प्रतिशत चीजें सही नहीं होती। पर आदमी का ध्यान उन 10 प्रतिशत चीजों में ही जाता है, जबकि हमें 90 प्रतिशत सही चीजों में अपना ध्यान लगाना चाहिए।

हमें अपने दिलों में वह शब्द लिख लेना चाहिए, जो क्रॉमवेलियन चर्च, इंग्लैंड में लिखे हुए हैं। वह शब्द हैं, 'सोचो और धन्यवाद दो'। ईश्वर की उन सभी चीजों के लिए कृतज्ञता व्यक्त करें, जो उसने हमें बिना मांगे दी है।

गुलिवर्स ट्रेवल्स नामक कालजयी उपन्यास लिखने वाले जॉनैथन स्विफ्ट एक समय बेहद निराशावादी जीवन जीते थे। इतना निराशावादी जीवन की वे अपने जन्मदिन में भी काले कपड़े पहना करते थे। पर ऐसे समय में भी उन्होंने जीवन के सबसे महत्त्वपूर्ण चिकित्सकों के रूप इन चीजों के नाम लिए थे, "भोजन, शांति और प्रसन्नता।"

इसमें प्रसन्नता तो ऐसी चीज है, जो हमें 12 माह 24 घंटे प्राप्त हो सकती है, बशर्ते हमारा ध्यान उन वरदानों पर होना चाहिए, जो हमें ईश्वर ने प्रदान किया है। वे वरदान जिनकी कीमत हमारे अलीबाबा के खजाने से भी ज्यादा है। आप ही बताइए, आप अपनी आंखों, हाथों, पैरों और गुर्दों के बदले क्या कीमत लेना चाहेंगे? क्या आप किसी कीमत पर अपने परिवार को खोना पसंद करेंगे ? अगर आपको यह एहसास हो जाए कि आपकी सही संपत्ति क्या है तो फोर्ड, रॉकफेलर और मॉरगन के जितनी दौलत मिलने के बाद भी आप अपनी असल संपत्ति बेचना नहीं चाहेंगे।

शॉपेनहॉर ने कहा था, "जो हमारे पास है नहीं, हम सदा उसके ही बारे में सोचते हैं। जो ईश्वर ने दिया है उसके बारे में कोई विचार नहीं करते।" यही आदमी की फितरत है। आदमी की इसी तुलना करने वाली आदत ने विश्व युद्धों और ऐतिहासिक युद्धों से ज्यादा मनुष्य को दुख पहुँचाया है। इसी सोच वाली मानसिकता की एक कहानी जॉन पामर की है, जिसने उसे एक सामान्य आदमी से चिड़चिड़ा और तुनकमिजाज इंसान में तब्दील कर दिया। यह मुझे पता नहीं होता अगर वह यह सब मुझे बताता नहीं।

न्यूजर्सी में रहने वाले पामर ने मुझे बताया कि "मैं सेना में था। जब मैंने सेना से लौटकर अपना काम करना शुरू किया, तो आरंभिक कुछ कठिनाईयों के बाद सभी कुछ सामान्य हो चला था। कुछ दिन ऐसे ही बीते, लेकिन फिर असल समस्याएं शुरू हुई। मुझे अपने व्यापार के लिए पुर्जे मिलना बंद हो गए थे। ये समस्या इतना गंभीर हो चुकी थी कि मैं तुनमिजाजी के स्तर पर पहुँच गया था। मैं इतना चिड़चिड़ा हो गया था कि मैंने अपने परिवार को भी नहीं बख्शा और उन्हें भी बेइंतहा परेशान करने वाली हरकतें करने लगा। मुझे इस बात का एहसास तब तक नहीं होता, जब तक एक अपंग

अनुभवी व्यक्ति जो मेरे यहां काम करता था, मुझे मेरे व्यवहार के बारे में आगाह नहीं करता। उसने मुझसे एक दिन कहा, "तुम तो ऐसा दिखा रहे हो जैसे दुनिया में एक तुम ही हो, जो मुसीबतों का सामना कर रहा है। अगर यह दुकान तुम्हें कुछ समय के लिए बंद भी करनी पड़े, तो तुम्हें बहुत ज्यादा नुकसान नहीं होगा। जब सब ठीक हो जाए, तब फिर से एक नई शुरूआत करने में तुम सक्षम हो। तुम्हारे पास तो पहले ही बहुत कुछ है, जिसके लिए तुम्हे परमेश्वर का शुक्रगुजार होना चाहिए। पर अफ़सोस तुम हमेशा वेबजह की चीजों के लिए खुद को हमेशा कोसते रहते हो। मैं सोचता हूँ, काश मैं तुम्हारी जगह होता। आज मैं अपंग हूँ, मेरा एक हाथ नहीं है, फिर भी मैं कभी परमेश्वर को नहीं कोसता। अगर इसी तरह तुम चिड़चिड़े और परेशान बने रहे, तो एक दिन तुम अपना परिवार, स्वास्थ्य और मित्र सभी कुछ खो दोगे।"

इन बातों ने मुझ पर जादु की तरह असर किया। मुझे एहसास हुआ कि मेरे पास कितना कुछ है, जिसकी ओर मैंने देखा भी नहीं था। वो खुशियां जो मेरे पास थीं, लेकिन मैंने उन पर ध्यान ही नहीं दिया था। यह सब एहसास होते ही मैंने यह प्रण कर लिया कि अब मैं खुद को बदल लूंगा। फिर से वैसा ही सामान्य व्यक्ति बन जाऊंगा, जैसा मैं पहले था।

यही हाल मेरी एक महिला मित्र लूसिल का भी था। उसने भी जीवन में प्राप्त चीजों पर ध्यान देने की बजाय फिजूल की बातों पर ध्यान देकर अपना सामान्य जीवन बर्बादी की कगार पर ले आया। मैं उसे तब से जानता हूँ, जब हम एक साथ मिलकर लघुकथा विषय पर कोलंबिया विश्वविद्यालय में एक कोर्स कर रहे थे। एरिझोना के टक्सन में रहने वाली लूसिल ने मुझे अपने बारे में यह कहानी बताई थी :

मैं उस समय कई जरूरी काम एक साथ कर रही थी, जैसे एरिजोना यूनिवर्सिटी में पढ़ रही थी, एक स्पीच क्लीनिक भी मैंने खोल रखा था। मैं उस समय मनोरंजन के लिए कभी घुड़सवारी करती, कभी डांस क्लास जाती। एक स्कूल में, मैं शिक्षक के रूप में पढ़ा भी रही थी। ज़िंदगी तब तक ऐसे ही चल रही थी, जब तक वो हादसा मेरे साथ नहीं हुआ। ऐसा हादसा जिसके बारे में, मैंने सोचा भी नहीं था। एक रोज मैं गिर पड़ी, गिरकर मुझे इतनी गहरी चोट लगी कि डॉक्टर ने जवाब देते हुए कहा, अब तुम्हें एक साल तक बिस्तर पर रहकर ही आराम करना होगा। 'एक साल', मैंने अचंभित होते हुए कहा। डॉक्टर की बातों ने मेरे अंदर डर भर दिया। मैं सोचने लगी, "कहीं ऐसा तो नहीं मैं हमेशा के लिए ही न चल पाऊँ।" मैं अपनी बुरी किस्मत को कोस रही थी। ऐसा मेरे साथ ही क्यों हुआ? खैर, बेहद दुख और निराशा के साथ डॉक्टर की सलाह पर मैं बिस्तर पर ही रहने लगी। ऐसे समय मेरे जीवन में फरिश्ता बनकर आए मेरे पड़ोसी श्रीमान रूडॉल्फ। वे पेशे से एक चित्रकार थे। उन्होंने मुझे ढांढस बंधाते हुए

कहा था, "एक साल बिस्तर पर रहना कोई सजा जैसा नहीं है। यह तो मौका है जब आप खुद के, अपनी रुचि के बारे में ठीक से जान सकते हो। जितना चिंतन अब तक ज़िंदगी में नहीं किया, उससे ज्यादा तुम्हें अब करने को मिलेगा।" शायद मुझे ऐसे ही प्रेरणादायक शब्दों को सुनने की जरूरत थी। उनकी इन बातों ने मेरे अंदर शांति का संचार किया। अब मैं बिल्कुल भी डरी हुई नहीं थी। मैंने खुद का एक नया नजरिया विकसित कर लिया था। मैं आशावादी बन गई थी। उसी दौरान मैंने रेडियो पर एक प्रेरणादायक शब्द सुने, जो इस तरह थे, "हमारा व्यवहार हमारी चेतना के जैसा ही होता है।" चेतना के अनुसार हमारा व्यवहार, यही वे शब्द थे, जिन्होंने मेरे दिल में घर कर लिया था। मैंने जब यह शब्द सुने तो उसी समय यह विचार कर लिया कि मैं वैसे ही विचार सोचूंगी, जो मैं जीवन में चाहती हूँ। मतलब प्रसन्नता, बेहतर स्वास्थ्य और सुखी जीवन। मैंने परमेश्वर को हर उस चीज के लिए धन्यवाद देना शुरू कर दिया, जो उसने मुझे दिया था। आंखें, युवापन, सुनने की बेहतर शक्ति, रेडियो पर बजता मधुर संगीत और मेरे अजीज दोस्त। बस इतना ही बेहतर स्वास्थ्य और जीवन में प्रसन्नता के लिए काफी था। अस्पताल में मुझसे मिलने इतने लोग आने लगे कि वहां के प्रबंधन को मुझसे मिलने वालों का समय निश्चित करना पड़ गया।

धीरे–धीरे वह वक्त गुजर गया। आज मैं अपना जीवन वैसे ही सामान्य तरीके से जी रही हूँ, जैसे पहले जिया करती थी। आज मैं जब भी अपने उस एक वर्ष को याद करती हूँ तो मन प्रसन्नता से खिल जाता है। मुझे महसूस होता है कि वह मेरे जीवन के सबसे महत्त्वपूर्ण वर्ष में से एक है, जिसने मुझे बहुत कुछ सिखाया। परमेश्वर के लिए दी गई चीजों हेतु धन्यवाद देने का क्रम जो उस समय शुरू हुआ था, वो आज भी जारी है।

लूसिल ने अपने जीवन में जो कुछ सीखा, वो कोई नई बात नहीं थी। उससे कई वर्ष पहले से लोगों को यह सबक सीखने को मिल रहा था, जैसे, डॉ. सैम्युअल जॉनसन। उन्हें लूसिल से 200 साल पहले यह सबक मिला था, जिसकी पुष्टि हमें उनके इस कथन से होती है, "घटना कोई भी हो। अगर आप उसमें अच्छाईयां खोज सकते हैं, तो समझ लीजिए आपने अपने जीवन में अमूल्य कमाई करना सीख लिया है।" आखिर जॉनसन के इन शब्दों का इतना महत्त्व क्यों है? क्योंकि जॉनसन ने अपने जीवन के शुरूआती 20 वर्षों में घोर गरीबी, भूखमरी देखी थी, लेकिन उन वर्षों में भी उन्होंने जो आशावादी नजरिया विकसित किया था, उसकी वजह से वे दुनिया के प्रसिद्ध लेखकों और वक्ताओं में शुमार हुए।

मैं उस बात को भी उद्धृत करना चाहूँगा, जो हमें लॉगन पियर्सल स्मिथ ने सिखाई थी। उन्होंने कहा था, "किसी भी व्यक्ति के जीवन में दो लक्ष्य होने चाहिए। पहला,

वो जो ज़िंदगी से प्राप्त करना चाहता है, या बनना चाहता है। दूसरा, उस लक्ष्य तक पहुँचने की यात्रा का पूरा आनंद लेना।" अब आप ही बताइए, दुनिया में कितने लोग हैं, जो स्मिथ की दूसरी बात को अपनाते हैं।

मैं एक ऐसी महिला की बात करना चाहूँगा, जो अंधी थी, लेकिन उसके जीवन में आनंद ही आनंद था। उसने किचन में बर्तन धोने तक में प्रसन्नता ढूंढ ली थी। उस महिला का नाम था, बॉर्गहिल्ड डहल। उन्होंने अपने अनुभवों पर लोकप्रिय पुस्तक लिखी थी, जिस प्रेरक पुस्तक को सभी को पढ़ना चाहिए। उस पुस्तक का नाम है, 'आई वांटेड टू सी'।

इस पुस्तक में उन्होंने अपने जो अनुभव साझा किए हैं, उसकी एक झलक मैं आपको दिखाता हूँ। उन्होंने लिखा है :

मैं सिर्फ़ अपनी बाईं आंख से ही देख सकती थी। वो भी तब जब किसी पुस्तक को अपनी आंख के बिल्कुल करीब लाकर देखने की कोशिश करूं। ऐसा भी तभी हो सकता था, जब मैं अपनी आंखों पर दर्द होने तक दबाव डालूं।

मैं बचपन में दोस्तों के साथ हॉपस्कॉच खेलना चाहती थी। पर दिखाई न देने की वजह से ऐसा संभव नहीं हो पा रहा था। पर मैंने हार नहीं मानी। मैं अकेले खेल मैदान जाती और जमीन में झुककर उन निशानों को देखती, जो हॉपस्कॉच में बने होते थे। मैंने उन्हें दिमाग़ में बैठा लिया था। इसके बाद मेरा अपने दोस्तों के साथ खेलना आसान हो गया। मैंने इसी तरह दौड़ने वाले और खेलों में भी महारत हासिल कर ली। पढ़ने की अपनी उत्कंठ आकांक्षा के चलते मैंने पुस्तकों को बिल्कुल अपनी आंखों के करीब लाकर पढ़ना सीख लिया था। इसी वजह से मैं मिनेसोटा यूनिवर्सिटी से ए.बी. और कोलंबिया यूनिवर्सिटी से एम.ए. की डिग्री हासिल कर पाई।

पढ़ाई खत्म होने के बाद मिनेसोटा के छोटे से गांव टिव्न वैली में मैंने पढ़ाने की शुरूआत की। अपने अथक परिश्रम और सकारात्मक नजरिए से मैंने इस क्षेत्र में भी सफलता हासिल की। एक के बाद एक अच्छे स्कूल, कॉलेज से होते हुए मैंने साउथ डकोटा के सिआक्स फॉल्स में स्थित आगस्टाना कॉलेज में पूरे 13 वर्षों तक पत्रकारिता और साहित्य विषय पर अध्यापन कार्य किया। इसके साथ–साथ रेडियो वार्ताएं, पुस्तकों का लेखन और क्लबों में मोटिवेशनल स्पीच के काम भी चलते रहे। यह सब मैंने तब किया जब मुझे एक आंख से ही, वो भी बिल्कुल धुंधला दिखाई देता था। यह बस इसलिए संभव हुआ, क्योंकि मैंने बिना अपने मन में ज़िंदगी के प्रति कड़वाहट पाले हुए आशावादी नजरिया अपनाया।

52 साल की उम्र में (वर्ष 1943) मेरे साथ एक और चमत्कारिक घटना घटी। प्रसिद्ध मेयो क्लीनिक में मेरी आंख का सफल आपरेशन हुआ, जहां मेरी एक आंख

की रोशनी पहले से कई गुना तेज हो गई। मेरे लिए यह नए जीवन की तरह था। मैं अब ईश्वर के प्रति और भी कृतज्ञ महसूस करने लगी थी। मैं सिंक में बर्तन मांजते हुए भी प्रसन्नता महसूस करती। मैं बर्तन मांजते हुए उठने वाले झाग को हाथों में लेकर जब भी रोशनी में देखती तो मेरे आंखों के सामने सुनहरे रंगों का इंद्रधनुषी संसार झूमने लगता। किचन के ऊपर लगी खिड़की से मैं झांकती, मुझे बर्फ के बीच भूरे–काले पंख की चिड़िया को फड़फड़ाते देखकर अद्भुत प्रसन्नता का अनुभव होता। अपने इन्हीं अनुभवों के आधार लिखी पुस्तक का अंत मैंने इन शब्दों से किया, "हे परमेश्वर! जो भी मुझे मिला उस सब के लिए मैं आपको धन्यवाद देती हूँ।"

आप ही सोचिए; कोई परमेश्वर के प्रति आभार क्यों व्यक्त कर रहा है? इसलिए कि वह बर्तनों को मांजते हुए उठते हुए झाग को देख पा रहा है। खिड़की से झांकती हुई चिड़िया को देखकर खुश हो पा रहा है। बताइए, हम और आप कितने कृतघ्न हैं। हमें खुद पर कितनी शर्म आनी चाहिए कि परमेश्वर ने इतनी चीजें हमें दी है फिर भी हम खुश नहीं हैं। इतनी सुन्दर दुनिया को पाकर भी हम प्रसन्न नहीं रह पाते।

यहां, मैं आपको प्रसन्न रहने का चौथा नियम बता रहा हूँ, यह नियम है :

परमेश्वर ने जो दिया है उसके प्रति प्रसन्न रहो। जो नहीं मिला उसके प्रति शोक मत मनाओ।

16

स्वयं के स्वभाव को पहचानें, क्योंकि आप जैसा कोई दूसरा नहीं

मैं आपको वो बताने जा रहा हूँ, जो श्रीमती एडिथ एलरेड ने लिखा था। वो नॉर्थ कैरोलिना के माउन्ट एयरी की रहने वाली थीं और उन्होंने एक चिट्ठी में अपने मन की भावनाएं लिखी थीं। वो चिट्ठी मेरे पास है और उसी को पढ़कर मैं यह बताने जा रहा हूँ। वे लिखती हैं :

बचपन में मेरा शरीर गोलमटोल था। वह भी इतना कि मेरे गाल हमेशा फूले हुए रहते। ज्यादा ऊंचाई न होने से मैं और भी ज्यादा मोटी दिखती थी। मेरी मां हर समय मुझे हमेशा ढीले कपड़े पहनने की सलाह देती। वो कहतीं कि ढीले कपड़े ज्यादा दिनों तक चलते हैं, जबकि छोटे कपड़े जल्दी फट जाते हैं। उनका यही नियम मुझ पर लागू होता था। बचपन में मेरा कभी किसी पार्टी में जाना नहीं हुआ। स्कूल में भी मेरी गतिविधियां सीमित ही रहती थीं। मैं बहुत ही सहमी और डरी हुई रहने वाली लड़की हुआ करती थी, जो सबसे अलग ही रहा करती थी, क्योंकि मेरे मन में यह भावना घर कर गई थी कि मुझे कोई नहीं चाहता।

यही हाल मेरा बड़े होने तक चलता रहा। मेरा विवाह मुझसे उम्र में बहुत बड़े लड़के से हुआ। हालांकि, मुझे ससुराल वाले बहुत ही पढ़े–लिखे और शालीन स्वभाव वाले मिले थे। वे मेरी आकांक्षाओं के अनुरूप ही थे। मैं भी उन जैसा ही बनना चाहती थी, लेकिन यह संभव नहीं हो पा रहा था। वे चाहते मैं सबसे घुलूं–मिलूं। पर मैंने ही जानें क्यों खुद को रोक रखा था। मेरे इस अति से ज्यादा शर्मीले स्वभाव ने मेरा जीना दूभर कर दिया था। इतना कि मैं खुद को चिड़चिड़ा महसूस करने लगी थी। मेरे इस स्वभाव को अपने पति से छिपाने का मैं भरसक प्रयास करती। कई बार तो यह प्रयास अति से ज्यादा होता। इन सभी बातों ने मेरे मन में आत्महत्या तक करने के विचार ला दिए, जो भयानक तरीके से मेरे दिमाग़ में जगह बना चुका था।

मैं शायद यह कर भी लेती अगर, अगर मेरी सास से मुझे प्रेरणादायक वाक्य सुनने को न मिले होते। उन्होंने मुझे एक दिन बताया, आखिर अपने बच्चों की परवरिश के लिए उन्होंने किस सिद्धान्त का पालन किया। उन्होंने कहा, "मैंने हमेशा बच्चों की परवरिश उनके स्वभाविक स्वभाव के अनुरूप ही की। कभी उन्हें वो करने के लिए मजबूर नहीं किया जो उनके स्वभाव में नहीं था।"

यही वे जादुई शब्द थे, जिन्होंने मुझे नई ऊर्जा से भर दिया। जीवन की नई राह मुझे दिखा दी। मुझे बता दिया कि अब तक मैं अपने प्राकृतिक स्वभाव को भूला कर दूसरों के जैसा बनने की कोशिश कर रही थी। साथ ही अपने प्राकृतिक स्वभाव पर मैं फिजूल ही शर्मिंदा होती रहती थी। बस इस घटना के बाद से ही मेरा पूरा जीवन बदल गया। मैंने वैसे रहना शुरू कर दिया, जैसा मेरा स्वभाव था। मैंने खुद को पहचानने, अपनी रुचियां को जानने का काम शुरू कर दिया। अपने गुणों पर ध्यान देना शुरू कर दिया। मैंने अपन मन के मुताबिक कपड़े पहनना शुरू किए। मित्र बनाने के लिए मैं एक संगठन से जुड़ी। मेरे तब हाथ–पैर फूल गए जब उन्होंने मुझे मंच पर बोलने के लिए कहा। शुरूआत में, मैं झिझकी। पर मैंने धीरे–धीरे इसमें भी महारत हासिल कर ली। मेरी ज़िंदगी पूरी तरह बदल चुकी थी। आज मैं अपनी ज़िंदगी से बहुत खुश हूँ। अपने बच्चों के साथ रहते हुए मैं अपने बच्चों को भी वही सिखाती हूँ, जो मैंने इतनी कठिनाईयों के बाद सीखा। और वह है, "परिस्थितियां कैसी भी हो, अपने स्वभाव के अनुरूप ही उनका सामना करें।"

इस विषय पर डॉ. जेम्स गॉर्डन गिल्की की राय महत्त्वपूर्ण है। उन्होंने कहा है कि "प्राकृतिक स्वभाव के अनुरूप न रहने की समस्या उतनी ही पुरानी है, जितना कि इंसान का जीवन।"

जबकि अपने असल स्वभाव के अनुरूप न रहने की समस्या न्यूरॉसिस, साइकॉसिस और कॉम्प्लेक्सेस के तालों की छुपी हुई चाबी है। इस पर बच्चों के प्रशिक्षण पर 13 किताबें और हजारों सिंडिकेटेड अखबारी लेख लिखने वाले एन्जेलो पात्री का मत महत्त्वपूर्ण है। उन्होंने कहा है, "इस दुनिया का सबसे दुखी आदमी वह है जो खुद के स्वभाव के विपरीत हमेशा कुछ और बनना चाहता है।"

पश्चिमी देशों में हॉलीवुड एक ऐसी ही जगह है, जहां हर कोई अपने निजी स्वभाव को छोड़कर कुछ और ही करना चाहता है। इस बारे में प्रसिद्ध फिल्म निर्देशक सैम वुड कह चुके हैं कि उन्हें ऐसे युवा अभिनेताओं से हमेशा ही दिक्कतों का सामना करना पड़ा, जो स्वयं के स्वभाव अनुरूप अभिनय न करके लाना टर्नर या क्लार्क गेबल की नकल करने लग जाते थे। वुड उनसे यही कहते कि दर्शक कुछ नया और ओरिजनल चाहते हैं, पुराना वह सब देख चुकी है। इसलिए वे जितना अपने स्वभाव अनुरूप करें उतना ही उनके लिए फायदेमंद है।

वुड ने 'मिस्टर चिप्स', 'गुडबाय', 'फॉर हूम द बेल टोल्स' सरीखी फिल्में बनाई हैं, लेकिन इस क्षेत्र में आने से पहले वे रियल स्टेट में काम किया करते थे। वे वहां भी बेहद सफल थे। उनका कहना है कि रियल स्टेट में भी उन्होंने अनुभव किया था कि किसी की नकल करके यहां भी सफल होना मुमकिन नहीं है। असल में नकलची कहीं भी सफल नहीं हो सकते। इसलिए वुड अपने को साझा करते हुए कहते हैं कि "अगर ऐसे लोगों से आपका मिलना हो, जो वास्तविक स्वभाव को छोड़कर किसी और की तरह आपसे पेश आएं, तो ऐसे लोगों से जितने जल्दी हो सके दूरी बना लेना ही फायदेमंद है।"

पॉल बॉइन्टन एक बड़ी तेल कंपनी में रोजगार निदेशक के रूप में काम करते हैं। उनके पास रोज सैंकड़ों आवेदन रोजगार के लिए आते रहते हैं, इसलिए मैंने उनसे पूछा कि वे क्या सोचते हैं? आवेदक अपने आवेदन में अक्सर कौन सी गलती करते हैं, क्योंकि उन्होंने 'नौकरी पाने के छह तरीके' नामक पुस्तक लिखी थी और करीब 60 हजार से अधिक लोगों का साक्षात्कार लिया था, इसलिए मुझे लगता था कि वे बिल्कुल सही शख्स है, जो इस बात का जवाब दे सकते थे। उन्होंने अपने अनुभव से कहा, "आवेदन और साक्षात्कार के समय आवेदक हमेशा ऐसा व्यवहार करते हैं, जो उनके असल व्यक्तित्व से मेल नहीं खाता। वे साक्षात्कार में जवाब भी वही देते हैं, जो साक्षात्कार लेने वाला सुनना चाहता है। इसलिए उनका आंकलन सही से नहीं हो पाता।" पॉल ने एकदम सही बात कही। नौकरी हो या जीवन, कोई नकली सिक्का नहीं चाहता है।

एक लड़की की कहानी मैं आपको बताता हूँ, वो गायिका बनना चाहती थी। पर उसका चेहरा बहुत लंबा तथा उसके दांत भी बाहर की तरफ निकले हुए थे। उसने जब पहली बार न्यूजर्सी के एक नाइट क्लब में अपने गाने की परफार्मेंस दी थी, तब अपने होठों से बाहर निकले दांतों को छिपाने और खुद को आकर्षक दिखाने के चक्कर में वह ठीक से गा भी नहीं पाई और लोगों में हंसी का कारण बनीं।

उसकी किस्मत अच्छी थी कि उस रात भीड़ में एक आदमी ने उसे सुना, जिसको आवाज की पहचान थी। उसे उसमें गायन कौशल नजर आया। उसने लड़की से कहा, "मैंने देखा कि गाते समय आप क्या छिपाने की कोशिश कर रही थीं। अपने बाहर निकले दांत। पर आपको यह सब करने की कोई जरूरत नहीं। आपका ध्यान तो सिर्फ़ और सिर्फ़ अपने गायन पर होना चाहिए। आखिर बाहर निकले हुए दांतों की वजह से आपने कोई गुनाह तो नहीं किया। यह भी संभव है आपके दांत कभी आपकी तकदीर बदल दें।"

उस लड़की का नाम था कैस डेली। कैस ने उस आदमी की सलाह को अपने दिलो–दिमाग़ में उतार लिया। इस घटना के बाद जो भी परफार्मेंस उन्होंने दी, उस समय सिर्फ़ अपने गायन और सुनने वालों का ख्याल रखा। उनके स्वभाविक प्रदर्शन ने उन्हें आखिरकार रेडियो और फिल्मों में श्रेष्ठ गायकों की श्रेणी में ला दिया। वे इतनी प्रसिद्ध हुईं कि आखिरकार फिल्मों में कॉमेडी के रूप में नकल की जाने लगीं।

अपने स्वभाविक स्वरूप को न जानने वाले लोगों के लिए प्रसिद्ध विलियम जेम्स ने कहा था कि औसत व्यक्ति दिमाग़ी क्षमता का सिर्फ़ 10 प्रतिशत ही इस्तेमाल कर पाता है। मानवीय मस्तिष्क की अनंत संभावनाओं के बावजूद आदमी औसत स्तर के काम ही कर पाता है। सभी संसाधनों का बेहतर प्रयोग हमसे नहीं होता। इस तरह हमारे पास परमेश्वर का दिया हुआ इतना कुछ होने के बाद भी हम उन शक्तियों को भली–भांति प्रयोग ही नहीं कर पाते।

हम सब में इतनी संभावनाएं हैं कि हम अपनी किस्मत स्वयं लिख सकते हैं। यही कारण है कि किसी भी समय हमें यह नहीं सोचना चाहिए कि हम औरों की तरह क्यों नहीं है? हमें हमेशा यही विचार करना चाहिए कि इस संसार में अपनी तरह के हम एकलोते शख्स हैं, न इससे पहले और न ही बाद में कोई शख्स हमसा हुआ है और न ही होगा।

आनुवांशिक विज्ञान की बात करें तो वह बताता है कि हर शख्स अपने पिता के 23 क्रोमोसोम और अपनी माता के 23 क्रोमोसोम से मिलकर बना होता है। यह 46 क्रोमोसोम ही हर शख्स का निर्धारण कर रहे होते हैं। क्रोमोसोम के संबंध में एमरैम शीनफेल्ड ने बताया था कि हर क्रोमोसोम में इतने सारे जींस होते हैं कि कोई भी एक जीन मनुष्य की किस्मत बदलने के लिए काफी होता है। मनुष्य का निर्माण बेहद ही आश्चर्यजनक और अद्भुत रूप से किया गया है।

क्या आपका यह तथ्य पता है कि आपके पैदा होने की संभावना 3 लाख बिलियन स्पर्म में से एक थी। इसका अर्थ है कि यदि सभी तीन लाख स्पर्म बच्चों के रूप में जन्म लेते तो क्या सभी एक जैसे स्वभाव के होते? इसका जवाब है, नहीं। ऐसा नहीं होता। इस वैज्ञानिक तथ्य की पुष्टि के लिए आप 'यू एंड हेरिडिटी' क़िताब को पढ़िए, जिसे एमरैम शीनफेल्ड ने बड़ी ही तथ्यात्मक जानकारी के साथ लिखा है।

वास्तविक स्वभाव पर मैं इतनी चर्चा इसलिए कर रहा हूँ, क्योंकि ये मैंने दूसरों के अनुभवों के साथ–साथ अपने अनुभव से भी जाना है कि स्वभाव के विपरीत काम करने के परिणाम क्या होते हैं? मैं खुद अपने जीवन में अभिनेता बनने की चाहत रखता था, इसलिए मिसूरी से न्यूयार्क आ गया था। यहां, मैंने अभिनय की बारीकियां सीखने के लिए अमेरिकन एकेडमी ऑफ़ ड्रेमेटिक आर्ट्स में दालिखा लिया था। मैंने

दिमाग़ का विचार था, अपने समय के श्रेष्ठ अभिनय करने वालों का साक्षात्कार लेने का। मेरे ख्याल से कामयाबी का यह शार्टकट और सफल विचार था। मैं यह भी सोचता था कि दूसरों को ये विचार क्यों नहीं आया? मैंने सोचा कि उस समय के लोकप्रिय अभिनेता जॉन ड्रयू, वाल्टर हैंपडेन और ओटिस स्किनर के साक्षात्कार लेकर मैं उनकी सफलता की तकनीकों को जान लूंगा। फिर उन तकनीकों की नकल कर मैं भी लोकप्रिय अभिनेता बन जाऊंगा, लेकिन जब मैंने साक्षात्कार लेने शुरू किए तब मुझे धीरे–धीरे एहसास होने लगा कि ये सब अपनी तरह के अलग–अलग स्वभाव, दिमाग़ और काम करने वाले लोग हैं, जिन्होंने अपनी खूबियों के हिसाब से काम करके अपनी जगह बनाई। मेरी तरह किसी की नकल करने का इरादा नहीं पाला। अंत में मुझे समझ आ ही गया कि दूसरे की नकल करके मैं कभी सफलता नहीं पा सकता। और मैंने अपना बहुत सारा वक्त इसी बात को जानने में खर्च करके इस बे सिर–पैर के विचार को दिमाग़ से निकाल दिया।

यह मेरे जीवन की एकलौती भूल नहीं थी। मैंने ऐसी कई और भी गलतियां की, तब जाकर मुझे असल सीख समझ में आई। मैंने एक बार सोचा कि मैं उन बिजनिसमैन के लिए सार्वजनिक भाषण कला पर सर्वश्रेष्ठ किताब लिखूंगा, जिन्हें इसकी जरूरत पड़ती रहती है। पर यह किताब लिखने का तरीका मैंने फिर से नकल वाला ही इख्तियार किया। मैंने सार्वजनिक भाषण कला पर दुनियाभर की श्रेष्ठ किताबों को संकलित कर उनके सारे आइडिया को एक जगह पर लाकर किताब लिखने का मूर्खतापूर्ण विचार किया। इसके लिए मैंने दुनियाभर की किताबों का ढेर लगा लिया। पूरे एक साल तक इस पर अपना वक्त बर्बाद करने के बाद मुझे समझ आ गया कि मेरी यह किताब इतने नीरस और नकली तरीकों से तैयार हो रही है कि शायद ही कोई इसे पूरा पढ़ने का कष्ट उठाए। अंततः मेरे इस काम का अंत इस तरीके से किताब को पूरे किए बिना ही हुआ।

इस सब के बाद मुझे खुद से कहना पड़ा कि “अब मुझे अपने काम अपने तरीके से ही करने होंगे। अपनी खूबियों और खामियों के साथ, क्योंकि मैं किसी और के जैसा बन ही नहीं पाऊंगा।” मैंने अपना निश्चय करते ही सार्वजनिक भाषण कला पर इस बार स्वयं के अनुभवों से पुस्तक लिखने की ठान ली। मुझे मेरे इस फैसले पर सर वाल्टर रैले याद आए। वही वाल्टर रैले जो वर्ष 1904 में आक्सफोर्ड विश्वविद्यालय में प्रोफेसर थे। उन्होंने ज्ञान से भरी एक बात कही थी कि “मुझे यह पता है कि मैं कभी शेक्सपियर जैसी किताब नहीं लिख पाऊंगा, लेकिन कम से कम मैं अपनी किताब अपने तरीके से तो लिख ही सकता हूँ।” यही मेरे जागरण का समय था, जब मुझे असलियत का ज्ञान हो चुका था।

इरविंग बर्लिन ने जॉर्ज गर्शविन को एक महत्त्वपूर्ण सलाह दी थी। वे दोनों जब पहली बार मिले थे, तब बर्लिन लोकप्रिय थे और गर्शविन संगीत के क्षेत्र में संघर्ष करते हुए 35 डॉलर प्रति सप्ताह के वेतन पर पैन एली में काम कर रहे थे। जब बर्लिन का गर्शविन को एक बार सुनने का अवसर मिला तो वे उनकी प्रतिभा से इतना प्रभावित हुए कि उन्होंने उसे अपना निजी सचिव बनने का ऑफ़र देते हुए वर्तमान सचिव से तीन गुना सैलरी देने की बात कह डाली थी। साथ ही गर्शविन को उन्होंने सलाह दी थी कि संगीत सचिव बनने के साथ ही कभी मेरी नकल करने का प्रयास मत करना। इसका नतीजा यह होगा कि तुम दुनिया में दूसरे बर्लिन के नाम से लोकप्रिय हो जाओगे, लेकिन अगर तुमने खुद की स्वभाविक प्रतिभा से सबको रूबरू कराया तो दुनिया में गर्शविन के नाम से पहले नंबर पर जाने जाओगे। यही कारण है कि गर्शविन ने दिन–रात मेहनत करते हुए खुद की स्वभाविक प्रतिभा को खूब निखारा और अमेरिका के संगीत विशेषज्ञों की सूची में अपना नाम दर्ज करा लिया।

ऐसे लोगों की लंबी फेहरिस्त है, जिन्होंने यह सीख ज़िंदगी से सीखी। इनमें कई प्रसिद्ध हस्तियों के नाम हैं, जैसे, चार्ली चैप्लिन, विल रॉजर्स, मैरी मागरेट मैक्ब्राइड, जीन ऑट्री।

चार्ली चैप्लिन जैसे श्रेष्ठ हास्य कलाकार को भी शुरूआत में फिल्मों के अंतर्गत जर्मन हास्य कलाकार की नकल करने के लिए प्रेरित किया गया था। सबकी बात मानकर चार्ली चैप्लिन ने वही किया, लेकिन उनका नतीजा भी वही हुआ, असफलता। अंततः जब चैप्लिन ने खुद को स्वभाविक रूप से फिल्मी पर्दे पर प्रदर्शित करना शुरू कर दिया, तब जाकर उन्हें सफलता मिलनी शुरू हुई।

बॉब होप की भी ऐसी ही कहानी है। उन्होंने जब तक अपने असली स्वरूप में काम नहीं किया, तब तक उनकी पहचान नहीं बन पाई। विल रॉजर्स को जब तक अपनी स्वभाविक हास्य प्रतिभा का पता नहीं चला, तब तक वे वॉडेविल में रस्सी घुमाने का ही कार्य करते थे। परन्तु बाद में अपनी स्वभाविक हास्य प्रतिभा के बल पर ज़िंदगी में बेहद कामयाब हो गए।

मिसूरी से आई एक लड़की कैसे न्यूयार्क जैसे शहर में रेडियो की स्टार बनी ? जानना चाहेंगे। मैं बात कर रहा हूँ, मैरी मागरेट की। पहली बार जब उन्होंने रेडियो में काम करना शुरू किया, तो एक आइरिश कामेडियन की आवाज की नकल करते हुए खुद को प्रस्तुत किया। आखिर इसका क्या नतीजा हुआ? लोगों ने उसे नकार दिया। लेकिन, जैसे ही असफल हुई इस लड़की ने अपनी स्वभाविक आवाज में खुद को प्रस्तुत करना शुरू किया, वैसे ही वह लोकप्रिय हो गई। लोगों ने उसे उसकी आवाज में ही पसंद किया।

जीन आट्री के काऊ बॉय बनने की भी यही कहानी है। उन्होंने भी न्यूयार्क आकर लोगों को अपने कपड़े, व्यवहार से यही दिखाने की कोशिश की, कि वे एक शहरी लड़के हैं, लेकिन गांव से आया यह लड़का ना शहरी बन पाया और ना ही देहाती रह पाया। पर जैसे ही उन्होंने दिखावट का चोला उतारकर फेंका और अपने असल स्वरूप में रहते हुए बेजों की धुन पर काऊबॉय बैलेड गीत गुनगुनाया। पूरी दुनिया उनकी दीवानी हो गई। फिल्मों के साथ–साथ रेडियो में भी उन्होंने खूब प्रसिद्धी पाई।

मेरा कहना सिर्फ़ इतना है कि आप यह मान लें कि परमेश्वर ने आपको भी कुछ न कुछ दिया है। परमेश्वर के दिए हुए वरदान का अनादर न करें। जितना हो सके उसका फायदा उठाएं, क्योंकि एक व्यक्ति दुनिया में वही लोगों को गाकर सुना सकता है, जो उसके भीतर विद्यमान है। वही मूर्ति या तस्वीर बना सकता है, जो अनुभव या अनुभूति वह अपने भीतर से करता है। चाहे जो हो आपको अपने भीतरी व्यक्तित्व को समझते हुए जितना संभव हो सके उसे निखारना ही चाहिए। जीवन के मंच पर खुद को वास्तविक स्वभाव के साथ प्रकट करो।

इमर्सन ने आत्मविश्वास निबंध में कहा था, "हर व्यक्ति को जीवन में ये जानना जरूरी है कि किसी से बैर रखना अज्ञानी होने की निशानी है, नकलची बनना मूर्खों का काम है, परमेश्वर जो भी तुम्हें प्रदान करे, उसे स्वीकार करो। जीवन में मीठे फल तभी खाने को मिलते हैं जब आदमी उसे मेहनत की जमीन पर ऊगाता है। हर आदमी के पास अपनी खुद की एक विशिष्ट शक्ति है, जो दूसरे के पास नहीं है, बस उसे वह तब तक पहचान नहीं पाता, जब तक उसे समझने का प्रयास न कर ले।"

यही बात सुन्दर कविता के रूप में कवि डगलस मैलोक ने भी कही थी। उन्होंने कहा था :

पहाड़ की चोटी के देवदार न बन सके तो
नदी के किनारों की झाड़ियां ही बनो
पर ऐसी झाड़ियों का रूप धरो कि
देखते ही मन आह्लालादित हो जाए
देवदार न सही झाड़ियां ही बनो

झाड़ियां न बन सको
तो हरी–भरी घास ही बनो

किसी पथ की शोभा बढ़ाओ

कस्तूरी न बन पाओ तो
झील का आधार ही बनो
लेकिन, यह आधार
सबसे मजबूत आधार हो

आखिर सभी कप्तान नहीं हो सकते
किसी को बनना होगा नाविक भी
कुछ बड़े काम हैं
कुछ छोटे भी
हमें वो करना है
जो हमारे हिस्से में आए

राजमार्ग न सही
पगडंडी ही सही
सूरज न सही
तारा ही सही

आप क्या हो
यह सफलता का पैमाना नहीं
आप क्या करते हो
यह मायने रखता है

इसलिए जो हो, जैसे हो
श्रेष्ठ बनो, सर्वश्रेष्ठ बनो।।

जीवन में उन्नति करने के लिए मानसिक नजरिए को बदलने वाला पांचवा नियम है :

जीवन में जो भी करें, अपने वास्तविक स्वरूप में रहकर ही करें।

17

ज़िन्दगी आपके हाथ में नींबू थमाए तो आप उसका शर्बत बनालें

राबर्ट मैनार्ड हचिन्स, जो शिकागो विश्वविद्यालय के कुलपति थे, मैं एक बार उनसे मिलने के लिए गया था, यह जानने के लिए कि वे आखिर स्वयं से चिंताओं को दूर कैसे रखते हैं? उन्होंने उस दौरान मुझे रोचक बात बताई कि वे अपने जीवन में सिर्फ़ सियर्स, रोबक एंड कंपनी के मालिक जूलियस रोजेनवाल्ड द्वारा कहे शब्दों का पालन करते हैं और हमेशा खुद को चिंताओं से दूर रखते हैं। उन्होंने कहा था, "जीवन में जो मिले उसका सदुपयोग करना सीखो।"

क्या आपको भी यह सिद्धांत सही नहीं लगता? जीवन में प्रेरणास्त्रोत बनने वाले महान व्यक्तियों ने अपने जीवन में यही किया है, जबकि मूर्ख ठीक इसके उलट कार्य करता है। परेशानी आते ही वे निराश और हताश होकर बैठ जाते हैं। वे एक ही रट लगाए रखते हैं, "मेरी किस्मत ही मेरा साथ नहीं देती। बिना तकदीर के कुछ नहीं हो सकता। मैं कितनी भी कोशिश कर लूं, पर मैं सफल नहीं हो पाऊंगा।" वहीं समझदार लोग जीवन के प्रति इस प्रकार का नजरिया रखते हैं कि "मैं विपरीत परिस्थितियों से किस प्रकार सीख सकता हूँ? कौन सी चीजों का इस्तेमाल कर मैं परेशानियों पर विजय पा सकता हूँ? किस तरह जीवन के दिए इन हालात का मैं अपने भविष्य के लिए बेहतर से बेहतर इस्तेमाल कर सकता हूँ।"

प्रसिद्ध मनौवैज्ञानिक अल्फ्रेड एडलर ने वर्षों तक इंसानी स्वभाव और उसकी मानवीय शक्तियों पर शोध करने के बाद यह निष्कर्ष निकाला था कि "मनुष्य में नकारात्मक को सकारात्मक में बदलने की अद्भुत शक्ति विद्यमान है।" थेल्मा थॉम्सन नाम की एक महिला इसका जीता जागता उदाहरण थी, यह बात मुझे तब पता चली, जब उन्होंने मुझे अपने इन अनुभवों के बारे में बताया, "मोजावे रेगिस्तान के पास

स्थित एक आर्मी कैंप में मेरे पति अपनी सेवाएं दे रहे थे। उसी दौरान कुछ समय के लिए मैं अपने पति के पास रहने गई हुई थी। वहां का माहौल मुझे बिल्कुल पसंद नहीं आया था। मैं वहां की गर्मी से परेशान हो गई थी। मैं सिर्फ़ इसलिए वहां गई थी, क्योंकि हर बार मेरे पति को वहां ड्यूटी के लिए जाना पड़ता और मैं अकेली रह जाती। वहां का असहनीय गर्मी का माहौल और गर्म हवा के थपेड़े इंसान के शरीर की सारी ऊर्जा खींच लेते थे। ऐसे में वहां बात करने वाला तक कोई नहीं मिलता। सिर्फ़ धूल और धूल से सना रेगिस्तान।

मैं एक समय तक सब कुछ झेलने के बाद इतनी परेशान हो गई थी कि मैंने चिट्ठी लिखकर अपने माता–पिता को बता दिया था कि मैं अब और वहां नहीं रह पाऊंगी। यहां का माहौल किसी भी नार्मल व्यक्ति के रहने लायक तो बिल्कुल नहीं है। इसके जवाब में मेरे पिताजी ने सिर्फ़ चंद प्रेरणादायक पक्तियों से लिखा खत मुझे पहुँचाया, जिसमें उन्होंने लिखा, “जेल के कमरे में कैद सलाखों के पीछे से दो लोगों ने जब झांका, तो एक ने खुले आसमान के सितारे देखे और एक ने धरती का कीचड़।”

वे प्रेरणादायक पक्तियां मैंने बार–बार कई दफा पढ़ीं। उन पक्तियों ने मेरे अंदर जोश भर दिया, जीवन को देखने का एक अलग नजरिया। मैंने प्रण कर लिया कि मैं भी अब सिर्फ़ सितारों की तरफ देखूंगी। धीरे–धीरे मैंने वहां के स्थानीय रहवासियों से संपर्क करना शुरू कर दिया। मैंने वहां दोस्त बना लिए। उनकी स्थानीय कला बुनाई और कताई में जब मैंने सहयोग दिया, तो मैं देखकर हैरान रह गई। उन्होंने मुझे कई ऐसे उपहार भेंट कर दिए, जो वे किसी पर्यटक को नहीं देते थे। मैंने नए तरह के पौधे वहां देखे, जो कैक्टस, युक्का और जोशुआ के नाम से जाने जाते थे। वहां पाई जाने वाली कुत्तों की नस्ल प्रेरि के बारे में जाना। मुझे लाखों साल पहले वहां जमीन में दफन सीपियां देखने को मिलीं, जो शायद तब वहां दफन हुई थीं, जब कभी यहां पानी हुआ करता था।

आखिर मेरे साथ यह सब क्या हो गया? मेरे आसपास का माहौल वही था, वही रेगिस्तान, वही बेतहाशा गर्मी। पर अगर कुछ बदला था तो मैं, जीवन को देखने के प्रति मेरा मानसिक नजरिया। ये बदलते ही मैंने जिसे अपनी ज़िंदगी का सबसे बुरा अनुभव मान लिया था, अब वह सबसे रोमांचक अनुभव में तब्दील हो चुका था। अब ये नई दुनिया मुझे रास आने लगी थी। मैं यहां प्रसन्न थी। मैंने यहां से अनुभ्वों का इतना भण्डार इकट्ठा कर लिया कि मुझे एक पुस्तक लिखने की प्रेरणा मिल गई। मैंने उसे उपन्यास के रूप में ‘ब्राइट रैम्पाटर्स’ नाम से लिखा। यह सब इसलिए हो सका, क्योंकि मुझे वो प्रेरणादायक शब्द पढ़ने को मिले थे, ‘जेल से बाहर सितारे झांकने की सलाह मिली थी।’

पर क्या थेल्मा थॉम्पसन ने कुछ नया सीखा था, ऐसा जो प्रकृति में पहले मौजूद नहीं था, नहीं। यह बात ईसा मसीह के भी 500 साल पहले से ग्रीक दार्शनिकों द्वारा बताई जा चुकी थी कि "अच्छी चीजें, कठिनाई से परे बेहतर नजरिए से मिलती हैं।"

इसी संदर्भ में हैरी इमर्सन फॉस्डिक ने 20वीं सदी में इसे अपनी तरह से कहा था, "ज्यादातर जीतकर सुखों को पाया जाता है।" मतलब जो मिले उसे अपने सदुपयोग में बदल लो।

ऐसी ही एक और कहानी है फ्लोरिडा में रहने वाले किसान की। उसने भी ज़िंदगी के दिए कड़वे अनुभव को मीठे फलों में बदल डाला था। असल में उसने खेती के लिए जो जमीन खरीदी थी, वो पूरी तरह बंजर निकली। उस पर खेती तो क्या फल तक नहीं उग सकते थे। पशु भी वहां नहीं पाले जा सकते थे। वहां पर जहरीले सांप और चूहे रहा करते थे। क्या इन हालातों से वह निराश हुआ? हां! बिल्कुल हुआ। पर क्या उसने हार मान ली? नहीं, बिल्कुल नहीं। वह उठा और इन हालातों से लाभ कमाने का आइडिया उसने खोज निकाला। वह आइडिया था :

उसने सांपों का एक फार्म बना लिया। ऐसा फार्म जहां तरह–तरह के सांप हुआ करते थे। उसने इसे इस तरह प्रचारित किया कि लोग दूर–दूर से उन सांपों के फार्म को देखने के लिए आने लगे। सांपों के जहर को निकलवाकर वह उसे टीके बनाने के लिए कार्य करने वाली प्रयोगशालाओं को सप्लाई करने लगा। यहां तक सांप का डिब्बा बंद गोश्त भी वह सप्लाई करने लगा, जिसके खरीदार बड़ी संख्या में उसे मिलने लगे। मैंने देखा कि अब वहां के स्थानीय पोस्ट आफिस के पोस्टकार्ड पर उस गांव के चित्र के साथ 'रैटलस्नेक फ्लोरिडा' नाम से सम्मान दिया गया था। एक व्यक्ति जिसे बंजर भूमि मिली थी उसने कैसे उसे उर्वर बना दिया।

मैंने अपने जीवन में बहुत सारी यात्राएं की हैं। इन यात्राओं में, मैं न जाने कितने लोगों से मिला, जिन्होंने अपने नजरिए से हर विपरीत हालातों पर जीत दर्ज कर दिखाई थी। उन्होंने नकारात्मकता को सकारात्मकता में बदल कर दिखाया था।

यही बात विलियम बोलिथो, जिन्होंने 'टवेल्व अगेंस्ट द गॉड्स' पुस्तक लिखी थी, ने अपने शब्दों में कही थी। उन्होंने कहा था, "अच्छे हालातों में तो कोई भी सफल हो सकता है। वही बुद्धिमान होता है, जो अपने नुकसान को भी फायदे में बदलकर दिखाता है।"

बोलिथो से मैं पूरी तरह सहमत हूँ। क्या आप नहीं?

मैं ऐसे शख्स का उदाहरण देना चाहूँगा, जिसने अपने दोनों पैर गंवा दिए थे। फिर भी उसने जीवन में वह किया जो शायद ही कोई और उन हालातों में कर पाता।

उसका नाम है बेन फोर्टसन। उस आदमी से मेरी मुलाकात जार्जिया के अटलांटा की एक लिफ्ट में हुई थी। जब मैंने लिफ्ट में प्रवेश किया था, तो देखा था कि वह आदमी व्हील चेयर पर बैठा हुआ था। जब लिफ्ट से उसके निकलने की बारी आई थी तो उसने मुझे थोड़ा हटने के लिए कहा था, ताकि वह आसानी से अपनी व्हील चेयर को निकाल सके। जब वह लिफ्ट से बाहर निकला था, तो पलटकर उसने कहा था, 'आपको हुई असुविधा के लिए मुझे खेद है।' यह कहते हुए मैंने उसके चेहरे पर सादगी भरी मुस्कराहट देखी थी।

मैं जब अपने केबिन में पहुँचा, तो भी मैं उस निश्छल मुस्कान को भूल नहीं पाया जो उस अपाहिज आदमी ने मुझे दी थी। मैंने कुछ देर अपना काम करने की कोशिश की, लेकिन मेरा मन अपने काम में नहीं लगा। आखिरकार मैंने उस अपाहिज इंसान को ढूंढा और उससे अनुरोध किया कि वह अपनी ज़िंदगी की दास्तान मुझे सुनाए। मेरे अनुरोध को उसने स्वीकार किया और मुझे अपनी कहानी सुनानी शुरू की :

बात "1929 की है। अखरोट के ठूंठ तोड़ने के लिए मैं गया हुआ था, ताकि अपने बगीचे में बीन्स को खूंठे से बांध सकूं। ठूंठ काटने के बाद मैंने सारी लकड़ी अपनी गाड़ी में लाद ली और घर की तरफ चल पड़ा था। एक मोड़ पर कार में रखी लकड़ी का एक टुकड़ा कार के नीचे आ गया और कार असंतुलित होकर वहीं फुटपाथ के एक पेड़ से टकरा गई। इस भयंकर टक्कर में मेरी रीढ़ की हड्डी को भारी नुकसान हुआ। इसका असर मेरे दोनों पैरों पर हुआ। तब मेरी उम्र सिर्फ़ 24 वर्ष की थी। इतनी छोटी उम्र में ही मुझे इस दर्दनाक हादसे को झेलना पड़ा।

मेरी जगह कोई भी होता। इतनी छोटी सी उम्र में अपाहिज हो जाना उसे भी अवसाद में डाल देता। मैंने इस हादसे के लिए कुछ दिन तक अपनी फूटी किस्मत को कोसा। मैंने ज़िंदगी को लेकर पूरी तरह नकारात्मक रवैया अपना लिया। लोगों से मैं खिन्न रहने लगा। कुछ समय तक इसी तरह चलता रहा। धीरे–धीरे मुझे यह महसूस होता गया कि मेरे विरोध करने से सिवाय कड़वाहट पैदा होने के अलावा और कुछ नहीं हो रहा है, जबकि दूसरों ने मेरे प्रति दयालुता दिखाई थी। मैं ही असलियत को नहीं मान पा रहा था, इसलिए मैंने फैसला किया कि मैं अब और दुखी नहीं रहूँगा। कम से कम उनसे तो अच्छे से ही मिलूंगा, जो मुझे मुस्कुराकर ही मिला करते हैं।"

मैंने उससे पूछा कि 24 साल पहले हुए उस हादसे के बाद इतना वक्त गुजर जाने के बाद क्या आज भी उस हादसे के लिए वह अपने भाग्य को दोषी मानता है। उसने प्रतिक्रिया देते हुए कहा, "नहीं। उस दुर्घटना के इतना समय गुजर जाने के बाद अब मैंने खुद को पुरानी सारी बुरी घटनाओं से आजाद कर लिया है। अब मैंने एक नए संसार में प्रवेश कर लिया है। वह साहित्य का संसार। दुनियाभर का अच्छा साहित्य मैं अब पढ़ चुका हूँ।

आज मैं 1400 से भी ज्यादा पुस्तकों को पढ़ चुका हूँ। इतनी पुस्तकों का ज्ञान अब मेरे अंदर समाहित हो चुका है। इतने ज्ञान से अब दुनिया को देखने का नया नजरिया मेरे अंदर आ गया है। यह नया संसार जो मैंने अपने इर्द–गिर्द बुन लिया है, अब मैं उसमें बहुत खुश हूँ। अब मैं संगीत के बारे में भी बहुत कुछ जानता हूँ। कल तक जो सिम्फनियां मुझे ऊबाउ लगती थीं। आज उन्हीं में से मुझे आनंद आता है। सबसे ज्यादा महत्त्वपूर्ण अब जो मेरे जीवन में घटित हुआ वो यह था कि मुझे सोचने का अवसर मिल गया। मुझे चिंतन करने का अवसर मिलते ही यह ज्ञात होने लगा कि अभी तक मैं जीवन में जिन बातों को सबसे ज्यादा जरूरी मान रहा था, उसमें से बहुत सारी बातें तो मेरे लिए व्यर्थ थी। फिर भी उनके पीछे मैं अपने जीवन का कीमती समय बर्बाद कर रहा था। मैंने राजनीति में रुचि दिखाई। खुद को सार्वजनिक रूप से पूछे जाने वाले प्रश्नों के लिए तैयार किया। अच्छा वोकल कम्यूनिकेशन तैयार कर मैंने व्हील चेयर पर ही रहते हुए लेक्चर देने का कार्य शुरू कर दिया। लोग मेरी वाकपटुता से प्रभावित होने लगे। मैंने लोगों से खुले दिल के साथ परिचय बढ़ाया। इस तरह धीरे–धीरे अपने क्षेत्र में कार्य करते हुए जॉर्जिया राज्य के सचिव पद पर मुझे काम करने का अवसर प्राप्त हो गया।

यह थी उस अपाहिज इंसान की प्रेरणादायक कहानी, जिसमें उसने सिर्फ़ नजरिया बदलकर जीवन में बहुत कुछ पाया। मैंने जब न्यूयार्क शहर संचालित अपनी वयस्क कक्षाओं के छात्रों पर एक अध्ययन किया तो पाया कि उनमें से ज्यादात्तर को इस बात का दुख था कि वे अपनी उम्र के दौर में कॉलेज नहीं जा पाए थे। उन्हें यह भ्रम था कि कॉलेज में नहीं पढ़ पाने की वजह से वे जीवन में बहुत कुछ नहीं कर पाए, जबकि यह सच नहीं है। मैं ऐसे कामयाब लोगों को जानता हूँ, जिन्होंने अपने जीवन में 10वीं तक भी पढ़ाई ठीक से नहीं की थी, इसलिए मुझे उन लोगों को प्रेरित करने के लिए उस आदमी की कहानी बतानी पड़ती थी, जिसने अपने जीवन में दुखों का पहाड़ झेलते हुए कामयाबी पाई। उस आदमी ने आरंभिक शिक्षा भी नहीं हासिल की थी। गरीबी में पले उस व्यक्ति के पिता की मृत्यु पर चंदा करके उन्हें दफन करना पड़ा था। उसकी मां उसे पालने के लिए हर दिन छाता फेक्टरी में 10 घंटे काम करती और घर पर भी काम लाकर ज्यादा से ज्यादा पैसे कमाने का प्रयास करती। घर पर सिलाई करके भी कुछ रुपयों का जुगाड़ करती।

ऐसे हालातों में पले उस आदमी ने चर्चों में आयोजित होने वाले नाटकों में हिस्सा लेना शुरू किया। उसे अभिनय करना अच्छा लगने लगा। उसने अपने स्किल और विकसित करते हुए सार्वजनिक भाषण कौशल को और विकसित कर लिया। इसका प्रयोग उसने राजनीति में आकर किया। अपने कम्यूनिकेशन कौशल से उसने इस क्षेत्र में इतनी लोकप्रियता पाई कि 30 वर्ष की आयु से पहले ही वह न्यूयार्क राज्य

की एक विधानसभा का प्रतिनिधि चुन लिया गया। किन्तु उसके लिए यह सब समझ के बाहर की बात थी। उसे, उसे बताए गए वह जटिल विधयेक समझ ही नहीं आ पाए, जिन पर उसे अपना बहुमूल्य वोट देना था। उसे ऐसा लगा कि सारी बातें अंग्रेजी भाषा में न होकर फारसी में लिखी हुई थीं।

उसे वनों में सेवाएं देने के उद्देश्य से जब वन समिति का सदस्य बनाने का प्रयास किया गया तो वह घबरा गया, क्योंकि उस वनों के बारे में एक प्रतिशत भी जानकारी नहीं थी। यही हाल उसका तब हुआ जब बैकिंग कमीशन द्वारा उसे सदस्य बनने का प्रस्ताव दिया गया, लेकिन उसने उसे भी अस्वीकार कर दिया, क्योंकि उसने कभी बैंक में खाता तक नहीं खुलवाया था। उसे बैंकिंग के बारे में न के बराबर जानकारी थी। इन हालातों में वह विधानसभा से अपना इस्तीफा देना चाहता था। वह सभी के सामने शर्मिंदा था, लेकिन सिर्फ़ अपनी मां की वजह से वह यह सब नहीं कर पाया। इसके बदले उसने निर्णय लिया। ज्ञान बढ़ाने का निर्णय। उसने अध्ययन करना शुरू किया। जी–तोड़ मेहनत करनी शुरू की। उसने सोच लिया जीवन की इन परेशानियों को भी वह अवसर में बदलेगा। उसके इसी बदले हुए नजरिए ने उसे राज्य से राष्ट्रीय स्तर का नेता बना दिया। वह इतना प्रसिद्ध हुआ कि उसे न्यूयार्क टाइम्स ने 'न्यूयार्क के लोकप्रिय नागरिक' का सम्मान दिया।

आखिर वह आदमी है कौन? उसका नाम है, 'अल स्मिथ।'

अल स्मिथ न्यूयार्क के उन महान लोगों में अपना नाम दर्ज कर पाए, जिनकी गिनती विषय विशेषज्ञों के रूप में होती थी। यह सब उन्होंने उन 10 वर्षों में करके दिखाया, जब से उन्होंने इसके लिए तैयारी करनी शुरू की। वे न्यूयार्क के राज्यपाल के पद पर चार बार चुने गए। उनसे से पहले यह रिकॉर्ड किसी और ने नहीं बनाया था। डेमोक्रेटिक पार्टी की तरफ से वे राष्ट्रपति पद के उम्मीदवार के रूप में चुने गए। स्मिथ जो कभी आरंभिक शिक्षा भी ग्रहण नहीं कर पाए थे, उन्हें उनके अप्रतिम योगदान के लिए हार्वर्ड और कोलंबिया विश्वविद्यालय सहित छह विश्वविद्यालयों की ओर से मानद उपाधि प्रदान की गई। स्मिथ ने कहा था कि उनके जीवन में सारे परिवर्तन इसीलिए हो पाए, क्योंकि उन्होंने सोलह–सोलह घंटों की मेहनत कर अपने नकारात्मक हालातों को सकारात्मकता में बदल लिया।

मैंने अपने जीवन में ऐसे लोगों के बारे में जितना ज्यादा अध्ययन किया, जिन्होंने विपरीत से विपरीत हालातों में भी अपनी मेहनत और सकारात्मक नजरिए से जीवन को बदल कर रखने वाले काम किए, तो मुझे यही बात समझ आती है कि असल में मुश्किल हालातों ने ही उन्हें मजबूत बनाने का काम किया। इसी वजह से वे जीवन में सफलताओं का स्वाद चख सके। यह बात विलियम जेम्स ने भी कही थी, "कई

बार मुश्किलें ही हमें बलवान बनाने का काम करती हैं।" शायद यही कारण है कि मिल्टन ने अंधे होते हुए महान कविताएं लिखीं। बीथोवन भी बहरे होने की वजह से महान संगीत रचनाएं कर सके। हेलर केलर को हम कैसे भूल सकते हैं, जो अंधी और बहरी दोनों थी, लेकिन उन्होंने अपने जीवन में बेमिसाल काम किया। अपने जीवन में अमर रचना 'सिम्फनी पैथेटिक' रचने वाले चायकोवस्की यह शायद इसीलिए कर पाए, क्योंकि उनका अपनी पत्नी से तलाक होने के कारण वे गहरी निराशा में डूब चुके थे, यहां तक कि उन्होंने आत्महत्या तक के बारे में सोच लिया था। अपनी इसी गहरी निराशा और करूणा के बीच उन्होंने अपनी महान रचना की। अपने अमर उपन्यासों के लिए विख्यात लियो टॉल्सटॉय और दोस्तोयवस्की शायद इसीलिए अमर रचनाएं कर पाए, क्योंकि उन्होंने जीवन में भारी निराशा का दौर भी देखा था।

चार्ल्स डार्विन को ही लें, उन्होंने मनुष्य जाति के जीवन के प्रकटीकरण का सिद्धांत हमें उपलब्ध कराया, लेकिन इसके लिए उनका कहना था कि "यह इसीलिए संभव हो पाया, क्योंकि मैं बहुत सारे कार्य करने में सक्षम नहीं था, इसीलिए एक ही तरह के काम मैं लगातार करते गया।" डार्विन, जिसने जीवन का रहस्य हमें बताया, वह ऐसी बातें कर रहा है। क्यों, आपको पता है डार्विन के पैदा होने वाले दिन अमेरिका में केंटकी के जंगलों में एक और महान शख्स पैदा हुआ था, जिसने दुनियाभर में अपनी चमक फैलाई। उसका नाम है अब्राहम लिंकन।

लिंकन ने अगर गरीबी में अपना जीवन न गुजारा होता, दुखद वैवाहिक जीवन न जिया होता, या किसी अमीर घर में पैदा होकर सीधे हार्वर्ड यूनिवर्सिटी से कानून की डिग्री हासिल कर ली होती तो शायद वे इतने महान काम न कर पाते, जितने उन्होंने किए। न ही वे वह पवित्र कविता में वे शब्द ही लिख पाते, जो उन्होंने अपने दूसरे उद्घाटन भाषण के दौरान कहे थे, 'सबके लिए करूणा, दयालुता, उदारता... किसी के लिए भी बैर नहीं, द्वेष नहीं...'

यही बात इमर्सन ने अपनी किताब द पॉवर टु सी इट थ्रू में एक स्कैंडियन कहावत को उद्धृत किया है कि "उत्तरी हवा ने वाइकिंगो को बनाया है।" हम चाहे तो इसे जीवन का मार्गदर्शन वाक्य बना सकते हैं।

आदमी इतना लंबा जीवन जीता है। पर वह यह क्यों सोचता है कि उसे जीवनभर सुख ही मिलेगा। ऐश्वर्य के साधन उसके जीवन को सुखी बनाएंगे। उसे कभी मेहनत न करना पड़े। ऐसी सोच वाले व्यक्ति तब भी परेशान होते हैं, जब उनके जीवन में सुख की अधिकता होती है। वहीं अगर आदमी अपने हालातों का सामना करते हुए अपनी जिम्मेदारियों को सही तरीके से उठाए, तो वह वहां से भी सुखी हो सकता है। इसलिए कहा गया है कि उत्तरी हवा बार–बार वाइकिंगों को बनाती है।

मैं यह मान सकता हूँ कि कई बार हालात ऐसे हो जाते हैं कि सारी सकारात्मकता और जोश के बाद भी परिणाम प्राप्त नहीं होते हैं, लेकिन मेरा सोचना है कि हालात चाहे जैसे हों, हमें कोशिश करना कभी छोड़ना नहीं चाहिए। दो ऐसे कारण हैं, जिनके लिए हमें हर हालात में कोशिश जरूर करनी चाहिए। जैसे,

पहला कारण – हम कामयाब हो सकते हैं।

दूसरा कारण – सफल न हो तो भी कुछ न कुछ हमें आगे बढ़ने की प्रेरणा तो मिलेगी ही। कोशिश से नकारात्मक सोच की जगह सकारात्मक सोच को स्थान मिल जाएगा। हम जब हमेशा काम में व्यस्त रहेंगे तो व्यर्थ की बातों में समय नष्ट करने का अवसर नही नहीं मिलेगा।

यहां एक घटना का जिक्र करना प्रसांगिक है। एक बार जब ओल बुल, पेरिस में अपने वायलिन का लोकप्रिय कार्यक्रम प्रस्तुत कर रहे थे, तब बीच शो के दौरान उनके वायलिन में से एक तार टूट गया। लेकिन बुल रुके नहीं। उन्होंने तीन तारों पर ही अपने कार्यक्रम की शानदार प्रस्तुति दी।

यही बात इमर्सन ने कही, "जब ज़िंदगी में एक तार टूट जाए तो तीन तार में आप अपनी प्रस्तुति दें।"

इसे हम विजयी जीवन भी कह सकते हैं। जहां पर हम हालातों पर जीत दर्ज करते हैं। विलियम बोलिथो के वे महान शब्द, जो मेरे ख्याल से हर स्कूल में जड़वा देने चाहिए, ताकि सबको जीवन में प्रेरणा मिल सके। वे हैं : अच्छे हालातों नें कोई भी अपना उत्कृष्ट प्रदर्शन कर सकता है। असल बुद्धिमान वो होता है जो होते हुए नुकसान को भी फायदे में बदल देता है। यही से मूर्ख और बुद्धिमान के बीच अंतर पता चलता है।

जीवन में सुखी रहने के लिए छठवां नियम इस प्रकार है :

जीवन में कितने भी बुरे हालात मिलें, उन्हें फायदे में बदलने की क्षमता अपने अंदर विकसित करें।

18

चौदह दिन में दूर करें निराशा

मैंने एक स्पर्धा का आयोजन कराया था, जिसमें कोई भी 'चिंता पर उसकी विजय की सच्ची कहानी' लिखकर दे सकता था, जिसकी कहानी सर्वश्रेष्ट होती। उसे इनाम के रूप में 200 डॉलर मिलने वाले थे। मैंने यह स्पर्धा अपनी किताब की शुरूआत के पहले करवाई थी।

इस प्रतियोगिता के तीन निर्णायक थे : ईस्टर्न एयर लाइंस के प्रेसिडेंट एड्डी रिकनबैकर; लिंकन मेमोरियल युनिवर्सिटी के प्रेसिडेंट डॉ. स्टीवर्ट डब्ल्यू. मैक्लीलैंड; और रेडियो न्यूज़ विश्लेषक एच.वी. कैल्टेनबोन।

इस प्रतियोगिता में आश्चर्य तब बढ़ गया, जब हमें दो सच्ची कहानियों के बीच निर्णय लेने की चुनौती आन पड़ी। खैर, हालात ऐसे बने कि हमें दोनों कहानियों को निर्णायकों के निर्णय से प्रथम पुरस्कार देना पड़ा। यहां मैं उन्हीं कहानियों से आपको रूबरू कराने जा रहा हूँ। यह कहानी है मिसूरी के स्प्रिंगफील्ड व्हिजर मोटर सेल्स में काम करने वाले सी.आर.बर्टन की।

मेरी 12 साल की उम्र में ही मेरे पिताजी का निधन हो गया था, जबकि मेरी मां मुझे और मेरे पिता को छोड़कर मेरी नौ साल की उम्र में ही चली गई थी। आज उस घटना को 19 वर्ष बीत चुके हैं। तब से मैंने ना अपनी मां को देखा है और न ही उन दो बहनों को जिन्हें मेरी मां अपने साथ लेकर गई थी। यहां तक कि उन्होंने मुझे कोई खत भी नहीं लिखा। मेरे पिता ने मिसुरी के छोटे से गांव में भागीदारी से एक कॉफी हाउस खरीदा था, जिसे उनका भागीदार चुपके से बेचकर भाग गया था, यह तब हुआ जब मेरे पिताजी व्यापार के सिलसिले में कहीं बाहर गए हुए थे। यही बात बताने के लिए उनके एक मित्र ने उन्हें तार भेजा, ताकि वह जल्दी लौटकर स्थिति को संभाले। लेकिन इसी जल्दबाजी में जब वे लौटकर आ रहे थे तब कांसस के सैलिनास में उनकी कार दुर्घटनाग्रस्त हो गई और उनकी उसी जगह मृत्यु हो गई। उनकी बहनों ने

मेरे कुछ भाईयों को गोद ले लिया, लेकिन मुझे और मेरे छोटे भाई को किसी ने गोद नहीं लिया। हम ज़िंदगी की दौड़ में खुद के भरोसे रह गए थे। अनाथों की तरह हमसे व्यवहार किया जाने लगा। फकीरी और बदहाली के दौर में, मैं शहर के ही एक गरीब के घर जीवन गुजारा। यहां भी बुरे हालातों ने मेरा पीछा नहीं छोड़ा। मेरे नए परिवार के मुखिया की नौकरी छूट गई और उन्हें मुझे पालना मुश्किल हो गया। आखिरकार मुझे शहर से 11 मील दूर श्रीमती लॉफ्टिन ने अपने फार्म हाउस पर काम के लिए रख लिया था। श्री लॉफ्टिन बुरी तरह बीमार रहते थे और ज्यादातर समय उनका बिस्तर पर ही गुजर जाता था। उन्होंने मुझे तीन आदेशों पर अपने साथ रखा था कि "मैं कभी चोरी न करूं, मैं कभी झूठ न बोलूं और जो कहा जाए उसे करूं।" अब मेरी ज़िंदगी इन्हीं तीनों आदेशों पर चलने लगी थी। मैंने स्कूल जाना शुरू किया पर पहले दिन मन नहीं लगा और मैं घर आ गया, क्योंकि वहां मुझे मेरे साथियों ने अनाथ बच्चा कहते हुए मेरी लंबी नाक की हंसी उड़ाई थी। मैं उन सब से लड़ना चाहता था, लेकिन श्री लॉफ्टिन ने मुझे समझाया, "लड़ना बहादुरी का काम है, लेकिन लड़ाई से दूर रहना और जब तक हो सके इसे टालना सबसे बुद्धिमानी और बहादुरी का काम है।" उन्होंने मुझे बहुत अच्छी सीख दी और मैंने भी जब तक हो सका, उनके कहे का पालन किया। पर एक दिन मैंने एक लड़के की बेइंतहा पिटाई कर दी, क्योंकि उसने स्कूल के बगीचे की मिट्टी मुझ पर दे मारी थी। खैर, स्कूल में मेरे दो दोस्त बन चुके थे। एक टोपी जो मुझे श्री लॉफ्टिन ने दी थी, उसे मैं अक्सर स्कूल पहनकर जाया करता था। एक दिन उसे एक बड़ी लड़की ने मेरे सर से झटककर उतार दिया और पानी में गीला करते हुए मेरे सर पर रख दिया। मेरा मजाक उड़ाते हुए उसने कहा कि इससे तुम्हारा गर्म दिमाग़ हमेशा ठंडा रहेगा। मैं इतना बददिमाग़ होता चला जा रहा था कि अक्सर घर पर भी चिल्लाने लगता। यही मेरी ज़िंदगी का हिस्सा बनता जा रहा था और शायद यही सब चलता रहता, अगर एक दिन श्रीमती लॉफ्टिन ने मुझे ठीक से समझाया न होता। उन्होंने मुझसे कहा, "तुम्हें अगर इन झगड़ों से छुटकारा पाना है तो तुम्हें स्कूल में सभी की किसी न किसी तरह से मदद करनी होगी। तुम जमकर पढ़ाई करनी होगी। तुम देखना अगर ऐसा करने लगोगे तो कितनी जल्दी तुम्हारे दोस्त बन जाएंगे।"

मैंने ऐसा ही किया, क्योंकि इसके सिवाय मेरे पास और कोई रास्ता नहीं था। मैंने मन लगाकर पढ़ाई करनी शुरू कर दी। अच्छे नंबर लाने लगा। मैं स्कूल में अपने साथियों की मदद करने लगा। मैंने किसी के लिए निबंध लिखे। किसी की पढ़ाई में मदद की। कई छात्रों को वाद–विवाद के लिए उपयोगी नोटस लिखकर दिए। एक दोस्त जो अपने घर पर यह कहकर मेरे पास श्री लॉफ्टिन के फार्म हाउस आता था कि वह घूमने के लिए जा रहा है। मैं उसे बहुत कुछ पढ़ाता। एक मित्र की लिखी पुस्तक

की समीक्षा मैंने लिखी थी और एक लड़की को गणित समझाने का काम लंबे समय तक किया था।

इस बीच हमारे आसपास दुर्घटनाओं का दौर शुरू हो गया। हमारे आसपास चार किसान परिवार के घर थे, उनमें दो आदमी बीमारी से गुजर गए। एक अपने परिवार को छोड़कर भाग गया। अब यहां मैं ही एकमात्र पुरुष रह गया था। इसलिए मेरी जिम्मेदारी यहां बहुत बढ़ गई। मैंने उन परिवारों के लिए दो साल तक फसलों को पानी देने, गायों का दूध निकालने, लकड़ियां काटने का काम सेवा भाव से किया। अब स्कूल के साथ ही मुझे इन परिवारों में भी सम्मान प्राप्त होने लगा था। इसके बाद मेरी नौकरी नेवी में लग गई। वहां सेवाएं देने के बाद जब मैं वापस अपने घर आया तभी मुझे एहसास हुआ कि मुझे कितने लोग प्रेम करते थे। मुझसे मिलने मीलों दूर से दोस्त और किसान परिवार आए। उन्होंने मुझसे स्नेह पूर्ण मुलाकात की। मुझे पता है उनकी भावनाएं मेरे लिए सच्ची थी। वे मेरे शुभचिंतक थे।

इन पूरे सालों में मैंने दिल से लोगों की मदद की। सभी से प्रेम पूर्ण संबंध स्थापित किए। मैं इसमें इतना व्यस्त रहा कि दूसरों से लड़ने और घृणा करने का मुझे अवसर ही नहीं मिला। आज मेरे इन्हीं कामों का परिणाम यह है कि लोग मुझे इतना चाहने लगे हैं और अब कोई मुझे 'अनाथ' कहकर नहीं पुकारता।

बर्टन जान गए कि जीवन में मित्रों को कैसे बनाया जाए? कैसे दोस्तों और दूसरों की सेवा कर उन्हें अपना बनाया जाए? वे सीख गए कि किस तरह चिंता मुक्त जीवन जिया जाए? तालियां बजाकर उनका सम्मान तो किया जा सकता है।

दूसरी कहानी इसी तरह की फ्रैंक लूप की है। वे वॉशिंगटन के सिएटल शहर में रहते थे। उन्हें आर्थराइटिस हो गया था और वे लगभग 23 वर्षों तक बिस्तर पर ही अपना जीवन गुजारते रहे थे। मुझे यह उनके बारे में स्टुअर्ट व्हाइट हाउस ने बताया था। उनका कहना था कि "मुझे बार–बार लूप का साक्षात्कार लेने का अवसर मिला था। मैंने देखा कि अपनी निजी परेशानियों के बाद भी इस व्यक्ति ने अपने जीवन में कितना कुछ पाया था। क्या कोई इस बात का अनुमान लगा सकता है कि बिस्तर पर रहते हुए भी इस इंसान ने सबकुछ कैसा पाया, जिसकी कल्पना हर कोई करता है? इसके बारे में अक्सर दो तरह से सोचा जा सकता कि क्यों उन्होंने अपने साथ की परेशानियों के लिए रोना रोया? क्यों उन्होंने दूसरों से करूणा और दया के रूप में चीजें पाई? नहीं, उसने ऐसा कुछ भी नहीं किया। उन्होंने अपने जीवन को एक सूत्र के रूप में पिरो दिया। वह सूत्र जो प्रिंस ऑफ़ वेल्स ने दिया था। उन्होंने लोगों की सेवा करके सबकुछ पाया।

उन्होंने बिस्तर पर पड़े–पड़े दूसरों मरीजों के पोस्टल पते ढूंढे और उन्हें संवेदना, खुशी और सहानुभूति भरे पत्र लिखने शुरू कर दिए। इस काम ने उन्हें भी जीवन का एक मकसद दिया और खत पाने वालों को भी मरहम मिला। इस काम को करने के लिए उन्होंने पहले एक 'पत्र लेखन क्लब' फिर 'शट–इन सोसायटी' नामक नेशनल संस्था की स्थापना की।

उन्होंने अपनी संस्था के द्वारा प्रतिवर्ष लगभग 1400 चिट्ठियां लिखीं। साथ ही जरूरतमंद मरीजों को पुस्तकें और रेडियो उपलब्ध कराए। इस काम ने उन्हें लोकप्रिय भी किया, जीवन में खुशी भी प्रदान की और सेवा का अवसर भी दिया।

आखिर आम इंसान और लूप जैसे इसानों में क्या अंतर होता है? यही कि उन्होंने खुद के जीवन को एक महान लक्ष्य से जोड़ा। ऐसा लक्ष्य, जिसने उन्हें भी प्रसन्न रखा और हजारों मरीजों सहित उनके परिजनों को भी खुश रखा। ऐसी स्थितियों में आम इंसान अपनी बीमारी, परेशानी और शिकायतें लेकर बैठ जाता और खुद को अवसाद के गहरे गर्त में समा देता, लेकिन लूप जैसे लोग ऐसे नहीं होते। वे औरों के लिए मिसाल बनते हैं और इसी बात से दुखी नहीं रहते कि दुनिया उन्हें सुखी बनाने का प्रयास नहीं करती।

इस संदर्भ में अल्फ्रेड एडलर, जो महान मनोविश्लेषक थे, का एक बहुत ही अद्भुत वक्तव्य का जिक्र करना आवश्यक है। ये वक्तव्य वे अक्सर 'मैलेनकोलिया' नाम की बीमारी के मरीजों से कहा करते थे, "हमेशा यह सोचने की कोशिश करें कि दूसरों को कैसे खुश करें? अगर यह करेंगे तो 14 दिन में ही अपनी बीमारी से ठीक हो जाएंगे।"

यह वक्तव्य कितना चमत्कारिक है, इसके बारे में मुझे लगता है कि आपको एडलर की पुस्तक 'व्हाट लाइफ शुड मीन टु यू' से विशेष संदर्भों का उल्लेख करके बताऊं। तभी आप इसकी गहराई को ठीक से समझ पाएंगे। चलिए मैं यहां उन विशेष संदर्भों को उल्लेखित करता हूँ :

'मैलेनकोलिया' बीमारी दूसरों के प्रति लंबे समय तक पाली जाने वाली नफरत की भावना के कारण होती है। इसमें वह खुद की तरफ सबका ध्यान आकर्षित करना चाहता है। इसमें शुरुआत ऐसे भी हो सकती है कि जैसे बचपन में कई बार अपने बिस्तर पर लेटने जाता था तो देखता कि मेरा भाई या बहन पहले से ही वहां लेटे हुए हैं और मुझे वहां लेटने का मौका नहीं मिलता। मेरे साथ ही अक्सर ऐसा होता। ऐसे लोगों में आत्महत्या का विचार बहुत प्रबल होता है। डॉक्टर को इस बात का विशेष ध्यान रखना होता है। उनके मन से बुरे विचार निकालकर उन्हें जीवन जीने का मकसद दिया जाए। इसके इलाज का पहला चरण यह है कि उन्हें तनाव रहित रखा जाए। इसके लिए उन्हें कहा जाता है वे जो करना चाहते हैं वो करें।

यह बहुत ही उपयोगी इलाज है, क्योंकि इसके माध्यम से मरीजों को दूसरों पर आरोप लगाने का मौका नहीं मिलता। वे वही करते हैं जो चाहते हैं। इससे किसी और पर दोषारोपण नहीं कर पाते। ऐसी स्थिति में किसी और से बदला लेने की उनमें भावना का विकास ही नहीं होता। मैं उनसे कहता हूँ जब भी आपका मन छुट्टियों पर जाने के लिए करे तो जाएं। कभी फिल्म जाने का मन आपको करे तो जाएं। इससे उनके अंदर की यह भावना कि हम हमारी मर्जी से सभी चीजें कर रहे हैं, प्रबल होती है और वे खुश रहते हैं। पर अक्सर ऐसा होता है कि इस बीमारी से पीड़ित मरीज अक्सर दूसरों को दोष ही देना चाहते हैं। अपना रौब जमाकर दूसरों से अपनी बात मनवाना चाहते हैं, लेकिन मेरा प्रयोग उन्हें वो करने की आजादी देता है जो वो चाहते हैं। इसी वजह से आज तक मेरे किसी मरीज ने आत्महत्या नहीं की।

कई बार मेरे मरीज मुझे कामन जवाब देते हैं कि उन्हें कुछ करना ही पसंद नहीं है। (मुझे यह अक्सर सुनने को मिलता है।) तो मैं उनसे यही कहता हूँ कि उन्हें जो नापसंद है वह वहीं करें। मुझे पता होता है कि किसी मरीज को मैं जो करने के लिए कहूँगा वह उसे बिल्कुल नहीं करेगा। इसलिए वो जो कहता है अक्सर मैं उसमें अपनी सहमति जता देता हूँ। यह इस बीमारी के इलाज का पहला नियम है।

इसके बाद मैं दूसरे नियम की तरफ बढ़ता हूँ। ऐसा नियम जिसमें मरीज की दैनिक दिनचर्या और मानसिक नजरिए में बदलाव के प्रयास किए जाते हैं। इस प्रयास को सिर्फ़ 14 दिन करने के लिए प्रोत्साहित किया जाता है और इसके परिणाम दिखने लगते हैं। यह अभ्यास है कि मरीज को यह कहा जाता है वह दैनिक रूप से यह कोशिश करें कि किसी दूसरे को प्रसन्न रखने के लिए वे क्या कर सकते हैं?

यह वाक्य आपको बेहद साधारण और अटपटा लग रहा होगा, लेकिन इसे आप उन मरीजों के नजरिए से देखिए, जो हर दफा यही सोचते रहते हैं कि दूसरों को तकलीफ कैसे दी जाए? जब मैं उन्हें यह अभ्यास करने का अनुरोध करता हूँ तो बहुत ही रोचक जवाब मुझे प्राप्त होते हैं, जैसे कोई कहता है यह बहुत ही सरल है। मैं इसे जल्द करके बताऊंगा। लेकिन जब कुछ दिनों बाद मैं उनसे पूंछता हूँ कि उन्होंने क्या विचार किया? तो उनका अक्सर यही उत्तर होता है उन्हें सोचने का समय ही नहीं मिला। मैं उन्हें फिर विनम्रता से सलाह देता हूँ कि जब वे रात को सोने की कोशिश करते हैं तब इस विचार के बारे में सोच सकते हैं। पर यहां भी मुझे उनके अजीब तर्कों का सामना करना पड़ता है। जब मैं अगले दिन उनसे पूछता हूँ तो उनका जवाब होता है, "मैं पिछली रात बिस्तर पर लेटते ही सो गया। इसलिए मुझे सोचने का मौका ही नहीं मिल पाया।" खैर, यह सब मरीजों से इतनी सरलता से किया जाना रहता है कि उन्हें यह एहसास नहीं होना चाहिए, उन्हें कोई आदेश दे रहा है।

कई मरीजों का कहना होता है कि वे हमेशा इतने चिंतित और दुविधाग्रस्त बने रहते हैं कि दूसरों के बारे में सोच ही नहीं पाते। मेरी ऐसे मरीजों को यही सलाह होती है कि वे चिंता करना छोड़ दें और सिर्फ़ और सिर्फ़ मेरे दिए विचार पर फोकस करें। पर फिर भी मरीजों के तर्क कम नहीं होते। कोई हठीले स्वभाव में कहता है कि 'आखिर मैं क्यों किसी और को खुश करूं?' उन्हें फिर मुझे यही जवाब देना पड़ता है कि वे सिर्फ़ अपने स्वास्थ्य के बारे में सोचे। यही उनके लिए सर्वोत्तम उपाय है। इस पूरी प्रक्रिया में बहुत कम बार मुझे यह सुनने को मिलता है कि किसी मरीज ने मेरी बातों को माना हो, वह करने का प्रयास किया, जो मैंने कहा हो।

मेरे यह सब प्रयास करने का एकमात्र कारण यह होता है कि मरीज की रुचि सामाजिक लोगों में जगाई जाए। असल में इस रोग का मूल कारण मरीजों का सामाजिक रूप से सहयोग न किया जाना होता है, यही बात मैं उन्हें समझाने का प्रयास करता हूँ, या तो वे इसे समझ जाएं या खुद रुचि लेकर प्रयास करने लगें। बस ऐसा करते ही वे खुद को सामाजिक ढांचे में सरलता से बिठा पाएंगे और रोग मुक्त हो पाएंगे। धार्मिक अनुच्छेदों में हमेशा यह बात कही गई है कि 'सभी से प्रेम भावना रखो।" अगर कोई व्यक्ति समाज में रहकर दूसरे लोगों से आपसी तालमेल स्थापित नहीं करेगा तो खुद के साथ–साथ दूसरों को भी नुकसान ही पहुँचाएगा। उसकी जीवन में सफल होने की संभावना बेहद कम हो जाएगी। समाज में हर इंसान एक–दूसरे से यही चाहता है कि वह उसका सबसे बेहतर सहयोगी, मित्र या शुभचिंतक बने, और कुछ नहीं।

दैनिक रूप से अच्छा काम करने की प्रेरणा और सलाह मनौवैज्ञान्किों और चिकित्सकों द्वारा हमेशा दी जाती रही है। हमें भी अच्छा काम करने की प्रेरणा डॉ. एडलर द्वारा दी जाती थी। अच्छा काम के बारे में पैगम्बर मोहम्मद ने कहा था, "किसी के चेहरे पर मुस्कान लाना ही अच्छा काम होता है।" अगर आदमी अच्छे कामों के बारे में ही सोचे और उनको करने के लिए स्वयं को व्यस्त रखे तो वह चिंता, भय और मैलेनकोलिया जैसे रोगों से हमेशा मुक्त रखेगा।

एक कहानी श्रीमती विलियम टी. मून के बारे में हैं। वे मून सेक्रेटरियल कोर्स न्यूयार्क में चलाती थीं। वे इतनी समझदार थीं कि उन्होंने बेहद कम समय में खुद को प्रसन्न करने और दूसरों को खुश रखने के बारे में विचार कर लिया था। उन्होंने सिर्फ़ कुछ दिन में अपनी सारी निराशाओं को हरा दिया था सिर्फ़ यह काम करके कि दो अनाथ बच्चों को कैसे खुश रखा जाए। इस तरह उन्हें 14 दिन भी नहीं लगे। यह बात उन्होंने ही मुझे बताई थी। उन्होंने मुझसे कहा, "पांच साल पहले मैं अपने जीवन में गहरी निराशा से जूझ रही थी। मेरे पति मुझे छोड़कर परमेश्वर के पास जा चुके थे।

उस समय दिसंबर में जब क्रिसमस पास आ रहा था, तो मैं अपने आप को और भी अकेला और दुखी महसूस कर रही थी। इससे पहले मैंने अकेले क्रिसमस नहीं मनाया था। कुछ परिचितों ने अपने साथ मुझे क्रिसमस मनाने के लिए जरूर कहा था, लेकिन मैं इतनी दुखी थी कि अपने दुख के कारण उनका क्रिसमस खराब नहीं करना चाहती थी। इसलिए मैंने उन्हें मना कर दिया। जब क्रिसमस में एक दिन ही शेष बचे थे तब मेरी उदासी और बढ़ गई। मेरे पास कई और लोगों की अपेक्षा बहुत कुछ था फिर भी मैं परमेश्वर के प्रति कृतज्ञ नहीं थी। अपनी निराशा और हताशा के बीच क्रिसमस के एक दिन पहले मैं दोपहर के समय अपने आफिस से निकलकर फिफ्थ एवेन्यू नामक जगह पर यूं ही घूमने चली गई, ताकि मेरा दुख कुछ हद तक कम हो सके। एवेन्यू उस समय भीड़ से भरा हुआ था। यह भीड़ मुझे पहले वाले मेरे खुशनुमा क्रिसमिस की याद दिला रही थी। इस समय मुझे समझ नहीं आ रहा था कि कैसे मैं खुद को अपने इस अकेलेपन से निकालूं। अपने सूने अपार्टमेंट में जाने का मेरा जरा भी मन नहीं था। एक घंटे तक यूं ही घूमते रहने के बाद मैंने खुद को एक बस स्टैंड पर पाया। अक्सर मैं अपने पति के साथ पहले किसी अनजान सफर पर निकल जाती थी। यही सोचकर मैं आज भी एक बस में सवार हो गई। हडसन नदी को पार करते ही कंडेक्टर ने आवाज लगाई, 'आखिरी स्टाप आ गया।' मजबूरी में मुझे बस से उतरना पड़ा। वह एक छोटा सा गांव था। वापिस जाने की बस कुछ देर बाद थी, तब तक मैं वहीं एक सड़क पर घूमने निकल पड़ी। मुझे वहां एक चर्च दिखाई दिया। जहां से सुंदर मधुर ध्वनियां सुनाई दे रही थीं। मेरी इसमें उत्सुकता बढ़ी और मैं चर्च के अन्दर चली गई। यह मधुर ध्वनियां आर्गनिस्ट बजा रहे थे, इसके सिवाय वहां कोई नहीं था। मैं चुपचाप वहां एक बेंच पर बैठ गई। वहां बहुत ही सुंदर क्रिसमस ट्री सजा हुआ था, जिससे आने वाली रोशनी मोहित कर रही थी। वहां इतना मधुर संगीत बज रहा था कि मुझे नींद आने लगी। थकी और भूखी होने की वजह से वहीं बेंच पर सो गई।

जब जागी तो मैंने अपने सामने दो छोटे बच्चों को पाया। वे बच्चे वहां क्रिसमस ट्री देखने आए थे। उसमें से एक छोटी बच्ची ने मेरी ओर इशारा करते हुए कहा, "कहीं इन्हें सांता क्लॉज ने तो नहीं भेजा।" वे मैले कपड़े पहने हुए थे। मुझे जागता देख वे डर गए। मैंने उन्हें भरोसा दिलाया कि मुझसे उन्हें कोई डर नहीं।

जब मैंने उनसे उनके माता–पिता के बारे में पूछा तो उन्होंने अपना अनाथ होना बताया। इतने प्यारे मासूम बच्चे जो मुझसे भी बुरे हालात में थे। उनकी दशा देखकर मुझे अपने छोटे से दुख के रोने पर ग्लानि महसूस होने लगी। मैंने उन्हें जी–भर कर खाना खिलाया। अच्छे कपड़े, गिफ्ट दिलाए। मिठाईयां खिलाई। उन दोनों बच्चों के साथ मैं अपना अकेलापन भूल गई। उनकी खुशी में, मैं भी इतना प्रसन्न हुई कि मेरी सारी हताशा दूर हो गई। मैं महसूस करने लगी कि इस काम ने मुझे बेहद समय बाद

सच्ची खुशी दिलाई थी। मैंने परमेश्वर को धन्यवाद दिया कि उसने मुझे यह सब करने का मौका दिया। मुझे यह एहसास हो रहा था कि मैंने इन बच्चों के लिए जो किया था उससे ज्यादा प्रसन्नता उन्होंने मुझे दी थी। इस घटना से मुझे प्रेरणा मिल गई कि अगर हमें खुद को खुश रखना है तो इसके लिए दूसरों को खुश रखना बेहद जरूरी है। तभी हमें भी सच्ची खुशी मिल सकती है। यह संक्रामक होती है, जिसे एक से दूसरे को और दूसरे से तीसरे को प्राप्त होती है। उस समय हुई इस छोटी सी घटना से मुझे नया जीवन मिल गया। मुझे लगा अब यह नई शुरुआत है, अपनी चिंता, दुख और परेशानियों पर मैं इसी तरह जीत पा सकती हूँ।

ऐसी ही और भी अनमोल, प्रेरणादायक कहानियां मेरे पास और भी हैं। जैसे, यूनाइटेड स्टेट नैवी की लोकप्रिय महिला मार्गरेट टैलर येट्स की कहानी।

येट्स उपन्यास और कहानियां लिखने का काम भी करती हैं, लेकिन उनकी कहानियों से ज्यादा उनके जीवन में हुई घटनाएं रोचक हैं, जैसे पर्ल हार्बर की घटना वाले दिन हुई घटना। येट्स को दिल की बीमारी थी, इस वजह से वे एक साल से भी ज्यादा समय से बिस्तर पर पड़ी हुई थीं। वे दिन में सिर्फ़ एक बार सूरज की रोशनी लेने के लिए अपने बगीचे में अपनी सहायिका की मदद से जाती थीं। पर्ल हार्बर पर हुई घटना ने उनका सारा जीवन बदल कर रख दिया। वो कहती हैं कि अगर वह घटना उनके जीवन में न आई होती तो शायद उनका बचा हुआ जीवन भी इसी तरह से बिस्तर पर पड़े–पड़े ही गुजर जाता।

उन्होंने बताया कि एक बम मेरे घर के इतने पास गिरा था कि उसने मुझे बिस्तर से नीचे गिरा दिया था। उस समय सेना के ट्रक हिकैम फील्ड, स्कॉफील्ड बैरेक्स और कैनिओहे बे एयर स्टेशन की तरफ़ सैनिकों की पत्नी और बच्चों को बचाने के लिए भाग रहे थे। रेडक्रॉस वाले बेघर हो गए लोगों को घर दिलाने के लिए दूसरे घर के लोगों से अनुरोध कर रहे थे। इसके लिए मुझे भी जिम्मेदारी दी गई। मेरा काम बेघर सैनिकों की पत्नी और बच्चों को कहां रखा गया है इसकी जानकारी देना था। साथ ही अपने परिवार की जानकारी लेने के लिए बहुत से परिवारों के फोन भी मेरे पास आने लगे थे। सौभाग्य से मेरे सेना में कमांडर पति रॉबर्ट रैले येट्स सुरक्षित थे, इसलिए मैंने उन महिलाओं का मनोबल बढ़ाने का काम करना शुरू कर दिया, जिन औरतों को यह पता नहीं था कि उनके पति जीवित हैं या नहीं। विधवाओं के प्रति सहानुभूति व्यक्त की। उस समय नैवी और मैरीन कॉस में 960 सैनिक लापता हुए थे और 2117 अफसर शहीद।

जब मैंने अपना काम करना शुरू किया तो मैं बिस्तर पर लेटे हुए ही काम करती थी, लेकिन जैसे–जैसे काम का बोझ और गंभीरता बढ़ती गई। मैं बिस्तर पर बैठने से

लेकर अपनी कुर्सी पर बैठकर काम करने की स्थिति में आ गई। यह सब कब हुआ मुझे स्थिति का पता ही नहीं लगा। दूसरों के खुद से ज्यादा दुख और तकलीफ देखकर मैं अपनी परेशानियों को लगभग भूल ही गई। इसका नतीजा यह हुआ काम करने के बाद मैं सिर्फ़ आठ घंटे ही नींद लेती। इसके बाद का सारा समय अपने काम में ही गुजारती।

यह लगातार तब तक चलता रहा जब तक स्थितियां ठीक नहीं हो गई। आज मुझे एहसास होता है कि अगर उस समय ऐसा नहीं होता तो शायद मैं अपनी बाकी बची हुई ज़िंदगी अपने बिस्तर पर ही गुजार लेती, क्योंकि मुझे हर तरह की सुविधाएं मिली हुई थी इसलिए शायद मैं ठीक होने के लिए अपनी ओर से कोई ठोस कदम नहीं उठाती। मेरे अवचेतन मन में भी यह बात घर कर गई थी।

अमेरिकी इतिहास के लिए यह सबसे बड़ी दुर्घटनाओं में से एक है, लेकिन मेरे लिए मेरे जीवन में हुई सबसे अच्छी घटनाओं में से एक घटना है। इस घटना से मुझे मौका मिला खुद से ध्यान हटाने और दूसरों के दुख दर्द को समझते हुए कुछ करने का। ऐसी शक्ति जो मेरे भीतर थी पर मैं उसका इस्तेमाल नहीं कर रही थी। उसका एहसास मुझे इस घटना के बाद ही हुआ। अब मैं सिर्फ़ अपने बारे में ही नहीं दूसरों के बारे में भी सोचने लगी थी।

येट्स ने जो किया, वही दूसरों की मदद करने का विचार करके बहुत सारे लोग अपने जीवन के दुखों और दुविधाओं से छुटकारा पा सकते हैं। उन्हें मनोवैज्ञानिकों के पास जाने की कोई जरूरत नहीं होती। ये सिर्फ़ मेरा नहीं प्रसिद्ध मनोवैज्ञानिक कार्ल युंग का भी यही विचार है। उन्होंने कहा है, "मेरे पास आने वाले ज्यादात्तर मरीज सिर्फ़ वैज्ञानिकों द्वारा परिभाषित न्यूरॉसिस से पीड़ित नहीं हैं, बल्कि वे ज्यादात्तर अपने अकेलेपन, खालीपन से पीड़ित होते हैं।" असल में आदमी स्वयं अपनी बेमकसद ज़िंदगी से परेशान और दुख पैदा करता रहता है। इसके बाद उत्पन्न हुए अपने दुखों से निजात पाने के लिए मनौवैज्ञानिकों के पास जाता है। अक्सर वह दूसरों को समस्याओं का दोषी ठहराने का प्रयास करता है। खुद के भीतर वह जरा भी झांकता नहीं। उसे लगता है कि संसार में सिर्फ़ उसकी इच्छाओं की पूर्ति हो।

अब हो सकता है इन कहानियों और इनके संदेश से कुछ लोग सहमत न हो। कोई कह सकता है अगर मुझे भी क्रिसमस के ठीक पहले कोई अनाथ बच्चे मिले तो मैं भी उन्हें चाकलेट खरीद कर दे दूं। पर्ल हार्बर जैसी घटना हो तो मैं भी अपने हमवतन साथियों की मदद करने के लिए तैयार हो जाऊं। पर असल बात यह है कि मेरी ज़िंदगी में इतना नाटकीय कुछ भी नहीं घटा। मैं एक बोरिंग नौकरी करता हूँ। आखिर मैं क्यों दूसरों की मदद करने जाऊं? इससे मुझे क्या लाभ होने वाला है?

ठीक है, चलिए इसे आपके लाभ के नजरिए से भी देख लेते हैं। हर आदमी अपने दैनिक जीवन में कुछ न कुछ लोगों से तो मिलता ही है। जब आप भी अपने आसपास के लोगों से मिलते होंगे तो फिर आप कैसा व्यवहार उनके साथ करते हैं? उनके बारे में क्या जानने की कोशिश करते हैं? उदाहरण से समझें तो पोस्टमैन जो आपके घर आपकी चिट्ठियां लेकर आता है। क्या आपने यह जानने की कोशिश की कि वह कितनी दूर से खत आपके लिए लेकर आता है? उसके परिवार में कौन–कौन है? क्या वह इतनी दूर से खत लाने में थक जाता है?

आपके आसपास हर शख्स की अपनी कहानी है। अखबार बांटने वाला, फुटपाथ पर बैठकर आपके जूते चमकाने वाला, सिग्नलों पर आपकी गाड़ियां साफ करने वाला। ये सभी लोग भी अपने आंखों में कई सपने सजाए बैठे हैं। इनके ज़िंदगी की कई कहानियां हैं, जिसे ये बताना चाहते हैं। पर आप क्या करते हैं? उन्हें अवसर देते हैं उनकी ज़िंदगी के बारे में कुछ सुनाने का। थोड़ी भी रुचि दिखाते हैं। दुनिया सुधारने के लिए बड़ा समाजसेवी होने की कतई जरूरत नहीं है। इसके लिए तो सिर्फ़ निजी ज़िंदगी का कुछ हिस्सा औरों के नाम करने की जरूरत है। अब आप चाहें तो कल से ही इसकी शुरुआत कर सकते हैं।

अब हम दूसरे मुद्दे पर बात करें तो आखिर इससे आपको क्या लाभ होगा? आपको इससे मिलेगा, अपार सुख, सुकून, शांति। जैसा कि अरस्तू ने कहा था, 'उदात्त स्वार्थ'। जोरोआस्ट्र इसे इस तरह से कहते हैं, "औरों का भला कर आप अपना ही स्वास्थ्य, सुख और शांति बढ़ाते हैं।" बेंजामिन फ्रैंकलिन कहते हैं, "इंसान दूसरों का भला करने से ज्यादा ऐसा करके अपना भला करता है।" हेनरी सी. लिंक, न्यूयार्क में मनौविज्ञान सेवा केंद्र के निदेशक हैं, वे कहते हैं, "आधुनिक मनोविज्ञान की सबसे बड़ी खोज यही है कि प्रसन्नता के लिए आत्म त्याग, दूसरों की सेवा परम आवश्यक कार्य है।"

औरों के बारे में सोचकर हम ज्यादा से ज्यादा दोस्त बना सकते हैं। उनके साथ जीवन का आनंद उठा सकते हैं। यह बात येल विश्वविद्यालय के प्रोफेसर विलियम ल्यॉन फेल्प्स ने बताई थी। उन्होंने कहा था, "मेरा जब भी किसी होटल या कहीं भी जाना होता है तो मैं कभी भी वहां मिलने वाले व्यक्तियों से कोई अच्छी बात कहे बिना वापस नहीं आता। मैं उन सभी से इंसानों की तरह व्यवहार करता हूँ, ताकि उन्हें मुझसे मिलकर खुशी महसूस हो। मुझे कोई सामान बेचने वाली सेल्स गर्ल के बालों की तारीफ मैं करता हूँ। कभी सैलून वाले से पूछ लेता हूँ कि उसका स्वास्थ्य कैसा है? उसे घर–परिवार में सब कैसा है? जब स्टेशनों पर कोई कुली मेरा सामान लेकर मुझे छोड़ने आता है तो जाने से पहले मैं हाथ मिलाकर उसका अभिवादन करता हूँ। मैं

अपने अनुभवों से यह समझने लगा हूँ कि जब हम किसी दूसरे आदमी के निजी जीवन में थोड़ा बहुत भी रुचि दिखाते हैं तो वह प्रसन्न हो जाता है। खुशी से वह प्रतिक्रिया देने लगता है।

मेरा किस्सा इस तरह है कि मैं एक बार उमस से भरे दिन में न्यू हैवन रेलवे की डाइनिंग कार में अपना भोजन लेने के लिए गया हुआ था। उस गर्म दिन में वह डाइनिंग कार बेहद गर्म हो रही थी। इस कारण वहां काम आराम से किया जा रहा था। जब वेटर ने मुझे मैन्यू थमाया तब मैंने उससे कहा 'आज तो रसोइए का बुरा हाल होगा।' इतना सुनते ही उस वेटर के मुंह से आह निकल पड़ी। उसने कहा, 'अक्सर यहां आने वाले लोग धीमी सर्विस के लिए हमें कोसने लगते हैं। कभी भयंकर गर्मी के बारे में शिकायत करते हैं तो कभी कीमतों के बारे में। 19 सालों से मैं यही वाक्य सुनते हुए आ रहा हूँ। आप पहले इंसान हैं, जिसने इन सब बातों को दरकिनार करते हुए हमारे रसोइए का हाल पूछा है। परमेश्वर से दुआ है कि आप जैसे लोग ही हमारे यहां आएं।' आखिर वेटर इतना हैरान क्यों हुआ? क्योंकि मैंने उससे इंसानों जैसा व्यवहार किया। मैंने उसके और उसके साथ काम करने वालों के प्रति आभार जताया। उन्हें सिर्फ़ काम करने वाले रेलवे मशीन के पूर्जों की तरह नहीं आंका। आखिर लोग यही तो चाहते हैं कि उनसे इंसानों की तरह व्यवहार किया जाए। अक्सर सड़क पर कुत्ता घुमाने वाले लोगों के कुत्तों की मैं तारीफ करता हूँ, जिसके बाद मैं देखता हूँ कि वो भी अपने कुत्ते को दुलारने लग जाते हैं। उनमें भी एक आनंद का उत्साह दिखाई देने लगता है।

इंग्लैंड में एक चरवाहे के साथ रहने वाले कुत्ते की प्रशंसा मैंने की। मैंने उससे सिर्फ़ इतना पूछा कि उसने अपने कुत्ते को प्रशिक्षित कैसे किया? इतनी तारीफ ने उसके भीतर उत्साह भर दिया। उसने मुझे इसके बारे में बताया। जब मैं आगे बढ़ने लगा तो पीछे मुड़कर देखने पर मैंने पाया कि उसका कुत्ता उसके कंधों पर पंजें टिकाकर खड़ा है और उसका मालिक उसे दुलार रहा है। आखिर मेरे सिर्फ़ छोटे से प्रयास ने न सिर्फ़ कुत्ते के मालिक को बल्कि उस कुत्ते और मुझे भी थोड़ी देर के लिए प्रसन्नता दे दी थी।

अब आप ही बताइए कि क्या ऐसा व्यक्ति जो राह चलते हुए चरवाहे की प्रशंसा करता है, जो भयंकर भट्टी में तपते हुए रसोइए की चिंता करता है, जो कुत्ते तक के बारे में सोचता है, क्या ऐसे व्यक्ति को कोई मनोवैज्ञानिक रोग हो सकते हैं? उसे कभी भी अपने जीवन में मनोवैज्ञानिक के पास जाने जरूरत महसूस हो सकती है। मुझे पूरा यकीन है आपका जवाब न में होगा। यही बात एक चीनी कहावत से सिद्ध होती है। कहावत है कि "फूल देने वाले के हाथ में भी कुछ खुशबू अवश्य रह जाती है।" येल का जीवन इसी तरह का रहा। उन्होंने सार्थक जीवन जिया।

एक और उदाहरण से हम समझते हैं। यह एक औरत की कहानी है। अगर आप पुरुष है तो कृपया मैं आपको पहले ही सतर्क कर दूं, शायद आप यह पैरा न पढ़ना चाहें। इस पैरे में यह बताया गया है कि कैसे एक दुखी रहने वाली लड़की ने सारे युवकों से विवाह प्रस्ताव हासिल करके बताए। यह पुरानी कहानी है अब तो वह लड़की दादी की उम्र की हो गई है। उसके बारे में मुझे तब पता चला जब मुझे उससे उसके घर एक बार मिलने का अवसर प्राप्त हुआ। असल में, मैं उसके गांव नें जहां वह रहती थी, एक लेक्चर देने गया हुआ था। उस लेक्चर के बाद मेरी ट्रेन न्यूयॉर्क सेन्ट्रल की मेन लाइन से थी, जो उस गावं से 50 मील की दूरी पर था। उस महिला ने मुझे स्टेशन छोड़ा था। इस दौरान उसने मुझे वो बातें बताई जो उसने अपने पति तक को नहीं बताई थी। यही बातें मैं आप लोगों को बता रहा हूँ।

उसने कहा मैं फिलाडेल्फिया के एक गरीब परिवार में पैदा हुई थी। यह मेरे अतीत के सबसे भयानक दिन थे। मैं अपनी सहेलियों से भी गरीब थी। न हमारे पास पहनने को बेहतर कपड़े होते थे, न ही खाने को बेहतर भोजन। मेरा जीवन ऐसा था कि अक्सर मैं रात को सोने से पहले अपने हाल पर रोती जरूर थी। जब मैं किसी सार्वजनिक समारोह में उधार लिए कपड़ों के साथ जाती और वहां मुझे किसी व्यक्ति के साथ डांस करने का अवसर मिलता तो अक्सर उनसे उनके भविष्य की योजनाओं, उनके कामों और उनके पुराने अनुभवों के बारे में चर्चा करती। यह सब मैं इसलिए नहीं करती कि मुझे उनसे चर्चा करने में मजा आता था, बल्कि इसलिए कि वे मेरे पुरानों कपड़ों पर ज्यादा ध्यान न दें। यह सिलसिला जब हमेशा ही चलने लगा तो मुझे भी मेरे पार्टनर्स की बातें सुनने में आनंद आने लगा। वो भी इतना कि मैंने खुद अपने कपड़ों के बारे में चिंता करनी छोड़ दी। क्योंकि मैंने एक अच्छे श्रोता की तरह सबके मन की बात पूरे तसल्ली से सुनी। इसलिए मैं उन लड़कों में लोकप्रिय होने लगी। क्योंकि लड़के मेरे सामने अपनी दिल की बात रख पाते थे, इसलिए वे मुझसे आकर्षित होने लगे। अंतत: एक दिन तीन युवकों ने मेरे सामने विवाह का प्रस्ताव रख दिया।

कई लोगों को यह बातें बेकार लग सकती हैं। दूसरों में रुचि लेना, तारीफ करना और भी बहुत कुछ। वे कह सकते हैं कि यह बस आदर्शवादी सिद्धांन्त सुनने में अच्छे लगते हैं, लेकिन वास्तविक दुनिया में इनका कोई प्रभाव नहीं। हमें इन बातों पर कोई भरोसा नहीं। हम तो अपने हिसाब से चलेंगे। इन उपदेशों का हम पर कोई असर नहीं होगा।

चलिए मान लेते हैं कि आपको यह सब महान उपदेश लग रहे हों। वो बातें जो दुनिया के प्रसिद्ध धार्मिक उपदेशकों और विचारकों ने कही। अरस्तु, प्लेटो, बुद्ध, कन्फ्यूशियस, सुकरात और ईसा मसीह के आदर्श विचार आपको प्रभावित नहीं करते।

ठीक है, तो हम इसके लिए कुछ नास्तिकों के विचार भी जान लेते हैं कि वो क्या राय रखते हैं? ए.ई. हाउसमैन, जो कैम्ब्रिज यूनिवर्सिटी के लोकप्रिय प्रोफेसर रहे हैं। सबसे पहले उनके विचार हम जानते हैं जो उन्होंने 1936 में कविता का नाम और प्रकृति विषय पर रखे थे। उन्होंने उस भाषण में कहा था कि जीवन की सबसे बड़ी नैतिक सच्चाई ईसा मसीह के इन प्यारे दार्शनिक शब्दों में छिपी हुई है, "जो सिर्फ़ जीवन चाहते हैं वो इसे खो देंगे। पर जो मुझे पाना चाहते हैं वो इसे जरूर पा लेंगे।" अब यह बात वह व्यक्ति कर रहा है जो पूरी तरह से नास्तिक था। वह भी धर्म गुरुओं और दार्शनिकों की उस बात पर भरोसा कर रहा है जो उन्होंने दूसरों की सेवा में ही खुद की खुशी ढूंढने के संबंध में कही थी। जो यह करेगा वही सुखी रह पाएगा अन्यथा नहीं। क्या अब आप इस बात से कुछ प्रभावित हुए? अगर नहीं तो इसकी पुष्टि के लिए हम 20वीं सदी के सबसे प्रख्यात नास्तिक थियोडोर ड्रेजर के विचार भी जान लेते हैं।

थियोडोर हमेशा अपनी उन बातों के लिए सुर्खियों में रहते थे, जो वे धर्मों के बारे में कहते थे। वे इसे परी कथाएं कहते थे। ऐसी परीकथा जो कहानियों से भरी रहती थी, जिसमें सिर्फ़ और सिर्फ़ अच्छी–अच्छी बातें हुआ करती हैं, लेकिन असल में उनमें कोई सच्चाई नहीं। कोई मूर्ख ही उन्हें सही मान सकता है। इतने नास्तिक होने के बाद भी थियोडोर ने ईसा मसीह के एक सिद्धांत का पालन करने के लिए सभी को कहा। वह सिद्धांत था, 'दूसरों की सेवा करना।' वे कहते थे अगर हमें खुश रहना है, तो हमें दूसरों की खुशी के बारे में भी सोचना चाहिए। जितना दूसरों को खुश रखने की कोशिश हम करते हैं उतना ही खुशी हमें भी मिलती है।

अब कि जैसा धार्मिक उपदेश हमसे यह कह रहे हैं और थियोडोर जैसे नास्तिक भी, तो जितना जल्दी हम यह काम शुरू कर दें उतना अच्छा। आप यह मान लें कि समय गुजरा जा रहा है। हम जो भी काम करेंगे वो एक बार होगा। इसलिए जितने जल्दी हम यह सब कर लें। किसी की भलाई कर लें, उतना ही अच्छा होगा। आखिर यह वक्त जो एक बार गुजर जाएगा वो दोबारा लौट कर नहीं आएगा।

जीवन में चिंता मुक्त रहने के लिए जरूरी सातवां नियम है : दूसरों की खुशी के लिए जितना हो सके काम जरूर करना चाहिए। आपका यह प्रयास आपको ही प्रसन्नता से भर देगा।

संक्षिप्त में खंड पांच

सुख-समृधि विकसित करने के सात तरीक़े

नियम 1. हमें अपने मस्तिष्क को शांति, सकारात्मक, साहस, स्वस्थ और आशावादी विचारों से भर देना चाहिए। यही विचार हमारी ज़िन्दगी बनाएंगे।

नियम 2. हमें जीवन में हमेशा आइजनहॉवर का सिद्धांत अपनाना चाहिए। कभी अपने दुश्मनों के बारे में विचार करके अपना वक्त बर्बाद न करें। इस तरह हम स्वयं को आंतरिक तौर पर शांत रख सकते हैं।

नियम 3. 1. कृतघ्नता के बारे में सोचने की बजाए, हम इसकी उम्मीद करें। हमें याद रखना चाहिए ईसा मसीह ने एक दिन में दस कोढ़ियों को ठीक किया था, लेकिन उनमें से केवल एक ने ही धन्यवाद दिया। जब ईसा मसीह ने कृतज्ञता की अपेक्षा नहीं की तो हमें भी इस बारे नहीं सोचना चाहिए।

2. कृतज्ञता प्राप्त करने के विपरीत हम सिर्फ़ देने का आनंद उठाएं।

3. कृतज्ञता का भाव किसी में भी जागृत किया जा सकता है, इसलिए अपने बच्चों के अंदर इसे जागृत करने का काम करें।

नियम 4. हमेशा अपनी खूबियों पर ध्यान केंद्रित करें खामियों पर नहीं।

नियम 5. नकल न करें, बल्कि अपने असल स्वभाव को पहचानें और उसी पर काम करें। याद रखें ईर्ष्या अज्ञान है और नकल आत्महत्या।

नियम 6. ज़िन्दगी जब हमारे हाथ में नींबू थमाए तो हमें उसका इस्तेमाल शर्बत बनाने में करना चाहिए।

नियम 7. दूसरों को प्रसन्न करने का थोड़ा प्रयास बदले में हमें दोगुनी प्रसन्नता प्रदान करता है।

खंड - पांच

चिंता पर विजय पाने का तरीक़ा

19

मेरे माता-पिता ने चिंता पर कैसे विजय प्राप्त की

मैं इस किताब में आपको पूर्व में बता चुका हूं कि मेरा जन्म और परवरिश मिसूरी के एक फार्म में हुई। मेरे पिता किसान थे, जो खेतों में खूब मेहनत किया करते थे। वो माह में 12 डॉलर कमा लिया करते थे और मेरी मां वहीं पास के एक स्कूल में शिक्षक थीं। मेरी मां एक हुनरमंद थी, जो घर पर कपड़ें बुनती थी और कपड़ें धोने के लिए घर पर ही साबुन बनाने का काम किया करती थी।

हमारे घर में तब ही पैसा आता था, जब हम अपने बाड़े में पाले सुअर बेच कर के आया करते थे। हम अपनी जरूरत का ज्यादातर सामान तभी खरीद पाते थे, जब दुकानदार हमसे उसके बदले कुछ अन्य वस्तुएं लेने के लिए तैयार हो जाता। इसके एवज में हम आटा, शक्कर खरीदते। मुझे अच्छी तरह याद है कि इस आर्थिक तंगी के चलते जीवन के 12 साल बीत जाने के बाद भी पूरे 50 सेंट भी खर्च करने के लिए नहीं मिल पाए थे। सिर्फ़ एक बार मुझे चार जुलाई को अमेरिका के स्वतंत्रता दिवस के अवसर पर पिताजी ने दस सेंट दिए थे, वह मेरे लिए कभी न भुला पाने वाला दिन था। तब मैं उसे खर्च करने के लिए पूरी तरह से आजाद था। मैंने उसे अपने मन के हिसाब से खर्च भी किए। अपने बचपन में, मैं स्कूल जाने के लिए बहुत मेहनत करता था। मेरा स्कूल मेरे घर से एक मील दूर था। मेरे पास उस समय रबर के जूते भी नहीं होते थे। फिर भी मैं चाहे पारा शून्य से कम हो जाए, स्कूल जरूर जाया करता था। मुझे बचपन में तो यह विश्वास ही नहीं होता था कि ठंड में कोई गर्म पैरों के साथ स्कूल पहुँच सकता था।

मेरे माता–पिता दोनों ही कड़ी मेहनत करते थे फिर भी हम उतना नहीं कमा पाते थे कि शान से अपना जीवन गुजार सकें। बचपन का एक किस्सा मुझे याद है जब हमारे यहां इतनी तेज बाढ़ आई थी कि पानी हमारी मक्के की फसल को बह कर ले

गया था। हमारी सारी फसल को उसने चौपट कर दिया था। यह क्रम एक बार नहीं पूरे छह साल तक चलता रहा। इससे बीमारियां भी फैलती। हमारे सुअर हैजा से मर जाते और हम उन्हें जला कर अपना पीछा छुटाते। यही ऐसी यादें हैं, जिन्हें मैं आज भी अपनी आंखें बंद कर याद और महसूस कर सकता हूँ। जलते हुए सुअरों से निकलने वाली गोश्त की महक। एक बार तो ऐसा हुआ कि हमारे यहां बाढ़ ही नहीं आई। हम बहुत खुश हुए। हमने उस साल जमकर मक्के की फसल उगाई। मवेशियों के लिए भी चारा मंगवाया। उन्हें अच्छा खिलाया–पिलाया ताकि उन्हें बेचकर अच्छे दाम ले सकें। लेकिन अफ़सोस उस साल बाजार में पशुओं के दाम ही कम हो गए। हमें कुछ खास फायदा नहीं हुआ। हर वर्ष से इस वर्ष हमने सिर्फ़ 30 डॉलर ही कमाए। सिर्फ़ 30 डॉलर ज्यादा मतलब पूरे एक वर्ष की जी–तोड़ मेहनत के बदले में इतना ही। इससे भी ज्यादा बुरी किस्मत हमारी तब हुई जब हमने अच्छी कमाई के उद्देश्य से खच्चर खरीदे थे। हमने सोचा इन्हें अच्छे से पालकर, प्रशिक्षित कर हम ऊंचे दाम पर बेच देंगे। इसके लिए हमने उन्हें मेम्फिस और टेनेसी प्रशिक्षण के लिए भिजवाया। आखिरकार इतनी जद्दोजहद करने के बाद भी हमें उन्हें बेचकर सिर्फ़ वही दाम मिले जो हमने उन्हें खरीदकर प्रशिक्षण में लगाए थे। मतलब कोई फायदा नहीं। इस बार भी हमारी तीन साल की मेहनत लगभग बेकार हो गई। मेरे माता–पिता दस सालों तक यही करते रहे। लेकिन नतीजा हमेशा बुरे ही मिले। इतना वक्त देने के बाद भी हम कंगाल थे, हम पर ढेर सारा कर्ज था, हमारा फार्म गिरवी रखा हुआ था। बैंक हमेशा मेरे पिता के साथ बुरा व्यवहार करती और फार्म छीनने की धमकी देती।

47 साल की उम्र होने के बाद भी पिताजी के पास सिवाय कर्ज के कुछ नहीं था। वे हारे हुए इंसान की तरह थे। इन सब हालातों ने उनके दिमाग़ में चिंता भर दी। इतनी चिंता कि वे खूब मेहनत करते पर उन्हें भूख नहीं लगती। वे दुबले होते जा रहे थे। उन्हें नींद नहीं आती। यहां तक चिकित्सक उनके प्रति यह जवाब दे चुके थे कि शायद वे छह महीने से ज्यादा जिंदा नहीं रह पाएं। मेरे पिताजी इतनी निराशा में थे कि वे कुछ भी कर सकते थे। जब भी वे अस्तबल में घोड़ों को भोजन कराने जाते और वहां ज्यादा समय लगा देते तो मेरी मां अनहोनी की आशंका में वहां पहुँच जाती। उन्हें लगता कि कहीं पिताजी ने निराशा में आकर कहीं कोई गलत कदम तो नहीं उठा लिया। एक बार जब वे बैंक मैनेजर से मिलने मैरीविले गए थे वहां बैंक मैंनेजर ने फार्म के नीलामी करने का जिक्र किया था। जब वे अपनी घोड़ा गाड़ी से वापस आ रहे थे तब 102 नदी पर बने पुल पर वे रुके। और फिर बहुत देर तक वहां खड़े होकर सोचते रहे कि क्या सारी झंझटों को नदी में कूदकर खत्म किया जा सकता है।

इस घटना के बारे में मुझे बहुत बाद में मेरे पिताजी ने ही बताया था। उन्होंने मुझे बताया कि वे उस रात उस पुल से शायद कूद जाते अगर उन्हें मेरी मां की कही बातें

याद न आती। उन्होंने कहा था कि जीवन में समय बीतने और ईश्वर पर भरोसा रखने के साथ ही सारी परेशानियों का हल निकल सकता है। अच्छा हुआ मेरे पिताजी ने मेरी मां की बातों पर यकीन किया और आखिर अंत में सब ठीक हुआ। मेरे पिताजी ने लंबी आयु पाई। वे कुल 89 वर्ष जिये। 1941 में उन्होंने आखिरी सांस ली। मेरी मां को परमेश्वर पर गहरा विश्वास था वह हर दिन अपनी प्रार्थना करते समय अपनी परेशानियों को परमेश्वर के सामने रखती और उन्हें हल करने का कहतीं। रोज रात को बिस्तर पर सोने से पहले वह हमें बाइबल का एक अध्याय पढ़कर जरूर सुनातीं। वे बाइबल से अक्सर यह प्रेरणादायक शब्द पढ़कर सुनातीं : "मेरे कई महल हैं... तुम्हारे लिए भी मैं सुख से रहने की व्यवस्था करने जा रहा हूँ...ताकि तुम भी वहीं रहो, जहां मैं रह रहा हूँ।" मिसूरी के फार्म में अक्सर यह प्रार्थना हमें सुनने को मिलती।

प्रार्थना करने के संदर्भ में हार्वर्ड यूनिवर्सिटी के प्रोफेसर विलियम जेम्स कहा करते थे कि "अगर आदमी को अपनी चिंता दूर करनी है, तो उसे ज्यादा से ज्यादा धार्मिक आस्था रखनी चाहिए।" पर ऐसे बहुत से लोग हैं जो बिना हार्वर्ड में गए ये बात जानते थे और उनमें से एक मेरी मां भी थीं। कर्ज, बाढ़ और जीवन की घनघोर विपत्तियां भी मेरी मां की धार्मिक आस्था को डिगा नहीं पाए थे। मैं अक्सर अपने फुरसत के क्षणों में वह गीत गुनगुनाता हूँ, जो वे काम करते समय गुनगुनाती थीं। वह गीत था :

यह नीरव, शांत और अद्भुत शांति
परमेश्वर के शीश महल से होती हुई
मेरे अंदर मेरी आत्मा को सुकून से भर देती है।
मैं इसी शांति के लिए प्रार्थना करती हूँ।

असल में मेरी मां इतनी धार्मिक आस्थावान थीं कि वह चाहती थीं मैं भी अपना जीवन धार्मिक आस्थाओं के प्रति समर्पित कर दूं और धर्म का प्रचार करूं। शायद मैं यह करता भी अगर कॉलेज जाकर मेरे दृष्टिकोण में परिवर्तन न आया होता। मैंने कॉलेज जाकर जीव विज्ञान, विज्ञान, फ़िलॉसफ़ी और तुलनात्मक धर्मों जैसे विषयों पर गहन अध्ययन किया। इन अध्ययनों ने मेरे अंदर कई उत्सुकताएं जगा दीं। मैं यह जानने की कोशिश करने लगा कि आखिर बाइबल लिखी किसने होगी? मुझे उपदेशकों के कई विचारों पर संदेह होने लगा कि वे असल संसार में काम करते भी हैं या नहीं। जैसा कि वाल्ट व्हिटमैन के साथ हुआ मैं भी वैसा ही जिज्ञासु, उत्सुक और ढेर सारे प्रश्नों से सराबोर हो गया।

मैंने प्रार्थना करना बंद कर दिया था। मैंने खुद को दौराहे पर पाया। समय नहीं आ रहा था कि किस तरफ खुद को ले जाऊं। जीवन इस तरह हो गया कि जैसे इसका कोई

लक्ष्य न हो। मुझे लगने लगा कि जैसे करोड़ों साल पहले बिना उद्देश्य के जीने से जैसे डायनासोर समाप्त हो गए वैसा ही हमारे साथ भी होगा। विज्ञान के तथ्यों के अनुसार सूर्य लगातार ठंडा होते जा रहा है और इसी तरह से अगर यह होता रहेगा तो जब सिर्फ़ दस प्रतिशत बचेगा तब यह पूरी तरह समाप्त हो जाएगा। इसी के साथ धरती का भी अंत हो जाएगा। मेरा इस बात से विश्वास उठ गया था कि कोई ऐसा परमेश्वर है जो अंतरिक्ष के ग्रहों, उपग्रहों को संभाले हुए हैं।

पर अब भी मैं इन सवालों के जवाब नहीं ढूंढ पाया, क्योंकि प्रकृति और जीवन के रहस्य इतने गहरे हैं कि कोई भी जीवित मनुष्य इनके बारे में नहीं जान पाया है। असल में हमारे चारों तरफ रहस्य ही रहस्य हैं। जैसे, हमारे शरीर की कार्यप्रणाली एक गहरा रहस्य है। बिजली का कार्य करना, दीवार पर फूलों का उगना, खिड़की के बाहर घासों का उगना, यह सब एक रहस्य है।

चार्ल्स एफ. केटरिंग, जो जनरल मोटर्स रिसर्च लेबोरेटरी के महान मार्गदर्शक थे, उन्होंने यह जानने के लिए कि घास हरी क्यों दिखाई देती है?, के लिए 30 हजार डॉलर का शोध कार्यक्रम चलाया था। वे सोचते थे कि अगर यह पता चल जाए कि घास कैसे सूर्य की रोशनी से खुद में परिवर्तन करती रहती है, तो मानव जाति का भविष्य बदल सकता है।

इसके अतिरिक्त जनरल मोटर्स ने इस बात की रिसर्च में भी अपने करोड़ों रुपए खर्च किए थे कि गाड़ी के इंजन में चिंगारी उठने से वह चलने लगती है, लेकिन यही चिंगारी यदि सिलेण्डर में लगती है तो विस्फोट हो जाता है, आखिर ऐसा क्यों? असल में मैंने महसूस किया कि हम अपने निजी जीवन में इस बात को जानने की जहमत भी नहीं उठाते कि बिजली कैसे काम करती है? शारीरिक क्रियाएं कैसे होती हैं? या इंजन के रहस्य क्या हैं? हम सिर्फ़ यह करते हैं कि बिना रहस्यों की पर्तें उठाए हम उनका आनंद लेते हैं। यही बात तो प्रार्थना और विश्वास में भी होती हैं। इंसान को भले ही इसके रहस्य जानना जटिल लगता हो, लेकिन यह इससे प्राप्त होने वाले सुखी और समृद्ध जीवन को तो पा ही सकता है। मुझे आखिरी में इन शब्दों से प्रेरणा मिली कि "आदमी का जन्म जीवन के रहस्यों को जानने के लिए नहीं हुआ, बल्कि उसका आनंद लेने के लिए हुआ है।"

इन शब्दों ने पुन: मेरे जीवन की दिशा बदल दी। मैं फिर से धार्मिक आस्था की और बढ़ा। लेकिन इस बार नए नजरिए से। मुझे इससे कोई मतलब नहीं रह गया कि चर्च किस तरह विविध संप्रदायों में बंटकर क्या कर रहे हैं? बल्कि मुझे इससे मतलब था कि धार्मिक आस्थाएं मेरे लिए क्या कर रही हैं? जैसे बिजली, गाड़ी और भोजन से मैं क्या पा रहा हूँ। धार्मिक आस्था जो जीवन को समृद्ध, उत्साहित और संपूर्ण

बनाने की कोशिश करती हैं। विलियम जेम्स के शब्दों में यह जीवन को अधिक आनंददायक, सुखी और शांतिपूर्ण बनाने का काम करती हैं। असल में मैंने महसूस किया कि इससे मुझे सकारात्मक सोच, साहस और जीवन के प्रति बेहत्र नजरिया मिलता है। मेरे तनाव में कमी आती है। इससे मुझे जीवन के उद्देश्य को जानने में मदद मिलती है। सेहत की सुरक्षा होती है और मेरा सुख कई गुना बढ़ जाता है।

यही बात 300 साल पहले फ्रांसिस बेकन ने कही थी कि जब मनुष्य के ज्ञान में थोड़ी वृद्धि होती है तो वह धर्म के मार्ग से अलग हो जाता है। उसे अपने ज्ञान पर घमण्ड आ जाता है, लेकिन जब मनुष्य के आत्मज्ञान में वृद्धि होती है तो उसे धार्मिक आस्थाओं पर पूरा यकीन हो जाता है। पहले जरूर धर्म और विज्ञान के बीच में तकरारें होती थीं। लेकिन अब हम देख सकते हैं कि आधुनिकतम विज्ञान की संज्ञा पा चुके मनोविज्ञान ने भी वही राह मनुष्य जाति को दिखाई है जो हजारों साल पहले ईसा मसीह ने दिखाई थी। उनका भी यही कहना है कि प्रार्थना और आस्था हमें चिंता, भय और तनाव से मुक्ति दिलाने का काम करते हैं। यही हमारे जीवन में ज्यादात्तर शारीरिक और मानसिक बीमारियों का कारण होते हैं। प्रसिद्ध मनोविज्ञानी डॉ. ए.ए. ब्रिल का कहना रहा है कि "जिस व्यक्ति को भी धार्मिक विचारों में गहरी आस्था है उसे कभी भी न्यूरॉसिस नहीं हो सकता है।"

मुझे गाड़ियों का महान सम्राज्य स्थापित करने वाले हेनरी फोर्ड का साक्षात्कार लेने का अवसर अपने जीवन में मिला था। तब वे बहुत उम्रदराज हो चुके थे। साक्षात्कार लेने से जाने से पहले मैंने यह अनुमान लगाया था कि जब मैं उनसे मिलूंगा तो उनकी सूरत पर मुझे उम्र के निशान जरूर दिखेंगे। पर मैंने देखा 78 वर्ष की आयु में भी उनके चेहरे पर पहले जैसा ही उत्साह भरा हुआ था। वे पूरी तरह स्वस्थ थे। उन्होंने मुझे बताया कि उन्होंने जीवन में कभी भी चिंता नहीं की। उन्होंने मुझसे कहा था कि "मेरा यकीन है परमेश्वर को दुनिया चलाने के लिए मेरी सलाह की आवश्यकता नहीं है। वो जो करेगा सब ठीक ही करेगा।"

मनोविज्ञानी भी आजकल धार्मिक उपदेशकों की तरह ही बातें करने लगे हैं। वे धार्मिक रूप से आस्थाएं रखने का इसलिए कह रहे हैं ताकि आपको आधुनिक जीवनशैली की वजह से अल्सर, एन्जाइना पेक्टोरिस, नर्वस ब्रेकडाउन जैसे रोगों से बचा सकें। डॉ. हेनरी सी. लिंक ने अपनी पुस्तक 'द रिटर्न टु रिलीजन' में यह खुलकर बताया है कि आजकल के मनोवैज्ञानिक किस तरह से अपने पाठ्यक्रमों में धार्मिक ज्ञान की बातें सीख रहे हैं।

ईसा मसीह जब आए तो उन्होंने अपने प्रवचनों से तत्कालीन दौर के धार्मिक पाखण्डों की गहरी निंदा की। निस्तेज कर्मकाण्डों पर उन्होंने गहरा आघात किया।

ईसाई धर्म को प्रेरक बनाया। ईसाई धर्म को इस तरह से स्थापित किया, जिससे पूरा विश्व बदल सके। उन्होंने अपने उपदेशों में कहा कि धर्म मनुष्य के लिए है न कि मनुष्य धर्म के लिए, पाप के साथ ही उन्होंने भय के बारे में खुलकर बात की। उन्होंने भय को दूर कर साहसिक जीवन जीने, सुखी और समृद्ध रहने की राह दिखाई। उन्होंने अपने शिष्यों से कहा "आनंदित होकर जीवन जियो।" यही बात बाद में इमर्सन ने कही। सभी का संदेश एकसा ही था।

ईसा मसीह ने सिर्फ़ और सिर्फ़ दो ही बातें कहीं या संदेश दिए।

1. परमेश्वर पर अपनी गहरी आस्था रखो।

2. दूसरों से भी उतना प्रेम करो जितना खुद से करते हो। धार्मिक होने के लिए यही दो बातें महत्त्वपूर्ण है। मेरे ससुर हेनरी प्राइस ने अपना जीवन धार्मिक नियमों के अनुसार ही गुजारा। उन्होंने कभी धोखेबाजी और बेईमानी भरा जीवन नहीं जिया। हालांकि, वे कभी चर्च नहीं जाते हैं। एडिनबरा यूनिवर्सिटी में थियोलॉजी के प्रोफेसर जॉन बेली ने असल इंसानियत के संदर्भ में कहा है कि ""वह चीज़, जो किसी इन्सान को ईसाई बनाती है, किन्हीं निश्चित विचारों के प्रति उसकी बौद्धिक स्वीकृति नहीं है, न ही किसी निश्चित नियम पर चलना है, बल्कि उसके अंदर की एक निश्चित भावना है और एक निश्चित जीवनशैली में उसकी हिस्सेदारी है।" इसलिए हेनरी प्राइस भी ईसाई धर्म में आस्था रखने वाले महान ईसाई हैं। ऐसा ही एक बार प्रोफेसर थॉमस डेविडसन को उनके मित्र विलियम जेम्स, जिन्हें मनोविज्ञान का पितामह कहा जाता है, ने अपने एक खत में लिखा था, "मेरे जीवन में जैसे–जैसे वर्ष बढ़ते गए वैसे–वैसे मेरी आस्था धर्म में और भी बढ़ते गई।"

मैंने पहले इस पुस्तक में ऐसी प्रतियोगिता का जिक्र किया था जिसमें चिंता और तनाव से भरी दो सर्वश्रेष्ठ कहानियों को एक साथ प्रथम पुरस्कार मिला था। यहां मैं ऐसी ही एक और कहानी बताने जा रहा हूँ, मैरी कुशमैन, एक महिला जो हमें बताती है कि उसने अंततः ईश्वर के मार्ग पर चलकर ही अपना लक्ष्य पाया। इस महिला की कहानी इस तरह है :

मेरे पति जो अक्सर बीमार रहते थे बमुश्किल ही पैसे कमा पाते थे। वैसे उनकी कमाई 18 डॉलर प्रति सप्ताह की थी, लेकिन बीमार रहने की वजह से कई बार वो भी नहीं मिल पाते थे। मेरे पति अक्सर गलसुआ, स्कार्लेट फीवर और इन्फ्लुएंजा के अटैक से लगातार प्रभावित होते रहते थे। हम हमारा घर जिसे हमने बड़े जतन से बनाया था, खो चुके थे, क्योंकि हमें पैसों की सख्त जरूरत थी। किराने की दुकान वाले के हम पर 50 डॉलर उधार थे। इस दौर में मुझे घर–परिवार चलाने के लिए कभी दूसरों के घर कपड़े धोने पड़े, कभी कुछ और काम करने पड़े, कभी आर्मी के

साल्वेशन स्टोर से सेकंड हैंड कपड़ें लाकर अपने बच्चों को पहनाने का काम किया। बात यही खत्म नहीं हुई। किराने वाले ने जिसका उधार हमें चुकाना था, उसने एक बार मेरे बेटे पर पेंसिल चोरी करने का इल्जाम लगा दिया। मेरा बेटा जो सिर्फ़ 11 साल का था। उसने रो–रोकर मुझे अपनी बात सुनाई।

मुझे पता था वह ईमानदार और शांतिपूर्ण तरीके से जीने वाला लड़का था। किन्तु जब उस पर इल्जाम लगा होगा तो उसे बहुत पीड़ा हुई होगी। उसने स्वयं को दूसरों के सामने खूब अपमानित महसूस किया होगा। इन सब घटनाओं ने मुझे घोर निराशावादी बना दिया। मुझे भविष्य बिल्कुल आशावादी नहीं दिखाई दे रहा था। एक दिन मैंने अपनी वांशिग मशीन बंद की और 5 साल की बेटी को लेकर बेडरूम में आ गई। मैंने बेडरूम की खिड़कियों की दरारों को कागजों से बंद कर दिया। मैंने अपने बेडरूम में रखे गैस हीटर की गैस को चालू कर दिया पर उसे जलाया नहीं। अपनी बच्ची को अपने साथ बिस्तर पर लिटा लिया। मेरी बच्ची ने कहा कि हम अभी तो सोकर उठे हैं फिर क्यों सो रहे हैं? मैंने बिना उसके सवाल का जवाब दिये उसे शांत कराकर शांतिपूर्ण तरीके से गैस निकलने की आवाज सुनना शुरू कर दिया ...वो एक भयानक दिन था जिसे मैं कभी नहीं भूल पाऊंगी...

मेरे कानों में संगीत की आवाज गूंजने लगी। मैं भूल गई थी कि मैंने किचन में रेडियो चालू कर रखा था। रेडियो की आवाज मेरे कानों में सुनाई दे रही थी पर मैं बिस्तर पर चुपचाप पड़ी थी। मैंने उसे बंद करने के बारे में सोचा भी नहीं। तभी मुझे एक मधुर भजन मेरे कानों में सुनाई दिया। भजन के बोल थे –

ईसा मसीह ही हमारे पालनहर्ता हैं
उनके सामने अपनी सारी बातें खुलकर रख देना
हम अपने जीवन में अशांत रहते हैं
बैचेन और दुख से भरे,
क्योंकि हम अपनी परेशानियां प्रार्थना में
उसके सामने नहीं रखते।।

यह भजन सुनते ही मेरे अंदर जैसे जागरण हो गया। मुझे इतने जल्दी जीवन से हार मान लेने पर अफ़सोस होने लगा। मुझे एहसास होने लगा कि मुझे प्रभु के सामने विनम्रता से अपनी दिक्कतें रखनी चाहिए थी और प्रभु पर विश्वास रखते हुए उनका हल होने तक इंतजार करना चाहिए थे। यह सोचते ही मैंने झट से गैस बंद कर दी। खिड़कियों और दरवाजे को हवा आने के लिए खोल दिया।

मैंने प्रभु से प्रार्थना करनी शुरू कर दी। मैंने पहली प्रार्थना में प्रभु को उन आशीषों के लिए धन्यवाद दिया, जो मुझे प्राप्त हुई थीं, जैसे, पांच बच्चे, जो हर तरह से हष्ट–पुष्ट और स्वस्थ थे। वे ही मेरे जीवन की असल जमापूंजी और दुनिया थे। इसके बाद मैंने कसम खाई कि अब मैं कभी भी परमेश्वर पर अविश्वास नहीं रखूंगी।

जब हमारा निजी घर हमें हमारी जरूरतों के लिए बेचना पड़ा और इसके बदले एक छोटी सी झोपड़ी में रहना पड़ा तो भी मैंने प्रभु पर भरोसा बनाए रखा। उस समय भी मैंने प्रभु को हमारे सर पर छत बनाए रखने के लिए धन्यवाद ही दिया। कम से कम स्थितियां समय के साथ सुधरते गईं। मंदी का असर खत्म होते ही हमारे पास पैसे भी बढ़ने लगे। हमारी आर्थिक स्थिति पहले से बेहतर होने लगी। मुझे एक जगह पर अच्छी नौकरी मिल गई और इसके बाद बचे हुए समय में भी मैंने एकस्ट्रा काम करके पैसे कमाए। मेरे साथ ही मेरे बेटे भी काम करने लगे उन्होंने भी फार्म में काम करते हुए पैसे कमाकर मेरा सहयोग किया। इससे मैं उनके कॉलेज की फीस भर पाई। घरेलू खर्च में भी मेरी मदद हो गई। इसी तरह प्रभु की कृपा हम पर बनी रही। समय गुजरता गया। आज मेरा भरा–पूरा परिवार है। मेरे सभी बेटों की शादी हो चुकी है। आज मेरे तीन पोते हैं। सभी अपनी–अपनी दुनिया में बहुत खुश हैं और उनके साथ मैं भी खुश हूँ।

आज मैं उस भयानक दिन को याद करती हूँ जब मैंने गैस से बंद कमरे में खुद को कैद कर लिया था तो मैं सिहर उठती हूँ और परमेश्वर को धन्यवाद देती हूँ कि उसने समय रहते मुझे अज्ञानता से जगा दिया। आज मैं सोचती हूँ कि अगर मैंने उस समय अपना फैसला बदला न होता तो मैं वो खुशी के लम्हें जो मुझे उसके बाद मिले। अपनों का प्यार और प्रभु की कृपा। यह सब कभी न मिल पाती। आज जब भी मैं किसी निराशावादी से आत्महत्या करने वाले विचारों को सुनती हूँ तो मैं उस चिल्ला उठती हूँ और कहती हूँ कुछ पल ठहरो, प्रभु पर विश्वास रखो और तुम देखना समय बदलते देर नहीं लगेगी।

हमें अमेरिका में आत्महत्या करने वाला आंकड़ा बताता है कि यहां हर 35 मिनट में एक व्यक्ति आत्महत्या करता है। दो मिनट के अंतराल पर किसी न किसी के पागल होने या अवसाद में जाने की घटनाएं होती हैं। यह सब वैसे ही भ्रमित लोग हैं जैसे एक दिन पुल के ऊपर मेरे पिता थे। अगर यह सब जीवन में प्रार्थना और आस्था का सहारा लेते इनके साथ ऐसा नहीं होता। इस मुद्दे पर 'मॉडर्न मैन इन सर्च ऑफ ए सोल' पुस्तक के लेखक डॉ. कार्ल युंग ने पुस्तक के पेज नंबर 264 पर लिखा है कि "विगत 30 वर्षों में मैंने दुनियाभर के लोगों के रोगों का उपचार किया है। इनमें ज्यादात्तर 35 वर्ष की आयु पार के मरीजों की बीमारी कहीं न कहीं धार्मिक आस्था से जुड़ी हुई थी। मुझे व्यक्तिगत रूप से महसूस हुआ कि उनमें ज्यादात्तर बीमार ही

इसलिए पड़े क्योंकि उन्होंने धार्मिक रूप से अपना आस्थावान नजरिया खो दिया था और जब उन्होंने वापस उसे पा लिया तो वे ठीक भी हो गए।"

धार्मिक आस्थाओं पर भरोसे की बात विलियम जेम्स ने भी कही थी। उनका कहना था, "आस्था वो शक्ति है जो इंसान को दुनिया के महासागर से पार लगाती है। विपरीत परिस्थितियों में सहारा बनती है।" यह बात हमें भारतीय बहु–संस्कृति के उन्नायकों में से एक महात्मा बुद्ध के बाद आए महात्मा गांधी के शब्दों से भी जानने को मिलती है। उन्होंने अपनी पुस्तकों में लिखा है, "बिना प्रार्थना के मैं स्वयं के अस्तित्व की कल्पना भी नहीं कर सकता हूँ।?" मेरे पिता भी अगर उस दिन पुल पर मेरी मां के प्रार्थना और परमेश्वर पर यकीन रखने के शब्दों को ना याद किया होता तो शायद मैं पिता के साए से महरूम हो जाता। प्रार्थना और आस्था की शक्ति इतनी बड़ी है कि मुझे लगता है आज जो लोग पागलखानों में किसी न किसी वजह से बंद हैं, उन्हें नार्मल जीवन दिया जा सकता है यदि उनके उपचार में प्रार्थना और आस्था को शामिल किया जाए। वे शायद इस स्थिति तक पहुँचते ही नहीं अगर उन्होंने शुरू से ही प्रार्थना के द्वारा किसी सर्वशक्तिमान से अपने मन के बोझों से बांटा होता।

मनुष्य का स्वभाव है कि वह अक्सर परेशान या दुखी होने पर ही परमेश्वर से प्रार्थना करता है। परन्तु आखिर हम इस हद का इंतजार क्यों करते हैं? हमें हताशा को खुद के पास आने से पहले ही हर दिन प्रभु से प्रार्थना के द्वारा संपर्क बना लेना चाहिए। कभी–कभी मुझे लगता है कि मेरे पास इतना समय नहीं है कि मैं चर्च जाकर प्रभु के सामने अपना शीश झुका सकूं। उनसे प्रार्थना कर सकूं तब मैं स्वयं से कहता हूँ, "जरा ठहरो कारनेगी, आखिर इतनी जल्दी क्यों हैं?, इतनी जल्दबाजी ठीक नहीं। जरा ठहरो और अपने जीवन को नए नजरिए से सराबोर करो।" मैं बैचेनी के ऐसे क्षणों में अक्सर वह चर्च जो सबसे मेरे पास पड़ता है, वहां चला जाता हूँ। नहीं तो मैं मेंफिफ्थ एवेन्यू में बने सेंट पैट्रिक चर्च में जाना पसंद करता हूँ, जहां पहुँचकर प्रभु के सामने प्रार्थना करते हुए मैं खुद को यह याद दिलाता हूँ कि शायद मेरा अस्तित्व इस पृथ्वी पर 50 साल और रहे लेकिन प्रभु की दी हुई शिक्षाएं तो अनंत सालों तक इस धरती रहेंगी तथा सबका मार्गदर्शन करती रहेंगी। इस तरह मुझे शांति का एहसास होने लगता है और मैं खुद को चिंता और तनाव से मुक्त पाते हुए अपने मानसिक नजरिए में नया सकारात्मक दृष्टिकोण पाता हूँ। क्या आप भी इस तरह का प्रयोग कर सकते हैं?

प्रार्थना की शक्ति से भरपूर मुझे कई असल कहानियां पता हैं, क्योंकि मैंने अपनी पुस्तक को लिखने से पहले इन्हें दुनियाभर के कोनों से इकट्ठा करने का काम किया है। यह ऐसी सच्ची कहानियां हैं, जिसमें कई पुरूषों और स्त्रियों ने अपनी प्रार्थनाओं, आस्थाओं के बल पर चमत्कारिक रूप से अपने दुखों को सुखों में बदला है। मेरे पास

ऐसी ही एक शख्स की प्रेरणादायक कहानी है। यह टेक्सास के हाउस्टन का रहना वाला व्यक्ति है, इसका नाम है जॉन आर. एन्थॉनी। उसने मुझे अपनी प्रेरणापूर्ण कहानी सुनाई थी। मैं आपको उसके वही अनुभव बता रहा हूँ :

मेरे पास 22 साल पहले अमेरिका की कानूनी पुस्तक कंपनी का प्रतिनिधि बनने का प्रस्ताव आया, जिसे मैंने स्वीकार किया और अपना प्राइवेट लॉ आफिस बंद कर दिया। मैंने इस पद पर रहते हुए कई वकीलों को कानून की उपयोगी किताबें बेची। शुरूआत में, मैं जब भी किसी ग्राहक को किताब बेचने जाता तो उसके बारे में लगभग सारी जानकारियां पता कर लेता। जैसे, उसकी रुचि, वकालत करने का तरीका, उसकी छवि आदि। मैं शुरूआत में इन सारे तथ्यों का इस्तेमाल करता था, लेकिन फिर भी मुझे आर्डर नहीं मिल पाते थे। कई बार कोशिशें करने के बाद भी जब मुझे शुरूआत में यह परेशानी बनी रही तो मैं बहुत निराश हो गया। मेरी सारी कोशिशें बेकार जा रही थीं। मैं इतना भी नहीं कमा पा रहा था कि अपनी पारिवारिक जिम्मेदारियों को उठा सकूं। सच कहूँ तो मैं इतना भयभीत हो चुका था कि मुझे अपने ग्राहकों के पास जाने और उन्हें अपनी स्कीम बताने से भी डर लगने लगा था, क्योंकि अब मुझे यह उम्मीद कम ही रहती कि वे मेरी बात मानेंगे। कई बार ग्राहकों के घर या आफिस जाने से पहले मैं उनके दरवाजे के बाहर अंदर जाने के लिए हिम्मद जुटाता रहता। मैं ग्राहकों के सामने खुद को आत्मविश्वास से लबरेज दिखाता पर मेरा आत्मविश्वास इतना खो चुका था कि मैं हर बात में नकारात्मकता ढूंढ लेता था।

अब मेरे सेल्स मैनेजर से भी मेरे संबंध खराब होने लगे थे। वह मुझ पर लगातार दबाव बढ़ाते जा रहा था कि मैं अपनी बिक्री को ज्यादा से ज्यादा बढ़ाऊं। मेरी घर पर भी स्थिति ठीक नहीं थी। मेरी पत्नी को घर खर्च के लिए ज्यादा से ज्यादा पैसों की जरूरत थी, लेकिन मैं उसे ज्यादा तो क्या जरूरत के हिसाब से भी पैसे नहीं दे पा रहा था। स्थितियां इतनी विकट हो चुकी थीं कि भविष्य को लेकर मेरा सारा आशावाद खत्म हो चुका था। मुझे नए ग्राहक मिलने बंद हो चुके थे और मैं अपना प्राईवेट आफिस भी बंद कर चुका था। यह मेरी लगभग दिवालिया होने वाली स्थिति थी। अक्सर जब भी दिनभर के बाद मेरे घर पर लौटने की बारी आती तो मेरी घर लौटने की इच्छा नहीं होती। मैं सोचता कि आज फिर निराशा से भरा मैं अपने परिवार वालों का सामना कैसे कर पाऊंगा? ऐसे ही एक दिन अपने शहर से बाहर अपना काम करके मैं अपने होटल के उस कमरे में पहुँचा, जिसमें मैं रुका हुआ था। मैंने उस रात सिर्फ़ एक गिलास दूध पिया। मेरे दिमाग़ में अजीब ख्याल चलने लगे। कमरे की खिड़की की ओर जब मेरी नजर पड़ी तो तभी मैंने यह महसूस किया कि आखिर क्यों हताश लोग ऐसी ही किसी खिड़की से कूदकर अपना जीवन समाप्त कर लेते हैं, लेकिन मैंने

ऐसा नहीं किया, क्योंकि मुझमें इतनी भी हिम्मत नहीं थी। मैं उस समय उस इंसान की तरह था जिसे न अपने जीवन का लक्ष्य पता है और न ही अपने भविष्य का।

इस घनघोर विकट समय में जब मुझे कुछ और नहीं सूझा तो मैंने प्रार्थना का सहारा लेना शुरू किया। मैंने प्रभु और अध्यात्म में अपना ध्यान लगाया। मैंने प्रार्थना में अपने प्रभु से इस बात का जिक्र किया कि वे मुझे पुस्तकों के आर्डर दिलाने में मेरी मदद करें। मुझ पर इतनी कृपा करें कि मैं घर खर्च चलाने लायक पैसे कमा सकूं। जब प्रार्थना करने के बाद मैंने अपनी आंखें खोली तो मेरी नजर उस कमरे की मेज पर रखी बाइबल पर पड़ी। मैंने बाइबल पढ़ने का विचार किया, क्योंकि इस महान धार्मिक ग्रंथ में ईसा मसीह ने मुझसे पहले मेरे जैसा कई और भटके हुए लोगों को रास्ता दिखाया था। उनके विचारों ने कई निराशावादियों को आशा से भर दिया था। मैंने बाइबल में से उनके यह विचार पढ़ें :

अपने जीवन के बारे में चिंता मत करो कि तुम क्या खाओगे या क्या पियोगे, न ही अपने शरीर की चिंता करो कि तुम क्या पहनोगे ? क्या जीवन सिर्फ़ देह से अधिक नहीं है और क्या शरीर आवरण से अधिक नहीं है ? हवा में उड़ते पक्षियों को देखो: वे बोते नहीं हैं, वे फ़सल काटते भी नहीं हैं, न ही वे खलिहानों में अनाज इकट्ठा करते हैं, फिर भी स्वर्ग में बैठा तुम्हारा पिता उनका पेट पालता है। क्या वे तुमसे बेहतर हैं ?... परंतु पहले तुम ईश्वर का साम्राज्य, उसकी धार्मिकता को खोजो और यह सब चीजें तुम्हें भी मिल जाएंगी।

ईसा मसीह के इन विचारों ने मुझ पर चमत्कारिक प्रभाव डाला। मैंने महसूस किया कि मेरे अंदर जो भय था, जो बैचेनी थी, वह सब दूर हो गए। मैंने तनाव से खुद को मुक्त पाया। मुझे ऐसा लगा कि मुझमें नई ऊर्जा का संचार हो गया है। उस रात मुझे इतनी गहरी और प्यारी चिंता मुक्त नींद आई जैसे मैं वर्षों बाद सो रहा था। अगले दिन जब मैं उठा तो मैं बिल्कुल अलग इंसान था, चिंता से मुक्त। वह दिन बेहद सुन्दर और हल्की बारिश से भरा दिन था। उस दिन मैं अपने पहले ग्राहक के पास पूरे आत्मविश्वास से पहुँचा। मैं जब अपने ग्राहक से मिला तो मैंने उसे पूरे आत्मविश्वास और मुस्कान के साथ अपना परिचय दिया। मैंने कहा, 'गुड मॉर्निंग, मिस्टर स्मिथ! मैं ऑल अमेरिकन लॉ बुक कंपनी का जॉन आर. एन्थॉनी हूँ।' वह भी मुस्कुराते हुए बोला, 'आपसे मिलकर मुझे बहुत खुशी हुई। आईये बैठिए।' उस दिन मैंने अपने जीवन में किए कई चमत्कारिक कामों में से एक काम किया। मैंने उस ग्राहक को खूब सारी पुस्तकें सेल कीं। उस दिन मेरी खुशी का कोई ठिकाना न था। उस दिन मैं अपने होटल के कमरे में किसी विजेता की तरह लौटा था। मैंने उस रात दूध पीकर नहीं गुजारा। उस रात मैंने पेटभर खाना खाया। अब यह मेरे रोज के जीवन का हिस्सा होने लगा था। मैं रोज अच्छी पुस्तकें सेल करने लगा।

मैं अपने अनुभव से यह कह सकता हूँ कि आज से 22 साल पहले टैक्सस के अमेरिलो शहर की एक होटल में मेरा पुनर्जन्म हुआ था। उस रात के प्रार्थना करने और ईसा मसीह के प्रभावी विचारों ने मेरा जीवन बदलने का काम किया। हालांकि, मेरी परिस्थितियां रातों–रात ठीक नहीं हुईं, लेकिन मैं मानता हूँ उस दिन के बाद से ही मेरे जीवन में सकारात्मक परिवर्तन महसूस होने शुरू हुए। मैं उस दिन यह समझ गया था कि इंसान अकेले परिस्थितियों से लड़ते हुए हार सकता है, लेकिन जब वह परमेश्वर को अपनी प्रार्थनाओं में शामिल कर लेता है तो वह अकेला नहीं रह जाता। जिस पर प्रभु की कृपा हो जाए, आखिर उसे कौन हरा सकता है।

यह इस तरह है कि जब हमने प्रार्थना की तो प्रभु ने कहा, "तुम मुझसे मांगों, मैं तुम्हें दूंगा। तुम कुछ खोजो, वह तुम्हें मिल जाएगा। तुम सिर्फ़ मेरा द्वार खटखटाओ ओर तुम्हारे लिए वह खोल दिया जाएगा।"

प्रार्थना की शक्ति का चमत्कार श्रीमती एल.जी.बेयर्ड ने भी महसूस किया था। वे इलिनॉय के हाईलैंड नामक जगह की रहने वाली थीं। उन्होंने मुझे एक चिट्ठी लिखी थी उसमें इन बातों का जिक्र किया हुआ था। उन्होंने लिखा था, "एक शाम जब मैं घर पर थी, मुझे टेलीफोन की घंटी बजने की आवाज सुनाई दी। मैं उस टेलीफोन को उठाने का साहस नहीं कर पा रही थी, क्योंकि मुझे पता था वह अस्पताल से आया था। वहां मेरा छोटा बच्चा भर्ती था। जब बार–बार टेलीफोन बजा तब अंत में मुझे टेलीफोन उठाना ही पड़ा। अस्पताल की तरफ से हमें जल्द से जल्द आने के लिए कहा गया। उन्होंने मुझे टेलीफोन पर वही बात सुनाई जिसकी दहशत मुझे पहले से ही थी। असल में मेरे बेटे को मेनिंजाइटिस रोग हो गया था। उसे पेनिसिलीन देने के बाद भी उसका बुखार नहीं उतर रहा था। डॉक्टरों ने कहा था इसका असर उसके दिमाग़ पर पड़ेगा। इससे उससे ब्रेन टयूमर का खतरा बढ़ जाएगा। यही सब चलता रहा तो इसका अंत बहुत ही निराशाजनक होगा।

अस्पताल पहुँचकर हम वेटिंग रूम में अपनी बारी आने का इंतजार कर रहे थे। इस दौरान हमारी हालत का अंदाजा कोई भी लगा सकता है। वहां सभी के पास बच्चे थे सिवाय हमारे। अनहोनी का अंदेशा हमें बैचेन किए जा रहा था। जब हम डॉक्टर से मिलने पहुँचे तो उनके शब्दों ने हमारी चिंता को कई गुना कर दिया। उन्होंने कहा कि तमाम कोशिशों के बाद भी हमारे बच्चे के बचने की संभावना अब केवल 25 प्रतिशत ही रह गई है। उसने सलाह दी कि अगर कोई और हमारे पहचान के डॉक्टर से हम सलाह–मशविरा करना चाहें तो हम वह भी कर सकते हैं। उस दिन हमारे सामने जैसे सारे रास्ते बंद हो गए थे। घर लौटते समय मेरे पति पूरी तरह टूटते हुए रो रहे थे। शायद आपने कभी किसी मर्द को इस तरह बिलखते हुए नहीं देखा होगा। हम

इस कदर रूआंसा थे कि हमें कुछ सूझ ही नहीं रहा था, इसलिए जब हमें रास्ते में एक चर्च दिखाई दिया तो हमने वहां रुककर प्रार्थना करने का सोचा। हम वहां गए और मैंने प्रार्थना में यह शब्द कहे, "हे प्रभु, तुम सर्वशक्तिमान हो। अगर तुम मेरे बच्चे को अपने पास बुलाना चाहते हो तो ठीक है यही सही। मैं अपनी इच्छाओं को आपकी इच्छा के सामने समर्पित करती हूँ।" यह प्रार्थना करते समय मेरी आंखों से आंसू छलक रहे थे।

जब प्रार्थना करने के बाद हम घर लौटे। मुझे कुछ शांति का अनुभव होना शुरू हुआ। मैंने खुद को बहुत हल्का महसूस किया। उस रात मुझे गहरी और सुकून की नींद आई। चमत्कारिक रूप से मुझे कुछ दिनों बाद अपने बेटे के पूरी तरह स्वस्थ होने की खबर मिली। मैंने उसी पल अपने प्रभु को धन्यवाद दिया। मैंने यही कहा, "मैं अपनी इच्छाओं को तेरी इच्छा के आगे समर्पित करती हूँ।" आज प्रभु की इच्छा और मेरी प्रार्थना से ही एक स्वस्थ बच्चा मुझे मिला।

असल में, मैंने यह धारणा दुनियाभर में देखी है कि लोग यही मानते हैं धर्म सिर्फ़ उपदेशकों, बच्चों और औरतों के लिए बना है। मर्द ताकतवर होते हैं। वे रोते नहीं। उन्हें प्रार्थना करने की आवश्यकता नहीं है। वे खुद को 'सुपनमैन' की तरह मानते है । जबकि दुनियाभर के विख्यात और ताकतवर पुरूष अपने जीवन में प्रार्थना करते आए हैं, जैसे, जैम्स डेम्प्सी। वे बिना प्रार्थना किए कभी सोते नहीं थे। वे जीवन की हर एक चीज के लिए प्रभु को धन्यवाद देते थे। मुक्केबाजी से पहले, भोजन के पहले वे प्रार्थना अवश्य किया करते थे। उनका मानना था कि प्रार्थना करने की वजह से उनके अंदर ऊर्जा का संचार होता था और वे मुक्केबाजी को और बेहतर ढंग से हर राउंड में कर पाते थे।

ऐसे ही जाने माने कानी केक ने भी बताया था कि वे भी अपने जीवन में प्रार्थना को विशेष महत्त्व दिया करते थे। एडवर्ड आर. स्टेटिनियस, जो जनरल मोटर्स और युनाइटेड स्टेट्स स्टील के पूर्व उच्च अधिकारी तथा पूर्व सेक्रेटरी ऑफ स्टेट थे, सुबह–शाम प्रार्थना के लिए समय निकाला करते थे। जे. पियरपॉन्ट भी अपने समय के सर्वश्रेष्ट फाइनेंसर होते हुए हर शनिवार वॉल स्ट्रीट स्थित चर्च जाकर प्रार्थना किया करते थे।

ब्रिटिश और अमेरिकी सेना के कमांडर बनने वाले आइजनहॉवर जब इंग्लैंड गए थे, तब उन्होंने अपनी हवाई यात्रा के दौरान धार्मिक ग्रंथ बाइबल रखी थी। अमेरिकी युद्ध के हीरो मार्क क्लार्क ने अपने उदबोधन में एक जगह कहा था कि वे युद्ध के दौरान खुद को संतुलित रखने के लिए बाइबल का सहारा लिया करते थे। यह पढ़ने से उन्हें शांति और सकारात्मक ऊर्जा मिलती थी। च्यांग काई शेक, जनरल मॉन्टगोमेरी, लॉर्ड नेल्सन, रॉबर्ट ई. ली, स्टोनवाल जैक्सन जैसे अपने समय के सभी धुरंधरों ने

अपने समय में प्रार्थना का सहारा लिया था। इन सभी महान लोगों ने विलियम जेम्स के इस कथन को सत्य कर बताया था, "मनुष्य और प्रभु का अंतर्संबंध इस तरह का है कि प्रभु की भक्ति में खुद को समर्पित करने वालों की रक्षा स्वयं प्रभु करता है।"

अब चर्च के सदस्यों की संख्या इतनी हो चुकी है कि उसे गिन पाना मुश्किल हो रहा है। आस्था का प्रभाव इतना गहरा हो चुका है कि कई वैज्ञानिकों ने भी इस ओर अपना झुकाव दर्शाया है। इस संदर्भ में 'द अननोन', 'मैन' जैसी पुस्तक लिखने वाले और नोबेल पुरस्कार जीतने वाले महान वैज्ञानिक डॉ. अलेक्सिस कैरेल के रीडर्स डाइजेस्ट में लिखे लेख का उल्लेख करना जरूरी है, इसमें उन्होंने लिखा था, "प्रार्थना, आदमी की अभिव्यक्ति का और उसके भीतर की आत्मिक सकारात्मक ऊर्जा का सबसे सशक्त माध्यम है। धरती पर जैसे गुरूत्वाकर्षण शक्ति का अस्तित्व है वैसे ही प्रार्थना का अस्तित्व भी वास्तविक होता है। मेरे जीवन में मुझे कई ऐसे चमत्कार देखने को मिले जब चिकित्सा के सभी उपाय करने के बाद भी रोग के ठीक न होने पर प्रार्थना उनके काम आई। असल में जब आदमी प्रार्थना करता है तो वह ब्रह्मांड में फैली चमत्कारिक सकारात्मक ऊर्जा से खुद को जोड़ देता है। यह ऊर्जा आदमी के भीतर भी नया संचार करती है। इससे मनुष्य की सीमित शक्ति में कई गुना बढ़ोतरी हो जाती है। उसकी कमजोरियां दूर हो जाती हैं। प्रार्थना करने का उद्देश्य भी यही होता है कि हम अपने शरीर और मन को पहले से ज्यादा सबल बनाएं। मेरा भी यही मानना है कि हर आदमी–औरत को प्रार्थना को अपने जीवन का हिस्सा बनाना चाहिए।"

प्रार्थना की अद्भुत शक्ति से अपने जीवन में चमत्कार होने का अनुभव हमें एडमिरल बर्ड से भी सुनने को मिलता है। उन्होंने अपनी प्रसिद्ध पुस्तक 'अलोन' में इस बात का जिक्र किया है। पुस्तक में उन्होंने बताया कि "1934 में वे अंटार्कटिका में थे। वहां उन्होंने पूरे पांच महीने रॉस बैरियर की आइसकैप के नीचे एक झौपड़ी में गुजारे थे। वह समय उनके लिए ज़िंदगी और मौत के बीच गुजरना वाला समय था। वे उस समय दक्षिणी अक्षांश पर जीवित रहने वाले इकलौते जीवित आदमी थे। जहां वह उस समय रह रहे थे वहां हर समय बर्फीला तूफान बना रहता। तापमान लगभग माइनस 82 डिग्री पर पहुँच जाता। इस पर उन्होंने महसूस किया कि जो स्टोव उनके पास था उसमें से कार्बन–मोनो–आक्साइड जैसी भयानक गैस का उत्सर्जन होने लगा है। इन पलों में उन्हें समझ नहीं आ रहा था कि वे क्या करें? जहां से वे सहायता प्राप्त कर सकते थे वह केन्द्र उस समय उनसे 123 मील दूर था। वहां से उन तक मदद पहुँच पाना नामुमकिन था।

उन्होंने कोशिश की स्टोव को सुधारने की कोशिश की। लेकिन सब बेकार। धीरे–धीरे गैस अपना असर उन पर डालते जा रही थी। कभी वे बेहोश हो जाते और कई

दिनों तक ऐसे ही पड़े रहते। वे खाना नहीं खा पाते। उस झोपड़ी में पड़े–पड़े उनके बहुत बुरे हाल हो गए थे। उन्हें यह विश्वास हो चुका था कि अब वे शायद ही जीवित बच पाएं। कहीं बर्फीली दीवार उन पर गिरकर उनके प्राण ले सकती थी या कोई बर्फीला तूफान उन्हें दबा सकता था। ऐसे कई भयानक ख्याल उनके दिमाग़ का हिस्सा बन चुके थे। इन निराशा के क्षणों में उन्हें प्रार्थना का उजाला मिला। उन्होंने एक रोज अपनी डायरी निकाली और उस पर लिखना शुरू किया, 'इस ब्रह्मांड में, मैं अकेला नहीं हूँ। मैं देखता हूँ यह सूरज जो हर रोज समय पर आकर इस ध्रुवीय इलाके की धूप इसे प्रदान कर चला जाता है। ये आकाश में चमकने वाले तारे, सितारे सभी मेरे साथ हैं।' जब उन्हें यह एहसास होने लगा तो वे जागृत होने लगे। उन्होंने देखा कि उनकी समस्या का हल निकल रहा है। प्रभु से उन्होंने प्रार्थना की और वे जीवित रहे। जब वे उस अंधकूप से निकल आए तब उन्होंने अपने संघर्ष और विश्वास की रोचक दास्तान पुस्तक के माध्यम से सबको सुनाई। बर्ड ने कहा कि 'आदमी के भीतर अनंत ऊर्जा का भण्डार है। पर बहुत विरले ही उस ऊर्जा का पूरा उपयोग कर पाते हैं।' लेकिन बर्ड ने उन क्षणों में अपने भीतर विद्यमान उस शक्ति को जरूर पा लिया था और बाद में उसके चमत्कार भी उन्हें देखने को मिले।

बर्ड की तरह और भी लोग हैं, जिन्हें अपने जीवन में प्राप्त अनुभवों से ऐसी ही सीख मिली है। यह ग्लेन ए. अरनॉल्ड के साथ हुआ है। उन्होंने अपने साथ हुए पूरे किस्से को इलिनॉय में दिए अपने भाषण में बताया था, उन्होंने कहा था, "आठ साल पहले मेरी ज़िंदगी बहुत ही उजाड़ हो चुकी थी। मैं तब अपनी ज़िंदगी में बुरी तरह नाकाम हो चुका था। मुझे याद है मैं अपने घर में ताला लगाकर जा रहा था, तब मेरा बिजली का कारोबार उजड़ चुका था। मेरी मां उस समय घर में अंतिम सांसे गिन रही थी। दूसरी तरफ मेरी पत्नी दूसरे बच्चे को जन्म देने वाली थी। मुझ पर खूब सारा कर्ज चढ़ चुका था, साथ ही अपने कारोबार को शुरू करने के लिए मैंने अपनी संपत्ति गिरवी रखी हुई थी, जो अब पूरी तरह डूबने वाली स्थिति में पहुँच गई थीं। मेरे पास जीवित रहने के लिए कोई लक्ष्य नहीं था। इसीलिए मैं उस दिन घर पर ताला लगाकर अकेला अपनी ज़िंदगी को खत्म करने नदी की तरफ जा रहा था।

मैं जब अपनी कार से अपने शहर के बाहर पहुँचा तो एक जगह कुछ पल मैं रुका। मैं कार से कुछ पल के लिए निकला और मैंने उस अकेले शांत माहौल में कुछ पल के लिए खुद से बातें की। मैंने खुद से कहा कि क्या इन परिस्थितियों का कोई हल नहीं हो सकता। क्या मैं कुछ रचनात्मक नहीं सोच सकता? इन बुरी स्थितियों का कुछ न कुछ हल तो अवश्य होना चाहिए। मुझे जब उस समय कुछ नहीं सूझा तो मैंने प्रार्थना करने का विचार किया। मैंने प्रभु के सामने खुद का समर्पित करने की तैयारी की। मैंने यह विश्वास जताया कि वह ही कोई न कोई हल अवश्य निकालेगा।

मैंने उस दिन उस जगह इतनी तन्मयता से प्रभु से प्रार्थना की जैसे उस प्रार्थना पर ही मेरी आने वाली ज़िंदगी निर्भर हो। उस प्रार्थना का सबसे पहला लाभ मुझे यह मिला कि मेरे भीतर तुरन्त शांति का संचार होने लगा। मैं जो तब अनंत तनाव से घिरा हुआ था, तब मैंने खुद को बिल्कुल चिंता मुक्त महसूस करना शुरू कर दिया। ऐसा मेरे साथ महीनों बाद हुआ था। मैंने इस तरह आधा घंटे प्रार्थना में गुजारे। परम आत्मिक शांति का अनुभव किया। मैं वापस घर लौट आया और मैंने बिस्तर पर पहुँचकर एक गहरी नींद में सो गया।

अगले दिन मैं पूरे आत्मविश्वास से उठा। अब मुझे लग रहा था कि कोई शक्ति है जो मुझे रास्ता दिखा रही है। मैं सुबह उठकर तैयार हुआ और अपने शहर के स्थानीय विद्युत डिपार्टमेंट में नौकरी के लिए साक्षात्कार देने चला गया। मैं उस समय आत्मविश्वास से इतना लबरेज था कि मुझे वह नौकरी मिल गई। मैं यहां तब तक अच्छा काम करता रहा, जब तक एक युद्ध की वजह से यह डिपार्टमेंट बंद नहीं हो गया। इसके बाद मैंने बीमा बेचना शुरू कर दिया। यह सिलसिला आज तक चला आ रहा है। मैं आज अपने परिवार के साथ बहुत सुखी हूँ। मेरे तीन बच्चे हैं, कार है, घर है, मुझ पर कोई कर्ज बाकी नहीं है और आज मैं जीवन बीमा में 25 हजार डॉलर का मालिक बन गया हूँ।

आज मैं जब अपने पुराने जीवन के उन क्षणों को याद करता हूँ जब मैंने अपना पूरा आत्मविश्वास खो दिया था। जब अपना जीवन खत्म करने नदी की तरफ चल पड़ा था। तो मुझे खुशी होती है कि जो हुआ अच्छा हुआ, नहीं तो मैं कभी प्रार्थना की शक्ति का अनुभव नहीं कर पाता। आज उन क्षणों की वजह से ही मैं इतना सफल और प्रभु पर भरोसा रखने वाला बन पाया हूँ।"

विलियम जेम्स ने हमें यह बताया था कि आखिर प्रार्थना से किस तरह हमें मानसिक शांति, आत्मविश्वास और सहनशक्ति प्राप्त होती है। उन्होंने कहा, "महासागरों में उठने वाले तूफान सिर्फ़ सतह को ही प्रभावित कर पाते हैं। समुद्र की गहराईयों में इसका कोई असर नहीं होता। ऐसे ही अगर इंसान भी किसी विराट शक्ति का मार्गदर्शन प्राप्त करता रहे तो उसके जीवन में आने वाले क्षणिक उतार–चढ़ाव उसे डिगा नहीं पाते। उसकी आत्मिक शांति बनी रहती है। वह अविचलित अपने कर्म पथ पर चलता रहता है।"

इमैनुअल कांट ने कहा था, "हमें ईश्वर में विश्वास इसलिये करना होगा, क्योंकि हमें ऐसे विश्वास की ज़रूरत है।" जब हम दुखी, परेशान हों तो किसी परम शक्ति से मार्गदर्शन प्राप्त करने या उनका आशीर्वाद लेने से हमें गुरेज नहीं करना चाहिए। हमें उस ब्रह्मांड की शक्ति से खुद का एकाकार कर लेना चाहिए। हमारा विश्वास प्रार्थना में

हो या नहीं। हम धार्मिक आस्था रखते हों या नहीं। पर हमें प्रार्थना करने से नहीं चूकना चाहिए, क्योंकि प्रार्थना मनुष्य की तीन मूलभूत मनोवैज्ञानिक जरूरतों को पूरा करती है, जैसे,

1. हमारे दुख के कारण अक्सर बेतरतीब रहते है। हमे उन्हें सही तरीके से क्रमबद्ध करने की आवश्यकता होती है। अगर हम ऐसा कर पाए तो बहुत हद तक हमारी समस्याओं के हल निकालने में मदद मिल जाती है। प्रार्थना एक तरीका है जिसमें हम क्रमबद्ध रूप से अपनी समस्याओं को प्रभु के समक्ष रखते है।

2. इंसान तब मुश्किलों से हार जाता है जब वह सारी दिक्कतों का सामना अकेले ही करता रहता है। लेकिन प्रार्थना के माध्यम से उसे संबल मिलता है। उसका अकेलापन दूर होता है। उसे महसूस होता है कि कोई और भी है जो उसके साथ है। कई बार हमारी चिंताएं इतनी अंतरंग होती हैं कि हम इसमें किसी को भी शामिल नहीं कर पाते। इसलिए हमें ऐसे समय में प्रार्थना ही काम आती है। चिकित्सक भी कह चुके हैं कि जब अपने मन का बोझ हम दूसरों से बांटते हैं तो इससे हमारे मन का बोझ हल्का होता है। यह एक प्रकार की थैरेपी भी होती है। मनोवैज्ञानिक भी हमें यही सलाह देते हैं। इसलिए प्रार्थना के माध्यम से हम प्रभु के समक्ष अपनी परेशानियां रखकर अपनी चिंताओं को कुछ हद तक दूर तो रख ही सकते हैं।

3. अपने कामों को मूर्तरूप में ले जाने के पहले का एक कदम प्रार्थना होता है। डॉ. अलेक्सिस कैरेल, जो प्रसिद्ध मनौवैज्ञानिक रहे हैं, उनका कहना रहा है कि "प्रार्थना से मनुष्य के भीतर की सकारात्मक ऊर्जा को सही दिशा में ले जाने में मदद मिलती है।" इससे कोई अंतर नहीं पड़ता कि हम ईश्वर से, अल्लाह से, ईसा मसीह से या अन्य किससे प्रार्थना करते हैं। हमें तो बस उस परम शक्तिमान से प्रार्थना करनी है और वह हमें अपने संरक्षण में ले लेगा।

अब आपको बस यह करना है कि अभी, हां, अभी दरवाजे बंद करना है, घुटनों पर बैठना है और प्रभु के समक्ष अपनी सारी परेशानियां, चुनौतियां और दिक्कतों को रख देना है। आप चाहे तो सेंट फ्रांसिस द्वारा 700 साल पहले लिखी गई इस प्रार्थना को मन में दोहरा सकते हैं, "हे प्रभु, मुझमें शांति पैदा कर दे। मुझे नफरत से प्रेम की तरफ लेकर जा। मुझमें हताशा की जगह आशा भर दे। मुझे संबल प्रदान कर। इतनी शक्ति मुझमें भर दे कि मैं दूसरों का दुख बांट सकूं। दूसरों से मैं प्रेम बांटू, क्योंकि यह बांटने से बढ़ता है। मुझे माफ करना सिखा।

20

याद रखें कोई भी मरे हुए कुत्ते को नहीं मारता

1929 में शिकागो यूनिवर्सिटी में ऐसी घटना घटी थी, जिसने शैक्षणिक जगत में खलबली मचा दी थी। यह कहानी रॉबर्ट हचिन्स की थी, वह येल यूनिवर्सिटी में पढ़ता था। वह तंगी के दिनों में अपने दिन गुजार रहा था। कभी वह कपड़े बेचने का काम करता तो कभी होटल में वेटर का, तो कभी कुछ और का। इन सब परिस्थितियों के बाद भी वह यूनिवर्सिटी ऑफ़ शिकागो का अध्यक्ष बनने जा रहा था। यह यूनिवर्सिटी अमेरिका की चौथी सबसे अमीर यूनिवर्सिटी थी। सिर्फ़ 30 की उम्र में वह यह उपलब्धि हासिल करने जा रहा था। उसे कोई वंडर बॉय कह रहा था तो कई उसकी घोर आलोचनाएं कर रहा था। उसे कहा जा रहा था कि वह अनुभवहीन है। उम्र में बहुत ही छोटा है। कई शिक्षाविदों के साथ समाचार–पत्र भी उसकी आलोचना करने से चूक नहीं रहे थे।

जब उसे अध्यक्ष बनाया गया तो उसके एक मित्र रॉबर्ट मैनार्ड हचिन्स ने उसके पिता को बताया कि आज ही के अखबार में मैंने आपके पुत्र की बेहद आलोचना देखी है। पर उन्होंने जो जवाब दिया उसे सुनकर हचिन्स का मित्र हैरान रहा गया। हचिन्स के पिता ने कहा, "हां, मुझे पता है। बहुत ही जबर्दस्त आलोचना की गई है मेरे बेटे की। पर तुम भी यह याद रखो कि मरे हुए कुत्ते को कौन पूछता है? सभी को उसे जिंदा रहते ही दुत्कारने में मजा आता है।"

ऐसा ही सबक प्रिंस ऑफ़ वेल्स को भी अपने जीवन में पहले–पहल सीखने को मिला था। अंत में वे एडवर्ड अष्टम बन गए, लेकिन इससे पहले उन्होंने बहुत कुछ सीखा। वे डेवॉनशायर में स्थित डार्टमाउथ कॉलेज में पढ़ते थे। वह कॉलेज उस समय एक नौसैनिक अकादमी से जुड़ा हुआ था। वह अकादमी अन्नापॉलिस में स्थित थी। उस अकादमी में प्रशिक्षण के दौरान एक बार एक नौसैनिक ने उन्हें रोते हुए देखा

था और उनसे इसका कारण पूछा था। उन्होंने शुरूआत में तो छिपाने की कोशिश की, लेकिन फिर बाद में उन्होंने बताया कि "नौसैनिकों ने प्रशिक्षण के दौरान मुझ पर लात–घूंसों से हमला किया है" यह बात जानते ही वहां सारे नौसैनिकों को इकट्ठा किया गया और उनसे उनके इस व्यवहार के बारे में तुरंत जानकारी मांगी गई। आखिर उन्होंने प्रिंस के साथ ही ऐसा क्यों किया? इस पर सभी न पहले तो कुछ बताने से इंकार किया, लेकिन जब सख्त आदेश से यह पूछा गया तो उन्होंने बताया कि असल में वे ऐसा सोचते हैं, जब वे भविष्य में किंग्स नैवी के कमांडर या कैप्टेन बन जाएंगे तो फिर सबको यह गर्व से बताएंगे कि उन्होंने कभी प्रिंस की पिटाई लात–घूंसों से की थी।

इन उदाहरणों से मैं आपको यही समझाना चाहता हूँ कि लोग खुद को महत्त्वपूर्ण दिखाना चाहते हैं, इसके लिए वे कई बार दूसरों की बुराई या आलोचना करने से भी नहीं चूकते। वे सिर्फ़ लोगों का ध्यान आकर्षित करने का प्रयास करते हैं। कई बार लोग अपने से ज्यादा शिक्षित या ज्यादा संपन्न लोगों के साथ इसलिए अव्यवहारिक हो जाते हैं ताकि वे दिखा सकें कि वे भी महत्त्वपूर्ण हैं। इसके लिए दूसरों की बेइज्जती करने से भी नहीं चूकते।

इसका एक और उदाहरण मैं आपको उस पत्र से देता हूँ जो मुझे मेरी एक महिला मित्र द्वारा भेजा गया था। उस पत्र में उन्होंने जनरल विलियम बूथ, जो साल्वेशन आर्मी के संस्थापक थे, की बेहद जबर्दस्त आलोचना की हुई थी। उन्होंने मुझे यह पत्र तब लिखा था जब मैंने बूथ की प्रशंसा में एक रेडियो पर कार्यक्रम किया था। उन्होंने जलनवश मुझे पत्र में लिखा कि बूथ ने गरीबों की सहायता के लिए जुटाए गए फंड में से 80 लाख डॉलर का गबन किया है। मैं यह भलीभांति जानता था कि आरोप बेबुनियाद हैं, लेकिन फिर भी क्योंकि उस महिला को अपने मन की संतुष्टि करनी थी इसलिए उसने आरोपों की सच्चे या झूठे होने की कोई परवाह नहीं की। इस अवसर पर मैंने सिर्फ़ यही किया कि उस पत्र को डस्टविन में डाला और परमेश्वर को धन्यवाद दिया कि उस जैसी औरत को मेरी पत्नी नहीं बनाया। उस पत्र से मुझे शॉपेनहार की वो बात याद आ गई जो उन्होंने कही थी, "मूर्ख लोग, महान लोगों की गलतियां निकालने में ही अपना महत्त्वपूर्ण जीवन गुजार देते हैं। इसी में उन्हें सबसे ज्यादा आनंद आता है।"

येल यूनिवर्सिटी के पूर्व अध्यक्ष टिमोथी ड्वाइट ऐसे शख्स थे जो दूसरों की निंदा में गहरे आनंद को प्राप्त किया करते थे। उन्होंने अपनी इस आदत की हद तब की थी, जब अमेरिका के प्रेसिडेंट पद के लिए खड़े हुए एक महान शख्स की उन्होंने बेइंतहा, बेमकसद आलोचना की थी। उन्होंने कहा था कि यदि ऐसा शख्स हमारे देश का प्रेसीडेंट बनता है तो याद रखना हमारी घर की औरतें बिल्कुल सुरक्षित नहीं रह

पाएंगी। उन्हें कानूनी रूप से वेश्यावृत्ति का शिकार बना दिया जाएगा। उन्हें इस तरह की यातनाएं दी जाएंगी कि वे शायद अपनी ही नजरों से गिर जाएं। इसके अलावा भी जितनी तोहमतें हो सकती थीं, ड्वाइट ने उन्हें लगाने में थोड़ी–बहुत भी कसर नहीं छोड़ी। लेकिन उस शख्स ने आखिर यह सब आरोप किस पर लगाए थे शायद आप यह जानकर हैरान रह जाएंगे। वो व्यक्ति था अमेरिकी संविधान का महान संरक्षक, अमेरिकी स्वतंत्रता का घोषणा पत्र तैयार कराने वाला थामस जेफरसन। हां, इतनी कटुता, द्वेष उन्हीं के प्रति फैलाने का प्रयास किया गया था। यह अकेली कहानी नहीं है जब ऐसा हुआ हो। एक और महान शख्स को धूर्त और पाखंडी कहकर बुलाया गया था। अखबार में उनका कार्टून ऐसा बनाया गया था कि एक बड़ा छुरा उनकी गर्दन को काट रहा है। उसके खिलाफ कई लोगों ने अनर्गल आरोप लगाए। लेकिन समय के साथ उसने खुद को महान साबित किया। उस शख्स का नाम है, जार्ज वाशिंगटन।

मैं यहां आपको एडमिरल पियरी की कहानी भी सुनाना चाहूँगा। वो शख्स जिसने अपने कुत्ते के साथ उत्तरी ध्रुव तक पहुँचकर दिखाया था। यह 6 अप्रैल 1909 की घटना है। उनसे पहले कई वैज्ञानिक अभियान इस लक्ष्य को पाने के लिए हो चुके थे, लेकिन उनमें से कोई भी सफल नहीं हो पाया था। यह बहुत ही दुर्गम लक्ष्य था। इसे पाने के लिए पियरी ने दिन–रात एक किए थे। कई दिनों तक बिना खाए वे आगे बढ़े, कई बर्फीले तूफान झेले, कई घनघोर विपत्तियों का सामना करने के बाद वे अपने लक्ष्य पर पहुँच पाए थे। पर इस सबके बावजूद उनके सीनियर अफसर उनकी निंदा करने से नहीं चूक रहे थे, क्यों? क्योंकि उन्हें पियरी की लोकप्रियता नहीं पच रही थी। उन्होंने आरोप लगाना शुरू कर दिया कि वैज्ञानिक अभियानों के लिए इकट्ठे किए गए फंड का पियरी दुरूपयोग कर रहा है। वे पियरी को अपमानित होते हुए देखना चाहते थे, लेकिन पियरी इस सब से रुके नहीं। उन्हें राष्ट्रपति मैक्किनले का साथ मिला और वह वो नेवी की क्लर्क की नौकरी से निकलकर सफलता की नई इबारत लिखने वाले व्यक्ति बने। आखिर उनकी आलोचना हुई ही इसलिए क्योंकि उन्होंने जीवन में कुछ कर दिखाया था, अन्यथा उनके साथ ऐसा नहीं होता।

ऐसे उदाहरणों की भरमार है। पियरी से भी बुरी हालत जनरल ग्रांट की हुई थी। वे वह शख्स थे, जिन्होंने अपने प्रतिनिधित्व में अमेरिका को उत्तरी सेना के पक्ष में बड़ा युद्ध जिता दिया था। यह 1862 की घटना थी। इतनी जल्दी कोई और ऐसा कारनामा करके नहीं दिखा पाया था। इस जीत ने उन्हें नेशनल हीरो का दर्जा दिलाया था। उनके कारण सभी बहुत खुश थे। चर्च में रोशनी थी और लोगों के चेहरे पर मुस्कान। इस सबके बाद सिर्फ़ छह महीने के अंतराल में उन्हें उन्हीं की सेना के कमांडरों द्वारा बंदी बना लिया गया। कल तक जो नेशनल हीरो था वह अब अपमानित होने वाला व्यक्ति बनकर रह गया। और यह सब क्यों हुआ? क्योंकि उसके वरिष्ठ अधिकारी उससे द्वेष

करने लगे थे। उन्हें उसकी शोहरत से जलन होने लगी थी। अंत में उस शख्स के साथ बहुत बुरा हुआ।

याद रखें, अगर हमारी आलोचना सही नहीं है तो इससे बचने का पहला नियम है :

अनुचित आलोचना को गंभीरता से न लें। असल में यह आपकी प्रशंसा है, क्योंकि मरे कुत्ते को लात नहीं मारी जाती।

21

यह करें और आलोचना की चोट से बचें

मुझे एक बार अमेरिका के सबसे सफल, लोकप्रिय और दबंग मरीन्स अफसर का साक्षात्कार लेने का अवसर मिला था। उनका नाम था मेजर जनरल स्मेडले बटलर। उन्हें 'जिमलेट आई', 'हेल–डेविल' जैसे नामों से जाना जाता था। साक्षात्कार के दौरान उन्होंने मुझे बताया था कि "जब मेरा मरीन्स में सिलेक्शन नहीं हुआ था तब मैं हमेशा ही प्रसिद्ध होने के बारे में सोचा करता था। मुझे लगता था मैं अगर यह कर लूं तो मैं प्रसिद्ध हो जाऊंगा, लेकिन इसी के साथ जब मैं कुछ करने जाता और कुछ गलत हो जाता तो मुझे बहुत आलोचना झेलनी पड़ती, जिसे मैं झेल नहीं पाता। इससे मेरे अंदर निराशा आने लगती। लेकिन मेरी ज़िंदगी तब बदली जब मैंने मरीन्स ज्वाइन की। यहां मैं इस तरह प्रशिक्षित हुआ कि मुझे अब कोई आलोचना छू भी नहीं पाती है। यहां मुझे कई बार सियार, सांप, घाघ कहकर चिढ़ाने की कोशिश की गई। मुझे कई बार अपशब्दों का सामना करना पड़ा। कई बार ऐसे शब्द मुझे बोले गए कि मैं उन्हें यहां कहकर भी नहीं बता सकता। पर मेरे प्रशिक्षण ने मुझे इन सबसे लड़ना सिखाया। प्रशिक्षण के बाद मुझ पर इन सब बातों का कोई असर नहीं हुआ। मुझे अब कोई आलोचना न डरा सकती है और न ही परेशान कर सकती है।"

बटलर ने इस तरह से आलोचना से आजादी पाई। पर मैं जानता हूँ कि आम आदमी, आपकी और मेरी तरह तो छोटी–छोटी आलोचनाओं से ही खुद को घायल कर लेता है। एक बार मेरी वयस्कों की कक्षा में एक सन अखबार का एक रिपोर्टर आया हुआ था। उसने अगले दिन मेरी कक्षाओं के संबंध में अपने अखबार में मेरा माखौल उड़ाने वाली रिपोर्ट छापी। मैंने आखिर इन परिस्थितियों में क्या किया? वही जो एक आम इंसान करता है। मैंने इसे अपनी व्यक्तिगत आलोचना माना और उस अखबार के एक्जीक्यूटिव चैयरमैन से बात कर उस रिपोर्ट का खंडन निकलवाने पर

जोर दिया। मैंने कसम खाई कि मैं उस रिपोर्टर को सजा दिलाकर ही रहूँगा। खैर, उस समय हुई इस घटना के कुछ समय बीतने के बाद मुझे अपने किए पर खेद हुआ। क्योंकि मैंने जब ठंडे दिमाग़ से इस पर सोचा तो मुझे एहसास हुआ कि उस दिन उस रिपोर्ट पर आखिर कितने लोगों की नजर गई होगी? कुछ की, जिनकी नजर गई भी होगी उसमें से आधे ने तो उसे सरसरी निगाह से ही देखा होगा। कुछ ने पढ़कर आनंद उठाया होगा और कुछ हफ्ते बाद वह इसे भूल गए होंगे। पर क्योंकि मैंने यह बात बढ़ा दी थी तो उससे जितने लोगों को यह बात पता नहीं थी उनको भी यह बात पता चल गई होगी और जहां पहले लोग इसे हल्के तौर पर लेकर भूलने जा रहे थे नैंने उनकी दिलचस्पी इसमें जगा दी। इस सब से आखिर नुकसान किसका हुआ? मुझे इसके बाद यह समझ आ गया कि असल में लोगों को दूसरों की रत्ती भर फिकर नहीं है। वे अपने बारे में ही सोचते रहते हैं। उन्हें किसी के आने–जाने से कोई फर्क नहीं पड़ता। हां, अगर उन्हें जरा सा सिरदर्द भी हो जाए तो कयामत आ जाती है। याद करिए; ईसा मसीह के साथ क्या हुआ था? उनके अंतरंग 12 मित्रों में से एक ने खुलेआम उन्हें धोखा दे दिया था। वह भी आज की कीमत के हिसाब से सिर्फ़ 19 डॉलर के लालच के लिए। उसने उन्हें सबके सामने पहचानने से इंकार कर दिया था। इसके लिए उसने सबके सामने कसम भी खाई थी। सोचिए, थोड़ा गहराई से चिंतन करिए। ये ईसा मसीह के साथ हुआ था तो हम–आप की क्या मजाल है?

मैंने अपने जीवन में हुए अनुभवों से समझ लिया था कि मुझे कभी भी अनुचित आलोचनाओं से परेशान नहीं होना है। न ही इसका भय पालना है। मैं यहां स्पष्ट कर देना चाहता हूँ कि मैंने अनुचित आलोचना कहा है न कि आलोचना। दोनों में बहुत अंन्तर होता है। इसलिए जब भी किसी ने मेरी अनुचित आलोचना की, मैं बिल्कुल भी उससे निराश नहीं हुआ। यही बात मैंने एलीनोर रूजवेल्ट से भी पूछी थी, क्योंकि सभी जानते हैं राष्ट्रपति हाउस में रहते हुए उन्हें कई शत्रुओं का और आलोचनाओं का सामना करना पड़ा। इसलिए उन्होंने मुझे बताया कि "मैं बचपन से संकोची स्वभाव की होने की वजह से कोई भी काम डरते हुए करती। मुझे हर पल यही डर लगता कि दूसरे मेरे बारे में क्या कहेंगे? इसलिए मैंने अपने डर से बाहर निकलने के लिए अपनी चाची थियोडोर रूजवेल्ट से सलाह मांगी। मैंने उसने पूछा, मैं जीवन मैं बहुत कुछ करना चाहती हूँ पर मुझे हर पल दूसरों का डर लगा रहता है कि वे मेरी आलोचना करेंगे।

थियोडोर ने उन्हें समझाया कि अगर तुम्हें लगता है कि तुम सही हो तो फिर कभी किसी दूसरे की चिता मत करो। वही करो जो तुम्हारा दिल कहता है। यह सलाह एलीनोर के जीवन में बहुत काम आई। उन्हें राष्ट्रपति भवन में रहने के दौरान सलाह बहुत काम आई। बाद में उन्होंने भी सभी को यही सलाह दी। उन्होंने कहा कि अनुचित आलोचना से बचने का एक ही तरीका है ऐसे लोगों पर ध्यान मत दो।

ऐसे लोगों के लिए बिल्कुल बुत बन जाएं। जो आपको सही लगता है वही करें। न आलोचना का भय करें न किसी और का।

अनुचित आलोचना के संबंध में मुझे अमेरिकन इंटरनेशनल कॉर्पोरेशन के अध्यक्ष मैथ्यू सी. ब्रश से भी उनके विचार जानने को मिले थे। उन्होंने मुझसे कहा था कि "अपनी जवानी के दिनों में, मैं बहुत ही संवेदनशील प्रकृति का हुआ करता था। सभी को खुश रखना और अपने साथ वालों की सभी बातों पर गौर करना यह मेरे महत्त्वपूर्ण कामों में से एक था। मेरी कोशिश यही होती कि जो कोई भी मेरे खिलाफ बोले उसे आपसी बातचीत से शांत कराने का प्रयास किया जाए। लेकिन मैं देखता कि मैं एक के साथ ऐसा करता तो कोई दूसरा मेरे खिलाफ बोलने के लिए तैयार हो जाता। यह सिलसिला हमेशा चलता रहता। कोई न कोई, कभी न कभी, किसी न किसी बात पर हमेशा रूठा ही रहता। मैं समझ गया कि सभी को खुश रख पाना बहुत ही मुश्किल काम है। इससे मेरे दुश्मनों की संख्या ही लगातार बढ़ती जा रही थी। इसलिए मैंने एक दिन तय किया कि अब मैं अनुचित आलोचना की तरफ ध्यान ही नहीं दूंगा। जैसे ही कोई मेरी आलोचना करेगा मैं उसकी तरफ पीठ कर लूंगा। उसे अपने दिलो–दिमाग़ पर बिल्कुल हावी नहीं होने दूंगा।

लेकिन एक और शख्स थे, जिन्होंने अनुचित आलोचना को ठहाके लगाकर हवा में उड़ा दिया। उनका नाम है डीम्स टेलर। उन्हें एक महिला ने न्यूयार्क फिलहार्मोनिक सिम्फनी आर्केस्ट्रा में रेडियो कंसर्टस के दौरान कहे उनके शब्दों के लिए धूर्त और कमअक्ल कहा था। इस बात का जिक्र टेलर ने अपनी पुस्तक 'ऑफ़ मेन एंड म्यूजिक' में करते हुए कहा था कि "मुझे पूरा विश्वास है उस महिला की मेरी शब्दों में कोई रुचि नहीं थी। अगली रेडियो वार्ता के दौरान मैंने वही खत सबके सामने खुल दिल से पढ़ा।" उस आदमी का हास्यबोध देखिए, जिसने अपनी आलोचना को इतनी अच्छी तरह धुएं में उड़ा दिया था।

ऐसी ही एक घटना का जिक्र चार्ल्स श्वाब ने प्रिंस्टन में छात्रों को संबोधित करते हुए किया था। उन्होंने कहा कि एक जर्मन बूढ़े व्यक्ति ने उन्हें जीवन का अनमोल सबक सिखाया था। वह था सिर्फ़ 'हंस दो।' असल में उन्होंने कहा था कि उनकी स्टील मिल में काम करने वाले जर्मन व्यक्ति को एक दिन उसी के साथी कर्मचारियों ने बहस के दौरान नाले में फेंक दिया था। जब बाद में उससे पूंछा गया कि उसे फेंकने वालों को उसने क्या जवाब दिया। तो उसने कहा, वह सिर्फ़ 'हंस' दिया। यह बात श्वाब के लिए जीवन का महत्त्वपूर्ण सबक साबित हुई। अनुचित आलोचना करने वालों के लिए यह सर्वश्रेष्ठ हथियार है। अगर आप ऐसा करेंगे तो वे पलटकर आपको जवाब भी नहीं दे पाएंगे। इसलिए आप सिर्फ़ इतना ध्यान रखें, सिर्फ़ 'हंस' दो।

अगर लिंकन ने भी अनुचित आलोचना का सामना करना सीखा न होता और वे उसका प्रतिकार करने में ही अपना कीमती समय नष्ट करते रहते तो शायद वे वह सब नहीं कर पाते जो उन्होंने अपने जीवन में किया। इसे उन्होंने लिपिब्द्ध किया। इस अनमोल कृति को जनरल मैकआर्थर के हैडक्वार्टर पर लटकाया गया। दूसरी ओर विन्स्टन चर्चिल ने इसे अपनी स्टडी दीवार के ऊपर लगाया हुआ था। यह सूत्र वाक्य इस प्रकार था, "मेरे पास इतना वक्त नहीं कि मैं उसे अनुचित आलोचनाएं सुनने में नष्ट कर दूं। मैं अपने कार्य अपनी मेहनत और समझदारी से करता हूँ। मैं इसे ऐसे ही तब तक करता रहूँगा, जब तक ये मुझे सही लगता रहेगा। मेरे सफल होने पर मेरे आलोचक खुद–ब–खुद शांत हो जाएंगे।"

अनुचित आलोचना से बचने के लिए हमेशा यह दूसरा नियम याद रखें :

आप सिर्फ़ अपने सिद्धांतों पर चलते हुए अपना सर्वश्रेष्ठ देने का प्रयास करें। अनुचित आलोचना की तरफ अपनी पीठ कर लें।

22

मैंने जाने कितनी ही मूर्खताएं की हैं

मैंने खुद में सुधार लाने के लिए एक प्रयोग को अपनाया है। मैंने एक फाइल बनाई हुई है, जिसमें मेरी इन मूर्खताओं को सूचीबद्ध करके रखता हूँ। इस फाइल को मैंने शार्ट में नाम दिया हुआ है - 'एफ.टी.डी.' अर्थात् "Fool Things I Have Done" (मूर्खतायें जो मैंने की हैं)। सामान्यत: मैं अपनी इन मूर्खताओं को अपनी सेक्रेटरी से फाइल में लिखवाता हूँ, लेकिन कई बार मेरी हरकतें इतनी निजी और बचकाना होती हैं कि इन्हें मुझे खुद ही फाइल में लिखना पड़ता है। इस काम को मैंने कई सालों तक अंजाम दिया है। मेरी इन मूर्खताओं को इस तरह इकट्ठा करके मैंने कई महत्त्वपूर्ण सहुलियतें पाई हैं।

मैंने देखा की पंद्रह साल पहले मैंने 'एफ.टी.डी.' फाइल फोल्डर में डेल कारनेगी के बारे में किस प्रकार की आलोचनात्मक टिप्पणी लिखी थी। मुझे अपने एफ.टी.डी. को देखकर सम्राट सॉल की बात याद आ गई, जैसे उन्होंने कहा था, "मैंने अपने जीवन में कई गलतियां की हैं, कई दफा मैं बहुत ही मूर्खतापूर्ण रहा हूँ।" खैर, अपनी सभी पुरानी गलतियों को देखते हुए मुझे सबसे महत्त्वपूर्ण बात सीखने को मिली, जिससे मुझे समस्याएं सुलझाने में बेहद आसानी होने लगी। उसे मैं कहता हूँ 'डेल कारनेगी का मैंनेजमेंट।' मैंने अपने लिखित मूर्खतापूर्ण अनुभवों के संकलन से यही निष्कर्ष निकाला कि मैंने ही तत्कालीन समय में समस्याओं का बेहतर तरीके से सामना नहीं किया। इसके बजाय मैं असफलता का दोष दूसरों पर मढ़ता रहा। इस संदर्भ में ग्रेट नेपोलियन के शब्दों पर गौर किया जाना बेहद जरूरी है, उनके शब्द थे, "अपने पतन के लिए मैं और सिर्फ़ मैं ही जिम्मेवार हूँ। मेरे अच्छे और बुरे परिणाम मेरे किए का ही फल हैं।"

आदमी के जीवन में उसका आत्म प्रबंधन बहुत ही महत्त्वपूर्ण भूमिका अदा करता है। यह बात मैंने अपने एक मित्र एच.पी. हॉवेल से सीखी है। हॉवेल अमेरिकी

फाइनेंस के प्रतिनिधि थे, जबकि उन्होंने औपचारिक शिक्षा बिल्कुल भी प्राप्त नहीं की थी। वे इतने महत्त्वपूर्ण आदमी थे कि जब 31 जुलाई, 1944 को उनकी मृत्यु का समाचार सभी को मिला था तो वॉल स्ट्रीट में भी ऊहा–पोह की स्थिति बन गई थी। वे अपने जीवन में स्टोर क्लर्क के पद से काम करते हुए क्रेडिट मैनेजर, कमर्शियल नेशनल बैंक और ट्रस्टी कंपनी के बोर्ड के चैयरमैन तक पहुँचने वाले प्रेरक व्यक्तित्व बने थे।

वे जब जीवित थे तब मुझे उनका साक्षात्कार लेने का अवसर मिला था। उन्होंने उस दौरान अपनी सफलता का राज बताते हुए कहा था कि "मैं आत्म विश्लेषण में बहुत यकीन रखता हूँ। वैसे तो मेरे डेली के अपाइन्टमेंट की एक सूची हर दिन तैयार रहती है, लेकिन सप्ताह के आखिर दिन मैं किसी से नहीं मिलता। यह दिन मेरे आत्मविश्लेषण का दिन होता है। इसमें मैं यह हिसाब लगता हूँ कि सप्ताह के बाकी दिन मैंने क्या–क्या किया? यह काम विशेष रूप से मेरे द्वारा शनिवार को रात का भोजन करने के बाद ही किया जाता है। मैं सोमवार से शुक्रवार तक हुई हर मीटिंग और अन्य चर्चाओं का विश्लेषण कर यह देखने का प्रयास करता हूँ कि आखिर मैंने किस समस्या को किस तरह सुलझाया? कहां, मैंने गलती की? उन हालातों में, मैं ये भी कर सकता था? शुरूआत में मुझे यह सब करने में परेशानी होती थी, लेकिन जैसे–जैसे समय बीतता गया मैंने इससे अपने अंदर सुधार महसूस किया। मेरी गलती करने की दर कम हो गई। अब तक मुझे आत्मविश्लेषण के इतने बेहतर परिणाम मिल चुके हैं कि मैं अब इसे दूसरों को करने के लिए प्रोत्साहित करता हूँ।"

ऐसा करने वाले सिर्फ़ हॉवेल ही नहीं थे। उनसे भी पहले बने फ्रेंकलिन यही किया करते थे। और वे तो उसे अपनी दैनिक दिनचर्या का अंग मानकर करते थे। ऐसा करके उन्होंने अपने अंदर की कुल 13 कमियों को ढूंढ निकाला था। यहां तीन का उल्लेख किया जा रहा है, जो इस प्रकार थीं। अनावश्यक बहस और समय नष्ट करना, वक्त का दुरूपयोग, छोटी–छोटी बातों में उलझे रहना। बेन ने जब अपनी इन कमियों को ढूंढ निकाला तो उन्होंने इसे खत्म करने के लिए नया फार्मूला अपनाया। वे हर सप्ताह एक कमी को दूर करने का प्रयास करते। इसके लिए बाकायदा हर दिन किए गए प्रयासों पर नजर रखते। ऐसा उन्होंने पूरे दो सालों तक किया और अंतत: परिणामों को अपनी दिशा में मोड़ने में सफल हुए। इसलिए वे अमेरिकी इतिहास के लोकप्रिय व्यक्तियों में अपना नाम शामिल करा पाए। यहां अल्बर्ट हबार्ड का शब्द याद करना प्रासंगिक होगा कि "प्रत्येक दिन आदमी पांच मिनट मूर्ख रहता है। समझदार आदमी वही रहता है जो अपने इस समय को आगे नहीं बढ़ने देता।"

वाल्ट व्हिटमैन ने कहा था कि समझदार आदमी वही होता है जो अपनी गलतियों और आलोचनाओं को सुनकर आगबबूला नहीं होता। वह संतुलित होकर

अपने आलोचकों से भी सीखने का प्रयास करता है। उन्होंने कहा, "क्या हमें सिर्फ़ वही लोग शिक्षा दे सकते हैं, जिन्होंने हर समय हमारी प्रशंसा की। चाहे हमने अच्छा किया हो या बुरा। क्या वे लोग जो हमारी सच्ची आलोचना करते हैं, उनसे हमें कुछ सीखने को नहीं मिल सकता?"

असल में अगर हम अपने सबसे बड़े आलोचक खुद बन जाएं तो हमें कोई हरा नहीं सकता। अगर हम अपनी गलतियों को ढूंढे और उन्हें सुधारने का प्रयास करते रहें तो फिर हमारी असफलता का कोई कारण शेष नहीं रह जाता। यह काम चार्ल्स डार्विन कर चुके हैं। इसमें उन्हें 15 वर्ष लगे लेकिन उन्होंने यह करके दिखाया। उन्होंने अपनी क्रांतिकारी पुस्तक द आरिजन ऑफ़ स्पीशीज जब लिखी तो उन्हें पता था इस पुस्तक के प्रकाशन होते ही मानव जगत में धार्मिक और बौद्धिक स्तर पर खलबली मच जाएगी। उनसे उनके हर तथ्य के लिए जवाब मांगा जाएगा। इसलिए उन्होंने अपनी पाण्डुलिपि तैयार करने के बाद भी अलग से 15 वर्ष लिए और अपनी आलोचना स्वयं करते हुए उन सभी तथ्यों को क्रासचेक किया जो उन्होंने उस पुस्तक में दिए थे।

आपको पता है एक बार अब्राहम लिंकन को किसी ने महामूर्ख की उपाधि दे दी थी। ऐसी परिस्थिति में भी उन्होंने अपना मानसिक संतुलन नहीं खोया। उनका यह किस्सा इस प्रकार है:

लिंकन ने एक बार युद्ध के समय एक राजनेता को खुश करने लिए अपनी रेजिमेंट की टुकड़ी में फेरबदल कर दिया था। इस बात पर उनके रक्षा सचिव एडवर्ड एम. स्टैंटन ने उन्हें 'महामूर्ख' कहना शुरू कर दिया। ऐसा व्यक्ति जो दूसरों की खुशी के लिए अनावश्यक फैसले ले रहा था। स्टैंटन ने इस कारण लिंकन के आदेशों को मानने से भी इंकार कर दिया था। जब लिंकन को यह बात पता चली तो वे स्टैंटन से मिलने के लिए गए। उन्होंने इस मुद्दे पर उनसे बात की और जब स्टैंटन ने तर्कों के माध्यम से उन्हें समझा दिया कि उनका फैसला गलत है तो उन्होंने तुरंत अपना फैसला वापस ले लिया।

लिंकन ने क्या ऐसे समय में इसे अपने अभिमान की लड़ाई बनाया? क्या उन्होंने खुद को श्रेष्ठ साबित करने की कोशिश की? नहीं। उन्होंने उचित आलोचना को स्वीकारा। उन्होंने उस आलोचना के द्वारा सही निर्णय लिया।

क्या हम और आप भी यही नहीं कर सकते? आखिर हम भी हर बार सही तो नहीं हो सकते। रूजवेल्ट ने भी कहा था कि आदमी चार में से तीन बार ही सही हो सकता है। यही आइन्स्टीन ने भी कहा था कि वे हर बार 99 प्रतिशत गलत होते हैं।

'कई बार हमारे आलोचकों को हमारे बारे में हमसे ज्यादा पता होता है।" यह बात ला रोशफूको ने कही थी।

मैं यह जानता हूँ कि कम ही लोग होंगे जो इस बात से बहुत ज्यादा इत्तेफाक रखते होंगे। क्योंकि मनुष्य की प्रवृत्ति ऐसी है कि उसकी आलोचना भरे शब्द सुनते ही वह खुद को बचाने की कोशिश सबसे पहले करने लगता है। वह यह सोचता ही नहीं है कि आलोचना उचित है या अनुचित। वह तो आलोचना से सिर्फ़ चिढ़ना ही जानता है। नाराज होना जानता है। पर जैसे ही आदमी के कानों में प्रशंसा के बोल सुनाई देते हैं वैसे ही वह उनकी ओर आकर्षित होने लगता है। इसका एक ही कारण है वह है आदमी को मूलरूप से भावनात्मक प्राणी होना। वह कम ही समय तर्किक रूप से सोच पाता है। पर आइए अब हम अपना नजरिया बदलें, अगर कोई अब हमारी उचित आलोचना करें तो हम उसे सकारात्मक नजरिए से लेना शुरू कर दें। मूर्खों की तरह व्यवहार करना छोड़ दें। खुद को और विनम्र बनाते हुए यह सोचें कि "मेरी ऐसी बहुत सी गलतियां हैं जिनके बारे में मेरा आलोचक नहीं जानता। अगर उसे यह पता होता तो वह और जोर से मेरी आलोचना करता।"

मैंने इस अध्याय में बराबर यह बताने का प्रयास किया है कि यदि कोई भी आपकी आलोचना करे तो आपको क्या करना है? आपको सिर्फ़ एक बार रुकना है, खुद को संयत करते हुए यह सोचना है कि जब महान वैज्ञानिक आइन्स्टीन जैसा व्यक्ति मानता है कि वह 99 प्रतिशत ही सही हो सकता है। तो क्या हम जैसे सानान्य व्यक्ति हमेशा 100 प्रतिशत सही हो सकते हैं? इसलिए अगर कभी आपकी कोई आलोचना हो तो यह जानने का प्रयास जरूर करें कि उसमें कितने प्रतिशत सच्चाई है। अगर उसमें कुछ प्रतिशत भी सच्चाई है तो उसमें सुधार करने का प्रयास अवश्य करें।

यहां मैं उन संस्थाओं का जिक्र करने जा रहा हूँ जिन्होंने आलोचनाओं को सकारात्मक तरीके से लिया और उन आलोचनाओं के कारणों को जानकर खुद में लगातार सुधार करके सफलता पाई। इसमें पहले हैं पेप्सोडेंट कंपनी के पूर्व प्रेसिडेंट चार्ल्स लकमैन। इन्होंने रेडियो हॉस्ट बॉब होप को अपने कार्यक्रम में उन पत्रों को शामिल करने के लिए प्रोत्साहित किया था जो उनकी कंपनी के प्रति आलोचनात्मक रवैया से भरे रहते थे। इस पर उन्होंने प्रतिवर्ष के हिसाब से दस लॉख ड ॅलर भी खर्च किए। इसी तरह फोर्ड कंपनी भी अपने कर्मचारियों से वोटिंग करवाकर यह पता करती कि उनकी कंपनी का प्रबंधन सही तरीके से काम कर रहा है या नहीं। जिन कंपनियों ने भी यह किया, उन्हें बाद में इसके बेहतर परिणाम ही मिले।

मैं यहां आपको उस सैल्समेन की कहानी बताना चाहता हूँ, जिसने उचित आलोचना को सकारात्मक तरीके से लेकर अपनी नौकरी में दोगुनी सफलता पाई। वह सैल्समैन साबुन बेचने का काम करता था और कुछ दिनों से उसकि मेहनत करने के बाद भी उसकी सेल्स बढ़ नहीं पा रही थी। उसने गौर किया था कि उसकी प्रोडक्ट

की क्वॉलिटी में कोई कमी नहीं थी फिर भी सेल्स न बढ़ने का कारण जानने के लिए उसने यह तरीका अपनाया। वह अपने ग्राहकों, व्यापारियों के पास गया। उसने उनसे अनुरोध किया कि वे उसकी उन गलतियों के बारे में नि:संकोच बताएं जो उनकी नजर में वह कर रहा है। वह उनमें जल्द से जल्द सुधार कर लेगा। क्या आप अंदाजा लगा सकते हैं कि उसके इस एक काम ने उसे अपने जीवन में कितनी सफलता दिलाई? उसने सारी आलोचनाओं और कीमती सलाहों को मानते हुए खुद में जो परिवर्तन किए उसने उसे कोलगेट-पॉमोलिव- पीट सोप कंपनी के प्रेसिडेंट पद पर पहुँचा दिया। उसे आज सारी दुनिया ई.एच. लिटिल के नाम से जानती है। दुनिया में साबुन निर्माता के रूप में विख्यात सबसे बड़ी कंपनी के प्रतिनिधि के रूप में।

एच.पी. हॉवेल, बेन फ्रैंकलिन और ई.एच. लिटिल ने जो किया, क्या आप ऐसा नहीं कर सकते? ऐसा करने के लिए आपको कोई बड़ा आदमी बनने की जरूरत नहीं है। अकेले में ठीक से संतुलित होकर आप खुद से पूछें कि क्या ऐसा करना बहुत कठिन है? क्या ऐसा कर सकता हूँ या नहीं?

यह है तीसरा नियम जिससे आप खुद को आलोचनाओं के बवंडर से बचा पाएंगे : अपनी मूर्खताओं का रिकॉर्ड रखकर हम स्वयं अपने सबसे बड़े आलोचक बनें। हम यह जान लें कि आदर्श बनना और हर बार 100 प्रतिशत सही होना संभव नहीं है। इसलिए वह करने का प्रयास करें जो ई.एच. लिटिल ने किया।

संक्षिप्त में खंड छह

आलोचना के महासागर से निकालने का तरीक़ा

नियम 1. अनुचित आलोचना अधिकांश तौर पर अप्रत्यक्ष रूप से आपकी प्रशंसा ही होती है। अक्सर इसका यही अर्थ होता है कि लोग आपकी सफलता पचा नहीं पा रहे हैं। याद रखिए कोई भी मरे हुए कुत्ते को कोई नहीं मारता।

नियम 2. सिर्फ़ और सिर्फ़ अपने सर्वश्रेष्ठ पर ध्यान केंद्रित करें। आलोचना से बचाने वाली छतरी को खोले रखें, जिससे यह बारिश आपके गले से नीचे बहता हुआ न आए। यही आपके अनमोल समय नष्ट होने से बचाएगी।

नियम 3. खुद से बेहतर खुद का आलोचक कोई दूसरा नहीं। अपनी मूर्खताओं का नियमित रिकार्ड रखें, क्योंकि हम कभी पूर्ण नहीं हो पते। वही करें, जो ई.एच. लिटिल ने किया : दूसरों से निष्पक्ष, सहायक, रचनात्मक आलोचना सहर्ष स्वीकार करें।

खंड छह

चिंता और थकान को दूर करते हुए जोश व ऊर्जा बढ़ाने के छह तरीके

23

अपनी ज़िन्दगी के हर दिन में एक घंटा कैसे जोड़ें

आधुनिक जीवन में आदमी इतना व्यस्त हो चला है कि उसे थकान का घेरना आम बात हो गई है। यह थकान ही कब चिंता में बदल जाती है, आदमी इसका अनुमान भी नहीं लगा पाता। इसलिए मैं यहां इससे बचने और इसे संतुलित रखने के कुछ टिप्स सुझाने जा रहा हूँ। चिकित्सक भी यह बात स्पष्ट कर चुके हैं कि शारीरिक थकान की वजह से मनुष्य की प्रतिरोधक क्षमता में अन्तर आता है। वह कुछ समय के लिए कमजोर हो जाता है और उसे इस दौरान कई वायरल रोग आसानी से घेर लेते हैं। इस तरह रोगी होने का अर्थ है चिंता को आमंत्रण देना। इसलिए जरूरी है कि अगर थकान से बचा जाए तो चिंता भी आपको पास नहीं भटकेगी। इस संबंध में, मैं यहां डॉ. जैकबसन के विचारों को रखना चाहूँगा, जो उन्होंने रिलेक्सेशन के विषय में लिखे हैं। इस पर उन्होंने दो पुस्तकें भी लिखी हैं। उनके विचार इस प्रकार हैं :

वे जब यूनिवर्सिटी ऑफ शिकागो लेबोरेटरी फॉर क्लीनिकल फिजियोलॉजी के डायरेक्टर रहे। तब उन्होंने इस बात की ओर अपनी रुचि दिखाई कि मनुष्य के जीवन में आराम को किस तरह से इलाज के रूप में प्रयोग किया जा सकता है। इसके लिए उन्होंने यह अवधारणा विकसित की, जब भी कोई व्यक्ति परम शांति की मानसिक और शारीरिक अवस्था में होता है तो चिंता उसके पास रह ही नहीं सकती। इस तरह उन्होंने अपना पहला नियम यह दिया कि चिंता से दूर रहने के लिए आराम किया जाए। लेकिन यह बात उन्होंने ऐसे ही नहीं कह दी। इसके लिए बाकायदा अमेरिका सैन्य प्रशिक्षण कार्यक्रम में प्रयोग करके देखा गया। वहां यह पाया गया कि प्रशिक्षण पा चुके सैनिक तब और बेहतर प्रदर्शन कर पाते हैं जब उन्हें एक घंटे के अंतराल में

10 मिनट आराम करने को दिए जाते हैं। इसका इतना लाभ हुआ कि सैन्य अधिकारी अपने जवानों को 10 मिनट आराम करने के लिए आदेशित करने लगे।

हम सभी अमेरिकी सेना की तरह मजबूत और बुद्धिमान हैं। और हमें भी उनकी तरह कुछ आराम करने की आवश्यकता है। हमारा दिल जो हमें लगता है 24 घंटे लगातार निर्बाध रूप से काम करता रहता है। यह मनुष्य के जीवित रहने तक या कहें कि 90 सालों तक लगातार काम करता रहता है, जो हमें आश्चर्य से भरने के लिए काफी है। इसकी शक्ति इतनी है कि 24 घंटे में इसके द्वारा पंप किए गए खून को एक रेलवे टैंक में भरा जाए तो यह 24 घंटे में भर जाएगा। इस गति से यह कार्य करता है, लेकिन क्या सचमुच दिल बिना रुके ऐसे ही काम करता है? हार्वर्ड मेडिकल कॉलेज के प्रोफेसर डॉ. वाल्टर बी. कैनन दिल की कार्यप्रणाली के संबंध में वैज्ञानिक तथ्य बताते हैं कि दिल हर बार सिकुड़ने पर कुछ सेकंड के लिए आराम कर लेता है। हर मिनट 70 बार धड़कने के साथ इंसान का दिल कुल 24 में से लगभग 15 घंटे ही काम करता है। बाकी समय वह अपने आराम के लिए निकाल लेता है।

इसे हम अपने जनजीवन के उदाहरण से समझ सकते हैं। ब्रिटिश शासन के महान लीडरों में से एक विन्स्टन चर्चिल 65 वर्ष की उम्र में भी 16 घंटे काम किया करते थे। उस उम्र में भी उन्होंने अपनी सेनाओं का बेहतरीन मार्गदर्शन किया। ये सब किस तरह संभव हो पाया? सिर्फ़ उनकी सही दैनिक दिनचर्या और थकान को खुद पर हावी न होने देने के कारण। वे प्रतिदिन सुबह 11 बजे तक बिस्तर पर रहते हुए ही आदेश लिखाने और रिपोर्ट पढ़ने जैसे सभी जरूरी कार्य कर लिया करते थे। इसके बाद लंच करते और एक घंटे की नींद लेते। फिर शाम को आठ बजे तक काम निपटाने के बाद डिनर करते और फिर कुछ देर आराम करते। इस तरह वे खुद को हमेशा शारीरिक और मानसिक रूप से तरोताजा रखते। इस तरह वे 16–16 घंटे काम करते लेकिन उन्हें थकान या तनाव छू भी नहीं पाता।

दुनिया के सबसे प्रसिद्ध लोगों में से एक नाम है जॉन डी. रॉकफेलर का। उन्होंने अपने समय में दुनिया की सबसे ज्यादा कमाई करके अपनी तिजोरी भरी और दूसरा उन्होंने 98 साल की दीर्घायु पाई। दीर्घायु जीवन पाने के लिए उन्होंने नियमित दिनचर्या अपनाई। उन्होंने अपने दैनिक जीवन में यह नियम बना रखा था कि वे रोज दोपहर को आधे घंटे आराम किया करते थे। यह नियम उनका इतना पक्का था कि इस दौरान उन्हें कोई डिस्टर्ब करने की हिम्मत नहीं कर सकता था, अमेरिका का राष्ट्रपति भी नहीं।

डब्ल्यू. जॉसेलिन ने अपनी पुस्तक 'व्हाई बी टायर्ड' में आराम शब्द की परिभाषा को स्पष्ट किया है कि आराम करने का अर्थ यह नहीं कि हम बेकार बैठ

जाएं। आराम करने का असल मकसद यह है कि हम वो करें जो हमें स्फूर्ति और ऊर्जा प्रदान करता है। अगर हम कुछ पल के लिए भी अपने शरीर को लगातार काम करने के दौरान आराम दे देते हैं तो वह फिर से ऊर्जावान हो जाता है, जिसकी कल्पना भी हम नहीं कर सकते। यह बात अकेला मैं नहीं कह रहा हूँ बल्कि मुझे यह बात कई महान व्यक्तित्वों से सुनने को मिली है, जैसे कॉनी केक, जो बेसवाल के पितामह कहे जाते हैं। उन्होंने मुझे एक बार बताया था कि जब भी उनका मैच होता था, तब अगर दोपहर को उन्हें कुछ पल आराम करने को न मिलते तो मैच की पांचवीं इनिंग आते–आते वे खुद को पूरी तरह थका–हारा हुआ पाते थे, लेकिन वहीं उन्हें अगर थोड़ा सा भी आराम करने को मिल जाए तो फिर वे पूरे मैच में शुरू से लेकर आखिर तक ऊर्जावान बने रहते थे।

यही बात मुझे एलीनोर रूजवेल्ट ने बताई थी। मैंने उनसे दिनभर की व्यस्त दिनचर्या में उनके हमेशा स्फूर्तिवान बने रहने का रहस्य पूछा था। उन्होंने मुझे बताया था कि वे इसके लिए एक ट्रिक इस्तेमाल करती थीं। जब भी उन्हें दिनभर लोगों से मिलना पड़ता, या कहीं भाषण देना पड़ता वे कुछ पल निकालकर आंखें बंद कर कुछ क्षण फुरसत के निकाल लेती थीं। ये कुछ पल ही उन्हें दिनभर ऊर्जा देने का काम करते थे। जीन आट्री का एक बार जब मैंने मैडिसन स्कैवेयर गार्डन में साक्षात्कार लिया था तो उनके ड्रेसिंग रूम में मुझे एक खटिया दिखाई दी। मैंने उनसे उसका कारण पूछा तो उन्होंने मुझे बताया कि उनके पास काम की कभी कमी नहीं रहती। लेकिन इसके लिए उन्हें हमेशा ऊर्जावान बने रहना भी जरूरी होता है। इसलिए वह काम करते हुए उस खटिया पर हर दिन कुछ पल आराम करते जरूर करते। जिससे वे हमेशा खुद को फ्रेश बनाए रखें।

एडिसन भी अपने कई साक्षात्कारों में यह बता चुके थे कि वह कई घंटे आराम करते थे, तब जाकर मनचाहा काम कर पाते थे। आटोमोबाइल के क्षेत्र में क्रांति लाने वाले हेनरी फोर्ड ने अपने जन्म के 80 वर्ष पूरे होने पर मुझे एक बार बताया था कि उन्होंने अपने जीवन में हमेशा इस सिद्धांत का पालन किया, उन्होंने कहा, "मुझे जीवन में जब भी बैठने का मौका मिला मैं कभी खड़ा नहीं रहा और जब भी मुझे लेटने का मौका मिला मैं कभी बैठा नहीं रहा।" होरेस मैंन, जिन्हें आधुनिक शिक्षा का पितामह कहा जाता है। वे अक्सर अपने कॉलेज के दिनों में छात्रों का साक्षात्कार लेते हुए सोफे पर कुछ क्षण आराम के निकाल ही लेते थे। यह प्रयोग मेरे कहने पर मेरे एक हालीवुड निर्माता मित्र जैक चेरटॉक ने भी करके देखा था और उन्हें इसके अकल्पनीय परिणाम प्राप्त हुए थे। असल में जब वे एम.जी.एम. शार्ट फीचर डिपार्टमेंट थे, तब मेरी मुलाकात उनसे हुई थी और तभी उन्होंने मुझे बताया था कि वे थकान की समस्या से जूझ रहे हैं। खुद को ताकतवर रखने के लिए उन्होंने कई टॉनिक, विटामिन लिए थे,

लेकिन फिर उन्हें थकान की समस्या से छुटकारा नहीं मिला था। मैंने उन्हें आराम करने वाला फार्मूला सुझाया। मैंने तथा उन्होंने ने देखा कि उनके जीवन में चमत्कार हो गया। थकान पर उन्होंने आराम का समय निकालकर जीत दर्ज कर ली।

उन्होंने मुझे बताया कि पहले मेरे डॉक्टर इस ट्रिक के जादुई परिणाम देखकर हैरान रह गए। मेरे भी साथियों ने बताया कि मैं उन्हें पहले से ज्यादा ऊर्जावान और खुशमिजाज लगता हूँ। मैंने यह सब इसलिए पाया, क्योंकि अब मैं मीटिंग में से या किसी घनघोर चर्चा में से कुछ पल निकालकर थोड़ा सा आराम करने लगा। इसका परिणाम यह हुआ कि अब तरोताजा रहते हुए मैं पहले से ज्यादा काम करने लगा हूँ।

कोई आम आदमी जो मेरे या आपके जैसा है, वो इस छोटे से काम को अपनी दिनचर्या में कभी भी शामिल कर सकता है। चाहे वह स्टेनोग्राफर हो, आफिस का क्लर्क हो या कुछ और। जब यह महान लोगों ने अपने कीमती समय में से समय निकालकर ये किया तो हम और आप तो इसे किसी भी हाल में कर ही सकते हैं। इसके अलावा नौकरीपेशा लोगों के पास लंच टाइम एक ऐसा समय होता ही है जब वे इसमें से 10 मिनट का समय निकालकर थोड़ा आराम कर सकें। अमेरिकी सेना के जनरल जॉर्ज सी. मार्शल सेना के जवानों को प्रशिक्षण देने के साथ ही रोज दोपहर को कुछ पल के लिए यही काम किया करते थे। एक बात समझना हमारे लिए बहुत जरूरी है कि कोई 50 पार का व्यक्ति हो या कम का। यह नियम हर उस व्यक्ति के लिए जरूरी है जो लगातार व्यस्त दिनचर्या से घिरा रहता है। यदि कोई ऐसा नहीं कर रहा है तो वह याद रखे कि जल्द से जल्द जितना हो सके अपना बीमा कराए। आज की आधुनिक परिस्थितियों में कभी भी किसी को कुछ भी हो सकता है। शायद ऐसा हो कि आपकी पत्नी आपके बीमा की रकम से ऐश करे और किसी और युवा को अपना जीवनसाथी बना ले।

आराम करने के लिए रात के भोजन से पहले कुछ समय का वक्त भी निकाला जा सकता है। या कोई भी अपने अनुसार कुछ पल निकाल सकता है। इस सब का कारण क्या है? इसका कारण है इन कुछ पलों का आराम इंसान को लगभग 5467 गुना ऊर्जा प्रदान करता है। वह खुद को इतना तरोताजा बना लेता है कि अनुंसधानों के अनुसार मनुष्य रोज औसत काम करने के स्थान पर एक घंटा ज्यादा काम करने लगता है। यह एक विज्ञान है, जिसे समझना जरूरी है। यह काम बेथलहम स्टील कंपनी में वैज्ञानिक मैनेजमेंट इंजीनियर के रूप में काम करने वाले फ्रेडरिक टैलर ने करके दिखाया था। उन्होंने अपनी कंपनी में वैज्ञानिक नजरिए से काम करते हुए यह अंदाजा लगाया था कि उनकी कंपनी के मजूदरों को प्रतिदिन 47 टन लोहा

मालगाड़ियों में लादना चाहिए था। परन्तु वे हर दिन सिर्फ़ 12.5 टन लोहा लादते और उसी में खुद को थका हुआ पाते। यह सब उनके अपने अनुमान थे जिसे सभी के सामने प्रदर्शित करना भी जरूरी था। आखिर उन्होंने यह सब कैसे करके दिखाया?

टैलर ने सबसे पहले एक मजूदर का चयन किया, जिसका शिमट नाम था। उन्होंने एक आदमी को स्टॉप वॉच दी और शिमट के लिए एक टाइम टेबिल बनाकर दिया। कुछ दिन शिमट ने उसी टाइम टेबिल के हिसाब से काम किया। वह थोड़ा काम करता और थोड़ा आराम करता। आखिर में उसने वो गति हासिल कर ली, जिसमें वह प्रतिदिन 47 टन मालगाड़ी में डालने का काम करने लगा। तीन साल तक यही चलता रहा। शिमट रोज 26 मिनट काम करता और 34 मिनट आराम करता। इस तरह उसने दूसरों मजदूरों से चार गुना ज्यादा क्षमता पा ली थी। आपको यह कोई सिर्फ़ सुनी–सुनाई कहानी तो नहीं लग रही। अगर हां, तो आपको फ्रेडरिक विन्स्लो टैलर की पुस्तक 'प्रिंसिपल्स ऑफ़ साइंटिफिक मैंनेजमेंट' के पेज 41–62 अवश्य पढ़ने चाहिए। आपको सारी बातें साफ हो जाएंगी।

इसलिए मैं भी आपसे सिर्फ़ और सिर्फ़ यही कहता हूँ, आपको वह करना है, जो सेना अक्सर करती है, कुछ काम कुछ आराम। दिल जो अक्सर करता है, कुछ काम, कुछ आराम। इस तरह आप हर दिन बिना थके औसत काम से ज्यादा कर पाएंगे।

24

आख़िर थकने का कारण क्या है और आप इससे कैसे बच सकते हैं

यहां मैं आपको एक बहुत ही बड़ा वैज्ञानिक तथ्य बताने जा रहा हूँ। वैज्ञानिकों ने यह तथ्य अपने शोध से उजागर करके बताया है कि कोई आदमी सिर्फ़ मानसिक श्रम करके खुद को नहीं थका सकता। वैज्ञानिकों ने अपने शोध में यह तथ्य देखा कि जब मनुष्य खाली मानसिक श्रम करता है तो उसके दिमाग़ में बहने वाले रक्त में थकावट के जरा भी लक्षण दिखाई नहीं देते हैं। इसलिए उन्होंने अपने शोधों से यही परिणाम दिए कि अगर किसी शारीरिक श्रम करने वाले के दिमाग़ के रक्त की जांच की जाए और वहीं मानसिक श्रम करने वाले आदमी के दिमाग़ की जांच की जाए तो हम पाएंगे कि मानसिक श्रम करने वाला कई घंटों तक बिना थके यूं ही लगातार काम करता रहेगा, पर उसके रक्त में थकावट के जरा भी लक्षण नहीं दिखाई देंगे। वहीं शारीरिक श्रम करने वाले के रक्त में थकावट के लक्षण बराबर दिखाई देने लगेंगे। आखिर ऐसा क्यों होता है? कई मनोवैज्ञानिकों ने इसके बारे में अपने विचार दिए हैं। इस बारे में पुस्तक 'द साइकोलॉजी ऑफ़ पावर' में मनोवैज्ञानिक जे.ए. हैडफील्ड ने बताया है कि शारीरिक श्रम से उत्पन्न थकावट इतनी भयंकर होती है कि आदमी चाहकर भी उसकी उपेक्षा नहीं कर पाता। वहीं अन्य अमेरिकी मनोवैज्ञानिक डॉ. ए. ए. ब्रिल ने कहा था, "मानसिक रूप से काम करने वाले लोग भी थकते हैं, लेकिन उनकी थकान का कारण उनका भावनात्मक होना होता है।"

आखिर वो कौन से कारण होते हैं? जो बिना शारीरिक मेहनत के काम करने वालों को तक थका देते हैं। असल में वे भावनात्मक कारण हैं, प्रशंसा की कमी, फिजूल वक्त की बर्बादी, बेमकसद का काम, तनाव। ये कुछ ऐसे लक्षण हैं जो बैठकर काम करने वाले व्यक्ति को भी थका कर उनके काम की गति को आधा कर देते हैं। इन लक्षणों का असर आदमी पर इतना व्यापक होता है कि वह जरा सी सर्दी

का सामना नहीं कर पाता। इस कारण उसे बुखार तक का सामना करना पड़ता है। उन्हें इतना भयंकर सिरदर्द मिलता है कि वे उसे सहन नहीं कर पाते और मानसिक तनाव से पीड़ित हो जाते हैं। इस संबंध में मेट्रोपोलिटन लाइफ इंश्योरेंस कंपनी ने एक महत्त्वपूर्ण पुस्तिका प्रकाशित की थी और उसमें यह तथ्य बतलाए थे कि "दि आदमी कड़ी शारीरिक मेहनत करता भी है तो वह शरीर को आराम देकर, अच्छी नींद लेकर चिंता से मुक्त हो सकता है, लेकिन भावनात्मक रूप से तनावग्रस्त व्यक्ति को अधिक परेशानी का सामना करना पड़ता है, क्योंकि दिमाग़ में उठना वाला तनाव, चिंता इसे उत्पन्न करते हैं।'

इसलिए ये बुनियादी तथ्य है कि आदमी बेफिक्र होकर अगर अपने काम करे तो वह निश्चिंतता से अपने कामों को बिना परेशानी के कर सकता है और दूसरे कामों में अपनी ऊर्जा लगा सकता है।

आइए एक प्रयोग करके देखते हैं, इसी समय आप जो भी कर रहे हैं, उसी पल वहां ठहर जाइए। क्या आप इस समय किसी आरामदायक कुर्सी पर लेटे हुए हैं? क्या आप किसी चीज को घूर रहे हैं? आप खुद को इसी समय स्थिर बना लीजिए। जितना रिलेक्स खुद को कर सकते हैं, करने का प्रयास कीजिए। यदि ऐसी अवस्था में भी आपका शरीर अनावश्यक ऊर्जा उत्पन्न करने में लगा है। आपकी मांसपेशियों में खिंचाव उत्पन्न हो रहा है तो इसका अर्थ है आपके शरीर में तनाव उत्पन्न होने वाला है, उसे थकान होने वाली है। इस संबंध में डेनियल डब्ल्यू. जोसेलिन के विचार हमें जानने जरूरी हैं, जो उन्होंने मानसिक कार्य करने पर उत्पन्न होने वाले अनावश्यक तनाव के संबंध में कहे हैं। उन्होंने कहा है, "मैंने अपने शोधों से यह परिणाम प्राप्त किए हैं कि यह धारणा बन चुकी है जब भी कोई काम करना हो तो उसमें पूरी ताकत झौंक दो। इसके चक्कर में आदमी अपने शरीर की उन मांसपेशियों को भी सक्रिय कर लेता है जो उसे काम करने में किसी प्रकार की सहायता नहीं करती हैं।" इसलिए हम देख और महसूस कर सकते हैं कि जब कोई काम करने की बारी आती है तो हमारा पूरा शरीर तेजी से सक्रिय हो जाता है, हमारी त्यौरियां चढ़ जाती हैं। हमारा पूरा शरीर उस काम को करने की एकाग्रता में पहुँच जाता है।

अमेरिका के लाखों लोग डॉलर गंवाने का सपने में भी नहीं सोच सकते। इसके लिए खूब प्रयासरत् रहते हैं, लेकिन फिर भी वे लगातार अपनी दौलत गंवाते रहते हैं। अपनी ऊर्जा को बर्बाद करते रहते हैं। आखिर उनकी मानसिक और शारीरिक थकान का हल क्या है? आराम और सिर्फ़ आराम। काम करते हुए बीच में आराम। मैं मानता हूँ ऐसा करने के लिए शायद उन्हें अपनी दैनिक दिनचर्या में कई परिवर्तन करना पड़े, लेकिन दूरगामी रूप से यह काम उन्हें शांति ही प्रदान करेगा। विलियम जेम्स ने अपने

निबंध "द गॉस्पेल ऑफ रिलैक्सेशन" में लिखा था, "अतिजल्दी, हड़बड़ाहट, तनाव और चिंता ये सभी बुरी आदतें हैं।" असल में बुरी आदतें जैसे तनाव, चिंता को जितने जल्दी हो सके छोड़ देना चाहिए और आराम जैसी आदतों को जितने जल्दी हो सके अपना लेना चाहिए।

अब आइए विश्राम करने के सही तरीके का एक प्रयोग करके देखते हैं, जैसे, आप आराम करने की शुरूआत कैसे करते हैं? क्या आप शरीर को धीरे–धीरे ढीला छोड़ते जाते हैं? या सिर्फ़ अपनी मांसपेशियों पर फोकस करते हैं या अपने दिमाग़ को स्थिर करने की कोशिश करते हैं। आप चाहे जो भी करते हों, यहां आप कुछ पल के लिए मेरे बताए अनुसार प्रयोग करके देखिए।

आप एक जगह स्थिर होकर बैठ जाएं और अपनी आंखों को बंद कर आदेश देना शुरू कर दें। 'रिलेक्स करो, आराम करो, स्थिर हो जाओ, तनाव मत लो, चिंता से दूर हो जाओ।' यह क्रम से दोहराते हुए आप आखिर में पाएंगे एक गहन शांति। आपको जो सुकून मिलेगा यह आपके लिए अद्भुत अनुभव होगा। यही प्रक्रिया आपको पूरे शरीर के साथ दोहरानी है। कंधे, पैर, चेहरा सब। पर हमने आंखों से ही इसकी शुरूआत क्यों की? क्योंकि यूनिसर्विटी ऑफ़ शिकागो के डॉ. एडमंड जैकबसन के अनुसार ये शरीर का सबसे उपयोगी अंग होता है। अगर हम इसे विश्राम दिला सकें तो हमारे शरीर के लगभग चौथाई हिस्से को आराम पहुँच जाता है, क्योंकि आंखें हमारे नर्वस टेंशन का चौथाई हिस्सा इस्तेमाल करती हैं। यही कारण है कई बार लोगों की आंखों में परेशानी न होने के बाद भी लोग आंखों के दर्द से परेशान रहते हैं, क्योंकि शरीर के बाकी हिस्से का तनाव उनकी आंखों में आ जाता है।

यहां मैं प्रसिद्ध उपन्यासकार विकी बॉम के जीवन से जुड़ी एक कहानी का जिक्र करना चाहूँगा, जो उन्होंने ही एक बार बताई थी। उन्होंने बताया, "मैं जब छोटी बच्ची थी तब एक बार मैं बहुत जोर से गिरी। मेरे घुटने छिल गए, मेरी कलाई में मोच आ गई। वह पल मेरे उस समय के जीवन का सबसे कठिन पल था। उस समय मेरी मुलाकात एक बूढ़े आदमी से हुई। उन्होंने ही मुझे तब जीवन का सबसे महत्त्वपूर्ण सबक सिखाया। उन्होंने मुझे उठाकर मेरे कपड़ों से धूल झाड़ी और वहां कहा कि तुम्हें इसीलिए चोट लगी, क्योंकि तुम गिरना नहीं जानती। तुम खुद के शरीर को ढीला छोड़ना नहीं जानतीं। यदि तुम जान जाओ तो फिर कभी इतनी चोट नहीं खाओगी। उस आदमी ने मुझे और मेरे साथ दूसरे बच्चों को संभलकर गिरना सिखाया। शरीर को कब मजबूत रखना है और कब ढीला, यह सब सिखाया। कलाबाजियां करना सिखाया। असल में वह बूढ़ा आदमी पहले किसी सर्कस में जोकर की भूमिका निभाता था। उसने कहा कि जो आदमी किसी पुराने सिलवटों वाले मोजों जितना खुद को ढीला करना

सीख जाता है। वह खुद को एक विश्राम की अवस्था में ले आता है। फिर उसे गिरने पर भी उतनी चोट नहीं लगती जितनी दूसरों को लगती है।"

मैं बार–बार यही कह रहा हूँ कि कोई भी व्यक्ति कभी भी आराम कर सकता है, लेकिन यह सिर्फ़ शारीरिक रूप से नहीं होता। इसके लिए शरीर को उस अवस्था में ले जाना जरूरी होता है। अपने शरीर की मांसपेशियों को तनाव रहित करने का प्रयास करना जरूरी है। अपनी आंखों को बंद कर शरीर को ढीला... और ढीला... छोड़ने का प्रयास करें। अपने चेहरे से अपने शरीर की सभी मांसपेशियों तक शरीर में नई ऊर्जा प्रवाहित होने को महसूस करते रहिए। खुद को उस नवजात की तरह बना लीजिए जो समस्त चिंताओं से निर्मुक्त रहता है। मुझे हेलन जैप्सन ने बताया था यही काम महान गायिका गैली कर्की किया करती थी। वह अपने किसी भी प्रदर्शन से पहले एक शांत जगह पर एक कुर्सी पर बैठ जाती थीं और उसके बाद खुद को आंख बंद कर ढीला छोड़ना शुरू कर देती थी। खुद को उस अवस्था तक ले जाती थीं जहां वे स्वयं चिंता मुक्त, तनाव रहित हो जाती थी। इस तरह वे खुद को थकने से बचा लेती और खुद को कभी नर्वस भी महसूस नहीं करती।

मैं आपको आराम करने का सही तरीका बता रहा हूँ। इस प्रक्रिया को आप अपनाकर खुद को संतुलित और शांत बना सकते हैं।

1. तनाव रहित आराम करें। खुद को पुराने सिलवटों वाले मोजे की तरह लचीला बना लें। अगर यह संभव नहीं तो क्या आपने कभी बिल्ली को सूरज की रोशनी में सोते हुए देखा है। बिल्कुल ढीले कान लिए हुए वह शांत अवस्था में सोती है। भारत के कई योगियों ने भी बिल्ली से सीखने की बात कही है। जिस तरह आराम करके वह कभी थकती नहीं। उसे नर्वस होने की समस्या से नहीं गुजरना पड़ता। चिंता से उसका कभी सामना नहीं होता। वैसे ही आप भी हो सकते हो। यदि आप भी उसके जैसे खुद की आराम करने की प्रवृत्ति बना लें।

2. शरीर को इस तरह से विश्राम की मुद्रा में ले जाएं कि कंधे झुक जाएं। इनमें कोई तनाव बाकी न रहे। विश्राम बिल्कुल चिंतामुक्त और आरामदेह होना चाहिए।

3. काम के अनुसार खुद के प्रयास करें। खुद से यह पूछें कि कोई काम कितना कठिन है और हम उसके लिए जरूरत से ज्यादा एफर्ट तो नहीं लगा रहे। वे मांसपेशियां जो इस काम में संलग्न भी नहीं हैं, कहीं हम उसे भी परेशान तो नहीं कर रहे हैं। हम किसी भी काम को बिना थकावट आसानी से करने

की आदत बना लें, क्योंकि डॉ. डेविड हैरॉल्ड के अनुसार "आदतें हमेशा जीततीं हैं फिर चाहे वह अच्छी हो या बुरी। इसलिए अच्छी आदतें बनाएं।"

4. किसी भी दिन के अंत में यदि आप ऐसा महसूस करें कि आपको थकावट हो रही है तो जान जाएं कि आज मानसिक काम करने में आपने सही प्रक्रिया को नहीं अपनाया। डैनियल डब्ल्यू. जौसेलिन के उदाहरण से हम इसे समझ सकते हैं, वे कहते थे कि जब भी रात को खुद को थका महसूस करते तो वे समझ जाते कि आज उन्होंने आरामदायक प्रक्रिया अपनाकर सही तरह से काम नहीं किया। इसलिए वे थकावट महसूस कर रहे हैं। हमें भी उन्हीं की तरह की सोच बनानी है। यदि यह फार्मूला ज्यादा से ज्यादा लोग सीख सकें तो मुझे पूरी उम्मीद है हमारे यहां के मानसिक पागलों की संख्या बेहद कम हो जाएगी। हाई ब्लडप्रेशर का शिकार भी बहुत कम लोग होंगे।

25

किस तरह युवा दिखें, बिना थके

मेरी एक सहयोगी को पिछले साल बोस्टन में एक अजीब मेडिकल कक्षा में जाने का मौका मिला था। यह ठंड के दिनों की बात है। यह बोस्टन की 'डिस्पेंसरी में लगने वाली कक्षा थी जो नियमित लगती थी। इसमें शामिल होने के लिए किसी भी छात्र की पूरी जांच की जाती थी। उसमें पास होने पर ही यह कोर्स करने का मौका मिलता था। असल में इसे एप्लाइड साइकोलॉजी की कक्षा, मनोवैज्ञानिक कक्षा कहा जाता था। इस कक्षा का उद्देश्य उन लोगों की समस्याओं को हल करना था, जो किसी न किसी प्रकार की भावनात्मक समस्या से ग्रसित थे। मुख्य रूप से इस समस्या से वे घरेलू महिलाएं ज्यादा परेशान रहती थीं, जो चिंता ज्यादा करती थीं।

असल में इस कक्षा की शुरूआत डॉ. जोसेफ एच. प्रैट को इसलिए करनी पड़ी थी, क्योंकि उनके पास आने वाले मरीजों में वे अजीब तरह की समस्याएं देखा करते थे। 1930 से वे इस तरह की कक्षा चला रहे थे। उनके पास आने वाले मरीजों में बिना किसी शारीरिक परेशानी के वे शारीरिक विकारों को उभरते हुए देखा करते थे, जैसे, उन्होंने बताया कि एक बार एक महिला उनके पास आई, जो आर्थराईटिस रोग से इतना ग्रस्त हो गई थी कि वह हाथों से कोई काम भी नहीं कर पाती थी। दूसरी महिला को पेट दर्द की समस्या बनी रहती थी। कुछ महिलाएं हमेशा सिरदर्द और कमदर्द की दिक्कतें बताती थीं। पर हर बार जब भी उनकी शारीरिक जांच की जाती थी तो ऐसे कोई कारण नहीं मिलते, जिसकी वजह से उनके शरीर में कोई परेशानी उत्पन्न हो। पर फिर भी उन्हें वह असहनीय पीड़ा भुगतनी पड़ रही थी।

डॉ. प्रैट यह समझ गए थे कि इन मरीजों को कहने से कोई अर्थ नहीं निकलेगा कि उन्हें कोई समस्या नहीं है, वह बस अपने मन के वहम को निकाल दें। क्योंकि यह इतना आसान नहीं था कि हर महिला खुद की मानसिक स्थिति इतनी मजबूत

बना लें कि उसे इन वहमों से छुटकारा मिल जाए। इसलिए उन्होंने इन कक्षाओं की शुरूआत की। इस कक्षा की शुरूआत से ही प्रैट को इतनी व्यापक प्रतिक्रिया मिली कि वे उनके यहां कक्षा में आने वाली महिलाओं की लाइन लग गई। वे महिलाएं जिन्होंने इन कक्षाओं का लाभ लिया, उनकी कई मानसिक समस्याओं का समाधान हो गया। कुछ महिलाओं की निष्ठा इन कक्षाओं पर इतनी हो गई कि वे इसकी नियमित छात्रा बन गई। वे इस तरह आने लगीं जैसे वे चर्च जाती थीं। मेरी सहयोगी यहां एक ऐसी महिला से मिली जो नियमित नौ सालों से कक्षा में आ रही थी। उसे यहां आने से पहले यह महसूस होता था कि उसे फ्लोटिंग किडनी की समस्या है। इस बात की चिंता ने उसे इस कदर बीमार बना दिया था कि कभी–कभी तो उसे देखने में भी परेशानी होने लगती। उसे आंखों में दिखाई नहीं देता। पर यहां कक्षा में आते–आते उसमें जादुई परिवर्तन होने लगे। आज वह इतनी खुश और प्रसन्न है कि उसे देखकर उसकी उम्र का अंदाजा ही नहीं लगाया जा सकता। उसका एक पोता है लेकिन वह दादी की उम्र की नहीं लगती।

उसने खुद बताया कि "पहले चिंता ने जहां उसका जीवन पूरी तरह लगभग बर्बाद कर ही दिया था, वहीं इस मेडिकल कक्षा ने मुझे जीवन में नई राह दिखाई। मैंने यहां व्यर्थ की चिंता से छुटकारा पाना सीखा। इसलिए आज मैं प्रसन्न और शांतिपूर्ण जीवन जी पा रही हूँ।"

डॉ. रोज हिलफर्डिंग जो इस कक्षा में चिंतित होकर आने वाली महिलाओं को उचित सलाह देने का काम किया करते हैं। उन्होंने बताया कि "जितनी भी महिलाएं यहां कक्षा में चिंतित स्वभाव के साथ आती हैं उन्हें हम कैथारसिस की सलाह देते हैं। इसका अर्थ है वे अपनी समस्याओं को दूसरे के साथ बांटे। औरों को अपनी चिंताएं बताएं। यह काम उनसे तब तक कराया जाता है जब तक चिंताएं उनके दिमाग़ से निकल नहीं जाती।" असल में हम जब तक अपनी दिमाग़ी समस्याओं को दूसरों के साथ बांटते नहीं तब तक वह हमें अंदर ही अंदर खोखला करती रहती हैं। इसी वजह से आदमी नर्वस ब्रेकडाउन का शिकार हो जाता है। इसलिए ये बहुत जरूरी है कि अपने अंदर के गम या चिंता को जितना हो सके दूसरों के साथ बांटा जाए।

मुझे भी इस बात पर तब यकीन हो गया जब मेरी सहयोगी ने खुद अपने अनुभव मेरे साथ बांटे। उसने खुद कई महिलाओं को वहां ठीक होते देखा। एक महिला जिसने उसे अपने बारे में बताया कि यहां आने से पहले वह पूरी तरह चिंता में डूबी रहती थी, लेकिन जैसे–जैसे यहां आकर उसने खुद की भावनाओं को दूसरों के साथ व्यक्त करना शुरू किया उसकी मनोदशा में बदलाव होने लगा। आखिर ऐसा क्यों? शायद इसलिए कि सहानुभूति पूर्ण व्यवहार और शब्दों की उपचारक शक्ति मरीज को अंदरूनी तौर पर ठीक कर देती है।

आखिर शब्दों की उपचारक शक्ति कैसे काम करती है? मनोविश्लेषण में यह उपचार आजमाया जाता है कि मरीज को अपने अंदरूनी जज्बातों को जितना हो सके बांटने का मौका दिया जाए। यह बात आज से नहीं फ्रायड के जमाने से चली आ रही है। रोगी को यदि कोई मनोचिकित्सीय परेशानी है और उसे इसके लिए ज्यादा से ज्यादा अपनी परेशानी बांटने का मौका दिया जाए तो धीरे–धीरे उसे उसकी परेशानी से निजात मिलने लगती है। उसके भीतर से बदलाव होने लगते हैं। मनोचिकित्सक बतलाते हैं कि जब मरीज के दिल का गुबार निकल जाता है तो वे खुद को हल्का और ज्यादा बेहतर महसूस करने लगते हैं।

इसलिए आप भी इस तरकीब को अगली बार आजमा कर देखिएगा। कोई चिंता जो आपको लगातार सता रही हो, उसे किसी के साथ बांटकर जरूर देखिएगा। मैं यह नहीं कह रहा कि आप किसी के भी साथ अपनी समस्याओं को शेयर करने लगें बल्कि इसके लिए किसी बढ़िया डॉक्टर, अपने रिश्तेदार या किसी अपने विश्वनीय व्यक्ति को चुन लें। उससे अपनी चिंता से जुड़ी हर बात शेयर कर लें। उसे बतलाएं कि मेरी चिंता के लिए मुझे अपनी सलाह दें। कहीं न कहीं मैं गलती कर रहा हूँ, आप मुझे उचित सलाह दें।

बोस्टन की उस मेडिकल कक्षा में 'दिल का गुबार' निकालने वाली थैरेपी से सफलतम उपचार किया जाता है। इस कक्षा में सिखाई गई कई महत्त्वपूर्ण और उपयोगी और भी गतिविधियां हैं। इसका जिक्र हम यहां कर रहे हैं।

1. एक डायरी में उन बातों को नोट करके रखना शुरू करें, जिनसे आपको उत्साह, उमंग और प्रोत्साहन मिलता है। यह कुछ भी हो सकता है, जैसे, कविता, कोट्स या कोई डॉयलाग। जब भी कभी आपको आकर निराशा घेरे उसी दिन यही डायरी आपका आत्मविश्वास बढ़ाने, उत्साह बढ़ाने का काम करेगी। इसे एक थैरेपी की तरह ही माने, जिसने कई लोगों के स्वास्थ्य पर जादुई असर किया है।
2. अपने अंदर से दूसरे की कमी निकालने वाले गुणों को बाहर का रास्ता दिखा दीजिए। फिर देखिए कैसे आपका जीवन बदल जाएगा। हमने यह प्रयोग हमारी कक्षा में ऐसी शादीशुदा महिला पर करके देखा, जो हमेशा ही अपने पति की शिकायतें किया करती थी। हमने उसे सोचने के लिए मजबूर किया कि क्या हो यदि उसका पति चल बसे? फिर कैसे वह अपना जीवन काटेगी? बस उसी क्षण उसमें परिवर्तन हो गया। उसने अपने पति की अच्छाईयों की सूची बनानी शुरू कर दी। उसे अपने पति के गुण दिखने लगे। चमत्कारिक बात यह है कि अब उसे अपना पति इतना अच्छा नजर आने लगा कि

उसकी बुराईयां दिखनी बंद हो गई। इसलिए आप भी दूसरों की कमी को छोड़कर उसमें गुणों को तलाशना शुरू कीजिए।

3. लोगों से घुलना–मिलना शुरू कीजिए। याद रखिए अच्छे मित्र आपके जीवन को आसान बनाने का काम करते हैं। मैं हमारी कक्षा में आने वाली ऐसी महिला को जानता हूँ जो रईस थी, पर उसका कोई मित्र न था, जो हर समय अकेलेपन में ही रहा करती थी। जब हमने उसे और लोगों से घुलने–मिलने की सलाह दी और उसने उसका पालन करना शुरू किया तो उसके जीवन में अद्भुत परिवर्तन हो गया। जब वह लोगों में घुलने लगी तो उसके मित्र बनने लगे। उन मित्रों ने उसके जीवन में नया आनंद भर दिया। अब वह पहले सा ज्यादा आनंद में रहने लगी।
4. यह बहुत जरूरी है कि हम हर रात अगले दिन के लिए भी रूपरेखा बनाकर रख लिया करें। कक्षा में कई बार ऐसा देखा गया कि लोग हर समय काम के बोझ से दबे रहते हैं। खूब मेहनत करने के बाद भी वह अपना काम समय पर पूरा नहीं कर पाते। इसका नतीजा यह होता है कि वे थकान, चिड़चिड़ेपन से घिर जाते हैं। इसलिए हमने पाया है कि जो व्यक्ति पहले से ही अगले दिन की रूपरेखा बना लेता है उसे बेमतलब की समस्याओं का सामना नहीं करना पड़ता। आदमी निश्चित समय में काम खत्म कर आनंद का समय भी निकाल लेता है।
5. आदमी के दो सबसे बड़े परम शत्रु हैं, थकान और तनाव। आप सिर्फ़ यही करें कि जितना हो सके इन शत्रुओं से दूर रहें। इसका एक ही इलाज है विश्राम। बोस्टन की मेडिकल कक्षा में यही किया जाता था। मेरी सहयोगी ने मेडिकल कक्षा में आने वाली बहुत सारी छात्राओं के साथ विश्राम के वह प्रयोग किए हैं जो प्रोफेसर पॉल ई. जानसन ने सुझाए थे। उन प्रयोगों के परिणाम भी सुखद प्राप्त हुए हैं। थकान और तनाव से मुक्ति दिलाने का एकमात्र उपाय है विश्राम। जो इसे जितना ज्यादा करेगा, जीवन में उतना ही आनंद पाएगा।

विश्राम का ज़िंदगी में इतना महत्त्व है, पर यह भी जरूरी है कि इसे सही तरह से पाया जाए। सही विश्राम आरामदायक गद्दों पर नहीं, बल्कि फर्श पर सही व्यायाम के जरिए पाया जाता है। इससे कमर भी सीधी रहती है और संतुलन भी बना रहता है। आत्मशांति के लिए मैं यहां कुछ व्यायामों का जिक्र कर रहा हूँ। इन्हें करके देखिए और जीवन में बदलाव को होते देखिए।

1. थकान का अनुभव होने पर फर्श पर पूरी तरह लंबे होकर लेट जाएं। बारी–बारी से करवट बदलें। दिन में दो बार ऐसा करके देख सकते हैं।
2. आंखें बंद करें और प्रार्थना करें। अपने अंतर्मन से यह शब्द दोहराएं, "इस नीले आसमान, सूर्य की चमक और प्रकृति के साथ मैं खुद को जोड़ पा रहा हूँ। इन सबकी सकारात्मक ऊर्जा मेरे अंदर प्रवाहित हो रही है।"
3. फर्श पर न लेट पाएं तो किसी सख्त कुर्सी का इस्तेमाल करके देखें। कुर्सी पर सीधे होकर बैंठें, फिर शरीर को ढीला करते हुए आराम की मुद्रा में ले जाएं।
4. अपने पैरों के अंगूठे को पहले सख्त करें फिर ढीला। फिर पैर की मांसपेशियों के साथ ऐसा ही करें। धीरे–धीरे ऊपर बढ़ते हुए गर्दन और आंखों तक जाएं तथा खुद को रिलेक्स करने की कोशिश करें।
5. अपनी सांसों पर नियंत्रण रखें। संतुलित होकर सांसों पर नियंत्रण बनाएं। पुरातन भारत के योगियों की तरह एक लय में सांस लेने का अभ्यास करें।
6. त्योंरियों को चढ़ाना बंद करें। माथे की सिलवटें को मिटाने का प्रयास करें। विश्राम करके, खुद को रिलेक्स करके यह किया जा सकता है। इसका असर यह होगा कि शरीर के माथे पर पड़ने वाली रेखाएं अंदर से ही पूरी तरह मिटने लगेगी।

26

वह चार आदतें, जो आपकी चिंता व थकान ख़त्म करेंगी

थकान और चिंता से मुक्ति के लिए हमें अपने काम करने का तरीका बदलना बहुत जरूरी है, जैसे मुझे पता नहीं आप किसी काम को कैसे अंजाम देते हैं?, लेकिन काम करने की पहली आदत आप इस तरह बनाएं कि अपनी टेबल पर पड़ें कागजों के ढेर को हटा दें। उस पर सिर्फ़ वही कागज रखें जो वर्तमान समस्या से जुड़ा हुआ है। इस बारे में शिकागो और नॉर्थवेस्टर्न रेलवे के प्रेसिडेंट रॉलैन्ड एल. विलियम्स ने एक बार कहा था, " अच्छी तरह से काम करने का पहला गुण यही है कि आदमी अपनी टेबल को हमेशा साफ रखे। उसकी टेबल पर वही कागज हो, जो उसकी वर्तमान समस्या से जुड़ा हुआ हो। ऐसे व्यक्ति ज्यादा फोकस और आसान तरीके से अपने कामों को निपटा पाता है।"

वॉशिगटन डी.सी. की लाइब्रेरी ऑफ़ कांग्रेस की छत पर आप बहुत ही सुंदर कोट लिखा पाएंगे। यह पोप के नाम से लिखा हुआ है, "

'एक सुनियोजित व्यवस्था ही परमेश्वर का प्रथम नियम है।"

क्या यही नियम जीवन पर भी लागू होता है? इसका जवाब है, हां। इसलिए मेज पर उतना ही समान होना चाहिए जितना जरूरी है, उससे ज्यादा नहीं। परन्तु दुख की बात यही है कि ऐसा होता नहीं। हमारी टेबल ऐसे कागजों से भरी होती है, जिन्हें कई दिनों से हम देखते तक नहीं। मुझे मेरे एक दोस्त के बारे में एक घटना याद है, जो न्यू आर्लियन्स में प्रकाशक का काम भी करता था। एक बार उसका एक टाइपराइटर कई दिनों से गुम चल रहा था, जो उसे बार–बार ढूंढने पर भी नहीं मिल रहा था। फिर एक दिन जब उसकी सेक्रेटरी ने उसकी मेज साफ की तब वह उसमें एक कोने में कागजों के ढेर के नीचे पड़ा मिला। कहीं हम भी मेरे उस दोस्त की तरह तो नही हैं। कागजों से

भरी हुई मेज हमारे अवचेतन मन को यह सोचने के लिए मजबूर करती है कि ढेर सारे काम हैं, जो यूं ही पड़े हुए हैं, जो खत्म ही नहीं हो रहे हैं। इसकी वजह से तनाव और चिंता का जन्म होता है और यही चिंता और तनाव, धीरे–धीरे करके उच्च रक्त चाप, दिल की बीमारी में बदल जाते हैं।

पेनसिल्वैनिया यूनिवर्सिटी के ग्रैजुएट स्कूल ऑफ मेडिसिन के प्रोफेसर डॉ. जॉन एच. स्टोक्स ने अमेरिकन मेडिकल एसोसियेशन के राष्ट्रीय सम्मेलन में एक रिसर्च पेपर पढ़ा - जिसका शीर्षक था "फंक्शनल न्यूरॉसिस एज़ कॉम्प्लिकेशन्स ऑफ ऑरगैनिक डिसीज़"। इस रिसर्च पेपर में डॉ. स्टोक्स ने "मरीज़ की मानसिक अवस्था में क्या देखें?" शीर्षक में 11 शर्तों को सूचीबद्ध किया था। इसमें पहली शर्त यह दी गई है : वो काम जो आपको करने ही हैं – कामों की अनंतता।

मेज को साफ रख आप इस पहली शर्त काम की अनंतता के दबाव से साफतौर पर बच सकते हैं। यह बात हम डॉ. विलियम एल. सैडलर (प्रसिद्ध मनोवैज्ञानिक) द्वारा बताए गए उदाहरण से समझ सकते हैं। उन्होंने बताया था कि उनके एक मरीज ने कुछ आसान नुस्खे अपनाकर खुद को नर्वस ब्रेकडाउन होने से बचा लिया था। डॉ. विलियम से मिलने से पहले वह आदमी इतना तनावग्रस्त था कि वह अपनी सुध–बुध खो बैठा था। प्रोफेशनल रूप से वह शिकागो की एक फर्म में एक्जीक्यूटिव के पद पर रहकर कार्य करता था। वह अपने काम में इतना उलझ चुका था कि उसे तत्काल किसी के सहयोग की आवश्यकता थी, जो उसे नर्वस ब्रेकडाउन होने से पहले ही बचा सके। यहीं डॉ. विलियम उसके काम आए।

विलियम कहते हैं, "वह व्यक्ति जब मेरे पास अपनी समस्या लेकर आया था और हम अपनी बातें कर रहे थे। इसी दौरान मुझे तीन बार अपनी चर्चा को अपने कामों की वजह से रोकना पड़ा। पहली बार मुझे मेरे अस्पताल से फोन आया, उस दौरान जो समस्याएं मुझे बताईं गईं, मैंने तुरंत उसे उसी समय हल कर दिया। इसके बाद इससे पहले हमारी चर्चा शुरू होती, फिर से मुझे अस्पताल से फोन आ गया। मैंने इस बार भी बिना ज्यादा समय लिए उस समस्या का समाधान तुरंत कर दिया। तीसरी बार मेरा एक कलीग अपनी समस्या लेकर आ गया था। मुझे पहले उसकी बात सुननी पड़ी और उसका समाधान करना पड़ा। लेकिन इस सब के दौरान चमत्कार तब हुआ जब मैं वापस लौटकर अपने मरीज के पास आया। और जैसे ही मैंने उससे अब बात आगे बढ़ाने की बात कही तो मैं उसका जवाब सुनकर चौंक गया। उसने कहा, अब हमें बात करने की जरूरत नहीं है। अभी मेरे सामने जो कुछ घटा है उसने ही मेरी समस्या को हल कर दिया है। इससे पहले की मैं उससे कुछ कह पाता उसने मुझसे पूछा, क्या मैं आपकी मेज देख सकता हूँ? मैंने उसे हां कहा और अपनी साफ–सुथरी बिना कागजों

से लदी मेज दिखाई। उसने मुझसे पूछा, "आपकी मेज के कागज कहां हैं?" मैंने उसे बताया मैं अपने सारे पत्रों का जवाब समय पर दे देता हूँ। इसलिए उन्हें मेज पर जबरन रखना नहीं पड़ता। "और वो पत्र जिनका उत्तर आप नहीं दे पाते। उनका क्या होता है?" उसने फिर पूछा। मैंने दोहराया, "मैं कभी कोई पत्र बिना जवाब दिए नहीं छोड़ता। जरूरी हो तो मैं उसका उत्तर अपनी सेक्रेटरी से लिखवाकर उसके पास छोड़ देता हूँ।"

मेरी सभी बातों से संतुष्ट होकर वह मरीज वापस चला गया। फिर छह सप्ताह बाद मुझे उसने अपने आफिस आने के लिए कहा। मैं जब वहां पहुँचा तो उसने मुझे वहां अपनी मेज दिखाई। सारी दराजें, जो बिल्कुल खाली थीं। अब उसका कोई काम अधूरा नहीं था। उसने मुझे बताते हुए कहा, "जब तक मैं आपसे मिला नहीं था। मेरे पास दो आफिस में तीन मेजें थीं। वो सभी कागजों की बोझ से लदी थीं। पर जब मैं आपसे मिला और आपको अपने सामने सारे काम तुरंत निपटाते हुए देखा तथा मेज को पूरी तरह साफ देखा, तभी मैं अपनी परेशानी का कारण समझ गया। मैं वापस अपने आफिस आया और कुछ ही दिनों में अपनी मेजों के सारे कामों को एक–एक करके पूरा कर दिया। इसे मैंने अब अपने जीवन का मंत्र बना लिया है। कोई काम मैं अब अधूरा नहीं छोड़ता हूँ। अब मैं बेफिक्र और चिंता मुक्त रहने लगा हूँ। मेरे स्वास्थ्य की सारी पुरानी परेशानियां खत्म हो गई है। मैं ऐसा ही जीवन तो चाहता था।"

मुझे चार्ल्स इवान्स ह्यूज़ (मुख्य न्यायाधीश, अमेरिकी सुप्रीम कोर्ट) की एक बात याद है, उन्होंने कहा था, "काम के बोझ से नहीं व्यक्ति चिंता के बोझ से अधमरा हो जाता है।" आदमी जब तक चिंता करता रहता है तब तक वह अपनी ऊर्जा को नष्ट करने का काम करता रहता है। इतनी चिंता करने के बाद भी आदमी का काम कभी समाप्त नहीं होता।

काम को करने का दूसरा श्रेष्ठ तरीका : महत्त्वपूर्ण काम पहले करें।

हेनरी एल. डोहर्टी (सिटीज़ सर्विस कंपनी के संस्थापक) ने एक बार कहा था कि कितने ही साक्षात्कार अपनी कंपनी के लिए लेते हैं, लेकिन उन्हें आवेदकों में यह गुण देखने को नहीं मिलता।

1. काम के विषय में सही सोच

2. महत्त्वपूर्ण कामों को पहले करने की योग्यता।

परन्तु एक शख्स जिसके बारे में हम जानते हैं, चार्ल्स लकमैन। वे पेप्सोडेंट कंपनी के अध्यक्ष पद पर कैसे पहुँचे? अपनी इन्हीं योग्यताओं की वजह से। उनके पास ये दोनों गुण थे जिनका जिक्र हमने ऊपर किया है। जबकि डोहर्टी के अनुसार ये गुण

उन्हें किसी शख्स में नहीं मिल पाए। लकमैन ने अपनी सफलता का रहस्य बताते हुए कहा था कि "वे सुबह बहुत जल्द उठकर उन योजनाओं पर काम करते, जो दिनभर में उन्हें करनी होती। वे उनके महत्त्व के अनुसार उन्हें अपनी सूची में दर्ज करते और फिर दिनभर में आराम से बिना चिंता के उसे निपटाते।"

यही काम फ्रैंक बेटगर (अमेरिका के सबसे सफल बीमा सेल्समैन) भी करते थे। वे रात में ही अगले दिन की योजनाएं बना लेते थे और अगले दिन उन्हें लागू किया करते थे। अगले दिन बीमा करने वाली रकम का भी वे अनुमान लगा लेते थे। यदि रकम पूरी न हो पाती तो अगले दिन में वे उसे जोड़ लेते और हर आने वाले दिन यही करते।

मेरे लंबे अनुभव से मैंने यही जाना है कि कामों को महत्त्व के क्रम में करने से हम अपने जीवन को आसान बनाते हैं। यदि हम ऐसा कुछ समय न कर पाएं तो भी कोई बात नहीं। लेकिन इस बात को जिसने भी अपने जीवन में अपनाया, उसने चिंता और तनाव से मुक्ति ही पाई है।

इस बात का सफलतम प्रमाण है एवरग्रीन लेखक जार्ज बर्नार्ड शॉ। वे बैंक कैशियर थे, लेकिन उन्होंने यह नियम बना रखा था कि हर दिन कम से कम पांच पेज जरूर लिखेंगे। यह उनके महत्त्वपूर्ण कामों में से एक था। यह काम उन्होंने पूरे नौ सालों तक किया। ठीक यही काम रॉबिन्सन क्रूसो ने किया। उन्होंने तो हर दिन के घंटों के हिसाब से अपने कामों की सूची बना रखी थी।

काम की तीसरी आदत : समस्या का समाधान जितने जल्दी हो सके तथ्यों और परिस्थिति को देखते हुए तुरंत कर दें। उसे कभी टालें नहीं।

इस संबंध में मुझे अपनी कक्षा के एक छात्र एच.पी. हॉवेल का नाम याद आता है। वह यू. एस. स्टील बोर्ड कंपनी में बोर्ड ऑफ़ मेंबर के रूप में कर्य करता था। उसने मुझे बताया था कि जब भी उनकी कंपनी में मीटिंग होती तो समस्या पर कम बात होती और दूसरे विषयों पर ज्यादा चर्चा की जाती। इसका परिणाम यह होता कि समस्या जस की तस बनी रहती। आवश्यक निर्णय लिए नहीं जाते। इसका असर यह होता कि सभी बोर्ड मेंबर को भारी दस्तावेजों से लदी फाइलें घर लेकर जानी पड़ती। हॉवेल ने अपने साथियों को एक रास्ता सुझाया कि एक समय में एक ही समस्या को लेकर चर्चा की जाए। जब तक उसका समाधान न सुझाया जाए तब तक आगे किसी दूसरे मुद्दें पर बात न की जाए। सभी अन्य सदस्यों ने इस बात पर हामी भरी और इसका परिणाम यह हुआ कि किसी भी एक मुद्दे पर चर्चा और निर्णय लिए जाने शुरू हो गए। धीरे–धीरे उन पर काम का बोझ कम होने लगा। सारे काम क्रम से निपटने लगे और बोर्ड के सदस्यों की थकान और चिंता दोनों दूर होने लगी। सिर्फ़ एक सजग

पहल ने सभी सदस्यों को न सिर्फ़ काम के बोझ से आजादी दिलाई, बल्कि उन्हें चिंता मुक्त भी बनाया।

इसलिए आपसे कहता हूँ कि इस सलाह को मानकर देखिए और खुद को चिंता मुक्त बनाइए।

मैंने कई बार देखा है कि कुछ लोग जो अपने काम को दूसरों के हाथों में नहीं देना चाहते, वह जब खुद ही सारे काम का बोझा उठाते हैं तो सिर्फ़ चिंता, तनाव, बैचेनी और हड़बड़ी पाते हैं। उन पर निराशा और दुविधा का बोझ हो जाता है। यह काम मुश्किल जरूर है लेकिन हर बड़े एक्जीक्यूटिव को यह सीखना जरूरी होता है। उसे अपने काम को अपने अधीनस्थों या सहयोगियों को सौंपना और उनका मूल्यांकन करना आना चाहिए। तभी वह काम के बोझ से राहत पाकर कुछ पल सुकून के बिता सकता है। ऐसा न करने वालों को मैंने 60 की उम्र होते तक गंभीर बीमारियों से ग्रस्त होते देखा है। यदि आपको इसके कुछ उदाहरण चाहिए तो जरा अपने आसपास के सामाजिक माहौल पर नजर दौड़ाएं या अखबारों में देख लें, आपको ऐसी कई खबरें मिल जाएंगी।

27

उस स्थिति से कैसे बचें, जो थकान, तनाव और चिंता को जन्म देती है

बोरियत से आदमी कैसे थकता है? मेरी एक छात्रा एलिस का यहां उदाहरण देखिए। एक बार वह अपनी कंपनी से थककर लौटी थी। (वह एक कंपनी में एक्जीक्यूटिव के पद पर थी।) उस रात वह इतनी थकी हुई थी कि बिना रात का भोजन किए ही वह सोना चाहती थी। पर उसकी मां ने उसे खाने के लिए जोर दिया और वह अपना मन मार के डाइनिंग टेबल पर बैठ गई। तभी उसके बॉयफ्रेंड का फोन आता है, जिसमें डांस प्रोग्राम में जाने का प्रस्ताव मिलता है। एलिस उसे तुरंत स्वीकार कर लेती है, खिल–खिलाकर वह कमरे में जाती है। ब्लू गाउन पहनकर वह उस रात अपने बॉयफ्रेंड के साथ खूब नाचती है। उसमें जोश जग आता है, वह रात पूरे जोश के साथ अपने बॉयफ्रेंड के साथ बिताती है। आखिर ऐसा कैसे होता है? एकबारगी तो उसने कहा, थक–हारकर सोना चाहती है और वहीं दूसरी ओर बॉयफ्रेंड का फोन आते ही उसमें ताजगी का संचार हो जाता है। यह सब इसलिए होता है, क्योंकि एलिस अपने काम से ऊब चुकी होती है। एक वक्त के बाद उसे वह काम बोरियत देने लगता है। वहीं उसे बॉयफ्रेंड के साथ ताजगी और नयेपन का एहसास होता है, जिससे उसमें नई ऊर्जा बहने लगती है। ये सिर्फ़ एक एलिस के साथ नहीं होता, बल्कि उसके जैसे कई लोग हैं, जो इसी तरह बोरियत का शिकार हैं। वैज्ञानिक तथ्यों से यह स्पष्ट किया जा चुका है कि आदमी की थकान का कारण ज्यादात्तर उसका भावनात्मक रवैया होता है, न की शारीरिक रवैया।

इस संबंध में महत्त्वपूर्ण 'आर्काइब्ज ऑफ साइकोलॉजी' के लेखक डॉ. जोसेफ ई. बारमैक ने विशेष बातें बताई हैं। उन्होंने अपने प्रयोगों से सिद्ध करके दिखाया था कि बोरियत इंसान को किस तरह से प्रभावित करती है। इसके लिए उन्होंने छात्रों का सहारा लिया। उन्होंने चुनिंदा छात्रों को लेकर उन पर कुछ प्रयोग किए। पहले तो

उन्होंने उनसे वे काम कराए, जिनमें उनकी जरा भी रुचि न थी। इसका नतीजा यह हुआ कि वे सिरदर्द, तनाव की शिकायत करने लगे। उनमें कई प्रकार के रोग उत्पन्न हो गए। मेटाबोलिज्म टेस्ट से यह पता लगाया गया। इस टेस्ट में यह परिणाम निकल कर आए कि अरुचि के काम करने से आदमी के अंदर का मेटाबोलिज्म संतुलन बिगड़ जाता है। उसमें आक्सीजन की कमी हो जाती है, लेकिन वही इंसान जैसे ही रुचि के काम करता है, तो उसमें नई ऊर्जा प्रवाहित होने लगती है। नये उत्साह का उसमें संचार होने लगता है।

आप भी यह महसूस कर सकते हैं कि जब भी आप कोई रुचि का काम करते हैं तो उसमें आपको आनंद आने लगता है। फिर आप उसे काम की तरह नहीं करते, बल्कि आनंद की तरह करते हैं। हाल ही में, मैं कैनेडियन रॉकीज में छुट्टियां मनाने गया था, वहां मैंने दिल को खुश कर देने वाले काम बिना थके किए। मैंने वहां मछलियां पकड़ीं। ऊंची झाड़ियों के बीच से गुजरा, गिरे पेड़ों को मैंने संघर्ष कर पार किया। मैंने हर काम किया वो भी आठ घंटे तक। लेकिन मुझे थकान ने छुआ तक नहीं। यदि इसकी जगह मुझे उस काम में बोरियत हो रही होती, तो आप भी सोच सकते हैं कि मेरा क्या हाल हुआ होता?

बोरियत किस तरह अच्छे खासे आदमी को परेशान करती है यह बात मुझे मिनीपॉलिस के फार्मर्स एंड मैकेनिक्स सेविंग्स बैंक के प्रेसिडेंट एस.एच. किंगमैन ने बताई। उन्होंने एक घटना का जिक्र करते हुए बताया कि जुलाई 1953 में कनाडा सरकार ने कनाडा आल्पाइन क्लब से कहा कि वह प्रिंस ऑफ वेल्स रेंजर्स के सदस्यों को पर्वतारोहण का प्रशिक्षण देने के लिए गाइड उपलब्ध कराए। इसकी जिम्मेदारी किंगमैंन को सौंपी गई। उन्होंने अपनी तरह से उन सदस्यों को (जिनकी उम्र 42 से 59 के बीच थी) ग्लेशियर और बर्फीले पहाड़ों की यात्रा कराई। उन सदस्यों को फुटहोल्ड्स और हैंड होल्ड्स के सहारे 40 फीट की ऊंचाई पर चलना पड़ा। इस दौरान वे सभी साथियों के साथ लिटिल योहो वैली की माइकल्स पीक, द वाइस प्रेसिडेंट पीक और कैनेडियन रॉकीज़ पहाड़ियों पर चढ़े। यह सब 15 घंटे चला। इस दौरान गाइड्स को छोड़कर बाकी सभी सदस्य (जिसमें कमांडों ट्रेनिंग लेने वाले भी शामिल थे) बुरी तरह थक गए।

आखिर उनकी थकान का कारण क्या था? कमांडों की ट्रेनिंग लेने वाले शारीरिक मेहनत से तो थक नहीं सकते। फिर उन्हें किसने इतना थका दिया कि वे निढाल हो गए और रात का भोजन कर बस सोने चले गए। उन्हें थकाया उनकी अरुचि ने, एक काम जिसे करते–करते वे बोर हो गए। वहीं उनके साथ उन्हीं के जितनी मेहनत करने वाले गाइड न थके और न बोर हुए। उन्होंने आराम से भोजन किया और फिर दिनभर

के अनुभव के बारे में चर्चा की। तब जाकर वे सोए। क्यों?, क्योंकि उन्हें इन सब कामों में रुचि थी, तभी वे ये रोज किया करते थे बिना बोर हुएं।

अगर कोई व्यक्ति अपनी रुचि का काम करता है, तो बिना सोए वह उसे कई दिनों तक कर सकता है। यह बात अपनी रिसर्च से हमें कोलंबिया के डॉ. एडवर्ड थॉर्नडिक ने बताई थी। उन्होंने कई सप्ताह तक कुछ युवकों पर ऐसा प्रयोग कर ये परिणाम प्राप्त किए थे।

यह जरूरी नहीं कि अधिक मानसिक काम करने की वजह से ही आदमी थकान महसूस करता है। कई बार आप कुछ भी नहीं करते फिर भी खुद को थका हुआ पाते हैं, जैसे, आप अपने किसी सप्ताह के उस दिन को याद कर लें, जिस दिन आपके आफिस का इंटरनेट नहीं चल रहा था। आप अपनी किसी डाक का जवाब नहों दे पाए थे। कुछ भी उस दिन आपके हिसाब से सही नहीं हुआ। फिर भी जब आप घर लौटे तो खुद को थका हुआ पाया।

पर कई बार ऐसा भी हुआ होगा कि आपने सबकुछ सही बहुत अच्छे से किया। यहां तक कि औसत दिनों के मुकाबले भी चार गुना ज्यादा काम किया, लेकिन फिर भी न आप थके और न ही आपका सिरदर्द हुआ।

यह बात हमें क्या शिक्षा प्रदान करती है? आदमी क्यों थकता है? क्या चिंता, तनाव उसे थकाने का काम करते हैं या शारीरिक मेहनत।

यह अध्याय लिखते समय मैं जेरोम कर्न के संगीतमय कॉमेडी शो 'बोट' की पुनः प्रस्तुति देखने गया था। इसमें कॉटन ब्लॉसम का कैप्टन एंडी कहता है, "ज़िंदगी में वही किस्मत वाला होता है जो अपनी रुचि के अनुसार काम करता है।" यहां इसका अर्थ यह है कि रुचि का काम करने वाला हर समय आनंद में रहता है। उसे चिंता और तनाव परेशान नहीं करते। आप यह अनुभव कर सकते हैं कि यदि पति–पत्नी चिड़चिड़े हों तो वे साथ दस कदम नहीं चल सकते, जबकि प्रेमी–प्रेमिका की तरह वे एक–दूसरे में रुचि लें तो कई मीलों का फासला वे तय कर सकते हैं।

आखिर हम इस बोरियत से छुटकारा कैसे पा सकते हैं? इसे ओक्लाहोमा में काम करने वाली स्टेनोग्राफर टुलसा के उदाहरण से समझ सकते हैं। वह एक आइल कंपनी में डाटा फीडिंग का काम करती थी, जो बहुत ही नीरस काम था। घंटों बैठकर प्रिंटेड फार्म में डाटा की फीडिंग करना, लेकिन उसने बोरियत को ज्यादा देर तक अपने पास रहने नहीं दिया। उसने उस काम को रोचक तरीके से करना शुरू कर दिया। कैसे? उसने खुद के लिए एक प्रतियोगिता का निर्माण किया। उसने अपने आफिस के घंटों को दो हिस्सों में विभाजित किया। लंच के पहले और लंच के बाद में। वह रोज लंच के पहले

तक फार्म भरने की संख्या को नोट करती और उसके बाद लंच करती। लंच के बाद फिर से उस काम में लग जाती और कोशिश करती की अब वह लंच की संख्या से ज्यादा फार्मों को भरे। अगले दिन वह पिछले दिन से ज्यादा काम करने की कोशिश करती। इस तरह उसने खुद से रोज की यह स्पर्धा बना ली। उसे इसमें मजा आने लगा। इसके सुखद परिणाम भी उसे प्राप्त हुए, वह दूसरे स्टेनोग्राफर से ज्यादा काम करने लगी। आखिर उसे इस सब से क्या हासिल हुआ? बोरियत से छुटकारा। उसे काम में आनंद आने लगा। ये सब उसने प्रमोशन पाने, तनख्वाह बढ़ाने या प्रशंसा पाने के लिए नहीं किया था। उसके इस एक प्रयास ने उसमें नई ऊर्जा का संचार कर दिया था। अब वह पहले से अधिक संतुलित और बेहतर तरीके से अपने काम को अंजाम दे पाती थी। आप पूछेंगे, मुझे यह सब कैसे पता? तो मैं बताना चाहूँगा कि वह स्टेनोग्राफर ही मेरी वाइफ है। इसलिए मुझे उसके अनुभवों के बारे में बेहद करीब से पता है।

इसे एक और स्टेनोग्राफर के उदाहरण से समझ सकते हैं। उसका नाम है इलिनॉय के एल्महर्स्ट की रहने वाली वैली जी. गोल्डन। उन्होंने भी काम की बोरियत को दूर भगाने के लिए अपना एक नया तरीका ईजाद किया था। वे अपने काम को पहले अरुचि के साथ किया करती थीं, लेकिन बाद में उसे नए तरीके से करने लगीं और उन्हें बोरियत से छुटकारा मिल गया। उन्होंने मुझे एक पत्र के माध्यम से यह बात बताई थी। उसमें उन्होंने लिखा था :

मैं अपने आफिस में अपनी तीन और स्टेनोग्राफर के साथ काम करती हूँ। हमारा काम डिक्टेशन लेना और उसे पूरा करना होता है। ये काम कभी लंबे तो कभी छोटे तथा उलझाऊ होते हैं। एक दिन जैसे ही मुझे एक बड़ा सा डिक्टेशन दोबारा टाइप करने के लिए दिया गया, तो मैंने उसका प्रतिरोध कर दिया। मुझे लग रहा था कि इसे दोबारा किए बिना भी सुधारा जा सकता है, पर उन्होंने स्पष्ट शब्दों में मुझसे कह दिया कि यदि यह काम मैं नहीं करूंगी तो वे इसे किसी और से करा लेंगे। विवशता और गुस्से में, मैंने वह काम शुरू किया। जब मैं थोड़ी शांत हुई, तो मुझे एहसास हुआ कि यदि मैंने यह काम करने से स्पष्ट मना कर दिया होता तो किसी और ने इस अवसर को पा लिया होता। आखिर मुझे इसी काम को करने की सैलरी तो मिल रही थी। इन ख्यालों ने मेरी सोच बदल दी। मैं समझ गई कि काम तो मुझे करना ही है। मैंने इसे करने का नुस्खा यह निकाला कि अरुचि होने के बाद भी मैं इसमें रुचि लेकर काम करने लगी। मैंने अनुभव किया कि भले ही मैं उस काम को जबरदस्ती रुचि लेकर कर रही थी, लेकिन इसे सचमुच मैं खुश होकर कर लिया करती थी। ऐसा करने से मैंने देखा कि मैं कई बार तेजी से काम करती थी। इसके परिणाम भी मुझे अच्छे मिले। मैंने ओवरटाइम करना छोड़ दिया। आफिस में मेरी छवि में भी सुधार हो गया। बाद में जब एक पर्यवेक्षक को निजी सचिव की जरूरत थी, तो मेरा ही नाम सबसे पहले इस पद

के लिए रखा गया, क्योंकि उसे पता था मैं सारे काम बिना प्रतिरोध किए जल्दी कर लेती हूँ। इस मानसिक परिवर्तन ने मेरी ज़िंदगी बदलने का अनमोल काम किया।

यहां मिस गोल्डन ने प्रोफेसर हैंस वाइहिंजर की फिलॉसफी का प्रयोग किया। उन्होंने कहा है कि अगर हम अपने काम को अरुचि होते हुए भी मन लगाकर करने की कोशिश करें तो धीरे–धीरे उस काम में हमें आनंद आने लगता है। एक बार आपको आनंद आने लगेगा, तो फिर थकान, चिड़चिड़ापन, चिंता सब गायब हो जाएंगे।

हार्लन ए. हॉवर्ड, अपने काम को बेहद अरुचि के साथ करते थे। उनका काम था, लंच रूम में आईस्क्रीम देना, प्लेटें साफ करना और काउंटर के काम करना। उन्हें अपने काम में इतनी नीरसता लगने लगी थी कि उन्हें वे बुरी तरह बदलना चाहते थे। उनकी उम्र के लड़के खेल खेलते या लड़कियों के साथ घूमते। उन्हें देखकर वे भी अपने नीरस जीवन को सरसता में बदलता चाहते थे। पर उन्हें पता था जीवन चलाने के लिए उन्हें वही काम करना है। इसके लिए उन्होंने आईस्क्रीम पर अध्ययन करना शुरू किया। उन्होंने जानने की कोशिश की, आईस्क्रीम इतनी विविध तरह की क्यों होती है? उनका स्वाद अलग–अलग क्यों होता है? किन चीजों के मिलने से आइस्क्रीम बनती है? अपनी इसी रुचि के चलते वह अपने हाईस्कूल में केमेस्ट्री क्लास के अंदर सबसे आगे रहने लगे। उनकी इस रुचि ने उन्हें फूड टेक्नॉलॉजी विषय में मैसेच्युसेट्स स्टेट कॉलेज का ग्रेजुएट बना दिया। उनकी इस रुचि का परिणाम तब और ज्यादा दिखाई दिया, जब कोको और चॉकलेट विषय पर न्यूयार्क कोकोआ एक्सचेंज की स्पर्धा में हावर्ड प्रथम स्थान पर चुने गए।

उन्हें नौकरी की ज्यादा आस न थी, तो अपने घर के तलघर में ही एक निजी प्रयोगशाला चलाने लगे। किस्मत से कुछ समय बाद नए सरकारी कानून के तहत दूध में बैक्टीरिया गिनना अनिवार्य हो गया। इसके बाद उनके पास इतना काम आ गया कि उन्हें अपने काम में सहयोग के लिए दो सहयोगी रखने पड़े। अब हम अंदाजा लगा सकते हैं कि भविष्य में 25 साल बाद क्या हो सकता है? फूड इंडस्ट्री में आज काम करने वाले ज्यादात्तर लोग रिटायर होकर घर पर बैठ जाएंगे। उनकी जगह नए लोग ले लेंगे। हो सकता है जो लोग कभी हावर्ड के साथ काउंटर पर आईस्क्रीम बेचा करते थे 25 साल बाद बेरोजगार हों, उन्हें ज़िंदगी से शिकवा रहे कि उन्हें बेहतर अवसर क्यों न मिले? इसलिए वे दुखी और परेशान हों।

यही सब शिकायतें या भविष्य हावर्ड का भी हो सकता था यदि उन्होंने एक दिन सही निर्णय न लिया होता। एक नीरस काम को रोचक बनाने का निर्णय, आईस्क्रीम के बारे में जानने का निर्णय।

ऐसी ही कहानी सैम की भी है। वह बोल्ट मशीन की फैक्ट्री में काम करता था। लेथ मशीन पर वह खड़ा होकर दिनभर काम करता रहता। उसे अपने काम से बोरियत होने लगी थी। उसके पास दो रास्ते रह गए थे या तो वह यह नौकरी छोड़कर दूसरे काम की तलाश करे या उसी काम को मन लगाकर करना, रुचि लेकर करना शुरू कर दे। उसके पास दूसरा ही विकल्प था। उसने अपने एक साथी मैकेनिक के साथ काम की स्पर्धा करना शुरू कर दिया। वह दोनों एक–दूसरे से स्पर्धा करने लगे, जिसमें एक मशीन से सतह को समतल करने का काम करता और सैम बोल्ट को सही अनुपात में ढालने का। यही कुछ दिन चलता रहा। फौरमैन की नजर में जब ये आया तो उसने सैम की कुशलता को देखते हुए नया काम दे दिया। सैम ने अपने सभी काम इतनी कुशलता से किए कि अगले 30 वर्षों में वह अपनी बाल्डविन लोकोमोटिव वर्क्स कंपनी में प्रेसिडेंट के पद पर पहुँच चुका था। क्या आपको लगता है अगर सैम ने अपने पहले के काम से ही संतुष्ट होकर उसी बोरियत के साथ करते रहते होने की ठानी होती तो शायद वे मैकेनिक की तरह ही काम करते रह जाते।

एक और कहानी एच.वी. काल्टेनबॉर्न की है, जो प्रसिद्ध रेडियो न्यूज के विश्लेषक थे। उन्होंने मुझे उनके एक नीरस काम को रोचक बनाने की कहानी बताई थी। उन्होंने बताया था कि जब वे 22 साल के थे, तब उन्होंने कैटल बोट में अटलांटिक सागर पार कर लिया था। वे साइकिल के द्वारा वहां से इंग्लैंड होते हुए पेरिस पहुँचे थे। वहां उन्होंने अपने कीमती कैमरे को गिरवी रखकर कुछ पैसे कमाए और द न्यूयार्क हेराल्ड अखबार में नौकरी के लिए विज्ञापन दिया। संयोग से उन्हें स्टीरियोप्टिकॉन मशीनें बेचने का काम मिल गया। इससे पहले स्टीरियोस्कोप्स को आंखों के सामने रखने पर वे दो एक जैसी तस्वीरें दिखाती थीं।

इस उत्पाद को बेचने का काम किया काल्टेनबॉर्न ने। उन्होंने इसे पेरिस के घर–घर में पहुँचा दिया, वो भी बिना फ्रांसिसी भाषा को जाने हुए। उन्होंने एक साल में ये उत्पाद बेचकर करीब पांच हजार डॉलर कमाए और साल के सबसे ज्यादा कमीशन कमाने वाले सैल्समैन में अपना नाम लिखवा लिया। उन्होंने मुझे बताया कि इस दौरान उन्हें जो सीखने को मिला उतना तो वे हावर्ड कॉलेज के एक साल में भी नहीं सीख पाए थे। उनमें आत्मविश्वास की जबरदस्त बढ़ोतरी हुई। वे फ्रांसिसी मूल्यों से इस कदर बाकिफ हो गए कि आगे चलकर उन्हें रेडियो पर दुभाषिआ बनने का भी मौका मिला।

सवाल ये है कि बिना फ्रांसिसी जाने कैसे उन्होंने अपने उत्पादों की इतनी सेल की। उन्होंने सबसे जरूरी काम यह किया कि अपनी कंपनी की ओर से एक सेल्स स्पीच फ्रांसिसी में तैयार कराई और उसे रट लिया। वे जब भी किसी घर में जाते और

कोई महिला बाहर निकल कर आती तो वे उसके सामने याद की हुई फ्रांसिसी स्पीच टूटी–फूटी भाषा में दोहरा देते। फिर जब उस महिला को अजीब स्थिति में देखते तो अपने हैट पर चिपकाई गई वह स्पीच दिखाते और अपने अमेरिकी होने का बताते। इस अजीब स्थिति में महिलाओं का मनोरंजन होता और वे उन्हें अपने उत्पादों की ज्यादा से ज्यादा तस्वीरें दिखा पाते। उन्होंने कहा कि यह सब इतना आसान न होता, लेकिन इससे जो रोचकता पैदा होती, उसी से वे सामने वाले को अपने उत्पाद बेच पाते।

वे अक्सर सुबह घर से बाहर निकलने से पहले खुद को एक स्पीच दिया करते थे। वे आईने के सामने खड़े हो जाते और खुद से कहते, "काल्टेनबॉर्न, यह काम तुम्हें करके ही दिखाना है। इसलिए तुम ये सोचो कि जब भी किसी दरवाजे पर तुम जाओ तो एक अभिनेता की तरह बन जाओ, जहां तुम्हें सामने वाले दर्शकों के लिए अभिनय करना है। तुम इसे रोचकता के साथ करो, ताकि तुम्हें भी ये काम करने में मजा आए और सामने वाला भी इस रोचकता का आनंद ले सके।"

कोल्टेनबॉर्न ने बताया था कि दिन की शुरूआत इस मोटिवेशन टॉक से करने से उन्हें कई फायदे हुए। वे अपने दैनिक काम को सही नजरिए से कर पाए। उनमें उत्साह बढ़ा। लोगों से वे ज्यादा अच्छे से पेश आ पाए। उन्होंने युवाओं के नाम एक संदेश भी दिया था, "हर सुबह खुद के लिए समय निकालकर खुद को मानसिक ऊर्जा से भरने का काम करें। जैसे लोगों को रोज सुबह उठकर शारीरिक व्यायाम करने के लिए कहा जाता है, वैसे ही उन्हें मानसिक मजबूती की आवश्यकता भी हर रोज होती है। इसलिए हमेशा दिन की शुरूआत करने से पहले खुद को हमेशा मोटिवेट जरूर करें।"

मार्कस आरेलियस ने अपनी पुस्तक 'मेडिटेशन्स' में लिखा था कि "विचार ही आदमी की ज़िंदगी बदलने का काम करते हैं।" एक सच्ची बात 18वीं सदी के पहले किसी शख्स द्वारा कही गई थी। जब आदमी रोज खुद को मोटिवेट करता है, तो उसमें शक्ति का संचार होता है। समझ विकसित होती है, इसलिए आदमी खुद को ऐसे विचारों से भर सकता है, जो ईश्वर ने उसे प्रदान की है, जिनसे उसे नई प्रेरणा मिलती है।

याद रखें आपका बॉस चाहता है आप ज्यादा से ज्यादा अपने काम में रुचि लें। इसमें उसका फायदा जरूर जुड़ा हुआ है, लेकिन आप भी इसमें यह जरूर याद रखें कि आप चाहें या न चाहें आपको वही काम करना है। इसलिए यह जरूरी है कि ज्यादा से ज्यादा अपने काम को रोचक तरीके से करने की आदत बनाई जाए। आप जितनी दिलचस्पी लेकर अपना काम करेंगे, वह उतना ही आपको फायदा पहुँचाएगा। जब हम अपने जीवन का ज्यादातर समय सिर्फ़ अपने आफिस में काम करते हुए बिता देते हैं

तो यह और भी जरूरी हो जाता है कि आप अपने काम का आनंद लें। खुश रहकर आप अपने काम को सरलता से कर सकते हैं। पर यदि आप अपने काम से ही खुश नहीं हैं, तो फिर कोई और जगह आपको खुश नहीं कर पाएगी। अगर आप खुद को खुशी–खुशी काम करने के लिए प्रेरित करें तो संभव है कि आपका काम भी अच्छे से हो जाए। शायद उसमें आपकी रुचि भी जग जाए। बढ़ी हुई सैलरी के चांस बनें। यदि ये सब न भी हो तब भी चिंता, तनाव और चिड़चिड़पन से तो आपको मुक्ति मिल ही जाएगी।

28

अनिद्रा की समस्या को कैसे स्वयं से दूर करें

आपको कहीं अनिद्रा की शिकायत तो नहीं। यदि ऐसा है, तो मैं आपको बताना चाहूँगा कि सैम्युअल अन्टरमायर (अंतराष्ट्रीय वकील) को भी अनिद्रा की शिकायत थी। वे पूरे जीवन में कभी गहरी नींद नहीं ले पाए। वे कॉलेज स्तर से दो रोगों के बारे में चिंता करते रहे, 1. अनिद्रा 2. अस्थमा। उन्हें दोनों का सामना करना पड़ा। यह लाइलाज बीमारियां जीवनभर उनके साथ रहीं। पर इस हाल में भी उन्होंने अपनी बीमारियों का फायदा उठाने का रास्ता ढूंढ निकाला। बचपन से अनिद्रा का शिकार होने पर उन्होंने अपनी रातों को पढ़ने में गुजारना शुरू कर दिया। रोज की आदत बनाकर उन्होंने खुद को अपनी कक्षा में सर्वश्रेष्ठ बना लिया। यह सिलसिला कॉलेज तक चलता रहा।

वकील बनने के बाद भी उन्होंने अनिद्रा रोग का फायदा उठाना जारी रखा। वे अक्सर यही कहते कि जिसने उसे यह समस्या दी है वही प्रकृति उनका ख्याल भी रखेगी। कम सो पाने के बाद भी उन्होंने खुद को दूसरे युवा वकीलों जितना स्वस्थ बनाकर रखा। यहां तक कि वे उनसे भी ज्यादा काम किया करते थे, क्योंकि बाकी वकील रात को सो जाते थे, लेकिन सैम तब भी काम करते रहते। इसीलिए वे न्यूयार्क के प्रसिद्ध वकीलों में अपना नाम कर पाए। उन्होंने 21 वर्ष की आयु में वकील रहते हुए 75 हजार डॉलर कमाए। वहीं 1931 में उनके पास ऐसा केस आया, जिसके लिए उन्हें उस समय सारे वकीलों से ज्यादा फीस मिली। पूरे 10 लाख डॉलर। उन्होंने अपना जीवन ऐसा बनाया कि रात तक अध्ययन करना और सुबह पांच बजे से फिर काम करने लगना। जब तक दूसरे वकील दिन में अपना काम शुरू करते तब तक सैम का आधे से ज्यादा काम खत्म हो जाता। उन्होंने 81 वर्ष का सफलतम जीवन जिया। बिना

इस बात की चिंता किए कि उन्हें नींद न आने की बीमारी है। यदि वे इसी की चिंता में लगे रहते तो क्या वे इतना सफलतम जीवन जी पाते।

वैज्ञानिक तथ्य बताते हैं कि मनुष्य अपनी एक तिहाई ज़िंदगी सिर्फ़ सोने में ही बिता देता है। परन्तु नींद की आवश्यकता के संबंध में आज भी हम स्पष्ट नहीं हैं। आखिर यह है क्या? नींद के दौरान इंसानी शरीर में क्या होता है? नींद मनुष्य के शरीर की देखभाल कैसे करती है? आम आदमी इसके बारे में ज्यादा नहीं जानता। नींद की आवश्यकता पर भी अभी एकमत राय नहीं बन पाई है। एक किस्सा नींद से जुड़ा हुआ मुझे याद है। पहले विश्व युद्ध के दौरान पॉल कर्न नाम के एक सैनिक (जो हंगरी का था) को दिमाग़ के एक हिस्से में एक गोली लग गई थी। चिकित्सकों ने उसका इलाज कर उसकी जान तो बचा ली पर उसके बाद उसे नींद न आने की समस्या शुरू हो गई। चिकित्सकों ने सबकुछ आजमा कर देखा, लेकिन फिर भी कुछ नहीं हुआ। आखिर में चिकित्सकों को कहना पड़ा कि वह इस तरह ज्यादा दिन तक जी नहीं पाएगा। पर ऐसा नहीं हुआ। पॉल ने उसकी ज्यादा चिंता नहीं की और बेफिक्र होकर अपने मनचाहे काम किए। वह सिर्फ़ इतना करता था कि जब बहुत थक जाता तो आंखें बंद कर लेट जाता। पर उसे नींद न आती। यह उसने अपने बाकी के जीवन में किया और एक लंबी उम्र पाई। परन्तु पॉल के उदाहरण ने एक बार फिर सोचने के लिए मजबूर कर दिया कि मनुष्य जाति को नींद की आखिर कितनी आवश्यकता है?

पर कई बार ऐसा होता है कि कोई आदमी कम सोता है, कोई ज्यादा और कोई तो बहुत ज्यादा। टॉस्कैनिनी सिर्फ़ पांच घंटे सोता था। कैल्विन कलिज दस घंटे, जबकि कूलिज को 11 घंटे की नींद चाहिए होती थी। इस तरह हम अनुमान लगा सकते हैं कि टॉस्कैनिनी ने अपने जीवन का पांचवां हिस्सा सोने में बिताया, जबकि कूलिज ने आधी ज़िंदगी यही किया। कई बार अनिद्रा रोग इंसान पर उतना असर नहीं डालता, जितना की उसके बारे में की जाने वाली चिंता। ऐसा मेरी एक कक्षा की छात्रा के साथ हो चुका है। उसका नाम है इरा सैन्डनर, वो न्यू जर्सी के रिजफील्ड पार्क की रहने वाली है। मुझे इसके बारे में इरा ने ही बताया था। उसने कहा था :

अनिद्रा के रोग ने मुझे इस कदर जकड़ लिया था कि एक बार तो आत्महत्या का विचार भी मेरे मन में आया था, लेकिन यह समस्या मेरे साथ पहले से नहीं थी। पहले मैं काफी देर तक सोती थी, इतना कि मैं समय पर आफिस भी नहीं पहुँच पाती थी। मेरा बॉस इस संबंध में कई बार मुझे आगाह कर चुका था। बात मेरे नौकरी छोड़ने तक आ गई थी।

जब मैंने यह समस्या अपने दोस्तों को बताई तो एक ने मुझे सलाह दी कि मैं रात को अलार्म लगाकर सोऊं और घड़ी की आवाज पर अपना सारा ध्यान केंद्रित

रखूं। मैंने वैसा ही करना शुरू कर दिया। लेकिन धीरे–धीरे यह सलाह ही मेरी समस्या की जड़ बन गई। मैं घड़ी की टिक–टिक पर इतना ध्यान लगाने लगी कि मेरा रातों को सोना दूभर हो गया। मैं रात भर करवटें बदलती रहती। सुबह मैं थकी हुई उठती। मैं इतना परेशान रहने लगी कि जैसे मुझे पागलपन ने जकड़ लिया हो। मेरा मन अजीब ख्यालों से घिरने लगा। ऐसे अजीब ख्याल जिसमें आत्महत्या तक के बारे में, मैंने सोच लिया।

अंतत: परेशान होकर मैंने चिकित्सक से सलाह लेने की सोची। मैं चिकित्सक के पास गई और उसे अपनी सारी बातें बताई। उसने कहा, "ये मुसीबत तुमने खुद बढ़ाई है। गोलियां भी तुम्हारे ज्यादा काम नहीं आने वाली। इससे अच्छा है तुम अनिद्रा की चिंता करना छोड़ दो। तुम सिर्फ़ अच्छी बातों पर अपना ध्यान केंद्रित करो। नींद न आए तो भी आराम से बिस्तर पर लेटी रहो। महसूस करो कि तुम सो रही हो। तुम देखना धीरे–धीरे तुम्हारी यह परेशानी समाप्त हो जाएगी।" मैंने चिकित्सक की बात मानी, मैंने चिंता करना छोड़ दिया। मैं रोज बिस्तर पर शांत होकर लेटने लगी। मैं खुद को यह भरोसा दिलाना शुरू कर दिया कि अनिद्रा से मेरे स्वास्थ्य को कोई परेशानी नहीं होने वाली। बस मैंने इन सारी चिंताओं से खुद को आजाद करने का प्रयास शुरू कर दिया।

आखिर दो सप्ताह यही सब करने के बाद मुझे परिणाम दिखने लगे। जैसे ही मैंने चिंता से मुक्ति पाई, वैसे ही मुझे हल्की नींद आने लगी। एक महीने से भी कम अंतराल में, मैं आठ घंटे की नींद लेने लगी। मुझे समझ आ गया कि अनिद्रा नहीं, बल्कि उससे उत्पन्न चिंता थी जो मुझे नींद नहीं आने दे रही थी। पर अब चिंता से मुक्त होकर मैंने अपनी नींद को वापस पा लिया था।

नींद के संबंध में व्यापक शोध करने वाले दुनिया के प्रसिद्ध विशेषज्ञ डॉ. क्लीटमैन (प्रोफेसर, शिकागो यूनिवर्सिटी) ने अपने शोधों के माध्यम से यह बताया कि अनिद्रा की वजह से आज तक दुनिया में किसी की जान नहीं गई, बल्कि अनिद्रा नहीं उसकी चिंता किया जाना वह कारण है, जिससे अनिद्रा के रोगी को किसी बीमारी का शिकार होना पड़ा। क्लीटमैन ने यह भी पाया कि कई बार ऐसा भी होता है अनिद्रा का रोगी कहा जाने वाला व्यक्ति कुछ घंटें सो लेता है पर उसे इस बात का पता नहीं चलता। वह सिर्फ़ यही सोचता है कि उसे जरा भी नींद नहीं आती। यह हाल हरबर्ट स्पेंसर का था, 19वीं सदी के महान चिंतकों में उनका नाम लिया जाता है। उन्होंने शादी नहीं की थी। वे अक्सर लोगों को यही बताते कि उन्हें नींद नहीं आती। वे कभी सोते नहीं हैं, इसलिए खुद को आराम देने के लिए वे रात को कान में रूई डालकर लेटे रहते थे, ताकि शोर उन्हें परेशान न करे। एक बार जब उन्हें किसी काम के सिलसिले में आक्सफोर्ड के प्रोफेसर सैस के साथ होटल के एक कमरे में रुकने का मौका मिला

तब असल हकीकत सामने आई। उन्होंने अगले दिन फिर अपनी अनिद्रा की समस्या सबके सामने रखी, जबकि सैस ने बताया कि उस रात उन्हें इसलिए नींद नहीं आई थी, क्योंकि स्पेंसर रातभर खर्राटे लेकर सोते रहे थे।

असल में जब तक मनुष्य चिंता मुक्त भाव से अपने मस्तिष्क में यह नहीं बैठा लेता कि उसकी सुरक्षा करने वाली कोई परम शक्ति है तब तक वह असुरक्षा की वजह से चिंता में ही डूबा रहता है। इसका परिणाम अनिद्रा भी होती है। इस संबंध में डॉ. थॉमस हाइस्लॉप (ग्रेट वेस्ट राइडिंग एसाइलम) ने अपने शोधों के कई परिणाम ब्रिटिश मेडिकल एसोसिएशन के सामने प्रस्तुत किए हैं। उन्होंने अपने शोधों में बताया है कि नींद न आने की समस्या उन्हें कभी नहीं होती, जो लगातार प्रार्थना करते हैं, जिनमें जीवन में प्रार्थना एक अनिवार्य हिस्सा होता है, वह कभी भी अनिद्रा रोग से ग्रसित नहीं होते हैं, क्योंकि प्रार्थना उनके दिल और दिमाग़ दोनों को शांति प्रदान करती है। प्रार्थना में इंसान खुद को परमेश्वर के हवाले कर देता है। सारी दुख, चिंताएं और दर्द परमेश्वर के समक्ष रखकर खुद चिंता मुक्त हो जाता है।

जीनेट मैक्डॉनल्ड का कहना था कि जब भी चिंता में फंसकर उन्हें अनिद्रा की शिकायत होने लगती थी, वे परमेश्वर के तीसरे भजन को गाकर अपनी चिंताएं मिटाने का काम करती थीं। इससे उन्हें परमेश्वर की सुरक्षा का भाव महसूस होता था। इसके लिए वे परमेश्वर का 23 भजन गुनगुनाती थीं, जिसका भाव था, "मुझे राह दिखाने वाला परमेश्वर है। वह मेरी सारी चिंताएं मिटा देगा। प्रकृति की हरियाली जैसा सुकून वह मुझे देगा।"

मैं मानता हूँ दुनिया में ऐसे लोगों की भी कमी नहीं है, जो धार्मिक आस्थाओं पर ज्यादा भरोसा नहीं रखते। मैं उनके लिए भी कुछ उदाहरण प्रस्तुत करना चाहूँगा। कुछ शारीरिक व्यायाम हैं, जिनके माध्यम से आदमी खुद को रिलेक्स कर सकता है। यह डॉ. डेविड हेरॉल्ड फिंक द्वारा सुझाए गए हैं। इसका जिक्र उन्होंने अपनी प्रसिद्ध पुस्तक 'रिलीज फ्रॉम नर्वस टेंशन' में भी किया है। उसमें डॉ. डेविड कहते हैं अगर आदमी रिलेक्स होना चाहता है, तो उसे अपने शरीर से बात करना बहुत जरूरी है। इसके कई सुखद परिणाम उसे देखने को मिलेंगे। आदमी दिनभर के कामों के बाद या कहीं भी आराम की मुद्रा में बैठ जाए और आंख बंद कर खुद के शरीर से कहे, 'रिलेक्स करो, ढीला छोड़ो... खुद को शांत करो।' निरन्तर शरीर की मांसपेशियों के साथ यही प्रयोग करें।

इसका असल कारण यह है कि जब तक मांसपेशियां शांत नहीं होती तब तक बाकी शरीर भी रिलेक्स नहीं कर सकता, इसलिए शरीर को रिलेक्स करने की शुरूआत हमें मांसपेशियों से ही करनी चाहिए। डेविड ने एक प्रक्रिया करने के लिए कहा है,

जब भी कोई रात को बिस्तर पर लेटता है तो उसे एक तकिया अपने पैरों के नीचे रख लेना चाहिए, फिर अपनी दोनों बाहों के नीचे दो छोटे तकिए रखकर आंख को बंद कर लेना चाहिए। इसके बाद खुद से कहना चाहिए, रिलेक्स करो। आराम करो। खुद को ढीला छोड़ो। लगातार... यही प्रक्रिया अपनाओ। आप देखेंगे कि कब नींद आ गई आपको पता भी नहीं चला।

मैंने स्वयं यह करके देखा है। यह शारीरिक प्रक्रिया काम करती है। आप भी इसे एक बार आजमा कर देखिए।

यदि आदमी अपने शरीर को थकाने वाले काम करें तो भी वह चैन की नींद सो सकता है। यह काम कुछ भी हो सकते हैं, जैसे, तैरना, गोल्फ खेलना या बागवानी करना। यह संघर्षशील युवा लेखक के रूप में काम करने वाले थियोडोर ड्रेजर ने करके देखा था। उन्हें अनिद्रा की शिकायत हो गई थी। जब उन्हें इससे छुटकारे का कोई रास्ता नहीं दिखा तो उन्होंने न्यूयार्क सेंट्रल रेलवे में सेक्शन हेड के रूप में नौकरी करनी शुरू कर दी। यहां उनका काम कील ठोकने का था। दिनभर की जी–तोड़ मेहनत उन्हें इतना थकाने लगी कि उन्हें रात को इतनी गहरी नींद आने लगी वे लगभग बेहोशी की अवस्था में सोने लगे। यहां तक उन्हें रात को खाने–पीने की सुध भी नहीं रहने लगी।

यही प्रकृति का नियम है, अगर हम प्राकृतिक रूप से ही शरीर को इतना थका लेते हैं कि हम लगभग बेहोशी की अवस्था में आ जाएं तो फिर अनिद्रा हमसे कोसों दूर हो जाती है। मुझे याद है कि जब मैं छोटा था, तब मेरे पिताजी मुझे मिसूरी के सेंट जो लेकर गए थे। उस समय उनके पास रेलवे के मुफ्त पास थे। इसलिए वे मुझे अपने साथ सुअरों को बेचने के लिए लेकर गए थे। मैं उस समय तक कभी इतनी बड़ी जगह नहीं घूमा था। जब मैं सेंट जो में उतरा तो रोमांच से भर गया, क्योंकि इतनी आबादी वाला शहर मैंने पहली बार देखा था। मैंने उस शहर में पहली बार इतनी ऊंची इमारतें देखी थीं कि जिन्हें अगर अपनी आंखों से न देखा जाए, तो भरोसा करना मुश्किल था। सड़कों पर चलने वाली कारों को देखकर मैं आश्चर्यचकित था। वह दिन तब मेरे जीवन का सबसे रोमांचक दिन था। दिनभर के बाद मैं रेवनवुड लौटने अपने पिता के साथ वापस ट्रेन में सवार हो गया। जहां स्टेशन से मेरा घर चार मील की दूरी पर था। रात के दो बजे स्टेशन पर उतरकर मैं अपने पिता के साथ चार मील पैदल चला। मैं इतना थक गया कि कई बार बीच रास्ते में ही मैं ऊंघने लगा। कई बार सोया और मेरे पिता मुझे घर तक लेकर आए। इस दौरान मैंने कई सपने देखे और अब आज आपको उसी दिन के अपने रोमांचक किस्से से रूबरू करा रहा हूं।

थकावट ऐसी चीज है जो मनुष्य को कहीं भी, कभी भी, कैसी भी हालत में सोने के लिए मजबूर कर सकती है। यहां तक कि जंग के मैदान में थका हुआ सिपाही

गोले–बारूद के बीच नींद ले सकता है। यह बात मुझे डॉ. फॉस्टर केनेडी (प्रसिद्ध न्यूरोलॉजिस्ट) ने अपने अनुभव से बताई थी। उन्होंने बताया था कि 1918 में फिफ्थ ब्रिटिश आर्मी के पीछे हटने के दौरान उन्होंने यह नजारा देखा था। उन्होंने बताया कि सभी सैनिक इतने थके हुए थे कि वे गहरी नींद में चले गए। उनकी पलकों को पलटकर देखने के बाद भी वे नहीं जागे। उनकी आंखों की पुतलियां ऊपर की ओर चढ़ी हुई थीं। केनेडी कहते हैं, इसके बाद जब भी उन्हें सोने में किसी भी प्रकार की समस्या आती है तो वे अपनी आंखों की पुतलियों को वैसे ही चढ़ा लेते हैं जैसे उन सैनिकों की थी, और कुछ ही देर में देखते हैं कि उन्हें जम्हाई आने लगी है। यह सब इतना प्राकृतिक तरीके से होता है कि इस पर आदमी का कोई नियंत्रण नहीं होता। उसे सोना ही पड़ता है।

आदमी को सोना ही पड़ता है। यह प्रकृति का बनाया एक शाश्वत नियम है। मनुष्य कितना भी जागने का प्रयास कर ले लेकिन प्रकृति के सामने उसे अपने हथियार डालने ही पड़ते हैं। बिना भोजन और पानी के आदमी जी सकता है, लेकिन नींद के बिना उसे मुश्किल हो जाती है।

मुझे एक किस्सा याद है। इसे 'रिडिस्कवरी ऑफ़ मैन' पुस्तक में डॉ. हेनरी सी. लिंक ने बताया है। असल में डॉ. हेनरी द साइकोलॉजिकल कॉर्पोरेशन के वाइस-प्रेसिडेंट थे, उन्होंने चिंतित लोगों के कई साक्षात्कार लिए हुए थे। अपनी पुस्तक में 'डर और चिंता को जीतना' अध्याय में उन्होंने ऐसे मरीज का किस्सा बताया था जो आत्महत्या करना चाहता था। हेनरी ने अपने मरीज का इलाज नए तरीके से किया। उन्होंने अपने मरीज से कहा कि आत्महत्या करने के लिए उसे नया तरीका आजमाना चाहिए। एक इमारत की छत पर तब तक चक्कर लगाना चाहिए जब तक मर न जाओ।

उस मरीज ने उसकी बात मान ली। वो ऐसा ही करने लगा। हर बार वह छत पर चलता, दौड़ता, लेकिन जितनी बार उसने यह शारीरिक श्रम किया। उसे मानसिक रूप से अच्छा महसूस होने लगा। लगातार तीन दिन यही करने के बाद आखिर वह मानसिक और शारीरिक रूप से इतना थक गया कि वह उस दिन शांत मन से बेहोशी की हालत में सोया। इस गतिविधि ने उसे एथलेटिक क्लब का सदस्य बना दिया। वह एथलेटिक खेलों में हिस्सा लेने लगा। इस कहानी के अंत तक उसके अंदर हमेशा जिंदा रहने की चाह जाग उठी।

यहां अनिद्रा से बचने के पांच नियम सुझाए जा रहे हैं, जिन्हें अपनाकर कोई भी चैन की नींद ले सकता है :

1. नींद न आए तो सैम्युअल अन्टरमायर की तरह बनें। तब तक अध्ययन करें जब तक नींद न आने लगे।
2. अनिद्रा नुकसान नहीं पहुँचाती, बल्कि उसकी चिंता आदमी को ज्यादा बीमार बना देती है।
3. जीनेट मैक्डॉनल्ड की तरह 23वें भजन को गुनगुनाएं या प्रार्थना करें।
4. खुद को रिलेक्स करते हुए बैठ जाएं और खुद को ढीला छोड़ने का मंत्र अपनाएं।
5. शारीरिक रूप से खुद को थकाने का प्रयास करें। जितना थकेंगे उतनी गहरी नींद आप ले पाएंगे।

संक्षिप्त में खंड सात

तनाव मुक्त रहने तथा जोश के साथ नई ऊर्जा का संचार करने के छह तरीके

नियम 1. थकने से पहले ही आराम करे लें और फिर काम।

नियम 2. अपने काम में आनंद लेना सीखें।

नियम 3. अपने घर पर आराम करने की सरल प्रक्रिया को अपनाए।

नियम 4. खुद को नियमित तौर पर उत्साहित करें।

नियम 5. अनिद्रा से बचने के उपाए खोजें।

नियम 6. काम करने की यह 4 अच्छी आदतें अपनाएं –

1. अपनी टेबल को पूरी तरह साफ रखें। सिर्फ़ उसे छोड़कर जिसकी उस समय संबंधित कम के लिए आवश्क है।
2. महत्त्वपूर्ण कामों की सूची बनाते हुए उसी क्रम में उन्हें पूरा करें।
3. किसी भी काम को टालने की आदत से बचें। प्रयास करें यदि तत्काल कोई हल निकल सकता है, तो उसका प्रयास करें।
4. स्वयं नियंत्रित, व्यवस्थित, समर्पित और निरीक्षण करना रखें।

LIST OF TITLES WITH ISBN NO.

ISBN	TITLE
9788194914129	1984
9789390575220	1984 & Animal Farm (2In1)
9789390575572	1984 & Animal Farm (2In1): The International Best-Selling Classics
9789390575848	35 Sonnets
9789390575329	A Clergyman's Daughter
9789390575923	A Study In Scarlet
9789390896097	A Tale Of Two Cities
9789390896837	Abide in Christ
9789390896202	Abraham Lincoln
9789390896912	Absolute Surrender
9789390896608	African American Classic Collection
9789390575305	Aldous Huxley: The Collected Works
9789390896141	An Autobiography of M. K. Gandhi
9789390575886	Animal Farm
9789390575619	Animal Farm & The Great Gatsby (2In1)
9789390575626	Animal Farm & We
9789390896158	Anna Karenina
9789390575534	Antic Hay
9789390896165	Antony & Cleopatra
9789390896172	As I Lay Dying
9789390896226	As You like it
9789390575671	At Your Command
9789390575350	Awakened Imagination
9789390575114	Be What You Wish
9789390896233	Believe In yourself
9789390896998	Best of Charles Darwin: The Origin of Species & Autobiography
9789390896684	Best Of Horror : Dracula And Frankenstein
9789390575503	Best Of Mark Twain (The Adventures of Tom Sawyer AND The Adventures of Huckleberry Finn)
9789390896769	Black History Collection
9789390575756	Brave New World, Animal Farm & 1984 (3in1)

9789390896240	Brother Karamzov
9789390575053	Bulleh Shah Poetry
9789390575725	Burmese Days
9789390896257	Bushido
9789390896066	Can't Hurt Me
9788194914112	Chanakya Neeti: With The Complete Sutras
9789390896042	Crime and Punishment
9789390575527	Crome Yellow
9789390575046	Down and Out in Paris and London
9789390896844	Dracula
9789390575442	Emersons Essays: The Complete First & Second Series (Self-Reliance & Other Essays)
9789390575749	Emma
9789390575817	Essential Tozer Collection - The Pursuit of God & The Purpose of Man
9789390896578	Fascism What It Is and How to Fight It
9789390575688	Feeling is the Secret
9789390575190	Five Lessons
9789390575954	Frankenstein
9789390575237	Franz Kafka: Collected Works
9789390575282	Franz Kafka: Short Stories
9789390575060	George Orwell Collected Works
9789390575077	George Orwell Essays
9789390575213	George Orwell Poems
9788194914150	Greatest Poetry Ever Written Vol 1
9788194914143	Greatest Poetry Ever Written Vol 1
9789390896301	Gulliver's Travel
9789390575961	Gunaho Ka Devta
9789390575893	H. P. Lovecraft Selected Stories Vol 1
9789390575978	H. P. Lovecraft Selected Stories Vol 2
9789390896059	Hamlet
9789390575022	His Last Bow: Some Reminiscences of Sherlock Holmes
9789390896134	History of Western Philosophy
9789390575121	Homage To Catalonia

9789390896219	How to develop self-confidence and Improve public Speaking
9789390896295	How to enjoy your life and your Job
9789390575633	How to own your own mind
9789390896318	How to read Human Nature
9789390896325	How to sell your way through the life
9789390896370	How to use the laws of mind
9789390896387	How to use the power of prayer
9789390896028	How to win friends & Influence People
9788194824176	How To Win Friends and Influence People
9789390896103	Humility The Beauty of Holiness
9789390896653	Imperialism the Highest Stage of Capitalism
9789390575084	In Our Time
9789390575169	In Our Time & Three Stories and Ten poems
9789390575145	James Allen: The Collected Works
9789390896189	Jesus Himself
9789390575480	Jo's Boys
9789390896394	Julius Caesar
9789390575404	Keep the Aspidistra Flying
9789390896400	Kidnapped
9789390896424	King Lear
9789390575824	Lady Susan
9789390896455	Law of Success
9789390896264	Lincoln The Unknown
9789390575565	Little Men
9789390575640	Little Women
9788194914174	Lost Horizon
9789390896462	Macbeth
9789390896929	Man Eaters of Kumaon
9789390896523	Man The Dwelling Place of God
9789390896349	Man The Dwelling Place of God
9789390575909	Mansfield Park
9788194914136	Manto Ki 25 Sarvshreshth Kahaniya
9789390896509	Marxism, Anarchism, Communism
9789390575664	Mathematical Principles of Natural Philosophy

9788194914198	Meditations
9789390575800	Mein Kampf
9789390575794	Memory How To Develop, Train, And Use It
9789390896486	Mind Power
9789390896585	Money
9789390575039	Mortal Coils
9789390575770	My Life and Work
9789390896035	Narrative of the Life of Frederick Douglass
9789390575152	Neville Goddard: The Collected Works
9789390575985	Northanger Abbey
9789390896530	Notes From Underground
9789390896547	Oliver Twist
9789390575459	On War
9789390575541	One, None and a Hundred Thousand
9789390896554	Othelo
9789390575435	Out Of This World
9789390575015	Persuasion
9789390575510	Prayer The Art Of Believing
9789390575091	Pride and Prejudice
9789390896561	Psychic Perception
9789390575381	Rabindranath Tagore - 5 Best Short Stories Vol 2
9789390575367	Rabindranath Tagore - Short Stories (Masters Collections Including The Childs Return)
9789390575374	Rabindranath Tagore 5 Best Short Stories Vol 1 (Including The Childs Return
9789390896622	Romeo & Juliet
9789390896127	Sanatana Dharma
9789390575596	Seedtime & Harvest
9789390896639	Selected Stories of Guy De Maupassant
9789390575206	Self-Reliance & Other Essays
9789390575176	Sense and Sensibility
9789390575299	Shyamchi Aai
9789390896738	Socialism Utopian and Scientific
9789390896646	Success Through a Positive Mental Attitude
9789390575428	The Adventures of Huckleberry Finn

9789390575183	The Adventures of Sherlock Holmes
9789390575343	The Adventures of Tom Sawyer
9789390896691	The Alchemy Of Happiness
9789390575862	The Art Of Public Speaking
9789390896288	The Autobiography Of Charles Darwin
9788194914181	The Best of Franz Kafka: The Metamorphosis & The Trial
9789390575008	The Call Of Cthulhu and Other Weird Tales
9789390575107	The Case-Book of Sherlock Holmes
9789390896110	The Castle Of Otranto
9789390896745	The Communist Manifesto
9789390575589	The Complete Fiction of H. P. Lovecraft
9789390575497	The Complete Works of Florence Scovel Shinn
9789390896820	The Conquest of Breard
9789390896813	The Diary of a Young Girl
9789390896332	The Diary of a Young Girl The Definitive Edition of the Worlds Most Famous Diary
9789390575701	The Great Gatsby, Animal Farm & 1984 (3In1)
9789390575312	The Greatest Works Of George Orwell (5 Books) Including 1984 & Non-Fiction
9789390575992	The Hound of Baskervilles
9789390896707	The Idiot
9789390896714	The Invisible Man
9789390575657	The Knowledge of the holy
9789390575558	The Law & the Promise
9789390896721	The Law Of Attraction
9789390896776	The Leader in you
9789390896363	The Life of Christ
9789390896196	The Man-Eating Leopard of Rudraprayag
9789390896783	The Master Key to Riches
9789390575268	The Memoirs Of Sherlock Holmes
9789390896479	The Midsummer Night's Dream
9789390575466	The Mill On The Floss
9789390896790	The Miracles of your mind
9789390896660	The Mutual Aid A Factor in Evolution
9789390896448	The Origin of Species

9789390896905	The Peter Kropotkin Anthology The Conquest of Bread & Mutual Aid A Factor of Evolution
9789390896806	The Picture of Dorian Gray
9789390896271	The Picture of Dorian Gray
9789390575275	The Power Of Awareness
9789390896356	The Power of Concentration
9788194824169	The Power of Positive Thinking
9789390575411	The Power of the Spoken Word
9788194914105	The Power Of Your Subconscious Mind
9789390896899	The Power of Your Subconscious Mind
9789390896417	The Principles of Communism
9789390575787	The Psychology Of Mans Possible Evolution
9789390896615	The Psychology of Salesmanship
9789390575732	The Pursuit of God
9789390575398	The Pursuit of Happiness
9789390896851	The Quick and Easy Way to effective Speaking
9789390575947	The Return Of Sherlock Holmes
9789390575138	The Road To Wigan Pier
9789390896981	The Root of the Righteous
9789390575855	The Science Of Being Well
9788194914167	The Science Of Getting Rich, The Science Of Being Great & The Science Of Being Well (3In1)
9789390896011	The Screwtape Letters
9789390896073	The Screwtape Letters
9789390575336	The Secret Door to Success
9789390575695	The Secret Of Imagining
9789390896868	The Secret Of Success
9789390896431	The Seven Last Words
9789390575930	The Sign of the Four
9789390896004	The Sonnets
9789390896516	The Souls of Black Folk
9789390896875	The Sound and The Fury
9789390575244	The State and Revolution
9789390896882	The Story of My Life
9789390896936	The Story Of Oriental Philosophy

9789390896752	The Strange Case of Dr. Jekyll and Mr. Hyde
9789390896943	The Tempest
9789390575916	The Valley Of Fear
9789390575879	The Wind in the willows
9789390896080	The Wind in the willows
9789390575763	Their eyes were watching gofd
9789390575831	Three Stories
9789390896950	Twelfth Night
9789390896592	Twelve Years a Slave
9789390896677	Up from Slavery
9789390896974	Value Price and Profit
9789390896967	Wake Up and Live
9789390896493	With Christ in the School of Prayer
9789390575602	Your Faith is Your Fortune
9789390575473	Your Infinite Power To Be Rich
9789390575251	Your Word is Your Wand
9789390575718	Youth
9789391316099	A Christmas Carol
9789391316105	A Doll's House
9789391316501	A Passage to India
9789391316709	A Portrait of the Artist as a Young Man
9789391316112	A Tale of Two Cities
9789391316747	A Tear and a Smile
9789391316167	Agnes Gray
9789391316174	Alice's Adventures in Wonderland
9789391316136	Anandamath
9789391316181	Anne Of Green Gables
9789391316754	Anthem
9789391316198	Around The World in 80 Days
9789391316013	As A Man Thinketh
9789391316242	Autobiography of a Yogi
9789391316266	Beyond Good and Evil
9789391316761	Bleak House
9789391316778	Chitra, a Play in One Act
9789391316310	David Copperfield

9789391316075	Demian
9789391316785	Dubliners
9789391316051	Favourite Tales from the Arabian Nights
9789391316235	Gitanjali
9789391316068	Gravity
9789391316150	Great Speeches of Abraham Lincoln
9789391316662	Guerilla Warfare
9789391316839	Kim
9789391316822	Mother
9789391316211	My Childhood
9789391316846	Nationalism
9789391316327	Oliver Twist
9789391316853	Pygmalion
9789391316334	Relativity: The Special and the General Theory
9789391316389	Scientific Healing Affirmation
9789391316341	Sons and Lovers
9789391316587	Tales from India
9789391316372	Tess of The D'Urbervilles
9789391316396	The Awakening and Selected Stories
9789391316402	The Bhagvad Gita
9789391316303	The Book of Enoch
9789391316228	The Canterville Ghost
9789391316907	The Dynamic Laws of Prosperity
9789391316006	The Great Gatsby
9789391316860	The Hungry Stones and Other Stories
9789391316433	The Idiot
9789391316440	The Importance of Being Earnest
9789391316297	The Light of Asia
9789391316914	The Madman His Parables and Poems
9789391316457	The Odyssey
9789391316921	The Picture of Dorian Gray
9789391316464	The Prince
9789391316938	The Prophet
9789391316945	The Republic
9789391316518	The Scarlet Letter

9789391316143	The Seven Laws of Teaching
9789391316525	The Story of My Experiments with Truth
9789391316532	The Tales of the Mother Goose
9789391316549	The Thirty Nine Steps
9789391316594	The Time Machine
9789391316600	The Turn of the Screw
9789391316983	The Upanishads
9789391316617	The Yellow Wallpaper
9789391316426	The Yoga Sutras of Patanjali
9789391316990	Ulysses
9789391316624	Utopia
9789391316679	Vanity Fair
9789391316020	What Is To Be Done
9789391316686	Within A Budding Grove
9789391316693	Women in Love

www.ingramcontent.com/pod-product-compliance
Lightning Source LLC
Chambersburg PA
CBHW051359240926
51852CB00002B/66
* 9 7 8 9 3 9 4 1 1 2 7 0 4 *